파이썬 데이터 분석

for **Beginner**

지은이 **우재남** 5288893@hanafos.com

서강대학교에서 정보시스템 전공으로 석사 과정을 마친 후 다양한 IT 관련 분야에서 실전 업무를 수행했고, 대학교에서 프로그래밍, 데이터베이스, 운영체제 등을 강의했다. 현재 디티솔루션의 공간데이터베이스 연구소장으로, 공간 정보와 IT 융합 학문인 유시티 IT 분야의 공학박사 학위를 취득했다. 한양사이버대학교 컴퓨터공학과와 삼성, LG, 현대, CJ, KT, SK, 대한상공회의소 등에서 인공지능 및 IT 전문 분야 강의를 진행하고 있다. 자신이 체험한 다양한 IT 실무 경험과 지식을 최대한 쉽고 빠르게 수강생과 독자에게 전달하는 것을 모토로 강의와 집필을 하고 있다. 한빛미디어와 한빛아카데미에서 『뇌를 자극하는 Redhat Fedora: 리눅스 서버 & 네트워크』(2005)를 시작으로 『IT CookBook, Android Studio를 활용한 안드로이드 프로그래밍(7판)』(2022) 등 45권 이상을 집필 및 번역했다.

주요 저서(한빛미디어/한빛아카데미)

IT CookBook, Android Studio를 활용한 안드로이드 프로그래밍(7판) (2022)
IT CookBook, 파이썬 for Beginner (2022)
IT CookBook, C 언어 for Beginner(4판) (2022)
IT CookBook, 난생처음 파이썬 프로그래밍 (2021)
IT CookBook, 파이썬 자료구조와 알고리즘 for Beginner (2021)
이것이 우분투 리눅스다(개정판) (2020)
IT CookBook, 코틀린을 활용한 안드로이드 프로그래밍 (2020)
이것이 MySQL이다(개정판) (2020)
이것이 리눅스다(개정판) (2020)
IT CookBook, 리눅스 실습 for Beginner (2020)
이것이 MariaDB다 (2019)
이것이 Fedora 리눅스다 (2019)
IT CookBook, 데이터베이스 for Beginner (2019)
IT CookBook, 자바 프로그래밍 for Beginner (2019)
이것이 오라클이다 (2018)
이것이 Windows Server다 (2017)
Head First HTML and CSS(개정판) (2013)

파이썬 데이터 분석 *for* Beginner

초판발행 2022년 06월 23일
2쇄발행 2023년 07월 20일

지은이 우재남 / **펴낸이** 전태호
펴낸곳 한빛아카데미㈜ / **주소** 서울시 서대문구 연희로 2길 62 한빛아카데미㈜ 2층
전화 02-336-7112 / **팩스** 02-336-7199
등록 2013년 1월 14일 제2017-000063호 / **ISBN** 979-11-5664-612-9 93000

총괄 박현진 / **책임편집** 김성무 / **기획** 김예원 / **편집** 이해원 / **교정** 이해원 / **진행** 박하나
디자인 표지 박정화, 내지 윤혜원 / **전산편집** 이소연 / **제작** 박성우, 김정우
영업 김태진, 김성삼, 이정훈, 임현기, 이성훈, 김주성 / **마케팅** 길진철, 김호철, 심지연

이 책에 대한 의견이나 오탈자 및 잘못된 내용에 대한 수정 정보는 아래 이메일로 알려주십시오.
잘못된 책은 구입하신 서점에서 교환해 드립니다. 책값은 뒤표지에 표시되어 있습니다.

홈페이지 www.hanbit.co.kr / 이메일 question@hanbit.co.kr

Published by HANBIT Academy, Inc. Printed in Korea

파이썬 데이터 분석

for Beginner

우재남 지음

한빛아카데미
Hanbit Academy, Inc.

데이터 분석 입문자를 위한 친절하고 쉬운 교과서

인공지능 및 이와 관련된 머신러닝, 딥러닝, 자율주행, 사물인터넷, 메타버스 등이 우리 삶과 아주 가까워졌습니다. 이러한 인공지능 관련 다양한 분야에서는 '데이터'가 가장 중요한 요소라고 해도 과언이 아닙니다. 미래에는 데이터를 얼마나 잘 이해하고 활용할 수 있느냐에 따라 많은 분야에서 전문가와 비전문가로 나뉘게 될 것입니다.

데이터 분석은 통계나 컴퓨터 관련 학과에서만 다루는 것으로 인식되어 왔으나, 이제는 경영·경제학, 자연과학, 나아가 인문학 등 모든 학문에서 반드시 알아야 하는 필수 소양으로 자리잡았습니다. 또한 많은 기업에서 신입 사원 채용 등에 코딩 및 데이터 분석 관련 지식을 요구합니다.

데이터 분석은 개념과 원리를 이해한다면 어렵지 않게 배울 수 있습니다. 다만 데이터 분석을 제대로 다루기 위해서는 반드시 프로그래밍 언어를 익혀야 합니다. 이 책의 전반부에서는 데이터 분석 분야에서 가장 많이 사용하는 언어인 파이썬을 다룹니다. 데이터 분석을 위한 최소한의 문법 위주로 설명하지만, 이를 학습하고 나면 웬만한 응용 프로그램 또한 충분히 작성할 수 있을 것입니다.

후반부에서는 CSV, 엑셀, 데이터베이스, 크롤링, 넘파이, 판다스, 맷플롯립 등 데이터 분석에 필요한 주제를 하나씩 배워나갑니다. 마지막 장에서는 학습한 내용을 바탕으로 미니 프로젝트를 진행하여 데이터 분석 관련 프로그램을 스스로 작성해 봅니다.

프로그래밍 공부가 처음인 입문자도 차근차근 부담 없이 따라갈 수 있도록 이 책을 다음과 같이 구성했습니다.

❶ 프로그래밍 입문자를 위해 파이썬을 최대한 쉽게 다뤘습니다

데이터 분석을 위해서는 프로그래밍을 익혀야 합니다. 프로그래밍 입문자를 위해 책의 전반부에 파이썬을 압축하여 다뤘습니다. 프로그래밍을 처음 시작한 초보자도 손쉽게 파이썬 프로그램을 작성할 수 있을 것입니다.

❷ 데이터 분석에 필수적인 내용을 다양한 예제와 함께 담았습니다

데이터 분석 관련 기본적인 내용과 필수로 사용되는 툴을 위주로 집필하여 학습 부담을 줄였습니다. 또한 주요 개념을 그림이나 다양한 예제 코드와 함께 설명하여 쉽게 이해할 수 있습니다.

학습을 진행함에 따라 데이터 분석 실력이 조금씩 향상하는 것을 느낄 수 있을 것입니다.

❸ 이론은 최대한 간략하게 설명하고, 실제로 사용되는 데이터 분석 방법을 구현했습니다

각 장마다 프로그램을 2개씩 소개하여 학습자가 스스로 작성할 수 있도록 했습니다. 데이터 분석과 관련된 이론 부분은 가능하면 간략히 다뤘거나 과감히 생략했습니다. 주로 데이터 분석을 응용한 내용을 소개함으로써, 자연스럽게 개념과 용도를 이해할 수 있도록 구성했습니다.

❹ 다양한 응용예제를 담았습니다

각종 개념 설명 및 예제를 통해 데이터 분석에 자연스럽게 익숙해지도록 하고, 마지막에 별 1개부터 5개까지 다양한 난이도의 응용예제를 수록했습니다. 이 응용예제의 코드를 이해하면 실제로 사용되는 데이터 분석 내용도 충분히 이해할 수 있습니다.

❺ 배운 내용을 테스트할 수 있는 SELF STUDY와 연습문제가 있습니다

본문 중간에 학습한 내용을 점검할 수 있는 SELF STUDY가 있습니다. 앞에서 설명한 개념과 코드를 반복해서 확인할 수 있도록 구성했습니다. 연습문제는 학습한 내용의 전반적인 이해를 돕도록 객관식 및 단답형으로 구성하여 스스로 문제를 해결하도록 유도했습니다.

❻ 미니 프로젝트를 통해서 데이터 분석 응용 프로그램을 만듭니다

마지막 챕터에서 파이썬과 데이터 분석을 관통하는 미니 프로젝트를 진행합니다. 미니 프로젝트를 통해 완전한 기능의 데이터 분석 응용 프로그램을 스스로 작성하게 됩니다.

이 책은 파이썬과 데이터 분석 입문자에게 필수적인 내용 위주로 구성했으며, 나아가 중·고급자로 발전하기 위한 다양한 응용예제를 수록했습니다. 부디 이 책으로 데이터 분석 입문자는 중급자로, 중급자는 고급 데이터 분석가로 도약할 수 있기를 바랍니다.

끝으로 책을 출간하기까지 많은 지원을 해주신 전태호 대표님을 비롯한 한빛아카데미㈜ 임직원분들께 감사의 말씀을 전합니다. 특히 책의 완성도를 위해서 많은 노력을 해주신 김성무 팀장님과 이해원 씨께 감사를 전합니다.

지은이 **우재남**

이 책의 사용 설명서

강의 보조 자료

한빛아카데미 홈페이지에서 '교수회원'으로 가입한 분은 인증 후 교수용 강의 보조 자료를 제공받을 수 있습니다. 한빛아카데미 홈페이지 상단의 〈교수전용공간〉 메뉴를 클릭해 주세요.

http://www.hanbit.co.kr/academy

연습문제 해답 안내 이 책은 대학 강의용 교재로 개발되었으므로 연습문제 해답을 제공하지 않습니다.

구성 요소

본문 구성

1장에서 파이썬 및 데이터 분석 소개와 설치를 간단히 진행한 후, 2장에서 기본적인 프로그램을 작성합니다. 3~5장은 파이썬 기본 문법을 익히고, 6~11장에서 데이터 분석 내용을 실습합니다. 각 장마다 2개의 프로그램을 완성하는 형태로 구성되어 있습니다. 마지막 12장에서는 학습한 내용을 종합하여 실전에서 사용할 수 있는 프로젝트를 2개 작성합니다.

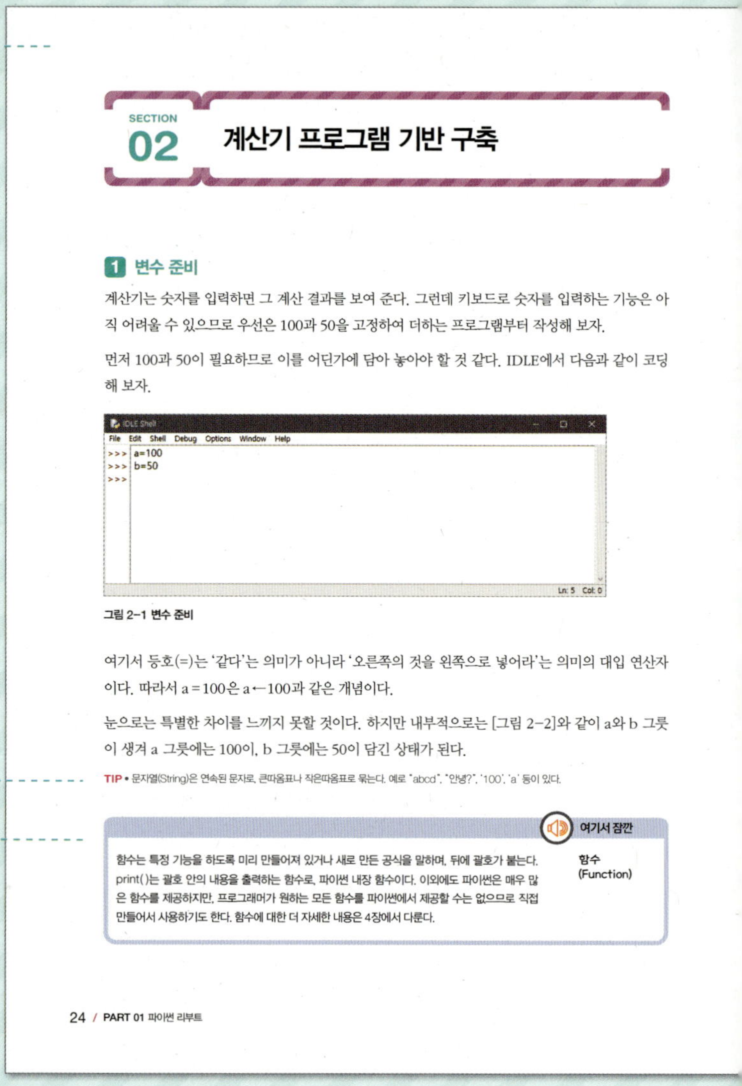
SECTION 02 계산기 프로그램 기반 구축

1 변수 준비

계산기는 숫자를 입력하면 그 계산 결과를 보여 준다. 그런데 키보드로 숫자를 입력하는 기능은 아직 어려울 수 있으므로 우선은 100과 50을 고정하여 더하는 프로그램부터 작성해 보자.

먼저 100과 50이 필요하므로 이를 어딘가에 담아 놓아야 할 것 같다. IDLE에서 다음과 같이 코딩해 보자.

```
>>> a=100
>>> b=50
>>>
```

그림 2-1 변수 준비

여기서 등호(=)는 '같다'는 의미가 아니라 '오른쪽의 것을 왼쪽으로 넣어라'는 의미의 대입 연산자이다. 따라서 a = 100은 a ← 100과 같은 개념이다.

눈으로는 특별한 차이를 느끼지 못할 것이다. 하지만 내부적으로는 [그림 2-2]와 같이 a와 b 그릇이 생겨 a 그릇에는 100이, b 그릇에는 50이 담긴 상태가 된다.

TIP • 문자열(String)은 연속된 문자로, 큰따옴표나 작은따옴표로 묶는다. 예로 "abcd", "안녕?", '100', 'a' 등이 있다.

여기서 잠깐

함수는 특정 기능을 하도록 미리 만들어져 있거나 새로 만든 공식을 말하며, 뒤에 괄호가 붙는다. print()는 괄호 안의 내용을 출력하는 함수로, 파이썬 내장 함수이다. 이외에도 파이썬은 매우 많은 함수를 제공하지만, 프로그래머가 원하는 모든 함수를 파이썬에서 제공할 수는 없으므로 직접 만들어서 사용하기도 한다. 함수에 대한 더 자세한 내용은 4장에서 다룬다.

함수 (Function)

24 / PART 01 파이썬 리부트

요약/연습문제

요약에는 해당 장에서 기억해야 할 중요한 내용을 정리했습니다. 연습문제로는 자신의 실력을 테스트할 수 있습니다.

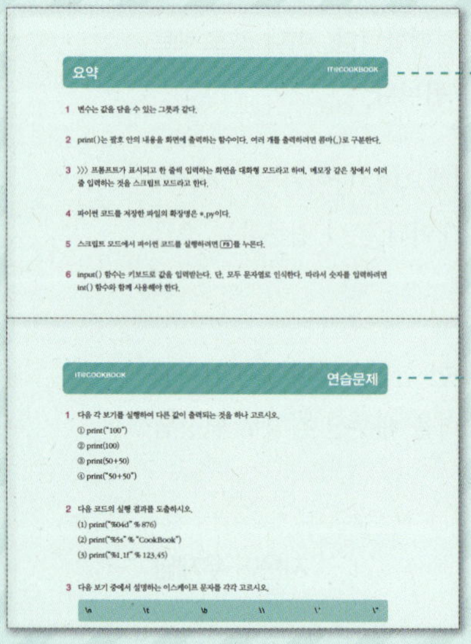
요약 IT@COOKBOOK

1 변수는 값을 담을 수 있는 그릇과 같다.

2 print()는 괄호 안의 내용을 화면에 출력하는 함수이다. 여러 개를 출력하려면 콤마(,)로 구분한다.

3 >>> 프롬프트가 표시되고 한 줄씩 입력하는 화면을 대화형 모드라고 하며, 메모장 같은 창에서 여러 줄 입력하는 것을 스크립트 모드라고 한다.

4 파이썬 코드를 저장한 파일의 확장명은 *.py이다.

5 스크립트 모드에서 파이썬 코드를 실행하려면 F5를 누른다.

6 input() 함수는 키보드로 값을 입력받는다. 단, 모두 문자열로 인식한다. 따라서 숫자를 입력하려면 int() 함수와 함께 사용해야 한다.

IT@COOKBOOK 연습문제

1 다음 각 보기를 실행하여 다른 값이 출력되는 것을 하나 고르시오.
① print("100")
② print(100)
③ print(50+50)
④ print("50+50")

2 다음 코드의 실행 결과를 도출하시오.
(1) print("%04d" % 876)
(2) print("%5s" % "CookBook")
(3) print("%1.1f" % 123.45)

3 다음 보기 중에서 설명하는 이스케이프 문자를 각각 고르시오.

\n \t \b \\ \' \"

TIP/여기서 잠깐

본문과 관련된 도움말로, 참고로 알아 두면 좋은 내용입니다.

예제 소스

http://www.hanbit.co.kr/src/4612

커뮤니티

〈비기너 카페〉에 접속하면 본 도서와 관련된 각종 정보를 제공받을 수 있습니다.

https://cafe.naver.com/itCookBook

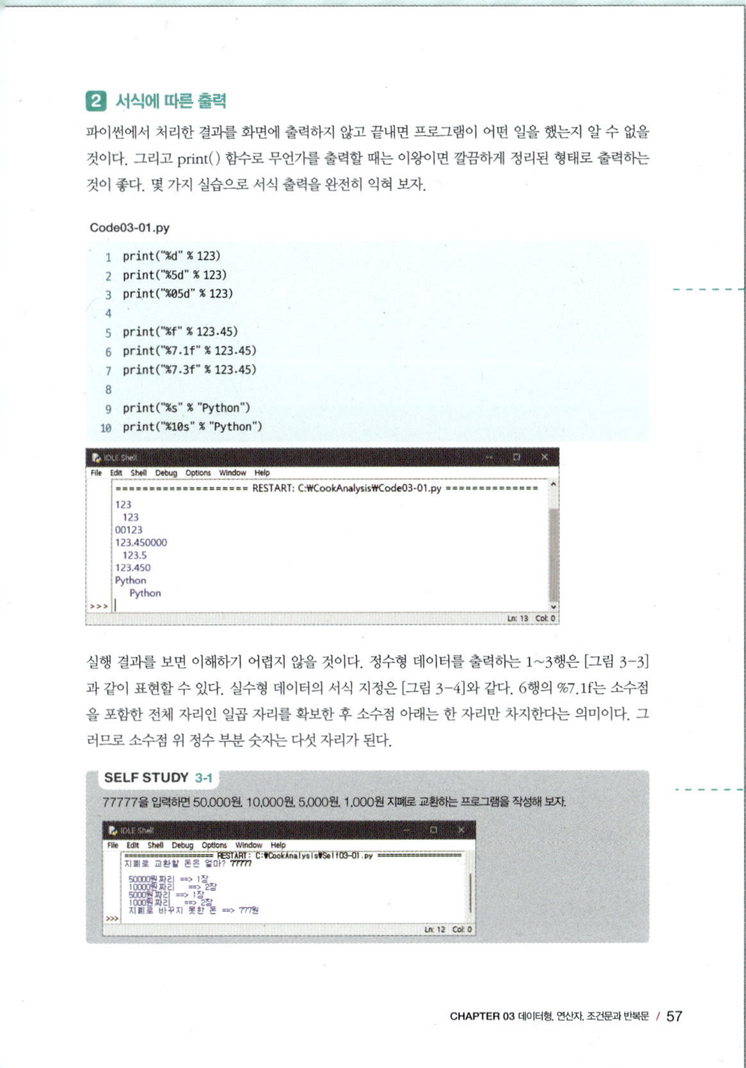

2 서식에 따른 출력

파이썬에서 처리한 결과를 화면에 출력하지 않고 끝내면 프로그램이 어떤 일을 했는지 알 수 없을 것이다. 그리고 print() 함수로 무언가를 출력할 때는 이왕이면 깔끔하게 정리된 형태로 출력하는 것이 좋다. 몇 가지 실습으로 서식 출력을 완전히 익혀 보자.

Code03-01.py

```
1  print("%d" % 123)
2  print("%5d" % 123)
3  print("%05d" % 123)
4
5  print("%f" % 123.45)
6  print("%7.1f" % 123.45)
7  print("%7.3f" % 123.45)
8
9  print("%s" % "Python")
10 print("%10s" % "Python")
```

```
==================== RESTART: C:\CookAnalysis\Code03-01.py ==============
123
  123
00123
123.450000
  123.5
123.450
Python
    Python
>>>
```

실행 결과를 보면 이해하기 어렵지 않을 것이다. 정수형 데이터를 출력하는 1~3행은 [그림 3-3]과 같이 표현할 수 있다. 실수형 데이터의 서식 지정은 [그림 3-4]와 같다. 6행의 %7.1f는 소수점을 포함한 전체 자리인 일곱 자리를 확보한 후 소수점 아래는 한 자리만 차지한다는 의미이다. 그러므로 소수점 위 정수 부분 숫자는 다섯 자리가 된다.

SELF STUDY 3-1

77777을 입력하면 50,000원, 10,000원, 5,000원, 1,000원 지폐로 교환하는 프로그램을 작성해 보자.

```
==================== RESTART: C:\CookAnalysis\Self03-01.py ====================
지폐로 교환할 돈은 얼마? 77777

 50000원짜리 ==> 1장
 10000원짜리   ==> 2장
 5000원짜리 ==> 1장
 1000원짜리   ==> 2장
 지폐로 바꾸지 못한 돈 ==> 777원
>>>
```

CHAPTER 03 데이터형, 연산자, 조건문과 반복문 / 57

실습 환경

- **운영체제 : Windows 11 또는 10**(Windows 7 이상 가능)
- **개발 도구 : Python 3.10 또는 3.9**(3.x 버전 가능)
- **추가 프로그램 : SQLite/MySQL**(8장)

코드

간단하게 익힌 문법이나 개념을 직접 구현하고 활용해 봅니다.

응용예제

각 장에서 익힌 이론과 기능을 실무 프로그램처럼 응용해 보는 예제 모음입니다. 다양한 난이도의 프로그램을 구현하며 파이썬 데이터 분석 수준을 한 단계 업그레이드할 수 있습니다.

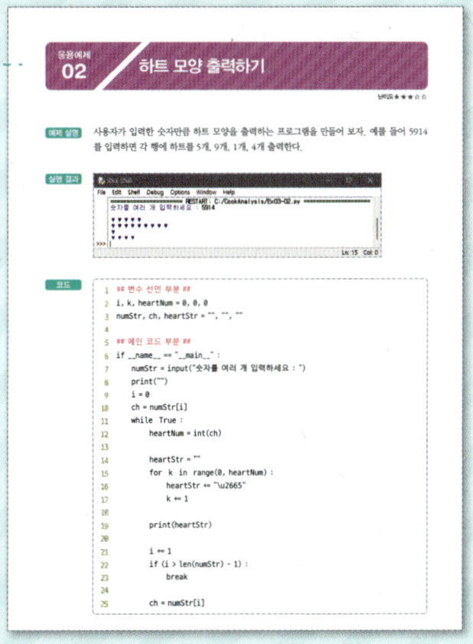

응용예제 02 하트 모양 출력하기

난이도 ★★★☆☆

예제 설명 사용자가 입력한 숫자만큼 하트 모양을 출력하는 프로그램을 만들어 보자. 예를 들어 5914를 입력하면 각 행에 하트를 5개, 9개, 1개, 4개 출력한다.

실행 결과

```
==================== RESTART: C:/CookAnalysis/Ex03-02.py ====================
숫자를 여러 개 입력하세요 : 5914

♥♥♥♥♥
♥♥♥♥♥♥♥♥♥
♥
♥♥♥♥
>>>
```

코드

```
## 변수 선언 부분 ##
i, k, heartNum = 0, 0, 0
numStr, ch, heartStr = "", "", ""

## 메인 코드 부분 ##
if __name__ == "__main__" :
    numStr = input("숫자를 여러 개 입력하세요 : ")
    print("")
    i = 0
    ch = numStr[i]
    while True :
        heartNum = int(ch)

        heartStr = ""
        for k in range(0, heartNum) :
            heartStr += "\u2665"
            k += 1

        print(heartStr)

        i += 1
        if (i > len(numStr) - 1) :
            break

        ch = numStr[i]
```

SELF STUDY

코드에서 익힌 내용을 중간중간 스스로 체크할 수 있도록 간단한 문제를 제시합니다. SELF STUDY로 자신의 학습 이해도를 직접 점검해 볼 수 있습니다.

목차

PART 01 파이썬 리부트

CHAPTER 12 미니 프로젝트 471

PART 01

파이썬 리부트

PART 01

파이썬 리부트

CHAPTER 01

파이썬 데이터 분석 입문

학습목표

- 프로그래밍 언어를 이해한다.
- 파이썬 프로그래밍 언어를 이해한다.
- 데이터 분석의 개념을 이해한다.
- 파이썬 프로그램을 설치한다.
- 간단한 파이썬 프로그램을 만든다.

SECTION 01

프로그래밍 언어 소개

1 프로그래밍 언어란?

사람이 이해하는 말을 '언어'라고 부르듯 컴퓨터가 이해하는 언어를 '프로그래밍 언어'라고 부른다. 프로그래밍 언어란 컴퓨터에서 작동하는 소프트웨어를 만들기 위한 도구이다. 또한 스마트폰에서 작동하는 어플리케이션(Application)도 프로그래밍 언어로 만든다. 그리고 이 프로그래밍 언어를 사용해서 소프트웨어나 어플리케이션을 만드는 직업을 가진 사람을 프로그래머라고 부른다.

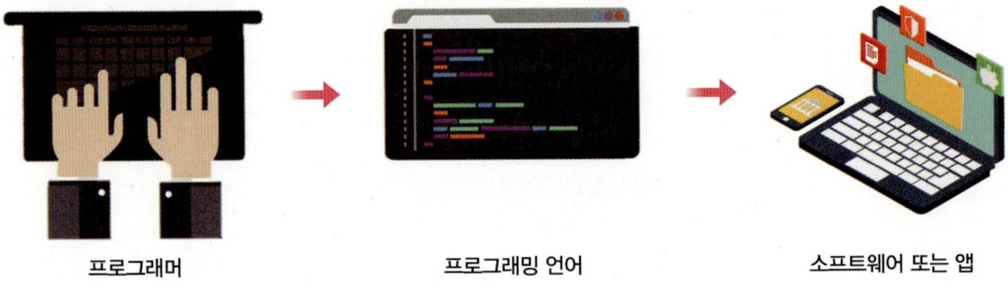

그림 1-1 프로그래머, 프로그래밍 언어, 소프트웨어

2 다양한 프로그래밍 언어

스포츠 종목이 다양하듯 프로그래밍 언어의 종류도 수백 가지가 넘는다. 그중에서도 많이 사용되는 프로그래밍 언어는 C, C++, Java, HTML, PHP, 파이썬 등이 있다.

그림 1-2 스포츠와 프로그래밍 언어 비교

C/C++는 엑셀, HWP, 웹 브라우저 등의 소프트웨어를 만드는 데 주로 사용된다. Java는 안드로이드 스마트폰의 앱을 작성하는 데 많이 활용된다. C를 사용하는 프로그래머를 C 프로그래머, Java를 사용하는 프로그래머를 Java 프로그래머라고 부르기도 한다. 스포츠도 여러 종목을 뛰는 선수가 있듯이, C, Java, 파이썬 등 여러 프로그래밍 언어를 다루는 프로그래머도 많다.

전 세계에서 인간이 사용하는 언어는 2022년을 기준으로 7,151개 정도라고 한다. 이 중에서 실제로 많이 사용하는 언어는 몇십 개에 불과하며, 안타깝게도 수많은 언어가 소멸하고 있다. 각 언어는 각기 다른 문법과 표현력, 사용성을 지니고 있지만, 기본적인 역할과 방식은 거의 비슷하다고 볼 수 있다.

프로그래밍 언어도 700개가 넘는다고 알려져 있으며, 각각의 문법과 표현력, 사용성을 지니고 있다. 특정한 목적을 위한 언어도 있고 특정 환경에서 더 장점을 발휘하는 언어도 있다. 컴퓨팅 환경과 활용 범위에 따라 언어의 인기가 오르내리기도 하고, 새로운 언어가 등장하기도 하며, 기존 언어가 사라지기도 한다. [그림 1-3]은 최근 프로그래밍 언어의 인기 순위를 보여준다.

Jan 2022	Jan 2021	Change	Programming Language	Ratings	Change
1	3	^	Python	13.58%	+1.86%
2	1	v	C	12.44%	-4.94%
3	2	v	Java	10.66%	-1.30%
4	4		C++	8.29%	+0.73%
5	5		C#	5.68%	+1.73%
6	6		Visual Basic	4.74%	+0.90%
7	7		JavaScript	2.09%	-0.11%
8	11	^	Assembly language	1.85%	+0.21%
9	12	^	SQL	1.80%	+0.19%
10	13	^	Swift	1.41%	-0.02%
11	8	v	PHP	1.40%	-0.60%
12	9	v	R	1.25%	-0.65%
13	14	^	Go	1.04%	-0.37%

그림 1-3 프로그래밍 언어 순위(출처 : TIOBE INDEX)

SECTION 02

파이썬 소개

1 파이썬의 역사

이 책에서 배울 프로그래밍 언어는 바로 파이썬(Python)이다. 파이썬은 배우기 쉬울 뿐더러 결과도 바로 확인할 수 있어 초보자에게 적합한 프로그래밍 언어이다. 그리고 이 책의 또 다른 주제인 데이터 분석을 위한 프로그래밍 언어로 가장 널리 사용되고 있다.

(a) 파이썬 로고

(b) 귀도 반 로섬

그림 1-4 파이썬 로고와 귀도 반 로섬

파이썬은 귀도 반 로섬(Guido van Rossum)이라는 프로그래머가 C 언어로 제작해 1991년에 공식적으로 발표했다. 파이썬의 사전적인 의미는 비단뱀으로, 로고도 파란색과 노란색 비단뱀 두 마리가 서로 얽혀 있는 형태이다. 귀도 반 로섬은 파이썬이라는 이름을 어릴 때 좋아했던 TV 프로그램인 〈몬티 파이썬의 비행 서커스〉에서 따왔다고 한다. 그는 2005년부터 2012년까지 구글에서, 2013년부터 2019년까지는 드롭박스에서 근무했으며, 2020년부터는 마이크로소프트에서 근무 중이다.

> **여기서 잠깐** — **파이썬의 다양한 분류**
>
> 귀도 반 로섬이 만든 파이썬은 C로 만들어져서 CPython으로도 불리며, 일반적으로 사용하는 파이썬은 CPython을 말한다. 그 외에 다양한 개발자가 파이썬의 분기한 언어를 개발했다. 몇 가지 예를 들면, Java로 구현된 Jython, C#으로 구현된 IronPython, CPython으로 작성한 PyPy, CPython의 C 스택 문제를 없앤 Stackless Python, CPython에 강력한 추가 기능을 제공하는 IPython, 웹 브라우저에서 실행되는 Brython 등이 있다.

2 파이썬의 특징

파이썬에는 다음과 같은 장점이 있어 웹 개발, 빅데이터, 인공지능, 과학, 교육 등 다양한 분야에서 적극 활용된다.

- **강력한 기능을 무료로 사용할 수 있다.**

  파이썬은 오픈 소스이며, 비용을 지불하지 않고 무료로 사용할 수 있다. 다양한 추가 라이브러리 역시 무료로 제공된다.

- **읽기 쉽고 사용하기 쉽다.**

  파이썬은 직관적인 코드를 사용하여 C, Java 등의 다른 언어보다 읽기 쉽게 작성할 수 있다. 따라서 다른 언어보다도 프로그램 제작이 빨라 비용이 절감되는 효과가 있다.

- **사물인터넷과 잘 연동된다.**

  라즈베리파이(Raspberry Pi) 기반의 사물인터넷에서도 파이썬이 지원되기 때문에 최근 관심이 대폭 증가하고 있는 사물인터넷 개발 및 운영에 활용되고 있다.

- **다양하고 강력한 외부 라이브러리들이 많이 있다.**

  파이썬은 자체 제공하는 라이브러리뿐 아니라, 외부에서 제공하는 다양한 서드 파티(Third Party) 라이브러리를 사용할 수 있다. 서드 파티 라이브러리를 설치하면 각 라이브러리의 고유하고 강력한 기능을 파이썬에서 사용할 수 있다. GUI를 제공하는 wsPython, 이미지 처리 기능의 Pillow, 웹 크롤링이 가능한 Scrapy, 비디오 게임을 만들 수 있는 Pygame, 통계나 선형대수를 사용할 수 있는 Numpy, 생물학 분야의 분석 기능을 제공하는 Biopython 등이 그 예이다.

- **강력한 웹 프레임워크를 사용할 수 있다.**

  웹 개발 환경에서도 파이썬의 웹 프레임워크를 사용함으로써 강력하고 빠른 웹 환경을 구축할 수 있다. 대표적으로 장고(Django), 플라스크(Flask) 등이 있는데, 장고 및 플라스크를 사용하는 대표적인 웹 사이트는 인스타그램 등이 있다.

여기서 잠깐

컴파일러 언어와 스크립트 언어

컴파일러(Compiler) 언어는 소스 코드를 실행 가능한 기계어로 일괄 번역한 후 번역이 완료된 파일(*.exe, *.class 등의 파일)이 실행되는 언어를 말한다. 소스 코드를 기계어로 번역하는 과정을 컴파일(Compile)이라고 부르며, 이 작업을 하는 프로그램을 컴파일러라고 부른다. 대표적인 컴파일러 언어로는 C, C++, Java 등이 있다. 이와 대비해서 스크립트 언어(또는 인터프리터 언어)는 소스 코드를 한 줄씩 읽어서 실행되는 언어를 말한다. 이렇게 한 줄씩 처리하는 작업을 하는 프로그램을 인터프리터(Interpreter)라고 부른다. 그래서 스크립트 언어는 별도의 실행 파일이 생성되지 않는다. 대표적인 스크립트 언어로는 파이썬, 자바스크립트(JavaScript), 펄(Perl) 등이 있다.

일반적으로 컴파일러 언어는 기계어로 일괄 번역하기 때문에 실행 속도가 스크립트 언어보다 훨씬 빠르다. 또한 컴파일러 언어는 배우는 데 시간이 오래 걸리지만, 스크립트 언어는 대부분 빠른 시간 안에 배울 수 있다는 장점이 있다.

파이썬은 장점만 있는 것은 아니다. 가장 큰 단점으로는 느린 속도를 들 수 있다. 파이썬은 스크립트 언어이기 때문에 태생적으로 컴파일러 언어보다 느릴 수밖에 없다. 하지만 이를 보완하기 위해서 많은 파이썬 패키지를 최적화하고 있다. 또 다른 단점으로 아직까지는 모바일 컴퓨팅 분야에 지원이 약하며, 하드웨어 제어 등에 관한 부분도 사용하기 어렵다는 점이 있다.

앞으로 우리가 사용할 파이썬을 미리 살펴보자. 파이썬은 [그림 1–5]와 같은 형태를 하고 있다.

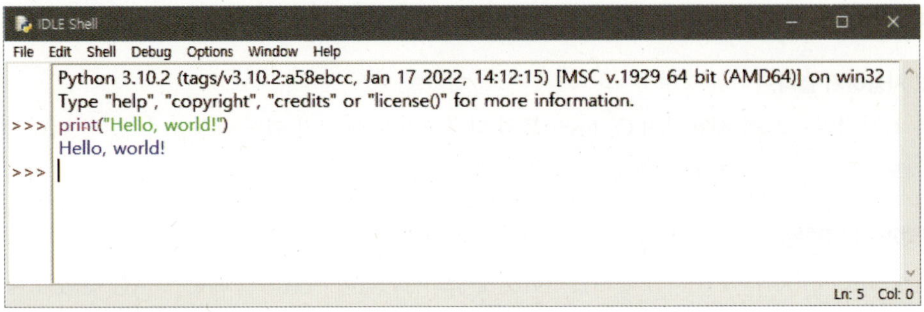

그림 1–5 파이썬 실행 화면

파이썬의 메뉴나 메시지 등은 모두 영문이며 특별히 한글판이 있지는 않다. 하지만 아무런 문제 없이 한글이 출력되기 때문에 메뉴가 굳이 한글일 필요성을 느끼지는 못할 것이다.

여기서 잠깐

Hello World 프로그램

다른 프로그래밍 언어를 공부해본 독자라면 화면에 'Hello, world!'를 출력하는 Hello World 프로그램을 작성해본 기억이 있을 것이다. 이 프로그램은 대부분의 프로그래밍 언어 서적에서 가장 처음 만드는 기본 예제로 사용된다. [그림 1–5]도 이러한 맥락으로 작성해본 것이다. 다음은 C 및 Java로 작성된 Hello World 프로그램이다.

C

```c
#include  <stdio.h>
int main()
{
    printf("Hello, world!\n");
    return 0;
}
```

Java

```java
public class  HelloWorldApp {
  public static void main(String[] args) {
    System.out.println("Hello, world!");
  }
}
```

참고로 Hello World 프로그램은 1978년에 출간된 브라이언 커니핸과 데니스 리치가 쓴 책 《The C Programming Language》에서 처음 사용된 것으로 알려져 있다.

SECTION
03 데이터 분석 소개

1 데이터 분석의 개념

데이터 분석(Data Analysis)이란 다양한 데이터에서 유용한 정보를 추출하기 위한 과정, 예컨대 변환, 정리, 추출, 모델링 등을 통틀어서 일컫는 말이다. 즉 정형, 비정형, 실시간, 누적 데이터 등을 프로그래밍 언어 및 라이브러리를 이용해서 분석하는 것이다. 그리고 데이터 분석을 통해서 나온 결과는 일반 사용자, 통계 전문가, 소프트웨어 개발자, 데이터 분석가, 인공지능 엔지니어, 회사 경영진 등 많은 사람이 필요로 하는 유용한 정보가 된다.

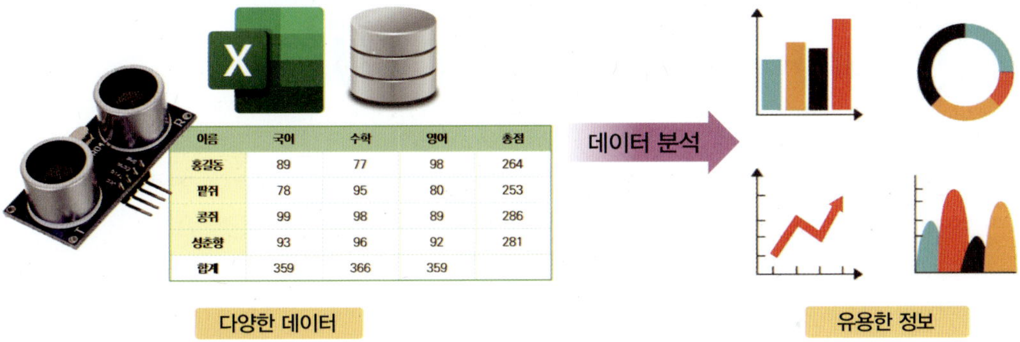

그림 1-6 데이터 분석의 개념

2 데이터 분석 언어 및 라이브러리

데이터 분석에 사용되는 주요 언어로는 R, 루비, 파이썬 등이 있다. 이 책은 파이썬을 사용해서 데이터 분석을 다룬다. 파이썬은 대화형 기능을 제공함으로써 데이터 분석을 단계별로 사용할 수도 있고, 완전한 프로그래밍 코드로 작성할 수도 있다. 파이썬은 범용적이며 훌륭한 과학 계산 기능을 제공한다. 또한, 다양한 오픈 소스 라이브러리를 사용할 수 있어서 편리하다. 이 책의 후반부에서는 파이썬 환경에서 데이터 분석을 위해 CSV, xlrd, xlwt, XlsxWriter, SQLite, PyMySQL, BeautifulSoup, NumPy, Pandas, Matplotlib 등의 다양한 라이브러리를 사용한다.

여기서 잠깐

파이썬 라이브러리

파이썬은 훌륭한 언어이기 때문에 시간과 노력을 들이면 어떤 기능이든 작성할 수 있다. 하지만 원하는 기능을 구현하기에는 시간이 너무 오래 걸리는 경우도 있다. 그래서 사용 빈도가 높거나, 직접 작성하기 어려운 기능들을 만들어서 제공하는 프로그램 코드의 모음을 라이브러리(Library)라고 한다. 요리 재료를 하나하나 사용하는 것이 파이썬 기본 프로그래밍이라면, 밀키트와 같이 절반 이상 완성되어 제공되는 것을 라이브러리라고 할 수 있다. 파이썬 라이브러리는 파이썬 자체에서 제공하는 내부 라이브러리와 파이썬에서는 제공하지 않지만 외부 개발자가 만들어서 제공하는 외부 라이브러리로 나뉜다. 이 책도 내부 및 외부 라이브러리를 종종 사용하게 되는데, 특히 7장 이후에서는 외부 라이브러리를 주로 사용한다.

그림 1-7 데이터 분석을 위한 파이썬 라이브러리

SECTION 04

프로그래밍 환경 구축

1 파이썬 설치

프로그래밍 언어를 공부할 때 코드만 읽는 것은 좋은 학습 방법이 아니다. 당연히 컴퓨터를 한 대 준비하고 직접 따라 입력해 보아야 한다. 컴퓨터의 운영체제는 윈도, 맥, 리눅스 중 어느 것을 사용해도 상관없다. 여기서는 64bit용 윈도 11 및 윈도 10을 기준으로 설명하지만, 윈도 7 이후라면 32bit, 64bit 모두 사용할 수 있다.

자신의 윈도 버전 및 시스템 종류를 파악해 보자. 먼저 ⊞+R을 누른 후, msinfo32 명령을 입력하고 〈확인〉 버튼을 누르면 [시스템 정보]가 나온다. x64는 64bit고, x86은 32bit다. 그리고 파이썬을 다운로드하기 전에 파일의 확장명을 표시한다. 파일 탐색기를 실행해서 [레이아웃 및 보기 옵션]–[표시]–[파일 확장명]을 체크한다. 윈도 10은 [보기] 메뉴의 '파일 확장명'을 체크하면 된다.

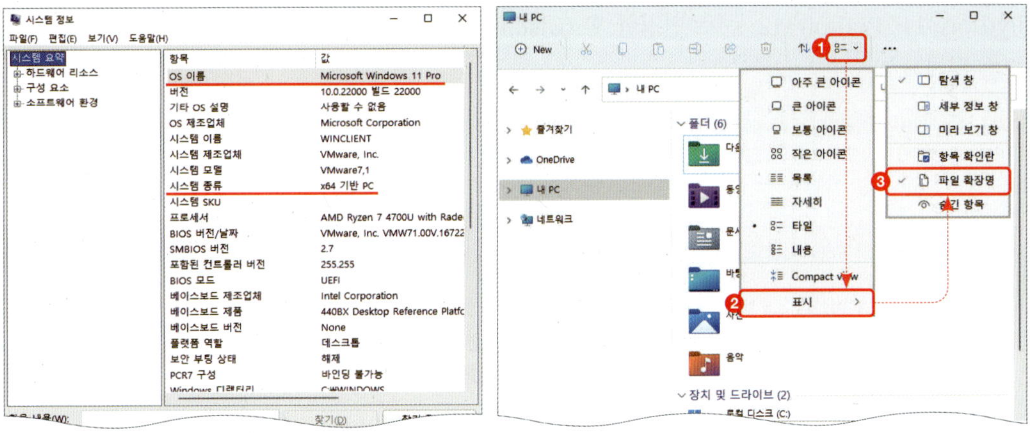

그림 1-8 윈도 버전 및 시스템 파악

여기서 잠깐

윈도 환경에 따른 파이썬 설치 파일

요즘은 대부분 64bit 윈도를 사용하지만, 32bit 윈도를 사용 중이라면 python–3.x.x.exe 파일(python–3.10.2.exe 등)을 다운로드해야 한다.

또한 윈도 7에는 파이썬 3.8까지만 설치된다. 책의 자료실(http://www.hanbit.co.kr/src/4612)에서 64bit 윈도 7은 python–3.8.10–amd64.exe를, 32bit 윈도 7은 python–3.8.10.exe 파일을 다운로드해서 사용하자. 그 이후의 과정은 거의 동일하다.

파이썬은 무료로 다운로드할 수 있어 비용을 지불하지 않아도 사용에 제한이 없다. 웹 브라우저에서 파이썬 홈페이지(https://www.python.org/)에 접속하고, [Downloads]를 클릭한 후 [Python 3.x.x]를 클릭한다. 그러면 자동으로 python-3.x.x-amd64.exe 파일이 다운로드된다.

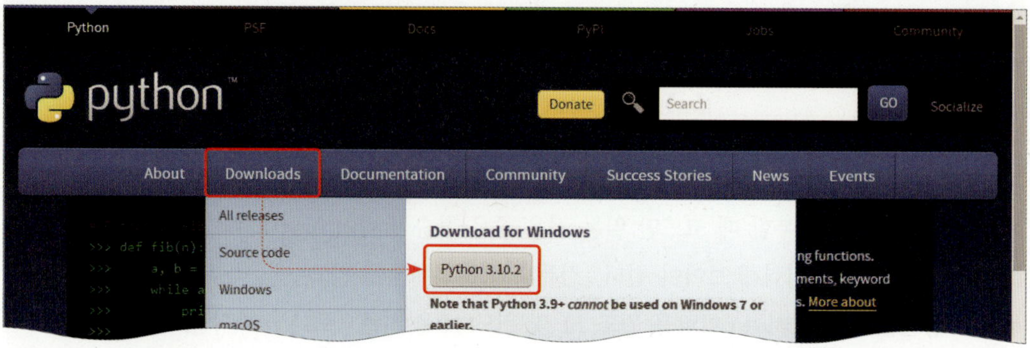

그림 1-9 파이썬 다운로드 화면

파이썬 설치는 마우스를 몇 번 클릭하면 완료될 정도로 상당히 간단하다. 먼저 다운로드한 파일 python-3.x.x-amd64.exe를 더블클릭해 실행한다. 그런 뒤 다음 화면에서 'Add Python 3.x to PATH'에 체크하고 〈Customize installation〉 버튼을 누른다. [Optional Features]에서는 〈Next〉 버튼을 누른다. [Advanced Options]에서 경로를 'C:\Python\Python310'(또는 Python311, Python312 등)로 변경한 후 〈Install〉 버튼을 누른다. 설치에 성공하면 〈Close〉 버튼을 눌러서 창을 닫는다.

TIP • 설치 파일을 더블클릭했을 때 파일 열기 보안 경고창이 열리면 〈실행〉 버튼을 누르고, 설치 도중 사용자 계정 컨트롤창이 열리면서 '이 앱이 디바이스를 변경할 수 있도록 허용하시겠어요?'라고 물으면 〈예〉 버튼을 눌러 계속 진행한다.

여기서 잠깐

파이썬 2.x와 3.x

파이썬은 크게 2.x 버전과 3.x 버전으로 나누는데, 이 책을 집필하는 시점에는 각각 2.7 버전과 3.10 정식버전(3.11은 베타버전)이 발표되었다. 이렇게 나뉘는 가장 큰 이유는 두 버전이 호환되지 않아 2.x로 작성된 코드를 3.x에서 사용하려면 코드 일부를 수정해야 하기 때문이다.

기존에 작성된 파이썬 코드들은 2.x로 된 것이 많다. 이런 코드들을 일괄적으로 3.x로 수정하기도 어렵고, 잘 작동하는 코드를 굳이 변경할 필요도 없다. 하지만 파이썬 2.x가 2.7 버전을 마지막으로 더 이상 업데이트되지 않아 향후에는 3.x 버전만 업데이트될 것이다. 2.x에서 작성한 코드를 사용하는 경우가 아니라면 가능한 3.x 버전을 사용하는 것이 최신 파이썬 기능을 100% 활용할 수 있는 방법이다.

이 책에서도 집필 시점을 기준 최신 버전인 3.10.2 버전을 사용할 것이다. 이후에 더 버전을 업데이트해도 문제없을 것이라 생각하지만, 책과 완전히 동일한 버전을 사용하고 싶다면 이 책의 자료실(http://www.hanbit.co.kr/src/4612)에서 책과 동일한 python-3.10.2-amd64.exe 파일을 다운로드해서 사용한다. 참고로 2021년 말 3.10, 2022년 말 3.11, 2023년 말 3.12… 식으로 매년 하반기에 정식 새 버전이 배포된다.

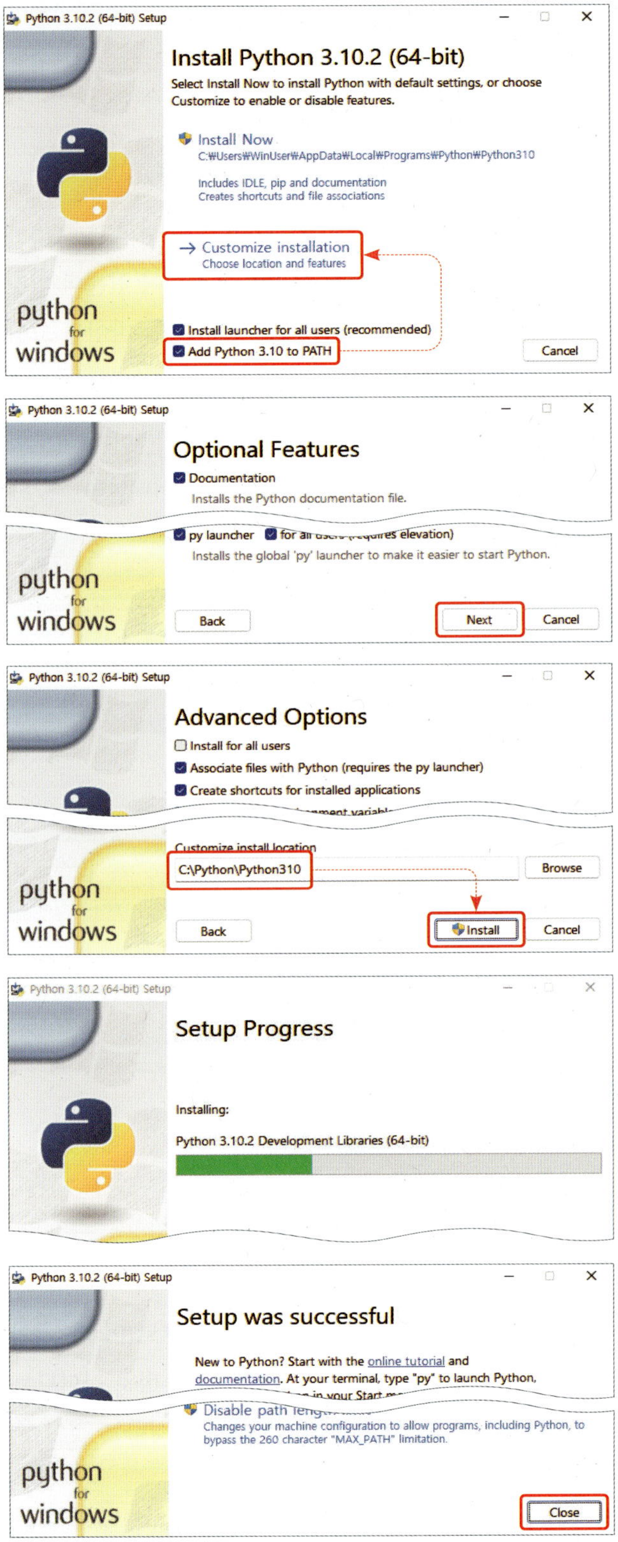

그림 1-10 파이썬 설치 과정

설치가 너무 쉬워서 좀 허무할 수도 있겠지만, 성공적으로 완료되었다. 필자와 동일하게 설치했다면 여러분은 파이썬을 본격적으로 공부할 준비가 된 것이다.

2 파이썬 실행

설치를 완료해 파이썬 프로그램을 코딩할 준비가 되었으니 우선 간단히 'Hello, world!'를 출력하는 프로그램을 만들어 보자. 파이썬에는 프로그램을 개발할 수 있는 환경이 포함되어 있는데 이것을 IDLE(Integrated DeveLopment Environment, 통합 개발 환경)이라고 한다. 파이썬 코딩이 축구공을 차는 것이라면, IDLE은 축구장에 비유할 수 있다.

파이썬의 개발 환경인 IDLE에서 프로그램을 작성하고 실행하는 연습을 해 보자. 먼저 윈도의 〈시작〉 버튼을 누르고 [P]-[Python 3.x]-[IDLE (Python 3.x 64-bit)] 메뉴를 선택한다.

TIP • 윈도 11은 〈시작〉 버튼을 누르고 오른쪽 위 [모든 앱]을 클릭해야 설치된 앱이 모두 보인다.

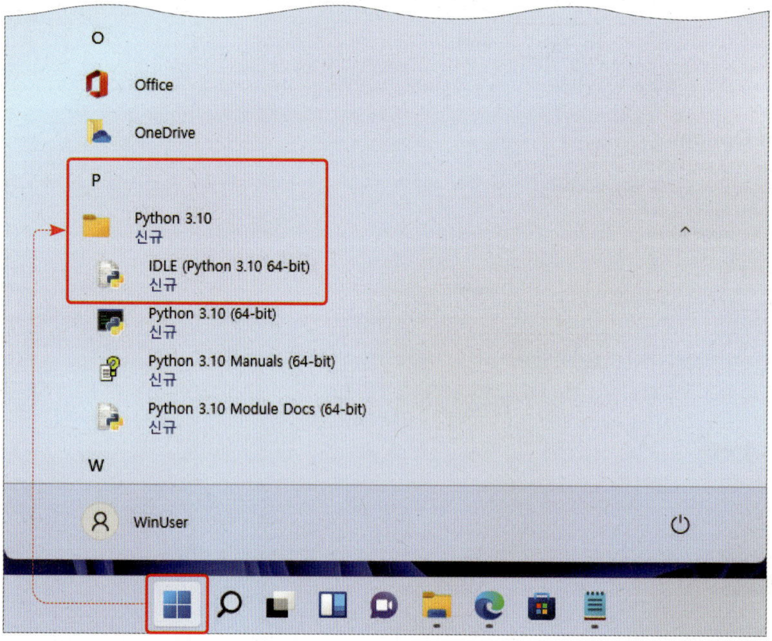

그림 1-11 IDLE 실행

IDLE이 시작되면 [그림 1-12]와 같이 두세 줄의 파이썬 버전 정보가 출력되고 프롬프트(Prompt)인 >>> 옆에 커서가 깜박인다. 이 화면은 한번에 하나의 명령이 실행되고 실행 결과가 바로 나타나는 IDLE Shell로, 대화형 모드에 해당한다. 단순한 코드는 이런 대화형 모드에서 작성하는 것이 좋고, 긴 코드는 2장에서 알아볼 스크립트 모드에서 작성하는 것이 좋다.

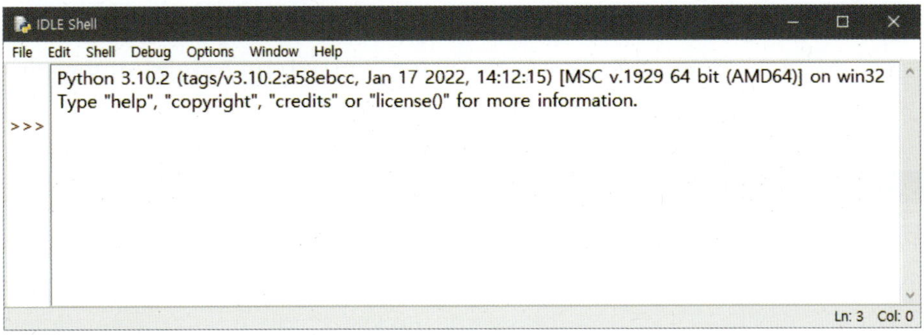

그림 1-12 IDLE 창

대화형 모드에서 >>> 옆에 다음과 같이 코드를 입력하고 Enter를 누른다.

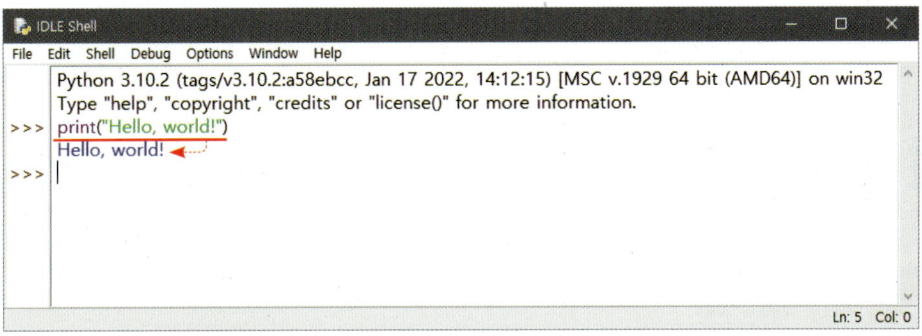

그림 1-13 코드 입력 및 실행 예 1

잘못 입력하지 않았다면 [그림 1-13]과 실행 결과가 같을 것이다. 입력한 내용은 print() 안에 입력한 글자를 화면에 출력하라는 의미이다. 첫 번째 파이썬 프로그램이 잘 작동하고 결과도 문제없을 것이다. 지금은 'Hello, world!'를 출력했지만, 한글도 문제없이 잘 출력된다. 이번에는 계산식을 처리하는 다음 코드를 입력하고 Enter를 누른다.

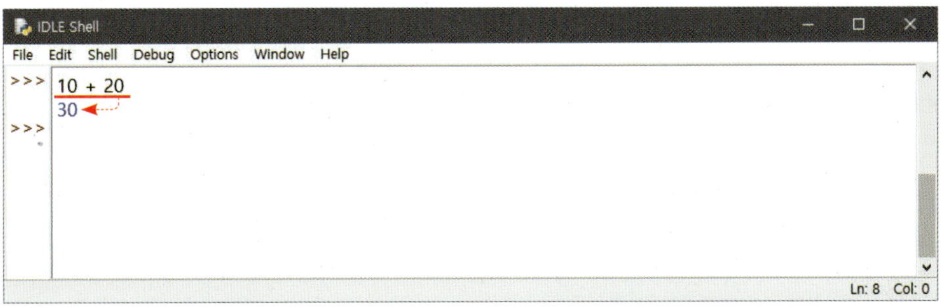

그림 1-14 코드 입력 및 실행 예 2

TIP • 글자가 이어진 것을 '문자열'이라고 한다. 문자열은 큰따옴표(" ")나 작은따옴표(' ')로 묶어야 한다. 하지만 숫자는 그대로 사용해야 파이썬이 숫자로 인식한다. "1+1"처럼 숫자나 계산을 큰따옴표나 작은따옴표로 묶으면 문자열로 인식해 계산하지 않고 "1+1"로 그대로 출력한다.

파이썬은 계산도 잘한다. 앞으로 머리 아픈 숫자 계산은 파이썬에 맡기면 된다. 물론 이 정도의 숫자는 암산으로도 충분하다. 그런데 만약 9876＊27－32767을 계산한다면? 당연히 어려울 것이다. 이 어려운 계산을 파이썬이 대신하도록 다음 코드를 입력해 보자.

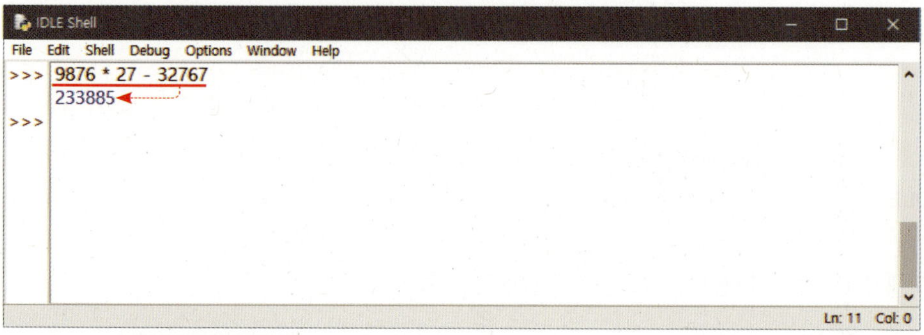

그림 1-15 코드 입력 및 실행 예 3

결과가 바르게 나왔을 것이다. 파이썬은 이러한 복잡한 계산도 간단히 해결해 준다. 물론 이것은 앞으로 하나씩 살펴볼 파이썬이 가진 능력의 극히 일부분일 뿐이다. 파이썬의 개발 환경인 IDLE의 사용 방법을 대략 배웠다. 이제 IDLE을 종료해 보자. [File]－[Exit] 메뉴를 선택한다.

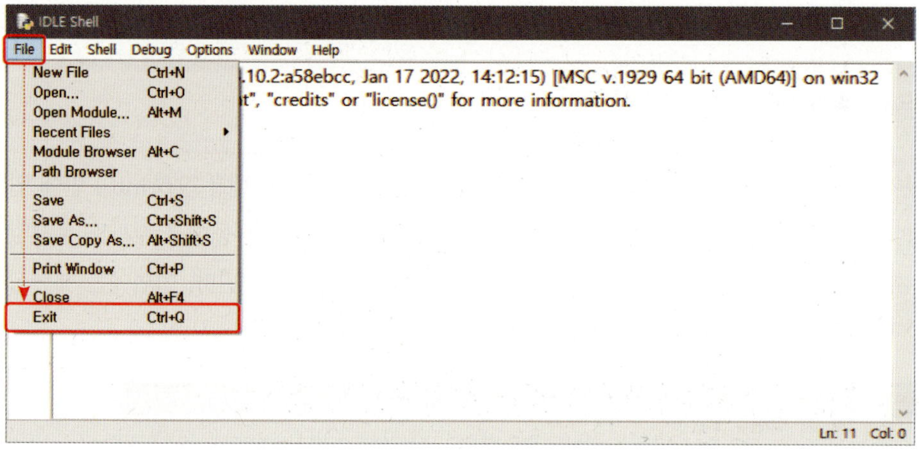

그림 1-16 IDLE 종료

매우 단순하지만 코드를 직접 입력해 결과까지 확인했다. 지금까지 잘 따라 했다면 훌륭한 파이썬 프로그래머의 능력을 갖춘 것이다. 다음 장부터는 파이썬을 좀 더 활용할 수 있는 프로그램을 작성해 본다.

여기서 잠깐

Jupyter Notebook

파이썬을 설치하면 기본적으로 포함되어 있는 '파이썬 IDLE'을 사용하는 것도 별 무리가 없지만, 데이터 분석을 위해서 'Jupyter Notebook' 환경도 많이 사용한다. 파이썬 IDLE이든 Jupyter Notebook이든 어느 것을 사용해도 이 책을 학습하기에는 문제가 없다. 특히, 파이썬 3.10부터는 기존 버전에서 화면이 약간 변경되어, 데이터 분석을 위한 대화형 모드 화면도 크게 불편하지 않다.

SELF STUDY 1-1

파이썬의 IDLE을 이용해서 다음을 계산해 보자.

① 123 * 456 * 789

② 100 / 200 / 300

요약

IT@COOKBOOK

1 컴퓨터가 이해하는 언어를 '프로그래밍 언어'라고 한다.

2 프로그래머는 프로그래밍 언어를 사용해 소프트웨어나 어플리케이션을 만드는 사람이다.

3 프로그래밍 언어에는 C/C++, 자바, HTML, PHP, 파이썬 등이 있고, 이 책은 파이썬(Python)을 다룬다. 파이썬은 강력하면서도 배우기 쉬워 최근 인기가 많은 프로그래밍 언어이다.

4 데이터 분석(Data Analysis)이란 다양한 데이터에서 유용한 정보를 추출하기 위한 일련의 과정을 말한다.

5 파이썬은 범용적이며 훌륭한 과학 계산 기능을 제공한다. 또한, 다양한 오픈 소스 라이브러리를 사용할 수 있어서 편리하다.

6 파이썬은 파이썬 홈페이지(https://www.python.org/)에서 무료로 다운로드할 수 있고, 마우스 클릭만으로 쉽게 설치할 수 있다.

7 파이썬의 최신 버전은 3.x이지만, 2.x 버전도 종종 사용된다.

8 파이썬 개발 환경을 IDLE이라 하고, 실행하면 >>> 프롬프트가 표시된다. 여기에 코드를 입력하고 Enter를 누르면 실행된다.

9 다음은 "안녕하세요?"와 300을 출력한다.

```
print("안녕하세요?")
print(100 + 200)
```

연습문제

1 보기를 참고하여 다음 빈칸을 채우시오.

프로그래밍 언어	소프트웨어	프로그래머	사람의 언어

컴퓨터가 이해하는 말을 [❶]라고 한다. [❶]는 컴퓨터에서 작동하는 [❷]를 만드는 도구 같은 것으로, 요즘에는 스마트폰에서 작동하는 앱도 [❶]로 만든다.
그리고 [❶]를 사용해 [❷]나 앱을 만드는 사람을 [❸]라고 한다.

2 프로그래밍 언어가 아닌 것을 고르시오.

① Java ② Excel
③ C++ ④ JavaScript

3 파이썬에 대한 설명 중 옳은 것을 고르시오.

① 초보자가 배우기 쉬운 언어이다.
② 개발자 빌 게이츠가 C언어로 제작했다.
③ 개인에게 상당히 인기가 있지만, 기업 시장에는 아직 진출하지 못했다.
④ 무료로 사용할 수 있지만, 소스 코드는 공개되어 있지 않다.

4 데이터 분석과 관련된 설명 중 옳은 것을 고르시오.

① 데이터 분석의 결과는 일반 사용자나 인공지능 엔지니어에게는 유용하지 않다.
② 데이터 분석에서 사용되는 언어는 주로 C, C++, Java, C# 등이다.
③ 데이터 분석을 위한 라이브러리로는 CSV, XlsxWriter, SQLite, NumPy, Pandas 등이 있다.
④ 데이터 분석을 위한 라이브러리는 모두 파이썬에 내장되어 있다.

5 다음 중 '안녕, 파이썬'이 출력되는 코드를 하나 고르시오.

① print("안녕, 파이썬") ② printf("안녕, 파이썬")
③ write("안녕, 파이썬") ④ put("안녕, 파이썬")

연습문제

6 파이썬 설치와 관련된 내용 중 옳지 않은 것을 고르시오.

① 윈도 7 이후에 3.9 및 3.10 버전의 설치가 가능하다.

② 64bit용과 32bit용이 별도로 배포된다.

③ 32bit용 운영체제에는 32bit용 파이썬을 설치해야 한다.

④ 64bit용 운영체제에는 32bit 또는 64bit용 모두 설치가 가능하다.

7 파이썬을 실행하는 통합 환경을 부르는 용어를 고르시오.

① Prompt ② IDLE Shell

③ Interpreter ④ Compiler

8 다음 파이썬 코드 중 실행 결과 오류가 발생하는 것을 고르시오.

① 100 + 200 ② 100 − 200

③ 100 × 200 ④ 100 / 200

CHAPTER 02

미리 만드는 쓸 만한 프로그램

학습목표

- 변수를 이해한다.
- print() 함수의 사용법을 익힌다.
- 긴 프로그램을 작성하고 저장하는 방법을 익힌다.
- 키보드로 숫자를 입력해 계산하는 계산기 프로그램을 만든다.
- 터틀 그래픽을 이용해 간단한 그림을 그리는 프로그램을 만든다.

SECTION 01

이 장에서 만들 프로그램

1장에서 "Hello, world!"를 출력하는 프로그램과 간단한 숫자 계산 프로그램을 구현했다. 의미 있는 프로그램이지만, 아쉽게도 여러분이 실제로 사용하는 프로그램과는 상당히 거리가 있다.

파이썬으로 무언가 그럴듯한 프로그램을 만들려면 배워야 할 내용이 많다. 규칙과 기술을 몰라도 공을 찰 수 있는 것처럼 일단은 간단한 프로그램을 만들면서 익숙해지자.

1 [프로그램 1] 간이 계산기

첫 번째는 숫자 2개를 입력해 더하기, 빼기, 곱하기, 나누기 등을 연산하는 아주 기본적인 간이 계산기 프로그램이다.

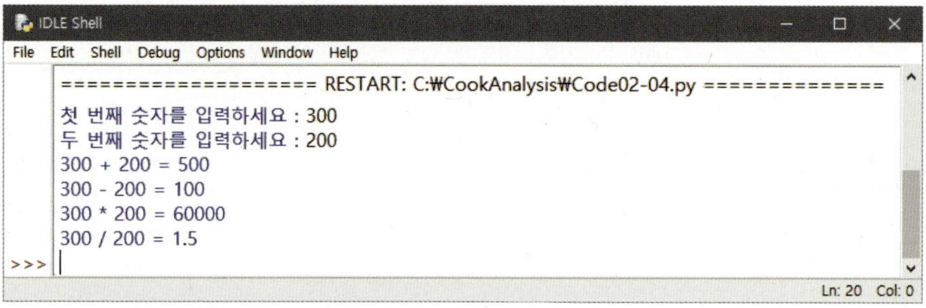

2 [프로그램 2] 터틀 그래픽

두 번째는 마우스로 거북이 커서를 움직여 재미있는 그림을 그리면서 시각적으로 흥미를 느낄 수 있는 프로그램이다. 파이썬은 화면에 쉽게 그림을 그릴 수 있는 터틀 그래픽(Turtle Graphic)을 지원한다. 작성할 프로그램에는 마우스가 클릭한 위치로 거북이가 쫓아오면서 선을 그리는 기능이 있다.

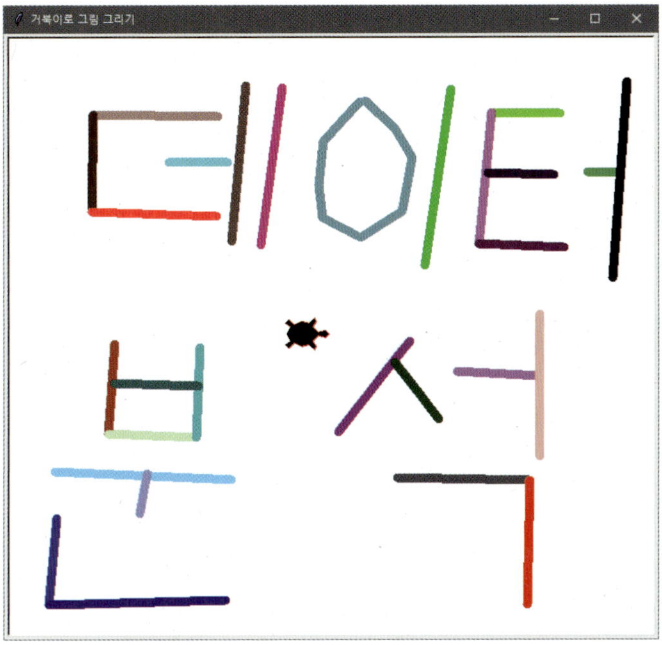

계산기 프로그램 기반 구축

1 변수 준비

계산기는 숫자를 입력하면 그 계산 결과를 보여 준다. 그런데 키보드로 숫자를 입력하는 기능은 아직 어려울 수 있으므로 우선은 100과 50을 고정하여 더하는 프로그램부터 작성해 보자.

먼저 100과 50이 필요하므로 이를 어딘가에 담아 놓아야 할 것 같다. IDLE에서 다음과 같이 코딩해 보자.

그림 2-1 변수 준비

여기서 등호(=)는 '같다'는 의미가 아니라 '오른쪽의 것을 왼쪽으로 넣어라'는 의미의 대입 연산자이다. 따라서 a=100은 a←100과 같은 개념이다.

눈으로는 특별한 차이를 느끼지 못할 것이다. 하지만 내부적으로는 [그림 2-2]와 같이 a와 b 그릇이 생겨 a 그릇에는 100이, b 그릇에는 50이 담긴 상태가 된다. 프로그래밍 언어에서 그릇과 같은 역할을 하는 것이 바로 변수이다.

그림 2-2 그릇 2개 준비

2 사칙 연산 기능 구현

이제 두 그릇에 담긴 숫자들을 더해 보자. 다음 코드를 실행해도 역시나 눈으로는 변화를 확인할 수 없다. 하지만 내부적으로는 [그림 2-4]와 같이 a 그릇의 100과 b 그릇의 50을 합친 값이 새로운 result 그릇에 들어간 상태가 된다. 진짜 그릇이라면 a와 b 그릇은 비어 있어야 하지만, 변수는 result에 값이 들어가더라도 a, b의 변수 값이 그대로 남는다.

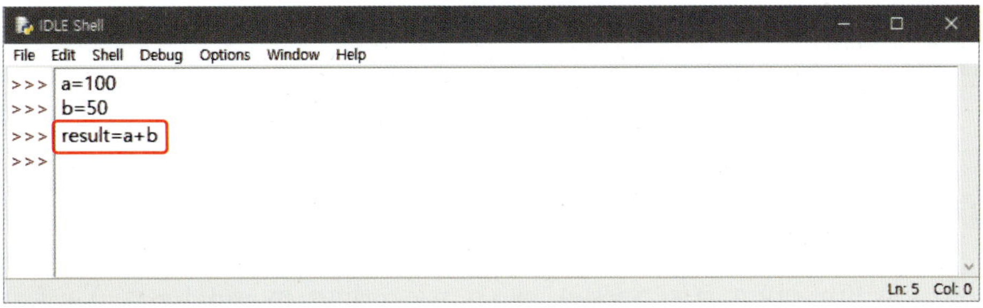

그림 2-3 더하기 구현

그림 2-4 더하는 작업

TIP • C나 자바에는 변수 선언이라는 것이 존재하지만 파이썬에는 변수 선언이 없다. a에 정수 100을 넣으면 자동으로 정수형 변수가 되고, 123.45 같은 실수를 넣으면 실수형 변수가 된다. 변수형은 3장에서 자세히 다룬다.

이제 result 그릇의 내용을 print() 함수로 출력해 보자.

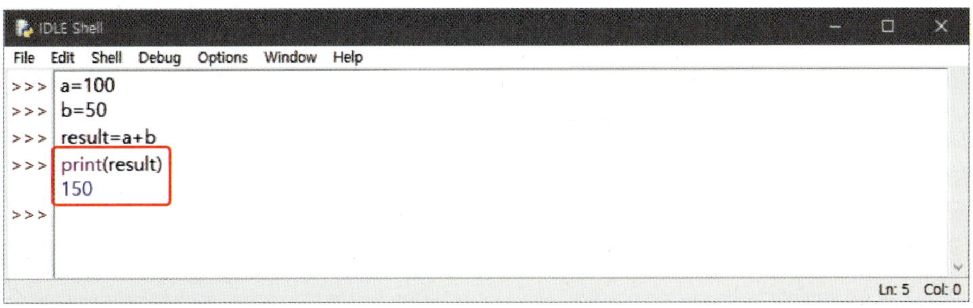

그림 2-5 더한 결과 출력 1

실행 결과로 150이 나왔을 것이다. 그런데 화면에 150이라고만 나오면 어떤 계산의 결과인지 알기가 어렵다. 이제 100+50=150과 같이 계산식도 출력해 보자.

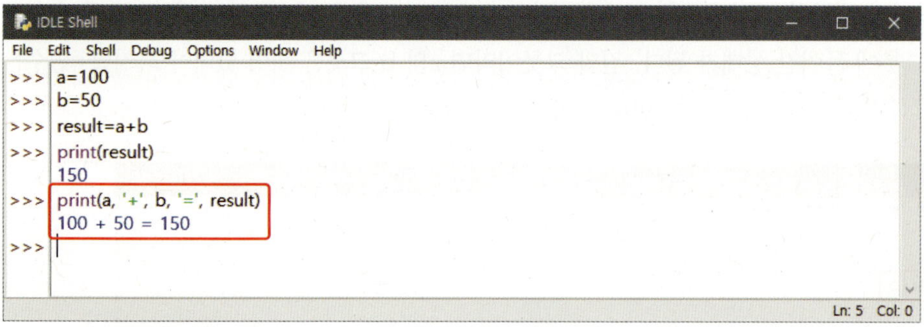

그림 2-6 더한 결과 출력 2

print() 함수는 괄호 안의 내용을 모두 출력한다. 앞으로 프로그래밍을 할 때마다 자주 사용할 것이니 잘 기억해 두자. 여러 개를 출력하고 싶다면 콤마(,)로 구분한다. 다음은 100+50=150이라는 글자를 출력한다.

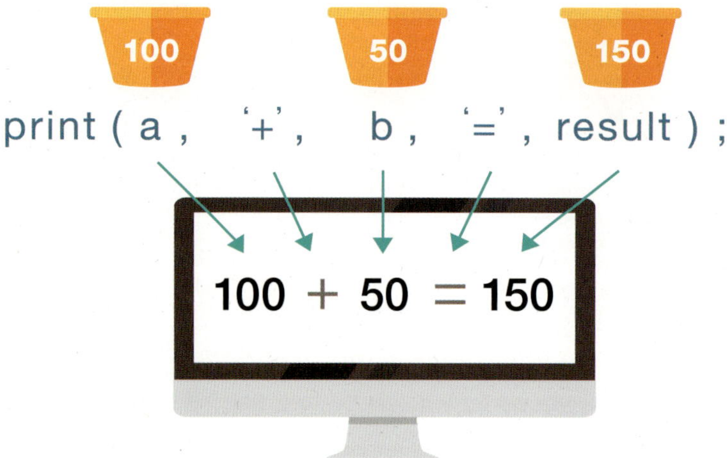

그림 2-7 print() 함수로 출력

TIP • 문자열(String)은 연속된 문자로, 큰따옴표나 작은따옴표로 묶는다. 예로 "abcd", "안녕?", '100', 'a' 등이 있다.

여기서 잠깐

함수 (Function)

함수는 특정 기능을 하도록 미리 만들어져 있거나 새로 만든 공식을 말하며, 뒤에 괄호가 붙는다. print()는 괄호 안의 내용을 출력하는 함수로, 파이썬 내장 함수이다. 이외에도 파이썬은 매우 많은 함수를 제공하지만, 프로그래머가 원하는 모든 함수를 파이썬에서 제공할 수는 없으므로 직접 만들어서 사용하기도 한다. 함수에 대한 더 자세한 내용은 4장에서 다룬다.

빼기, 곱하기, 나누기도 출력해 보자.

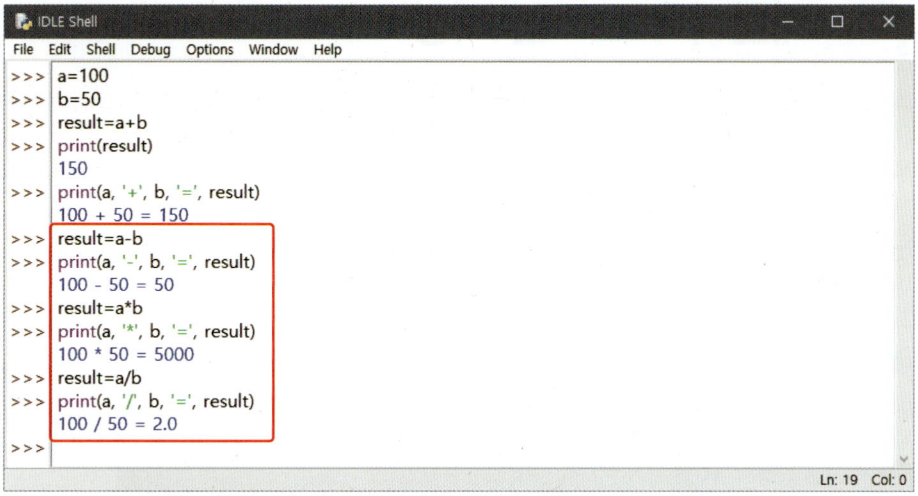

그림 2-8 최종 결과

실습을 하나 마쳤으니 IDLE을 종료하자. 1장에서 배운 [File]-[Exit] 메뉴를 선택해도 되지만, exit()를 입력한 후 [Kill?] 메시지창에서 〈확인〉 버튼을 눌러도 된다.

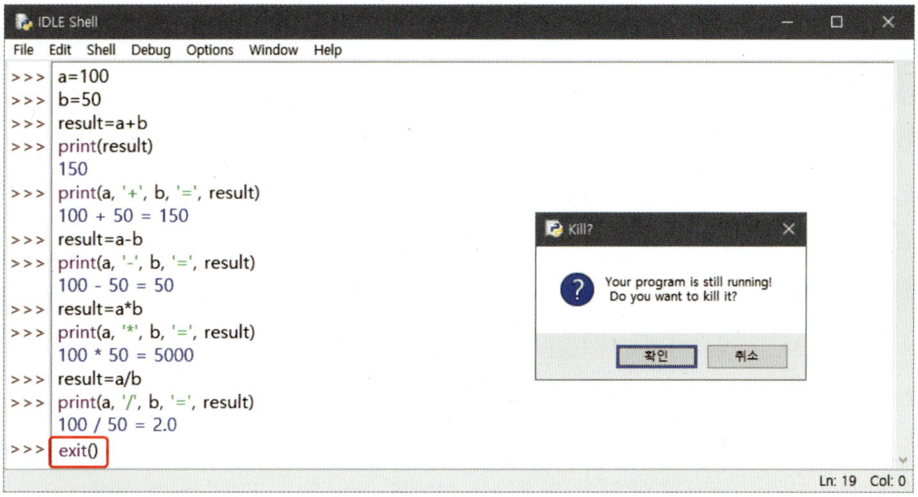

그림 2-9 IDLE 종료

SECTION 03 계산기 프로그램 저장

1 파일 저장의 필요성

앞서 계산한 결과를 다시 확인하고 싶어졌다. 그래서 IDLE을 실행한 후 나누기를 다시 실행해 보았다. 그런데 안타깝게도 빨간색 글씨의 오류가 발생하면서 마지막 줄에 'a라는 이름이 정의되지 않았다'고 표시된다.

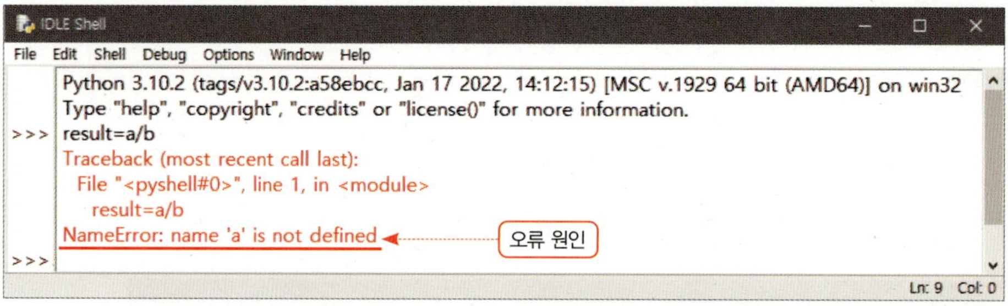

그림 2-10 오류 발생

앞서 a에 100을 넣었음에도 a를 모르겠다고 나온 것이다. 변수는 메모리에 저장되는데, 메모리에 저장된 것은 IDLE을 종료하면 모두 사라진다. 그래서 다시 처음부터 입력해야 하는 번거로움이 발생한다. 지금은 코드가 몇 줄 되지 않아 다시 입력해도 되지만, 수천수만 줄을 코딩하는 프로그램에서는 정말 끔찍한 상황이다.

그러므로 긴 파이썬 코드는 하드디스크나 USB에 저장해 놓는 방법을 사용한다. 앞으로도 단순 프로그램은 IDLE에서 직접 입력하겠지만, 코드가 긴 프로그램은 파일 탐색기에서 폴더를 만들어 하드디스크에 저장해 놓고 사용할 것이다. 폴더명은 원하는 대로 정해도 상관없지만, 한글로 된 폴더명은 후반부 코드 일부가 작동하지 않을 수 있으므로 영어를 사용하자. 필자는 C 드라이브 (C:\) 바로 아래에 CookAnalysis라는 폴더를 만들었다.

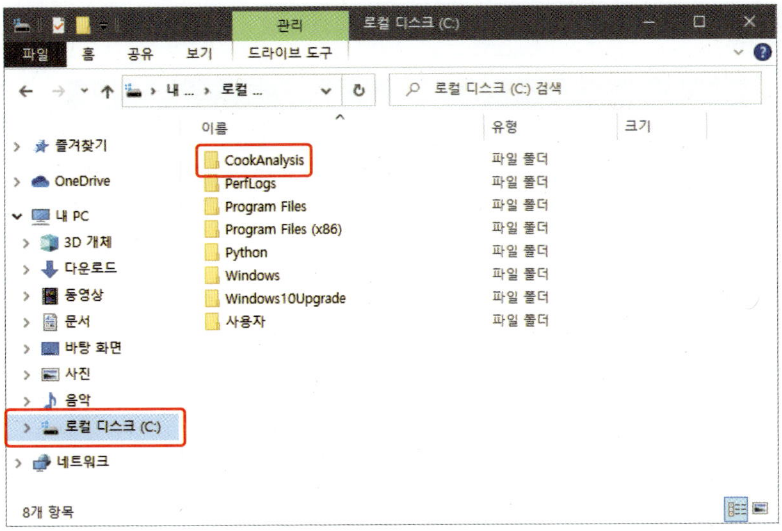

그림 2-11 실습용 폴더 생성

2 파일 저장 방법

지금까지는 한 줄을 입력할 때마다 한 줄씩 실행되는 대화형 모드에서 코딩했지만, 코드가 수십 줄이 된다면 한 줄씩 입력하기는 상당히 번거롭다. 대안으로 스크립트 모드를 사용할 수 있다. IDLE에서 [File]-[New File] 메뉴를 선택하면 메모장 같은 창이 열리는데, 이것이 바로 스크립트 모드이다. 여기서는 코드를 여러 줄 입력할 수 있는데, 입력만 될 뿐 실행되지는 않는다.

Code02-01.py

```
a = 100
b = 50
result = a + b
print(a, "+", b, "=", result)
result = a - b
print(a, "-", b, "=", result)
result = a * b
print(a, "*", b, "=", result)
result = a / b
print(a, "/", b, "=", result)
```

입력을 마치면 오타가 없는지 확인한다. 스크립트 모드에서 [File]-[Save] 메뉴를 선택해 C:\CookAnalysis\ 폴더에 Code02-01로 저장한다. 확장명 *.py가 자동으로 붙어 Code02-01.py 파일로 저장되고 스크립트 모드 위쪽에 파일명이 표시된다. 파일명은 다른 이름으로 지정해도 상관없다. 확장명 *.py는 python의 약자이다.

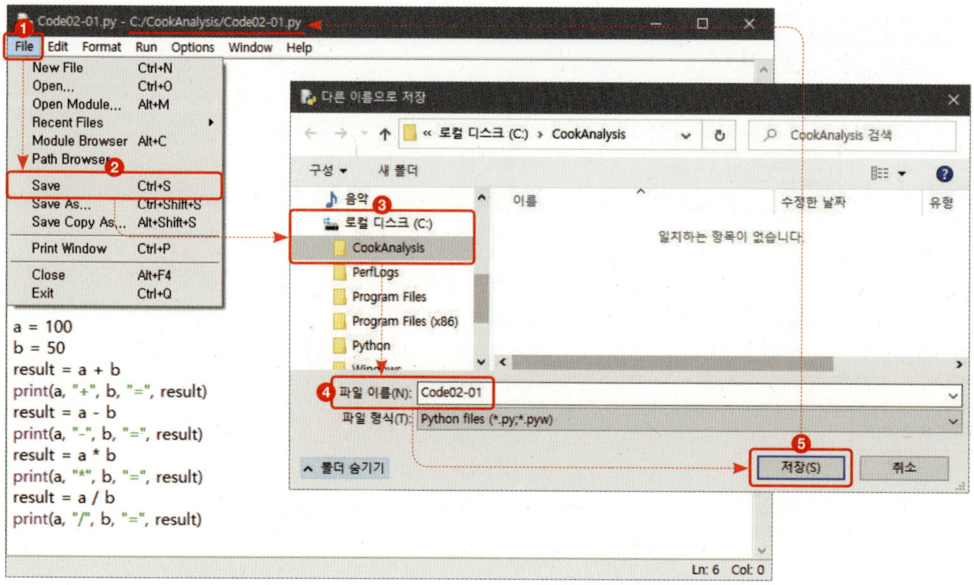

그림 2-12 파이썬 코드를 파일로 저장

3 파일 실행과 결과 확인

스크립트 모드에서 [Run]-[Run Module] 메뉴를 선택하거나 F5를 눌러 코드를 실행해 보자. IDLE Shell과 달리 입력한 코드들이 한꺼번에 실행된다. 앞으로 긴 코드는 이처럼 *.py로 저장한 후 한번에 실행하여 결과를 확인할 것이다.

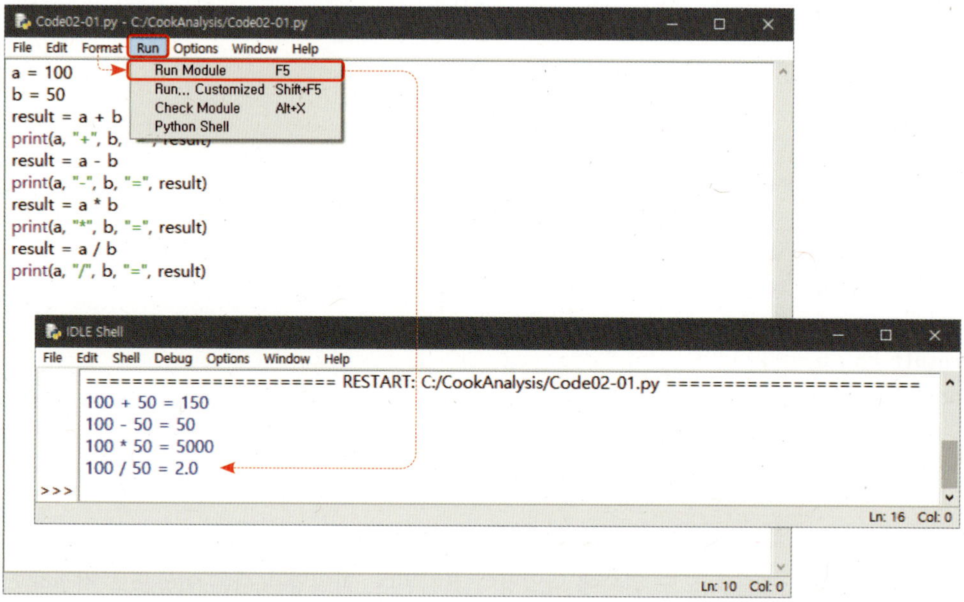

그림 2-13 파이썬 코드를 일괄 실행

실행 결과는 IDLE Shell에 나타난다. Code02-01.py의 4, 6, 8, 10행에 있는 print() 함수는 모두 실행되어 출력되었지만, 나머지 코드는 내부적으로만 실행되고 출력되지 않았다. 또 화면 위쪽에 소스 코드의 파일명이 표시되는 것도 확인할 수 있다. 대화형 모드와 스크립트 모드의 오른쪽 위 버튼을 눌러 모든 창을 닫자.

여기서 잠깐

파이썬 코드를 파일 탐색기에서 바로 실행하기

파이썬 프로그램을 설치한 후에는 파이썬 코드(*.py)를 파일 탐색기에서 더블클릭만 해도 바로 실행된다. C:\CookAnalysis\Code02-01.py 파일을 더블클릭해서 실행해 보자. 순간적으로 명령 창이 열렸다 사라졌을 것이다. 코드의 print() 내용을 출력하자마자 바로 명령 창이 닫혔기 때문이다. 이렇게 순간적으로 사라지는 것을 방지하려면 코드 맨 아래쪽에 다음 코드를 한 줄 추가하고 저장하면 된다.

```
input()
```

input()은 사용자가 키보드로 내용을 입력하는 함수인데, 다른 키를 누를 때까지 화면을 멈추는 효과를 준다. 파일 탐색기에서 파이썬 파일을 다시 더블클릭하면 실행 후 화면이 잠시 멈출 것이다. 임의의 키를 누르면 창이 닫힌다.

그림 2-14 더블클릭으로 실행한 화면 1

또 다른 방법으로 내장 라이브러리를 사용할 수 있는데, Code02-01.py를 다음과 같이 수정한 후 파일을 더블클릭해서 실행해 보자.

```
import os

a = 100
b = 50
~~~ Code02-01.py와 동일 ~~~
print(a, "/", b, "=", result)

os.system("Pause")
```

역시 실행한 후 잠시 멈출 것이다.

그림 2-15 더블클릭으로 실행한 화면 2

코드를 수정하고 결과를 재확인하기 위해 IDLE을 다시 실행하고 [File]-[Open] 메뉴를 선택하여 앞서 저장한 Code02-01.py를 열어 보자.

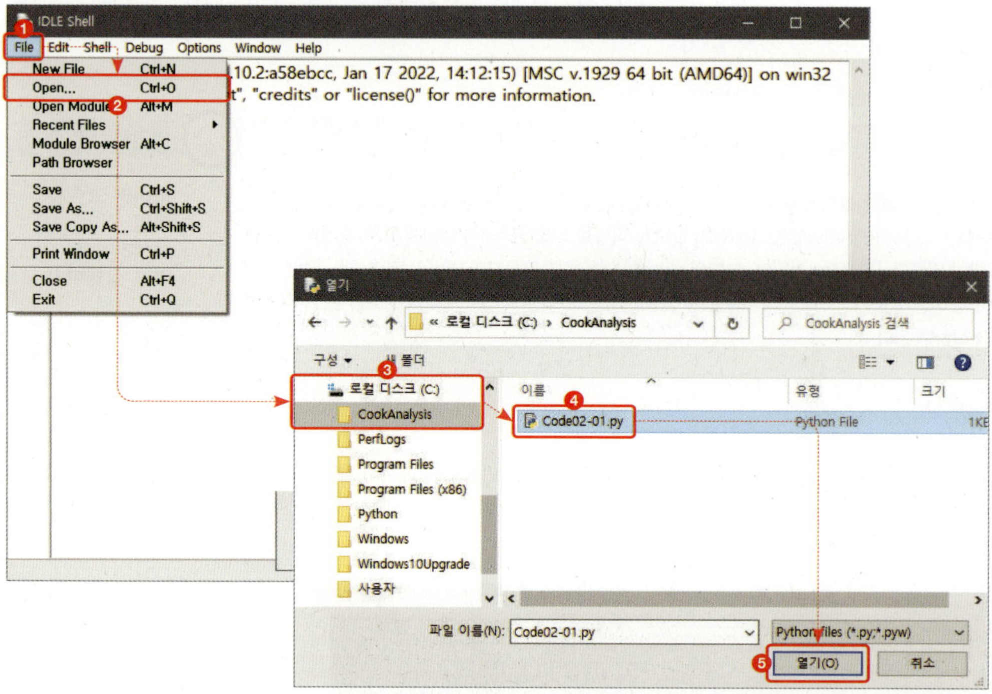

그림 2-16 파이썬 파일 열기

스크립트 모드로 열리면 a와 b의 값을 300과 200으로 수정한 후 [File]-[Save] 메뉴를 선택하거나 Ctrl+S를 눌러 저장하자. 그리고 [Run]-[Run Module] 메뉴를 선택하거나 F5를 눌러 다시 실행한다. 수정된 결과가 역시 한꺼번에 표시될 것이다.

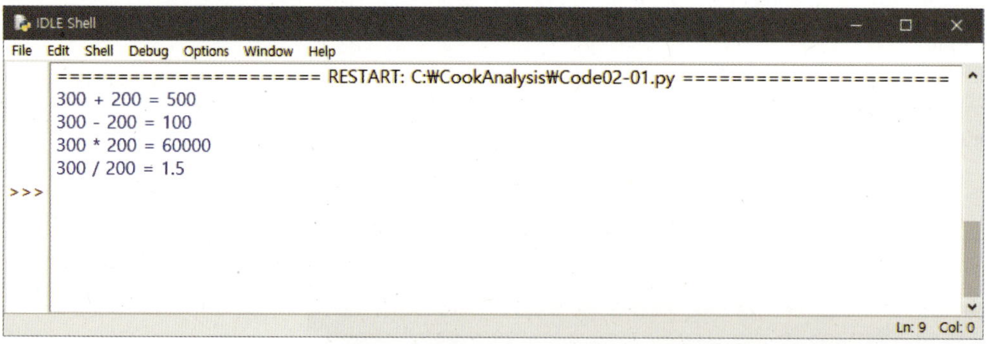

그림 2-17 수정한 코드 실행

긴 프로그램에서는 지금까지 설명한 기능을 모두 사용해야 하므로 전체적으로 정리하면 [그림 2-18]과 같다.

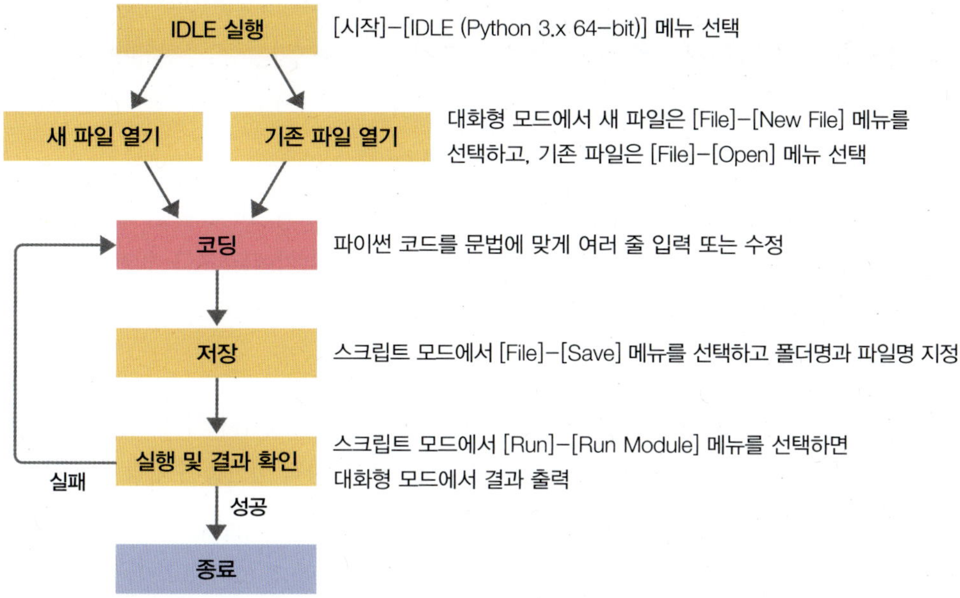

그림 2-18 프로그램 코딩 순서

SECTION 04

계산기 프로그램 확장

1 프로그램 생성

앞서 작성한 프로그램은 이상 없이 실행되지만, 프로그램이라고 부르기에는 조금 부족한 듯하다. 이번에는 100과 50을 고정하여 계산하는 것이 아니라 직접 입력한 두 숫자의 사칙 연산을 수행하도록 프로그램을 수정해 보자.

변수 내용을 미리 입력하는 Code02-01.py의 1~2행과 달리 실행할 때마다 키보드로 값을 입력하면 어떨까? 그렇게 된다면 어떤 숫자든 입력만 하면 자유자재로 사칙 연산을 수행할 수 있을 것이다.

```
변수 a에 100을 넣는다.  → 변수 a에 입력할 값을 키보드로 입력받는다.
변수 b에 50을 넣는다.   → 변수 b에 입력할 값을 키보드로 입력받는다.
```

그림 2-19 변수에 키보드로 직접 값을 입력

대화형 모드에서 [File]-[New File] 메뉴를 선택해 새 파일을 연다. 그리고 스크립트 모드에서 [File]-[Save] 메뉴를 선택해 C:\CookAnalysis\Code02-02.py로 저장한다.

TIP • 앞으로는 *.py로 저장하는 방법을 따로 언급하지 않는다.

2 input( ) 함수와 값 입력

Code02-01.py의 1~2행을 다음과 같이 수정해 보자. 값을 직접 대입하는 대신 input() 함수를 활용해 보았다. 코딩이 완료되었으면 F5를 눌러서 실행해 보자. 커서만 깜빡이고 있는 화면에 숫자를 하나씩 입력하고 Enter를 누른다.

TIP • 파이썬은 문자열을 큰 따옴표(") 또는 작은 따옴표(')로 묶어서 사용하는데, 둘 중 아무거나 사용해도 된다.

Code02-02.py

```
1  a = input()
2  b = input()
3  result = a + b
4  print(a, "+", b, "=", result)
5  result = a - b
6  print(a, "-", b, "=", result)
7  result = a * b
8  print(a, "*", b, "=", result)
9  result = a / b
10 print(a, "/", b, "=", result)
```

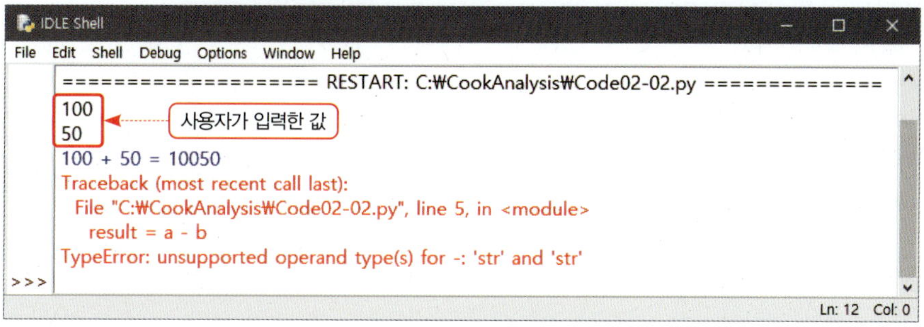

빨간색 오류가 여러 줄 발생했다. 첫 줄인 100+50은 결과가 150이 아니라 10050으로 실행 결과가 틀렸다. 100−50부터는 아예 오류 내용만 표시하는데 5행인 result=a−b가 틀렸다고 알려 준다. 오류의 원인은 input() 함수가 값을 모두 문자열로 취급하기 때문이다.

1행에서 입력받은 a에는 숫자 100이 아니라 문자열 "100"이 들어 있다. 그리고 2행에서 입력받은 b에도 숫자 50이 아니라 문자열 "50"이 들어 있다. 3행에서 "100"+"50"이 되므로 결과는 문자열을 붙여 쓴 "10050"이 된 것이다. 그리고 "100"+"50"은 문자열을 더하라(붙여라)는 의미로 문법상 문제는 없지만, "100"−"50"은 문자열에서 문자열을 빼라는 문법상 처리할 수 없는 코드이므로 파이썬이 처리하지 못하고 오류가 발생한 것이다.

3 int( ) 함수와 정수 변환

앞서 발생한 오류를 수정해 보자. input() 함수의 특성상 무조건 문자열만 입력받기 때문에 입력받은 문자열을 다시 int() 함수를 사용하여 정수로 변환해 보자. int() 함수는 값이 무엇이든지 정수로 바꾸어 준다. 대화형 모드에서 직접 입력해서 결과를 확인해 보자.

```
int("100")          # 결과는 정수 100
int(100.123)        # 결과는 정수 100
```

int() 함수에 문자열이나 숫자(실수, 정수 등)를 넣으면 정수로 바꾸어 주는 것을 확인했다. 그러므로 input() 함수의 입력받은 값을 int() 함수에 넣으면 문자열 "100"이 숫자 100으로 변경될 것이다. Code02-02.py의 1~2행을 다음과 같이 수정하여 다시 실행해 보자.

Code02-03.py

```
1  a = int(input())
2  b = int(input())
```

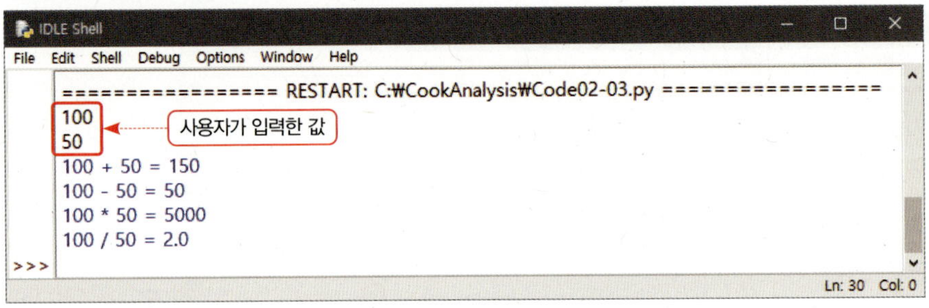

오류 없이 실행될 뿐만 아니라 입력한 두 숫자의 사칙 연산까지 잘 처리되었다. int(input())의 처리는 먼저 괄호 안이 실행되므로 input() 함수에서 문자를 입력받고, 그 문자열을 int() 함수에서 정수로 변환한다.

이 코드에서는 1단계로 input() 함수에서 문자열 "100"을 입력받고, 2단계로 int("100")에서 숫자 100으로 변경한 것을 a에 대입한다. b도 마찬가지이다. 결국 a에는 숫자 100, b에는 숫자 50이 들어가서 처리된 것이다.

그런데 이 코드를 다른 사람이 실행하면 처음에 키보드만 깜빡여 뭘 해야 할지 모를 수 있으므로 간단한 설명도 추가하는 것이 좋다. input() 함수는 input("설명")의 형태로 사용할 수 있다. 그러면 설명이 먼저 나온 후 입력이 가능하다. 이번에 만들고자 하는 간이 계산기의 최종 코드는 다음과 같다.

Code02-04.py

```
a = int(input("첫 번째 숫자를 입력하세요 : "))
b = int(input("두 번째 숫자를 입력하세요 : "))
result = a + b
print(a, "+", b, "=", result)
result = a - b
print(a, "-", b, "=", result)
result = a * b
print(a, "*", b, "=", result)
result = a / b
print(a, "/", b, "=", result)
```

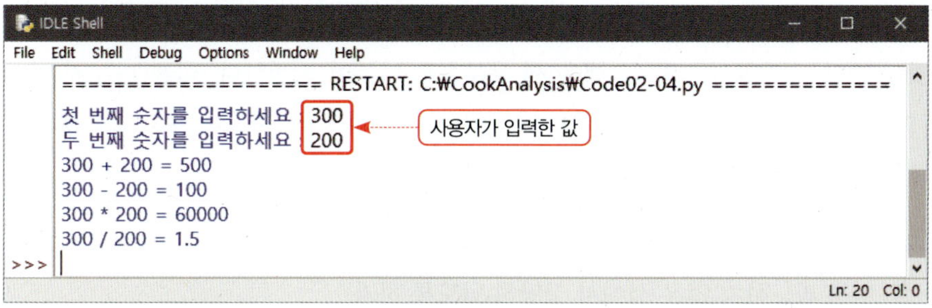

SECTION 05

터틀 그래픽 프로그램 작성

1 기본 구성 설정

터틀 그래픽 프로그램은 다른 프로그램에 비해 코드가 조금 길다. 따라서 코딩을 대충하면 이후 수정하거나 변경할 때 상당히 번거롭다. 특히 코드가 긴 프로그램은 유지 보수를 위해서라도 체계적으로 작성하는 것이 좋다. 앞으로 긴 프로그램은 세 부분으로 나누어 작성한다. 물론 나누지 않아도 문제는 없고, 자신이 원하는 구성으로 변형할 수도 있다. 그러나 다른 사람이 프로그램을 쉽게 이해할 수 있도록 하려면 일반적인 구성을 따르는 것이 좋다.

해시(#)는 프로그램의 설명에 해당하는 주석(Remark)이다. 주석을 달아 두면 프로그램을 이해하기가 훨씬 쉬우므로 너무 과도하지 않은 선에서 적당히 달도록 하자.

```
## 함수 선언 부분 ##

## 변수 선언 부분 ##

## 메인 코드 부분 ##
```

여러 줄에 주석을 달고 싶다면 다음과 같이 작은따옴표(' ')를 3개 사용한다.

```
'''
여러 줄 주석
입니다.
'''
```

맨 뒤에 백슬래시(\)를 붙이면 다음과 같이 줄을 바꾸어 써도 한 줄로 인식한다. 백슬래시는 IDLE Shell에서 '₩' 모양과 같다.

```
data = '안녕' + \
       '하세요? ' + \
       '파이썬!'
print(data)
```

함수 선언 부분

함수 선언 부분에는 프로그램에서 사용될 함수들을 정의한다. 앞서 잠깐 설명했듯이 print(), input(), int() 등의 함수는 파이썬에서 자체적으로 제공한다. 그런데 필요한 함수를 모두 제공하지는 않기 때문에 따로 만들어 사용할 때도 있는데, 이때 함수 선언 부분에 사용할 함수를 만들어 놓으면 된다.

함수를 만드는 형식은 다음과 같다. 들여쓰기가 끝나면 함수가 끝난 것으로 인식하기 때문에 def 다음 줄부터는 들여쓰기를 하고 모든 줄을 맞추어 써야 한다는 점을 주의하자. 함수에 대한 더 자세한 내용은 4장에서 다룬다.

```
def 함수명(매개변수) :
    global 사용할_전역_변수
    # 이 부분에 함수 내용을 코딩
```

변수 선언 부분

변수 선언 부분은 프로그램 전체에 사용될 전역 변수를 미리 선언해 놓는 곳이다. 그러면 사용될 변수가 무엇인지 한눈에 볼 수 있어 코드를 읽기 편해진다. Code02-04.py의 1~2행이 여기에 해당한다.

여기서 잠깐

변수의 선언

C/C++, 자바 등 컴파일러 언어에서 변수를 사용하려면 반드시 선언부터 해야 한다. 반면 자바스크립트, 파이썬 등 인터프리터 언어에서는 변수를 선언하지 않고 바로 사용해도 된다. Code02-01.py의 1행 a = 100처럼 a를 선언하지 않고 바로 a에 100을 대입하는 방식이다. 그러면 대입하는 순간에 a라는 변수가 자동 선언 및 생성된 후 정수 100을 대입하기 때문에 a는 자동으로 정수형 변수로 선언되는 것이다. 이를 C나 자바로 만든다면 다음과 같이 선언 후에 값을 대입해야 한다.

```
int a, b;   ## 두 변수를 선언 ##
a = 100;    ## a에 100을 대입 ##
b = 50;     ## b에 50을 대입 ##
```

파이썬은 변수 선언이 꼭 필요하지는 않지만, 가급적 변수에 초깃값을 미리 대입시켜서 변수 선언 부분에 준비해 놓는 것이 바람직하다는 정도로 이해하면 좋다.

메인 코드 부분

메인 코드 부분은 프로그램이 실제로 처리되는 주요한 부분이다. Code02-04.py의 3~10행이 메인 코드 부분에 해당한다. 메인 코드 부분은 실제로 계산한 결과가 화면에 표시되는 부분인데,

여기서 함수 선언 부분에 준비한 함수를 불러 사용하는 것을 함수 호출이라고 한다. 설명한 내용을 바탕으로 윈도창에 거북이가 나오는 간단한 프로그램을 작성해 보자.

Code02-05.py

```
1  import turtle                  ← 파이썬에서 제공하는 터틀 그래픽
2
3  turtle.shape('turtle')         ← 거북이 모양 결정
4
5  turtle.forward(200)            ← 거북이를 앞으로 이동
6  turtle.right(90)               ← 거북이를 오른쪽으로 회전
7  turtle.forward(200)
8  turtle.right(90)
9  turtle.forward(200)
10 turtle.right(90)
11 turtle.forward(200)
12
13 turtle.done()
```

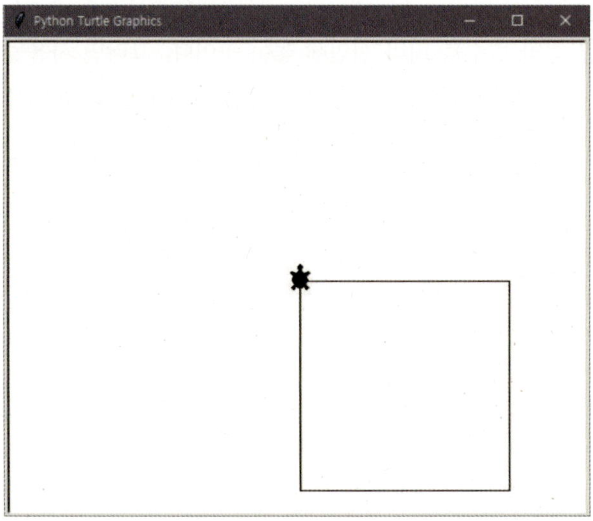

프로그램을 실행하면 거북이가 나와서 정사각형을 그린다. 몇 줄밖에 코딩하지 않았는데도 멋진 윈도창이 나타난 것을 확인할 수 있다.

1행 import turtle은 파이썬에서 제공하는 터틀 그래픽을 사용하는 데 필요한 부분이다.

3행 turtle.shape() 함수는 거북이의 모양을 결정하는데, 거북이의 모양은 classic, turtle, triangle 등 일곱 가지 중에서 설정할 수 있다.

5행 turtle.forward() 함수는 거북이를 앞으로 이동시킨다. 처음에 거북이는 동쪽을 바라보도록 설정되어 있으므로 오른쪽으로 200만큼 이동한다.

6행 turtle.right() 함수는 거북이를 오른쪽으로 회전시킨다. 90도를 회전시켰으므로 아래쪽을 바라보게 된다. 같은 방식으로 7~11행을 실행하면 그림과 같이 한 변의 길이가 200인 정사각형을 그린다.

이 코드는 기능을 추가하면 훨씬 길어지는데, 앞서 설명한 프로그램 구성 형태로 수정할 수 있다. 그리고 Code02-05.py의 5~11행을 코드의 특정 부분을 반복시켜 주는 for 문을 사용해 다시 작성할 수도 있다. for 문은 3장에서 자세히 다룬다.

Code02-06.py

```
1  import turtle
2
3  ## 함수 선언 부분 ##
4
5  ## 변수 선언 부분 ##
6  myT = None
7
8  ## 메인 코드 부분 ##
9  myT = turtle.Turtle()
10 myT.shape('turtle')
11
12 for i in range(0, 4) :
13     myT.forward(200)
14     myT.right(90)
15
16 turtle.done()
```

(4행) 아직 선언한 함수 없음

(6행 myT) turtle 대신 사용할 변수

(12~14행) 4번 반복

6행 turtle 대신 사용할 myT 변수를 준비했는데, 일단은 아무것도 없다는 의미로 None 값으로 초기화시켰다.

9행 myT를 turtle 대신 사용하도록 한다.

12~14행 4번 반복 수행되는데 Code02-05.py의 5~11행과 의미가 같다.

2 구현할 기능 계획

이번에 작성할 프로그램은 현재 수준에서는 상당히 어려울 수 있다. 터틀 그래픽 프로그램이 완전히 이해되지 않더라도 앞으로 이보다 더 다양한 예제를 만들 것이므로 관심을 가지고 차근차근 따라해 보자.

앞서 만든 프로그램은 실행 창에서 마우스를 클릭해도 아무런 작동을 하지 않는다. 그러므로 거북이를 이용해 멋진 글자와 그림을 그릴 수 있도록 필요한 기능을 구현해야 하는데, 크게 다음 세 가지로 구분하여 함수를 만들 것이다.

- **기능 1** : 마우스 왼쪽 버튼을 누르면 거북이가 클릭한 지점까지 임의의 색상으로 선을 그리면서 따라오도록 한다.
- **기능 2** : 마우스 오른쪽 버튼을 누르면 거북이가 클릭한 지점까지 선을 그리지 않고 이동만 하도록 한다.
- **기능 3** : 마우스 가운데 버튼을 누르면 거북이가 임의로 크기를 확대 또는 축소한다.

그림 2-20 터틀 그래픽 프로그램의 구현 기능 계획

3 변수 준비

거북이로 선을 그릴 때는 선의 두께(pSize)와 거북이의 크기(tSize)를 설정해야 한다. 또 색상을 표현하는 빨강(r), 초록(g), 파랑(b) 변수도 미리 준비해 두자.

```
pSize, tSize = 10, 0
r, g, b = 0.0, 0.0, 0.0
```

r, g, b 변수는 다음과 같이 세 줄로 나누어 써도 된다.

```
r = 0.0
g = 0.0
b = 0.0
```

4 기능 구현

기능 1 : 선을 그리며 이동

마우스 왼쪽 버튼을 누르면 거북이가 클릭한 지점까지 임의의 색상으로 선을 그리면서 따라오도록 하는 함수가 필요하므로 다음과 같이 코드를 작성한다.

```
def screenLeftClick(x, y) :
    global r, g, b
    turtle.pencolor((r, g, b))
    turtle.pendown()
    turtle.goto(x, y)
```

def는 함수를 선언하는 문장으로 screenLeftClick() 함수를 만들었다. 함수명은 기능을 예측하기 쉽게 지정하면 좋다. 이 함수로 인해 거북이가 펜을 바닥에 대고 현재 위치에서 마지막 행에 있는 x, y 좌표까지 미리 설정된 r, g, b값의 색상으로 선을 그린다.

기능 2 : 선을 그리지 않고 이동

마우스 오른쪽 버튼을 누르면 거북이가 클릭한 지점까지 선을 그리지 않고 이동만 하도록 하는 함수가 필요하므로 다음과 같이 코드를 작성한다.

```
def screenRightClick(x, y) :
    turtle.penup()
    turtle.goto(x, y)
```

screenRightClick() 함수는 screenLeftClick() 함수와 달리 거북이가 펜을 들고 이동하므로 선이 그려지지 않고 이동만 한다.

기능 3 : 확대 및 축소

마우스 가운데 버튼을 누르면 거북이가 임의로 크기를 확대 또는 축소하는 함수가 필요하므로 다음과 같이 코드를 작성한다. 마우스 가운데 버튼을 누를 때는 선의 색상이 임의로 선택되도록 하고 거북이의 크기도 1부터 9까지 임의로 설정되도록 한다.

```
def screenMidClick(x, y) :
    global r, g, b
    tSize = random.randrange(1, 10)
    turtle.shapesize(tSize)
    r = random.random()
    g = random.random()
    b = random.random()
```

screenMidClick() 함수는 random.randrange(1, 10) 함수에서 1부터 9까지 임의의 정수를 뽑아 turtle.shapesize() 함수로 거북이의 크기를 변경한다. 그리고 random.random() 함수를 사용해 r, g, b의 값을 0부터 0.99999 중 임의의 실수로 뽑는다. screenLeftClick() 함수에서도 본 적이 있는 r, g, b는 global을 이용해 전역 변수로 선언하고 있는데, 이는 다른 함수에서도 사용할 수 있도록 하는 데 필요하다. 전역 변수와 지역 변수는 4장에서 자세히 다룰 것이다.

5 프로그램 완성

앞서 설명한 코드를 모두 모으고 몇 가지 기능을 추가하여 code02-07.py와 같이 완전한 코드로 만들어 보자. 그리고 프로그램을 실행해 마우스 왼쪽, 가운데, 오른쪽 버튼을 눌러 글자나 그림을 그려 보자.

Code02-07.py

```
import turtle
import random

## 함수 선언 부분 ##
def screenLeftClick(x, y) :
    global r, g, b
    turtle.pencolor((r, g, b))
    turtle.pendown()
    turtle.goto(x,y)

def screenRightClick(x, y) :
    turtle.penup()
    turtle.goto(x, y)

def screenMidClick(x, y) :
    global r, g, b
    tSize = random.randrange(1, 10)
    turtle.shapesize(tSize)
    r = random.random()
    g = random.random()
    b = random.random()

## 변수 선언 부분 ##
pSize = 10
r, g, b = 0.0, 0.0, 0.0

## 메인 코드 부분 ##
turtle.title('거북이로 그림 그리기')
turtle.shape('turtle')
turtle.pensize(pSize)

turtle.onscreenclick(screenLeftClick, 1)
turtle.onscreenclick(screenMidClick, 2)
turtle.onscreenclick(screenRightClick, 3)

turtle.done()
```

[표 2-1]은 자세히 다루지 않은 함수들이다. 기능 정도만 이해하고 원하는 값으로 변경해 보자.

표 2-1 Code02-07.py에 사용된 기타 함수

함수	기능
turtle.title('제목')	윈도창의 제목을 설정한다.
turtle.pensize(펜 두께)	그릴 선의 두께를 설정한다.
turtle.onscreenclick(함수명, 번호)	윈도창을 마우스로 클릭하면 '함수명' 함수가 작동한다. 1은 마우스 왼쪽 버튼, 2는 마우스 가운데 버튼, 3은 마우스 오른쪽 버튼을 지정한다.

이번에 작성한 프로그램은 사실 상당히 어렵다. 이 정도의 프로그램을 완전히 이해하고 작성하려면 이 책의 중반까지는 공부해야 한다. 그럼에도 미리 작성해 본 이유는 파이썬으로 구현할 수 있는 다양한 기능을 미리 학습하기 위함이다. 지금 나온 어려운 내용을 앞으로 차근차근 배워나갈 것이므로, 터틀 그래픽 프로그램을 완전히 이해하지 못해도 괜찮다.

SELF STUDY 2-1

터틀 그래픽 프로그램을 수정해서 마우스 왼쪽 버튼과 마우스 가운데 버튼의 기능을 통합해 보자. 즉 마우스 왼쪽 버튼만 눌러도 임의의 색상이 지정되고 거북이의 크기가 변경되면서 선이 그려지도록 하자.

요약

IT@COOKBOOK

1 변수는 값을 담을 수 있는 그릇과 같다.

2 print( )는 괄호 안의 내용을 화면에 출력하는 함수이다. 여러 개를 출력하려면 콤마(,)로 구분한다.

3 >>> 프롬프트가 표시되고 한 줄씩 입력하는 화면을 대화형 모드라고 하며, 메모장 같은 창에서 여러 줄 입력하는 것을 스크립트 모드라고 한다.

4 파이썬 코드를 저장한 파일의 확장명은 *.py이다.

5 스크립트 모드에서 파이썬 코드를 실행하려면 F5를 누른다.

6 input( ) 함수는 키보드로 값을 입력받는다. 단, 모두 문자열로 인식한다. 따라서 숫자를 입력하려면 int( ) 함수와 함께 사용해야 한다.

7 긴 프로그램은 변수 선언 부분, 함수 선언 부분, 메인 코드 부분으로 나누어서 코딩하면 가독성이 좋다.

8 함수는 다음 형식으로 코딩한다. def 다음 줄부터는 줄을 맞춰 들여쓰기를 해야 한다.

```
def 함수명(매개변수) :
    global 사용할_전역_변수
    # 이 부분에 함수 내용을 코딩
```

9 ❶은 한 변의 길이가 200인 정사각형을 그리고, ❷는 마우스 왼쪽 버튼을 누른 좌표까지 거북이가 선을 그린다.

❶
```
myT = turtle.Turtle()
myT.shape('turtle')

for i in range(0, 4) :
    myT.forward(200)
    myT.right(90)

myT.done()
```

❷
```
def screenLeftClick(x, y) :
    global r, g, b
    turtle.pencolor((r, g, b))
    turtle.pendown()
    turtle.goto(x, y)
```

연습문제

1 다음 변수에 대한 설명 중 옳지 않은 것을 고르시오.

① 변수에는 어떤 값을 담을 수 있다.

② 변수에는 이름이 있다.

③ a = 100은 문법상 문제가 없다.

④ 100 = a는 a에 100을 대입하라는 의미다.

2 n1과 n2 변수를 더해서 n3에 대입하라는 의미의 코드를 고르시오.

① n1 + n2 = n3　　② n1 = n2 = n3

③ n3 = n1 + n2　　④ n1 + n2 + n3

3 다음 코드를 실행하면 출력되는 결과를 고르시오.

```
n1 = 10
n2 = 5
res = n1 - n2
print(n1, '-', n2, '=', res)
```

① n1 − n2 = res　　② 10 − 5 = 5

③ 10, −, 5, =, 5　　④ n1, −, n2, =, res

4 파이썬 IDLE을 종료하는 함수를 고르시오.

① bye()　　② quit()

③ end()　　④ exit()

5 다음 코드를 실행하면 출력되는 결과를 쓰시오.

```
n1 = 10
n2 = 5
print(n1, "*", n2, "=", n1*n2)
```

6 다음 코드가 정상적으로 실행되도록 수정하시오.

```
n1 = input("숫자1-->")
n2 = input("숫자2-->")
res = n1 + n2
print(n1, "+", n2, "=", res)
```

실행 결과

```
숫자1-->100
숫자2-->50
100 + 50 = 150
```

7 정수 3개를 입력받은 후 세 숫자의 덧셈 및 곱셈을 출력하는 코드를 작성하시오.

```
IDLE Shell
File Edit Shell Debug Options Window Help
=============== RESTART: C:\CookAnalysis\연습문제\Solution02-07.py ==========
숫자1 입력: 10
숫자2 입력: 20
숫자3 입력: 30
10 + 20 + 30 = 60
10 * 20 * 30 = 6000
>>>
                                                          Ln: 33  Col: 0
```

8 화면에 마우스 오른쪽 버튼을 클릭하면 거북이가 마우스를 클릭한 위치까지 임의의 색상으로 선을 그리면서 이동한 후, 임의의 크기 및 각도의 거북이 도장이 찍히는 프로그램을 작성하시오.

힌트1 거북 색상은 turtle.color(r, g, b)로 설정한다.

힌트2 거북 도장은 turtle.stamp( )를 사용한다.

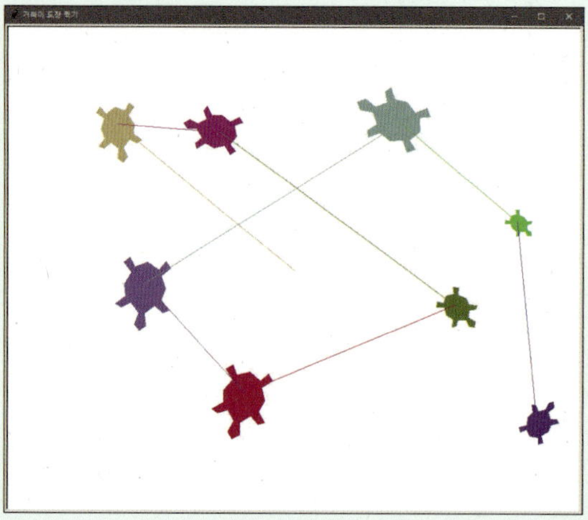

03

CHAPTER

데이터형, 연산자, 조건문과 반복문

학습목표

- print( ) 함수 서식에 맞추어 출력하는 방법을 익힌다.
- 정수, 실수, 문자열 등 기본 데이터형을 알아본다.
- 산술 연산자 및 관계·논리 연산자의 사용법을 익힌다.
- 조건문의 대표 격인 기본 if 문, 중첩 if 문의 형식과 사용법을 익힌다.
- 조건문을 다양하게 활용하는 방법을 익힌다.
- 기본 for 문 및 중첩 for 문의 형식과 사용법을 익힌다.
- while 문, break 문, continue 문의 사용법을 익힌다.

SECTION 01

이 장에서 만들 프로그램

2장에서 파이썬으로 계산기와 터틀 그래픽까지 만들어 봤지만, 완전히 이해하지는 못했을 것이다. 이번 장부터는 2장에서 언급만 하고 지나간 개념과 원리를 비롯해 파이썬의 핵심 내용을 하나씩 이해하는 시간을 가진다.

1 [프로그램 1] 동전 교환

첫 번째는 입력된 액수를 500원, 100원, 50원, 10원짜리 동전으로 교환하는 프로그램이다. 입력한 값이 얼마든 모두 동전으로 교환할 수 있지만 동전의 개수는 최소화해야 한다. 따라서 500원, 100원, 50원, 10원 순으로 최대한 많이 바꾸어야 한다.

```
IDLE Shell
File Edit Shell Debug Options Window Help
==================== RESTART: C:\CookAnalysis\Code03-05.py ==============
교환할 돈은 얼마 ? 7777

500원짜리 ==> 15개
100원짜리  ==> 2개
50원짜리 ==> 1개
10원짜리  ==> 2개
바꾸지 못한 잔돈 ==> 7원
>>>
                                                        Ln: 81  Col: 0
```

2 [프로그램 2] 종합 계산기

두 번째는 기능이 두 가지인 종합 계산기 프로그램이다. 첫 번째 기능은 입력한 수식대로 계산한다. 두 번째 기능은 입력한 두 숫자 사이의 수를 모두 더해 합계를 구하는데, 1과 10을 입력하면 1+2+3+…+10의 합계가 출력된다. 파이썬이 제공하는 함수를 잘 사용하면 어렵지 않게 구현할 수 있다.

```
IDLE Shell
File Edit Shell Debug Options Window Help
==================== RESTART: C:\CookAnalysis\Code03-12.py ====================
1. 입력한 수식 계산  2. 두 수 사이의 합계 : 1
 *** 수식을 입력하세요 : 3*4/2-5
 3*4/2-5 결과는   1.0입니다.
>>>
==================== RESTART: C:\CookAnalysis\Code03-12.py ====================
1. 입력한 수식 계산  2. 두 수 사이의 합계 : 2
 *** 첫 번째 숫자를 입력하세요 : 1
 *** 두 번째 숫자를 입력하세요 : 10
1+...+10는 55입니다.
>>>
                                                        Ln: 53  Col: 0
```

SECTION 02

print( ) 함수와 출력

print( ) 함수는 앞서 여러 번 사용했기 때문에 어느 정도 익숙할 것이다. 이번에는 print( ) 함수의 기본 사용 방법을 다시 살펴보고, 좀 더 깔끔한 출력을 위해 서식을 지정하는 방법도 알아보자.

1 print( ) 함수와 서식

다음 구문은 큰따옴표 안의 내용을 화면에 출력하므로 결과는 '안녕하세요?'이다.

```
print("안녕하세요?")
```

이번에는 다음 코드의 실행 결과를 예측해 보자.

```
❶ print("100")
❷ print("%d" % 100)
```

TIP • print( ) 함수 없이 "%d " % 100 또는 '%d ' % 100이라고 해도 출력된다.

모두 100이 출력되어 같은 결과로 보이지만, 사실은 완전히 다른 결과가 나온다. ❶의 결과로 나온 100은 숫자 100이 아닌 문자 '100'이다. 큰따옴표(" ") 안의 내용이 문자든 숫자든 무조건 문자로 취급한다. 반면 ❷의 결과로 나온 100은 숫자 100을 의미한다. 서식 %d가 지정된 숫자는 그대로 숫자이다. 서식은 잠시 후에 살펴보기로 하고, 다음 결과를 예측해 보자.

```
❸ print("100 + 100")
❹ print("%d" % (100 + 100))
```

❸은 100+100이 출력되고, ❹는 숫자 100과 숫자 100을 더한 결과인 숫자 200을 출력한다.

이제 print( ) 함수의 서식을 이해하고 넘어가자. 서식은 앞에 퍼센트(%)가 붙는데, ❹에서 %d는 정수를 의미한다. 그리고 서식의 개수와 따옴표 뒤에 나오는 숫자(또는 문자)의 개수는 같아야 한다. 다음 예는 모두 오류가 발생한다. 무엇이 문제인지 생각해 보자.

```
❺ print("%d" % (100, 200))
❻ print("%d %d" % (100))
```

❺는 %d가 1개밖에 없는데 숫자가 2개이고, ❻은 %d가 2개인데 숫자는 1개라 서로 짝이 맞지 않는다. ❻은 단순히 %d를 하나 삭제하면 되지만 ❺는 숫자 2개를 출력하려면 %d가 2개 필요하므로 [그림 3-1]과 같이 수정한다. 여기서 중간의 %는 왼쪽 서식과 오른쪽 값을 구분해 주는 역할을 하므로 반드시 써야 한다. 왼쪽에 %d가 2개이면 오른쪽도 숫자 2개가 필요하고, 이렇게 숫자가 여러 개면 콤마(,)로 구분해 소괄호(( ))로 감싸면 된다.

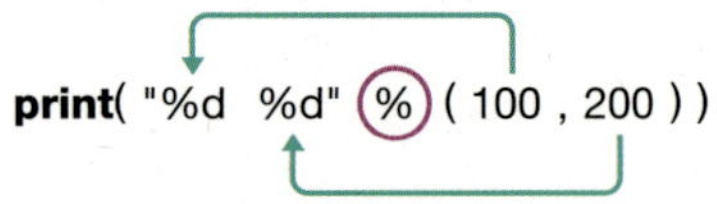

그림 3-1 서식과 숫자의 대응

이제 숫자와 같은 정수 출력도 어느 정도 감을 잡았으리라 생각한다. 하지만 세상에는 정수만 있는 것이 아니다. 다음 예시의 실행 결과를 예측해 보자.

```
print("%d / %d = %d" % (100, 200, 0.5))
```

100 / 200 = 0.5를 기대했지만, 결과는 100 / 200 = 0이다. [그림 3-2]와 같이 세 번째 숫자인 0.5는 소수점이 있는 실수인데, 서식에 정수형(%d)을 사용했기 때문이다. 따라서 100과 200은 잘 출력되겠지만, 0.5는 소수점이 사라지고 0만 출력된다.

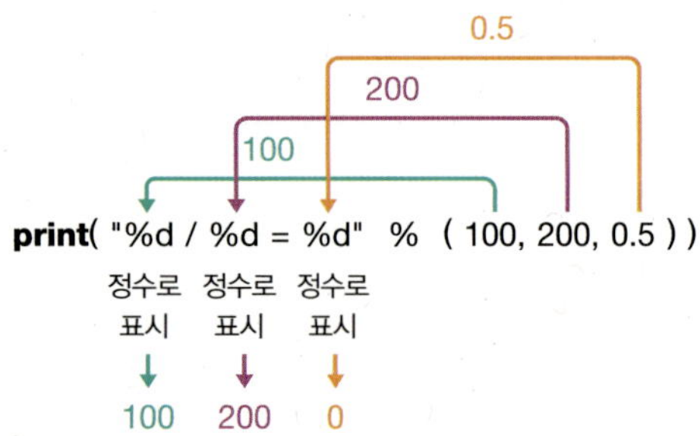

그림 3-2 서식과 숫자의 불일치 상황

print( ) 함수에서는 출력하는 결과 값에 따라 서식이 다른데, 사용할 수 있는 대표적인 서식의 종류는 [표 3-1]과 같다.

표 3-1 print() 함수에서 사용할 수 있는 서식

서식	값의 예	설명
%d, %x, %o	10, 100, 1234	정수(10진수, 16진수, 8진수)
%f	0.5, 1.0, 3.14	실수(소수점이 붙은 수)
%c	"b", "한"	한 글자
%s	"안녕", "abcdefg", "a"	두 글자 이상인 문자열

[그림 3-2]에서 원하는 결과를 출력하려면 어디를 고쳐야 할지 감을 잡았을 것이다. 세 번째 %d를 %f로 수정하면 된다. 직접 고쳐서 실행해 보자. 그런데 %f를 사용하면 0.500000과 같이 0이 너무 많다. 그냥 0.5만 나오면 좋을 것 같다. 따라서 다음과 같이 코드를 수정하면 원하는 결과가 나온다.

```
print("%d / %d = %5.1f" % (100, 200, 0.5))
```

%5.1f는 다음 절에서 알아보자.

2 서식에 따른 출력

파이썬에서 처리한 결과를 화면에 출력하지 않고 끝내면 프로그램이 어떤 일을 했는지 알 수 없을 것이다. 그리고 print() 함수로 무언가를 출력할 때는 이왕이면 깔끔하게 정리된 형태로 출력하는 것이 좋다. 몇 가지 실습으로 서식 출력을 완전히 익혀 보자.

Code03-01.py

```
print("%d" % 123)
print("%5d" % 123)
print("%05d" % 123)

print("%f" % 123.45)
print("%7.1f" % 123.45)
print("%7.3f" % 123.45)

print("%s" % "Python")
print("%10s" % "Python")
```

정수형 데이터 출력

실수형 데이터의 서식 지정

문자형 데이터의 서식 지정

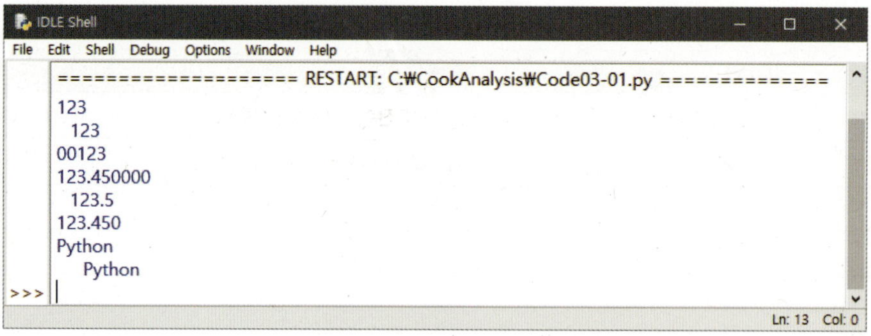

실행 결과를 보면 이해하기 어렵지 않을 것이다. 정수형 데이터를 출력하는 1~3행은 [그림 3-3]과 같이 표현할 수 있다.

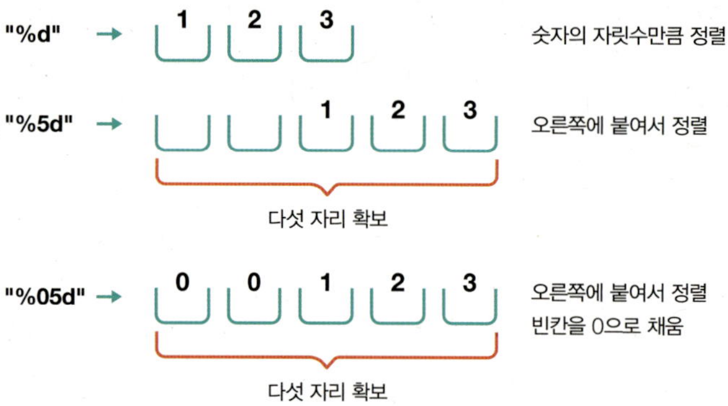

그림 3-3 정수형 데이터의 서식 지정

실수형 데이터의 서식 지정은 [그림 3-4]와 같다. 6행의 %7.1f는 소수점을 포함한 전체 자리인 일곱 자리를 확보한 후 소수점 아래는 한 자리만 차지한다는 의미이다. 그러므로 소수점 위 정수 부분 숫자는 다섯 자리가 된다.

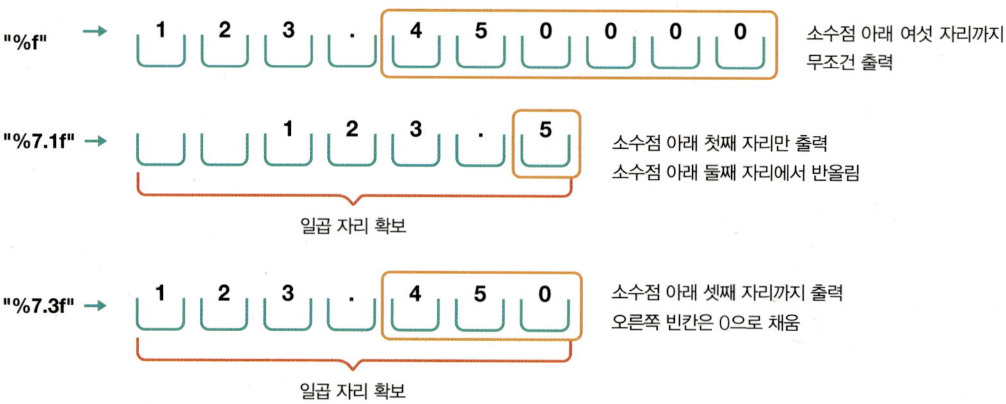

그림 3-4 실수형 데이터의 서식 지정

문자열 데이터의 서식도 오른쪽에 맞추어서 출력된다.

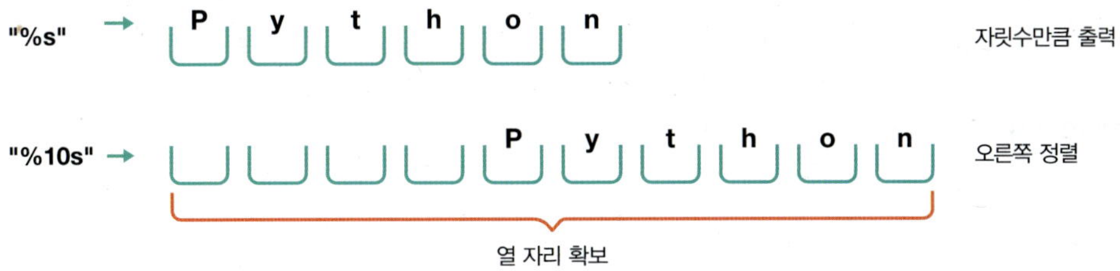

그림 3-5 문자열 데이터의 서식 지정

파이썬은 format() 함수와 중괄호({})를 함께 사용하여 서식을 지정할 수도 있다. 다음 두 코드 모두 [그림 3-3]과 실행 결과가 같다.

```
print("%d  %5d  %05d"  % (123, 123, 123))
print("{0:d}  {1:5d}  {2:05d}".format(123, 123, 123))
```

두 번째 행에서 중괄호({}) 안의 0, 1, 2는 format() 함수 안의 값 중에서 0번째, 1번째, 2번째에 대응한다는 의미이다. %d에서 %를 떼고 d로 표시한다.

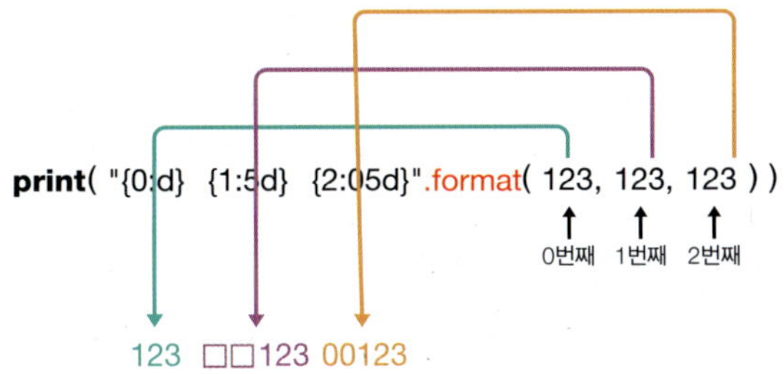

그림 3-6 format( ) 함수의 사용

.format을 사용하면 출력하는 순서를 지정할 수 있다. 다음 코드는 300, 200, 100을 출력한다.

```
print("{2:d}  {1:d}  {0:d}".format(100, 200, 300))
```

print() 함수는 내용을 출력한 후 한 행을 넘긴다. 강제로 한 행을 넘기고 싶다면 \n을 사용한다.

```
print("한 행입니다. 또 한 행입니다.")
print("한 행입니다. \n또 한 행입니다.")
```

첫 번째는 한 줄로 출력되고, 두 번째는 한 행을 넘겨서 출력될 것이다. 이를 이스케이프(Escape) 문자 또는 서식 문자라고 하는데, 이스케이프 문자는 앞에 백슬래시(\)를 먼저 붙여 준다. 몇 가지 이스케이프 문자를 정리하면 [표 3-2]와 같다.

표 3-2 이스케이프 문자

이스케이프 문자	역할	설명
\n	새로운 줄로 이동	Enter 를 누른 효과
\t	다음 탭으로 이동	Tab 을 누른 효과
\b	뒤로 한 칸 이동	Backspace 를 누른 효과
\\	\ 출력	
\'	' 출력	
\"	" 출력	

이스케이프 문자를 사용한 간단한 예제를 작성해 보자.

Code03-02.py

```
1 print("\n줄바꿈\n연습 ")
2 print("\t탭키\t연습")
3 print("글자가 \"강조\"되는 효과1")
4 print("글자가 \'강조\'되는 효과2")
5 print("\\\\\\ 백슬래시 세 개 출력")
6 print(r"\n \t \" \\를 그대로 출력")
```

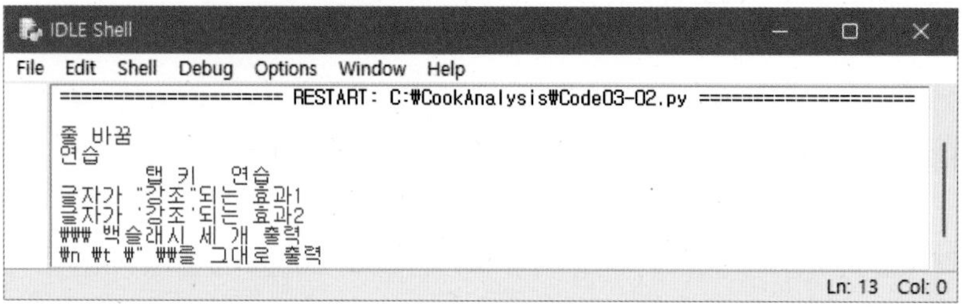

2행 \t는 Tab 에 지정된 만큼의 간격을 준다.

3~4행 큰따옴표(" ")와 작은따옴표(' ')를 출력한다.

5행 백슬래시(\) 하나를 출력하려면 백슬래시를 두 번 써야 한다는 것을 보여준다.

6행 print(r" ") 형식은 이스케이프 문자까지도 그대로 출력해준다.

SECTION 03 변수의 선언과 사용

1 변수의 선언

변수는 어떠한 값을 저장하는 메모리 공간이다. 다소 어렵게 느껴진다면 그릇이라고 생각해도 좋다. 여기서는 변수를 선언해 사용하는 방법을 좀 더 구체적으로 알아보고 변수에 값을 대입할 때 주의할 점도 함께 살펴본다.

변수 선언은 그릇을 준비하는 것과 같다. 요리할 때 그릇부터 준비하듯이 파이썬 프로그램을 만들 때도 먼저 변수부터 선언하는 것이 좋다. 물론 파이썬은 C/C++, 자바 등과는 달리 변수를 선언하지 않아도 된다. 하지만 긴 코드를 작성할 때는 사용될 변수를 계획적으로 준비하는 것이 더 효율적이다. 그래서 이 책에서도 긴 코드에서는 앞부분에 변수를 미리 선언하는 방식을 사용한다.

국그릇, 밥그릇 등 그릇 종류가 다양하듯이 변수의 종류도 다양하다. 가장 많이 사용하는 것은 불형(Boolean), 정수형, 실수형, 문자열 네 가지이다. 다음과 같이 코드를 작성하여 그릇(변수) 4개를 준비한다.

```
boolVar = True
intVar = 0
floatVar = 0.0
strVar = ""
```

TIP • 이 구문은 다음과 같이 표현해도 된다.

```
boolVar, intVar, floatVar, strVar = True, 0, 0.0, ""
```

[그림 3-7]과 같이 boolVar에는 불 값인 True를, intVar에는 정수인 0을, floatVar에는 실수인 0.0을, strVar에는 문자열 " "를 초기에 대입했다. 이 순간 파이썬 내부에는 그릇이 4개 생긴다.

그림 3-7 변수의 종류

변수명은 기억하기 쉽게 지정하면 되는데, 다음 규칙을 따라야 한다.

- 대·소문자를 구분한다. 예 myVar와 MyVar는 다른 변수
- 문자, 숫자, 언더바(_)를 포함할 수 있지만 숫자로 시작하면 안 된다. 예 2Var (×)
- 예약어는 변수명으로 쓰면 안 된다.

TIP • 파이썬의 예약어는 True, False, None, and, or, not, break, continue, return, if, else, elif, for, while, except, finally, gloval, import, try 등이 있다.

type() 함수를 사용하면 변수가 bool(불), int(정수), float(실수), str(문자열)형으로 생성된 것을 확인할 수 있다.

```
type(boolVar), type(intVar), type(floatVar), type(strVar)
```

실행 결과

```
(<class 'bool'>, <class 'int'>, <class 'float'>, <class 'str'>)
```

2 변수의 사용

변수는 그릇에 음식을 담듯이 값을 담으면(대입하면) 사용할 수 있다. 그러면 변수에 있던 기존 값은 없어지고 새로 입력한 값으로 변경된다.

```
boolVar = False
intVar = 100
floatVar = 123.45
strVar = "안녕?"
```

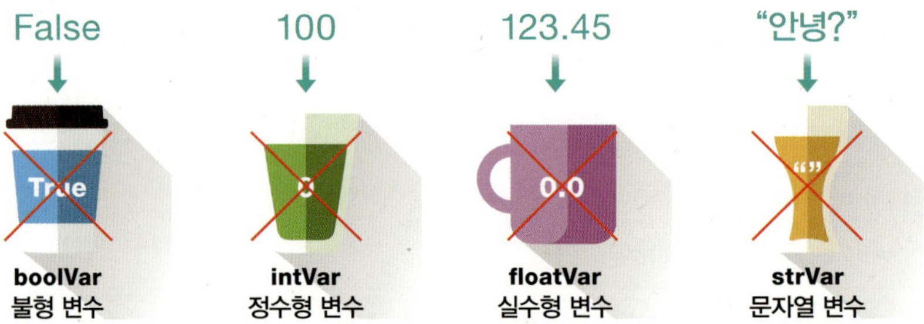

그림 3-8 변수에 값을 대입해 새로운 값으로 변경된 상태

변수에는 [그림 3-9]와 같이 변수의 값을 넣을 수도 있고, [그림 3-10] 및 [그림 3-11]과 같이 계산 결과를 넣을 수도 있다.

```
var2 = 200
var1 = var2
```

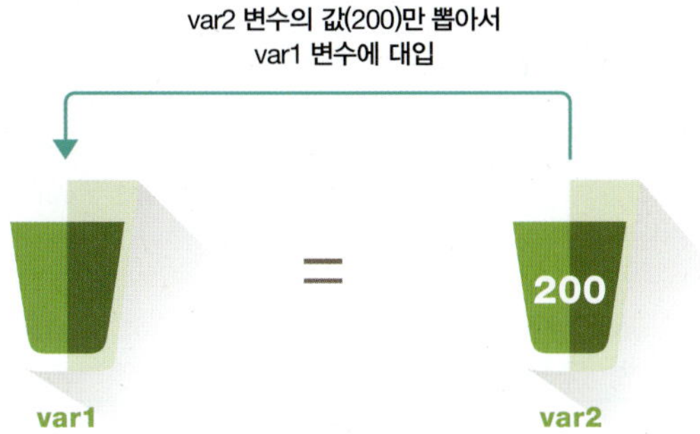

그림 3-9 변수에 변수를 대입하는 방식

```
var1 = 100 + 100
```

그림 3-10 숫자끼리 연산한 결과를 대입하는 방식

```
var1 = var2 + 100
```

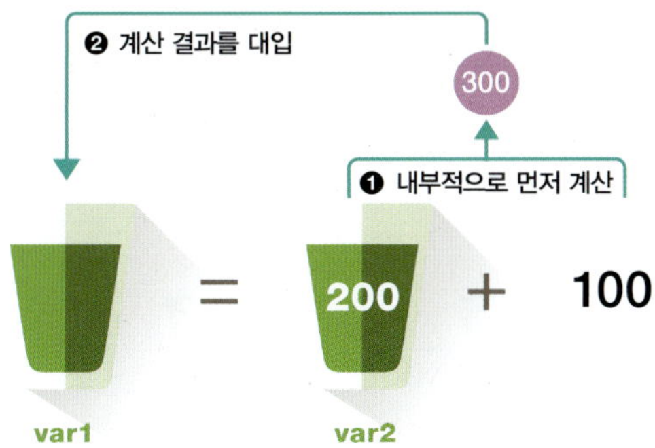

그림 3-11 변수와 숫자를 연산한 결과를 대입하는 방식

[그림 3-12]는 다소 생소할 것이다. 대입 연산자(=)는 맨 뒤부터 처리되므로 왼쪽은 오른쪽과 같이 풀어쓸 수 있다. 즉 var4에 100을 넣고, var4의 값 100을 var3에, var3의 값 100을 var2에, var2의 값 100을 var1에 대입한다는 의미이다. var1, var2, var3, var4에 기존 값들이 들어 있다면, 그 값들은 무시해 버리고 새로운 값으로 덮어쓴다. 이처럼 대입 연산자는 오른쪽에서 왼쪽으로 진행되므로 a, b, c, d 변수에는 모두 100이 대입된다.

```
var1 = var2 = var3 = var4 = 100
```

또는

```
var4 = 100
var3 = var4
var2 = var3
var1 = var2
```

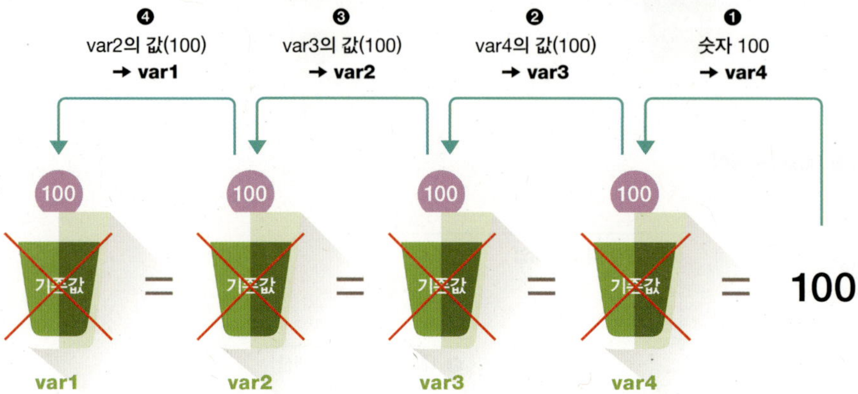

그림 3-12 연속된 값을 대입하는 방식

[그림 3-13]은 자신의 값을 연산한 후 이를 다시 자신에게 넣는 방식이다. 이 방식은 자신의 값을 누적할 경우에 자주 사용하는데, 주의할 점은 처음에는 var1에 0 또는 다른 값이 들어 있어야 한다는 것이다.

```
var1 = var1 + 200
```

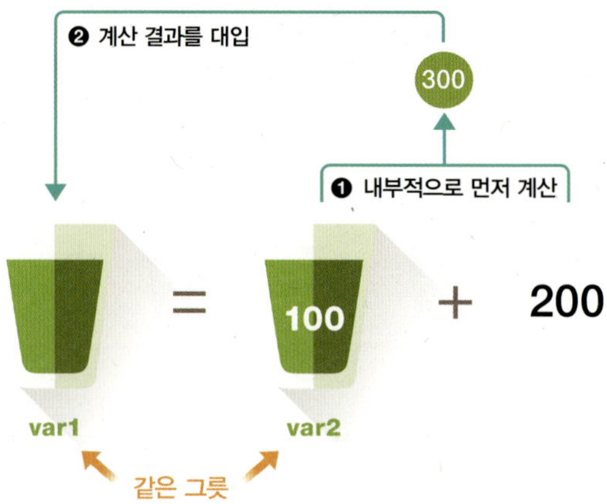

그림 3-13 연산 결과를 자신의 값에 다시 대입하는 방식

다음 코드는 'noVar'이 정의되지 않았다는 오류가 발생한다. 이 오류를 방지하려면 코드를 수행하기 전에 noVar = 0 등의 형태로 값을 대입시켜 놓아야 한다.

```
noVar = noVar + 200
```

파이썬은 변수의 선언 없이 사용해도 되며, 선언된 변수에 다른 타입을 넣어도 된다. 변수에 다른 타입을 넣는 순간 그 변수의 형도 변경된다. 비유하자면 국그릇에 밥을 담는 순간 더 이상 국그릇이 아니라 밥그릇이 되는 것이다.

결론적으로 파이썬에서 변수의 데이터 형식은 값을 넣는 순간마다 변경될 수 있는 유연한 구조이다. 다음 코드를 입력하여 확인해 보자.

```
myVar = 100        # 정수형 변수를 생성(국그릇 생성)
type(myVar)        # <class 'int'> 출력
myVar = 100.0      # 이 순간에 실수형 변수로 변경(밥그릇으로 변경)
type(myVar)        # <class 'float'> 출력
```

SECTION 04

데이터형

파이썬에서 지원하는 데이터형에는 기본형인 정수형, 실수형, 불형, 문자열과 확장형인 리스트, 튜플, 딕셔너리, 집합 등이 있다. 정수형, 실수형, 불형, 문자열을 다시 정리하며 이번 장을 마무리한다. 리스트, 튜플, 딕셔너리, 집합은 4장에서 다룬다.

1 숫자형

앞서 언급했듯이 숫자형 데이터는 소수점 여부에 따라 크게 정수형과 실수형으로 나눌 수 있다. 먼저 정수형은 소수점이 없는 수로, 파이썬에서는 100, −123, 0 등을 기본적인 정수형으로 사용한다.

TIP • 파이썬은 변수 선언이 없으며 변수에 값을 넣는 순간에 변수의 데이터형이 결정된다는 점을 반드시 기억하자.

```
a = 123
type(a)
```

실행 결과

```
<class 'int'>
```

a 변수에 정수인 123을 넣는 순간 a는 정수형 변수가 되었다. type() 함수는 변수의 데이터 형식을 반환한다. int는 가장 기본적인 정수형 데이터이다.

```
a = 100 ** 100
print(a)
```

실행 결과

```
1000000~~~00000
```

100의 100번 제곱한 결과를 a에 넣어도 잘 들어간다. 즉 int 크기에는 제한이 없다. 아주 큰 수를 부담 없이 사용해도 된다.

정수형에는 16진수, 8진수, 2진수도 사용할 수 있다. 16진수는 0x나 0X로, 8진수는 0o나 0O(숫자+알파벳)로, 2진수는 0b나 0B로 표현된다.

```
a = 0xFF
b = 0o77
c = 0b1111
print(a, b, c)
```

실행 결과

```
255 63 15
```

실수형은 3.14, −2.7처럼 소수점이 있는 데이터이다. 또 3.14e5처럼 표현할 수도 있다. 3.14e5는 $3.14 * 10^5$을 의미한다.

```
a = 3.14
b = 3.14e5
print(a, b)
```

실행 결과

```
3.14 314000.0
```

정수형 및 실수형은 당연히 사칙 연산을 수행할 수 있다.

```
a = 10; b = 20
print(a + b, a - b, a * b, a / b)
```

실행 결과

```
30 -10 200 0.5
```

또한 제곱을 의미하는 **, 나머지를 구하는 %, 나눈 후에 소수점을 버리는 // 연산자도 사용할 수 있다.

```
a, b = 9, 2
print(a ** b, a % b, a // b)
```

실행 결과

```
81 1 4
```

2 불형

불형은 참(True)이나 거짓(False)만 저장할 수 있으며, 논리형이라고도 한다.

```
a = True
type(a)
```

실행 결과

```
<class 'bool'>
```

불형은 비교의 결과를 참이나 거짓으로 저장하는 데 사용될 수도 있다.

```
a = (100 == 100)
b = (10 > 100)
print(a, b)
```

실행 결과

```
True False
```

(100 == 100)은 '100과 100이 같다'이므로 True가 되며, (10 > 100)은 '10은 100보다 크다'이므로 False가 된다.

TIP • 불형은 단독으로 사용하기보다는 if 문이나 while 문 등과 함께 주로 사용한다.

3 문자열

문자열은 'abc', "파이썬 만세", "1" 등 문자집합을 의미하며, 양쪽을 큰따옴표(" ")나 작은따옴표(' ')로 감싸야 한다.

TIP • C나 자바는 한 글자를 저장하는 데 작은따옴표를 사용하고, 여러 글자를 저장하는 데 큰따옴표를 사용한다. 파이썬은 둘 중 아무 것이나 사용해도 된다.

```
a = "파이썬 만세"
a
print(a)
type(a)
```

실행 결과

```
'파이썬 만세'
파이썬 만세
<class 'str'>
```

문자열을 그대로 출력하면 작은따옴표(' ')에 묶여서 출력되며, print() 함수로 출력하면 작은따옴표(' ') 없이 출력된다. 문자열은 String의 약자인 str로 표현된다.

문자열 중간에 작은따옴표(' ')나 큰따옴표(" ")를 출력하고 싶다면 다른 따옴표로 묶어 주면 된다.

```
"작은따옴표는 ' 모양이다."
'큰따옴표는 " 모양이다.'
```

실행 결과

```
"작은따옴표는 ' 모양이다."
'큰따옴표는 " 모양이다.'
```

또는 백슬래시(\) 뒤에 큰따옴표(" ")나 작은따옴표(' ')를 사용해도 글자로 인식한다.

```
a = "이건 큰따옴표 \" 모양."
b = '이건 작은따옴표 \' 모양.'
print(a, b)
```

실행 결과

```
이건 큰따옴표 " 모양. 이건 작은따옴표 ' 모양.
```

문자열을 여러 줄로 넣으려면 중간에 \n을 삽입하면 된다.

```
a = '파이썬 \n만세'
print(a)
```

실행 결과

```
파이썬
만세
```

큰따옴표(" ")나 작은따옴표(' ') 3개를 연속해서 묶어도 된다.

```
a = """파이썬
만세"""
a
print(a)
```

실행 결과

```
'파이썬\n만세'
파이썬
만세
```

문자열을 간단히 살펴보았다. 이처럼 문자열은 다양하게 활용할 수 있다. 문자열의 더 많은 활용은 4장에서 자세히 살펴본다.

파이썬에서는 C/C++, 자바 등과 같은 main() 함수가 존재하지 않는다. 따라서 코드가 길어지면 메인 코드 부분이 혼란스러운데, 이때는 main() 함수의 효과를 보여 주는 방법을 이용할 수 있다.

Code03-03.py

```
1  ## 함수 선언 부분 ##
2  def myFunc() :
3      print('함수를 호출함.')
4
5  ## 변수 선언 부분 ##
6  gVar = 100
7
8  ## 메인 코드 부분 ##
9  if __name__ == '__main__' :
10     print('메인 함수 부분이 실행됩니다.')
11     myFunc()
12     print('전역 변수 값:', gVar)
```

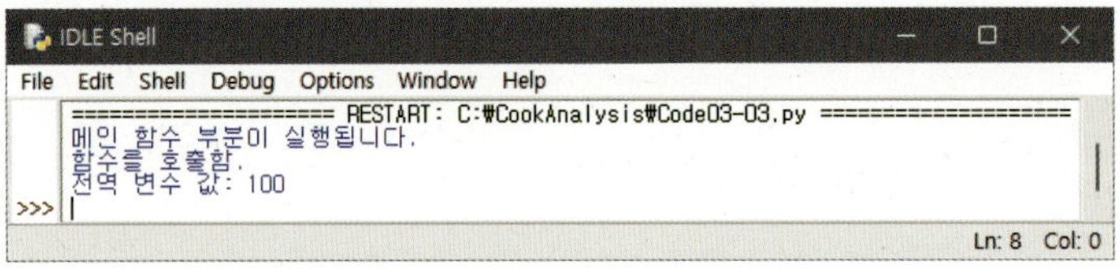

9행 9행과 같이 입력하여 C/C++나 자바의 main() 함수처럼 사용하면 된다. 파이썬이 모든 코드를 실행하는 시점에 파이썬 내부의 특수한 변수인 __name__ 변수에 '__main__' 값을 자동으로 설정하라는 의미이다.

10~12행 9행에 의해 무조건 실행되므로 main() 함수의 효과를 준다.

TIP • 앞으로 이 책의 [응용예제]에서는 Code03-03.py와 같은 방식으로 메인 코드 부분을 명확하게 표시할 것이다.

SECTION 05

연산자

1 산술 연산자

이번 장에서는 산술 연산자를 완벽하게 정리하고 넘어가자. 파이썬도 가장 기본적인 계산은 산술 연산자를 사용한다. 산술 연산자는 더하기(+), 빼기(−), 곱하기(*), 나누기(/)가 대표적이며, 이외에도 몇 가지가 더 있다. 두 개 이상의 산술 연산자가 동시에 나올 때도 있는데, 연산자 중에서 어떤 것을 먼저 계산할지를 결정하는 우선순위 개념도 필요하다.

표 3-3 산술 연산자의 종류

연산자	의미	사용 예	설명
=	대입 연산자	a = 3	정수 3을 a에 대입
+	더하기	a = 5 + 3	5와 3을 더한 값을 a에 대입
−	빼기	a = 5 − 3	5에서 3을 뺀 값을 a에 대입
*	곱하기	a = 5 * 3	5와 3을 곱한 값을 a에 대입
/	나누기	a = 5 / 3	5를 3으로 나눈 값을 a에 대입
//	나누기(몫)	a = 5 // 3	5를 3으로 나눈 후 소수점을 버리고 값을 a에 대입
%	나머지 값	a = 5 % 3	5를 3으로 나눈 후 나머지 값을 a에 대입
**	제곱	a = 5 ** 3	5의 3제곱을 a에 대입

대부분 상식적인 수준의 연산이지만 관심 있게 볼 것은 나누기(몫)과 나머지 값 정도일 것이다. 직접 입력하면서 확인해 보자. a//b는 a를 b로 나눈 몫이고, a%b는 a를 b로 나눈 나머지 값이다.

```
a = 5; b = 3
print(a + b, a - b, a * b, a / b, a // b, a % b, a ** b)
```

실행 결과

```
8 2 15 1.6666666666666667 1 2 125
```

TIP • 세미콜론(;)은 앞뒤를 완전히 분리해 준다. 그러므로 a=5; b=3은 다음과 동일하다. 또 콤마(,)로 분리해서 값을 대입할 수도 있어 a, b=5, 3도 동일하다.

```
a = 5
b = 3
```

2 문자열과 숫자의 상호 변환

문자열이 숫자로 구성되어 있을 때, int() 또는 float() 함수를 사용해서 정수나 실수로 변환할 수 있다. 결과를 보면 int() 함수가 정수로, float() 함수가 실수로 문자열을 변경했다. 그리고 상당히 큰 숫자도 int() 함수로 잘 변경되었다.

```
s1, s2, s3 = "100", "100.123", "9999999999999999999999999999"
print(int(s1) + 1, float(s2) + 1, int(s3) + 1)
```

실행 결과

```
101 101.123 10000000000000000000000000000
```

반대로 숫자를 문자열로 변환하려면 str() 함수를 사용한다. 실행 결과에 따르면 a와 b가 문자열로 변경되어서 결과도 100+1이 아니라 문자열의 연결인 '1001'과 '100.1231'이 되었다.

```
a = 100; b = 100.123
str(a) + '1'; str(b) + '1'
```

실행 결과

```
'1001'
'100.1231'
```

TIP • print() 함수는 실행 결과에 작은따옴표가 없어 문자열인지 구분하기가 어려워 사용하지 않았다.

3 대입 연산자

파이썬에서는 대입 연산자 외에도 다양한 연산자를 사용할 수 있다. 예를 들어 첫 번째 대입 연산자 a +=3은 a에 3을 더해서 다시 a에 넣으라는 의미로 a =a +3과 같다.

표 3-4 대입 연산자의 종류

연산자	사용 예	설명
+=	a += 3	a = a + 3과 동일
-=	a -= 3	a = a - 3과 동일
*=	a *= 3	a = a * 3과 동일
/=	a /= 3	a = a / 3과 동일
//=	a //= 3	a = a // 3과 동일
%=	a %= 3	a = a % 3과 동일
**=	a **= 3	a = a ** 3과 동일

TIP • 파이썬에는 C/C++, 자바 등의 언어에 있는 증가 연산자 ++나 감소 연산자 --가 없다.

다음 코드의 결과는 a가 10에서 시작해 프로그램이 진행될수록 값이 누적된다.

```
a = 10
a += 5; print(a)
a -= 5; print(a)
a *= 5; print(a)
a /= 5; print(a)
a //= 5; print(a)
a %= 5; print(a)
a **= 5; print(a)
```

실행 결과

```
15 10 50 10.0 2.0 2.0 32.0
```

4 관계 연산자

관계 연산자는 비교 연산자라고도 하며 어떤 것이 크거나 작거나 같은지 비교한다. 또한 그 결과는 참(True)이나 거짓(False)이 된다.

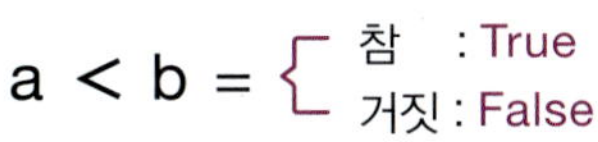

그림 3-14 관계 연산자의 기본 개념

표 3-5 관계 연산자의 종류

연산자	의미	설명
==	같다	두 값이 동일하면 참
!=	같지 않다	두 값이 다르면 참
>	크다	왼쪽이 크면 참
<	작다	왼쪽이 작으면 참
>=	크거나 같다	왼쪽이 크거나 같으면 참
<=	작거나 같다	왼쪽이 작거나 같으면 참

주로 조건문(if 문)이나 반복문(while 문)에서 사용되며, 단독으로는 거의 사용하지 않는다. 일반적으로 참은 True로 표시하고, 거짓은 False로 표시한다. 관계 연산자는 a < b일 때, a 변수에 들어 있는 값이 b 변수에 들어 있는 값보다 작으면 참이 되고, 그렇지 않으면 거짓이 된다. 파이썬에서 사용할 수 있는 관계 연산자는 [표 3-5]와 같다.

관계 연산자의 간단한 예시를 확인해 보자. a == b를 보면 100이 200과 같다는 의미이므로 결과는 거짓(False)이 된다.

```
a, b = 100, 200
print(a == b , a != b, a > b , a < b , a >= b , a <= b)
```

실행 결과

```
False True False True False True
```

다음은 a와 b를 비교하는 관계 연산자 ==를 사용하려다 착오로 =을 하나만 쓴 코드이다.

```
print(a = b)
```

이 코드의 실행 결과는 무시무시한 빨간색 오류로 나타난다. a=b는 b 값을 a에 대입하라는 의미이지 관계 연산자가 아니다. 자주 하는 실수이므로 주의가 필요하다.

5 논리 연산자

논리 연산자는 주로 여러 가지 조건을 복합해서 사용하는데, and(그리고), or(또는), not(부정) 세 가지가 있다. 예를 들어 'a라는 값이 100과 200 사이에 들어 있어야 한다'는 조건을 표현한다고 하자. 이것은 'a는 100보다 크고 a는 200보다 작다'고 표현할 수 있다.

이 식이 참이 되려면 (a>100)도 참이 되어야 하고, (a<200)도 참이 되어야 한다. 즉 a가 100과 200 사이에 있어야만 두 조건 모두 참이 될 것이다. 이를 파이썬에서 표현하면 다음과 같다.

```
(a > 100) and (a < 200)
```

논리 연산자의 종류는 [표 3-6]과 같다.

표 3-6 논리 연산자의 종류

연산자	의미	설명	사용 예
and(논리곱)	~이고, 그리고	둘 다 참이어야 참	(a > 100) and (a < 200)
or(논리합)	~이거나, 또는	둘 중 하나만 참이어도 참	(a == 100) or (a == 200)
not(논리부정)	~아니다, 부정	참이면 거짓, 거짓이면 참	not(a < 100)

간단한 코드로 결과를 확인해 보자. 여기서 괄호를 모두 제거해도 결과는 같지만, 괄호가 있으면 처리되는 순서가 더 명확하게 보이므로 되도록 괄호를 사용하는 것을 권장한다.

```
a = 99
(a > 100) and (a < 200)
(a > 100) or (a < 200)
not(a == 100)
```

실행 결과

```
False True True
```

코드를 보면 (a>100) and (a<200)는 a가 100과 200 사이에 있는지 묻고 있다. 즉 a가 100보다 크고 200보다 작다는 것을 의미하는데, a는 99이므로 (a>100)은 거짓, (a<200)은 참이 된다. 즉 '거짓 and 참'이므로 그 결과는 거짓(False)이 된다.

(a>100) or (a<200)는 a가 100보다 커도 되고, 200보다 작아도 된다. 즉 둘 중 하나만 참이어도 참이 된다. 역시 a는 99이므로 (a>100)는 거짓, (a<200)는 참이 되어서 '거짓 or 참'이므로 그 결과는 참(True)이 나왔다. not(a==100)는 a가 99이므로 (a==100)는 거짓이 되지만, 그것의 부정은 참이 되므로 참(True)이 출력된다.

파이썬은 숫자도 참과 거짓으로 구분한다. 숫자 0은 거짓(False)이 되고, 그 외의 값은 모두 참(True)으로 취급한다. 아직 배우지 않았지만 조건문에서 조건이 참이면 수행된다.

다음 코드의 각 행의 끝에서는 Enter를 2번 눌러야 한다. 첫 번째 1234는 참으로 취급하므로 결과가 출력되지만, 두 번째 0은 거짓이므로 결과가 출력되지 않는다. 결론적으로 0은 False, 그 외의 숫자는 모두 True로 기억하면 된다.

```
if(1234) : print("참이면 보여요")
if(0) : print("거짓이면 안 보여요")
```

6 연산자 우선순위

파이썬에서는 여러 연산자가 동시에 나올 때 어떤 연산자를 먼저 계산할지 이미 결정되어 있는데, 이를 연산자 우선순위라고 한다. 여러 연산자가 동시에 나오면 어떤 것을 먼저 처리할지 고려해야 한다. [표 3-7]을 다 외우기는 어렵지만, 어느 정도 익숙해지는 것이 좋다. 특히 괄호는 최우선이고, 곱셈과 나눗셈이 덧셈과 뺄셈보다 우선하며, 대입 연산자는 늦게 처리된다는 점은 반드시 기억하자. 그 외에는 필요할 때마다 참고한다.

표 3-7 연산자 우선순위

우선순위	연산자	의미
1	()[]{}	괄호, 리스트, 딕셔너리, 세트 등
2	**	지수
3	+ − ~	단항 연산자
4	* / % //	산술 연산자
5	+ −	
6	<< >>	비트 시프트 연산자
7	&	비트 논리곱
8	^	비트 배타적 논리합
9	|	비트 논리합
10	< > >= <=	관계 연산자
11	==!=	동등 연산자
12	= %= /= //= −= += *= **=	대입 연산자
13	not	논리 연산자
14	and	
15	or	
16	if~else	비교식

연산자 우선순위 중 3위인 +와 −는 덧셈과 뺄셈이 아니라, 숫자나 변수 앞에 붙는 플러스, 마이너스 부호를 의미한다.

7 [프로그램 1] 완성

학습한 연산자를 활용해서 동전 교환 프로그램을 구현해 보자.

Code03-04.py

```
## 변수 선언 부분 ##
money, c500, c100, c50, c10 = 0, 0, 0, 0, 0

## 메인 코드 부분 ##
money = int(input("교환할 돈은 얼마?"))

c500 = money // 500
money %= 500
```

```
9
10 c100 = money // 100
11 money %= 100
12
13 c50 = money // 50
14 money %= 50
15
16 c10 = money // 10
17 money %= 10
18
19 print("\n 500원짜리 ==> %d개" % c500)
20 print(" 100원짜리 ==> %d개" % c100)
21 print(" 50원짜리 ==> %d개" % c50)
22 print(" 10원짜리 ==> %d개" % c10)
23 print(" 바꾸지 못한 잔돈 ==> %d원 \n" % money)
```

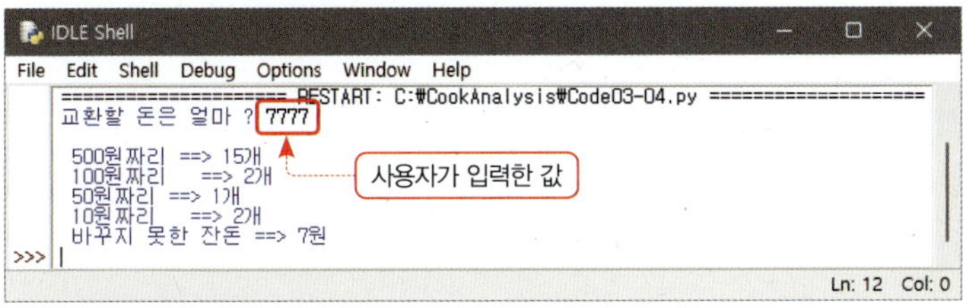

코드를 실행한 후 금액을 입력하면 동전을 제대로 교환해서 출력할 것이다. 코드가 조금 길어 2장에서 잠깐 배운 코드의 변수 선언 부분과 메인 코드 부분으로 나누어 코딩했다.

2행 동전으로 교환할 돈(money)과 500원, 100원, 50원, 10원짜리 동전의 개수를 저장할 변수를 초기화한다.

7~8행 입력한 값을 500으로 나눈 몫, 즉 500원짜리 동전의 개수를 구하고, 8행에서 다시 money를 500으로 나눈 후 나머지 값을 저장한다. 8행의 money %= 500은 money = money%500과 동일하다. 결국 입력한 money 값을 최대한 500원짜리로 바꾸고 나머지 돈인 500원 미만을 다시 money에 저장하는 것이다.

10~11, 13~14, 16~17행 각각 100원, 50원, 10원 동전을 구한다. 마지막 money에 저장된 값은 10 미만으로, 바꿀 수 없는 나머지 돈이다.

SELF STUDY 3-1

77777을 입력하면 50,000원, 10,000원, 5,000원, 1,000원 지폐로 교환하는 프로그램을 작성해 보자.

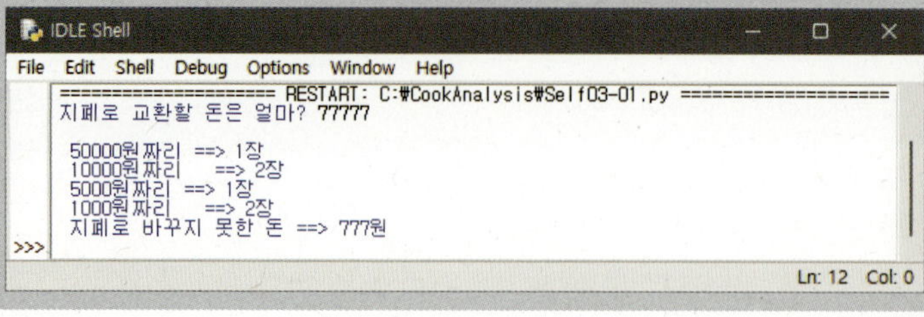

SECTION 06 조건문

'만약 ~라면'이라는 의미처럼 if는 어떤 조건을 내세울 때 사용한다. if 문에서 내세우는 조건의 결과는 참(True) 또는 거짓(False) 두 가지뿐이다.

1 if 문

가장 단순한 형태의 if 문은 참일 때는 뭔가를 실행하고, 거짓일 때는 아무것도 실행하지 않는다. 조건식은 주로 마름모 형태로 그리는데, 참이면 '실행할 문장'을 실행하고 거짓이면 아무것도 실행하지 않는다.

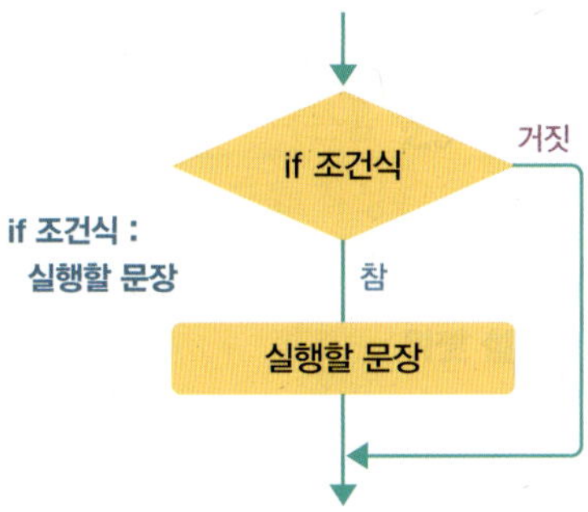

그림 3-15 if 문의 형식과 순서도

즉 [그림 3-15]와 같이 'if 조건식 :'에서 조건식이 참이면 '실행할 문장'을 실행하고, 거짓이면 아무것도 실행하지 않은 채 프로그램을 종료한다.

```
a = 99
if a < 100 :
    print("100보다 작군요.")
```

실행 결과

```
100보다 작군요.
```

TIP • 파이썬은 들여쓰기가 매우 중요하다. if 문 다음에 '실행할 문장'은 if 문 다음 줄에서 들여쓰기를 해서 작성해야 한다. 들여 쓸 때는 Tab을 누르는 것보다 Spacebar를 4칸 정도 누르는 것을 권장한다. 그래서 파이썬 스크립트 모드에서는 기본적으로 들여쓰기가 4칸 정도로 자동 지정된다. 대화형 모드에서는 '실행할 문장'이 모두 끝나고 Enter를 2번 눌러야 if 문이 끝나는 것으로 간주한다.

현재 a에는 99가 들어 있으므로 조건식 a<100은 참이 되어 if 문을 실행한다. 이 코드를 그림으로 표현하면 다음과 같다.

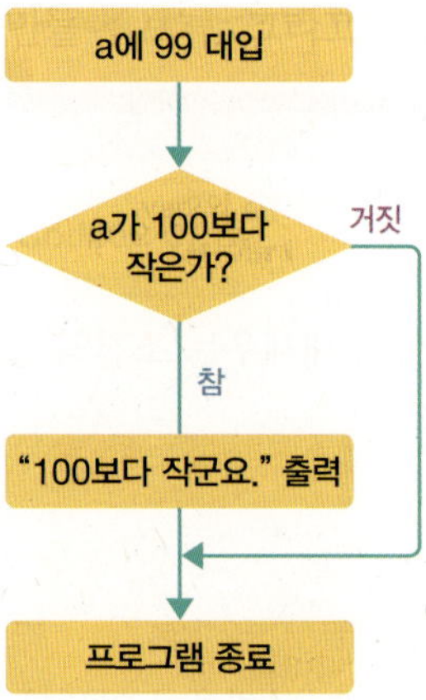

그림 3-16 if 문 실행 과정

if 문에서 두 문장 이상을 실행하고 싶다면 다음과 같이 실행할 문장을 모두 들여 써야 한다.

Code03-05.py

```
1  a = 200
2
3  if a < 100 :
4      print("100보다 작군요.")
5      print("거짓이므로 이 문장은 안 보이겠죠?")
6
7  print("프로그램 끝")
```

실행 결과

```
프로그램 끝
```

현재 a가 200이므로 조건식은 거짓이 된다. 들여쓰기 된 4~5행은 건너뛰고 6행부터 실행된다. 그 결과 '프로그램 끝'을 출력한다.

TIP • 들여쓰기 오류 예

if 문 안의 문장은 정확하게 들여 써야 한다. 다음과 같이 들여쓰기를 잘못하면 오류가 발생한다.

```
if a < 100 :
        print("100보다 작군요.")
    print("거짓이므로 이 문장은 안 보이겠죠?")
```

2 if~else 문

참일 때 실행할 문장과 거짓일 때 실행할 문장을 다르게 하려면 if~else 문을 사용한다. 조건식이 참이라면 '실행할 문장 1'을 실행하고, 거짓이면 '실행할 문장 2'를 실행한다. [그림 3-17]을 보면 조건이 참일 때와 거짓일 때 실행할 문장이 다르다.

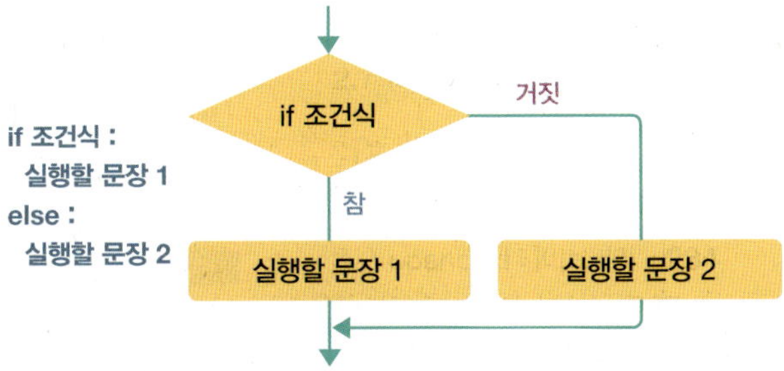

그림 3-17 if~else 문의 형식과 순서도

다음과 같이 a에는 200이 들어 있으므로 3행의 조건식은 거짓이 되어 5행의 else 아래에 있는 6행을 실행한다.

Code03-06.py

```
1  a = 200
2
3  if a < 100 :
4      print("100보다 작군요.")
5  else :
6      print("100보다 크군요.")
```

실행 결과

```
100보다 크군요.
```

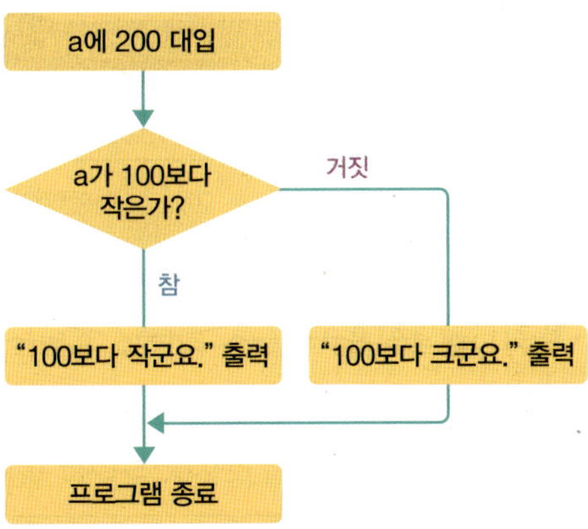

그림 3-18 Code03-06.py 실행 과정

Code 03-07.py는 입력한 숫자가 짝수인지 홀수인지를 계산한다.

Code03-07.py

```
1 a = int(input("정수를 입력하세요 : "))
2
3 if a % 2 == 0 :
4     print("짝수를 입력했군요.")
5 else :
6     print("홀수를 입력했군요.")
```

실행 결과

```
정수를 입력하세요 : 125
홀수를 입력했군요.
```

1행 정수를 입력받는다.

3행 입력된 수를 2로 나눈 나머지 값이 0이면 짝수, 그렇지 않으면 홀수로 처리한다.

3 중첩 if 문

지금까지는 if 문이 하나일 때만 살펴보았다. 하지만 조건을 검사하는 과정이 두 번 이상일 때가 있을 수 있다. 예를 들어 강의실에 있는 학생 중에서 20세 이상의 남자가 몇 명인지를 구하는 프로그램을 만든다고 하자. 그러면 일단 성별을 구별하고, 남학생 중에서 다시 20대 여부를 구별해야 한다. 이처럼 if 문을 한 번 실행한 후 그 결과에서 if 문을 다시 실행하는 것을 중첩 if 문이라고 한다.

중첩 if 문은 if 문 안에 또 다른 if 문이 있다고 생각하면 된다. 조건식이 여러 개일 때는 조금 헷갈릴 수 있으므로 다음과 같이 들여쓰기를 명확히 하면 좋다. '조건식 1'이 참이면 'if 조건식 2 :'를 다시 수행하고, '조건식 2'가 참이면 '실행할 문장 1'을 실행한다.

```
if 조건식 1 :
  if 조건식 2 :
      실행할 문장 1
  else :
      실행할 문장 2
else :
  실행할 문장 3
```

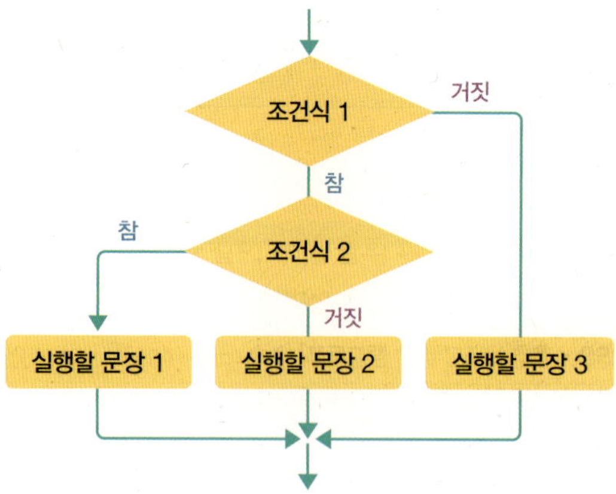

그림 3-19 중첩 if 문의 형식과 순서도

Code03-08.py

```
1  a = 75
2
3  if a > 50 :
4      if a < 100 :
5          print("50보다 크고 100보다 작군요.")
6      else :
7          print("와~~ 100보다 크군요.")
8  else :
9      print("에고~ 50보다 작군요.")
```

실행 결과

```
50보다 크고 100보다 작군요.
```

3행 a가 50보다 크면 참이 되어 들여쓰기가 된 4~7행을 실행한다. 그 안에서 a가 100보다 작다면 5행을 실행하고, 그렇지 않다면 7행을 실행한다. 3행에서 a가 50보다 작거나 같다면 8행으로 바로 넘어와 9행을 실행한다.

Code03-09.py는 중첩 if 문의 예제이다. 점수를 입력받은 후 90점 이상은 A, 80점 이상은 B, 70점 이상은 C, 60점 이상은 D, 나머지는 F로 처리한다. 다소 복잡하게 여겨질 수 있으나, 자주 사용하는 예제이므로 잘 살펴보자.

Code03-09.py

```
score = int(input("점수를 입력하세요 : "))

if score >= 90 :
    print("A")
else :
    if score >= 80 :
        print("B")
    else :
        if score >= 70 :
            print("C")
        else :
            if score >= 60 :
                print("D")
            else :
                print("F")

print("학점입니다. ^^")
```

실행 결과

```
점수를 입력하세요 : 85
B
학점입니다. ^^
```

3행 a가 90점 이상이면 4행을 실행한 후 바로 16행으로 빠져나온다. 그렇지 않다면, 즉 a가 90점 미만이라면 5행으로 이동하고, a가 80점 이상이면 7행을 실행한 후 바로 16행으로 빠져나온다. 그리고 이 방식을 계속 반복한다.

Code03-09.py를 그림으로 표현하면 다음과 같다.

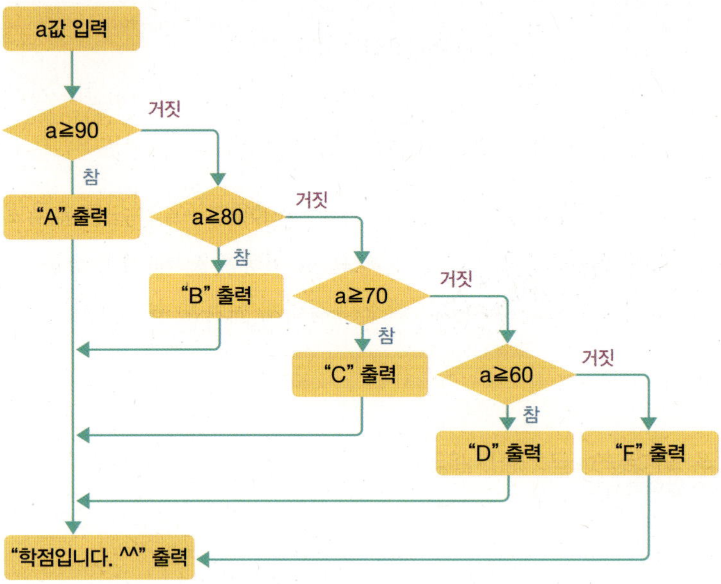

그림 3-20 Code03-09.py 실행 과정

그림은 다소 복잡해 보이나, 이해하기 어렵지 않을 것이다. 중첩 if 문을 사용할 때는 중간의 else~if를 elif 문으로 줄여 if~elif~else 문으로 더 짧게 표현하기도 한다.

4 if~elif~else 문

Code03-09.py를 if~elif~else 문을 이용하여 Code03-10.py와 같이 수정할 수 있다.

Code03-10.py

```
score = int(input("점수를 입력하세요 : "))

if score >= 90 :
```

```
    print("A")
elif score >= 80 :
    print("B")
elif score >= 70 :
    print("C")
elif score >= 60 :
    print("D")
else :
    print("F")

print("학점입니다. ^^")
```

SELF STUDY 3-2

Code03-10.py를 다음 조건처럼 좀 더 세분화해 보자.
95점 이상 : A+, 90점 이상 : A0, 85점 이상 : B+, 80점 이상 : B0,
75점 이상 : C+, 70점 이상 : C0, 65점 이상 : D+, 60점 이상 : D0, 60점 미만 : F

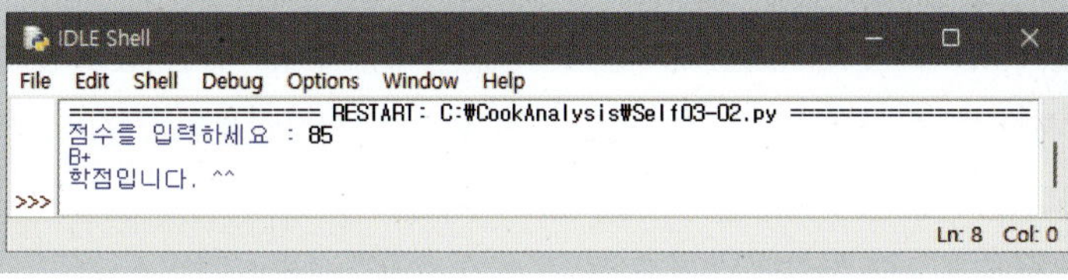

5 if 문과 리스트

리스트(List)는 데이터 여러 개를 한곳에 담아 놓은 것이다. 리스트에서는 설명할 내용이 굉장히 많으므로 4장에서 자세히 배운다. 여기서는 if 문과 함께 사용하는 형태만 알아보자.

먼저 리스트는 대괄호([ ])로 묶고 그 안에 필요한 것들을 한꺼번에 넣어 만들 수 있다. 다음 코드는 fruit 변수에 값 4개를 리스트 하나로 묶어 대입한 것이다.

```
fruit = ['사과', '배', '딸기', '포도']
print(fruit)
```

실행 결과

```
['사과', '배', '딸기', '포도']
```

리스트의 마지막에 무언가를 더 추가하려면 리스트명.append() 함수를 사용한다.

```
fruit.append('귤')
print(fruit)
```

실행 결과

```
['사과', '배', '딸기', '포도', '귤']
```

그리고 리스트 안에 무엇이 들어 있는지도 if 문으로 활용할 수 있다.

```
if '딸기' in fruit :
    print("딸기가 있네요. ^^")
```

실행 결과

```
딸기가 있네요. ^^
```

'if 항목 in 리스트 :'는 리스트에 해당 항목이 있다면 True를 반환한다. 이 코드에서는 딸기가 있으므로 True를 반환해 아래의 print() 함수가 실행되었다. 반대로 'if 항목 not in 리스트 :'는 리스트에 항목이 없어야 True를 반환한다.

다음은 0부터 9까지 숫자 중에서 리스트 안에 없는 숫자를 찾아내는 예제이다. 여기서는 2장에서 설명한 random.randrange(시작값, 끝값) 함수를 사용한다. 이 함수는 시작값부터 끝값−1까지의 숫자 중에서 임의의 숫자 하나를 반환한다.

Code03-11.py

```
1  import random
2
3  numbers = []
4  for num in range(0, 10) :
5      numbers.append(random.randrange(0, 10))
6
7  print("생성된 리스트", numbers)
8
9  for num in range(0, 10) :
10     if num not in numbers :
11         print("숫자 %d는(은) 리스트에 없네요." %num)
```

실행 결과

```
생성된 리스트 [5, 8, 8, 7, 8, 1, 9, 0, 0, 4]
숫자 2는(은) 리스트에 없네요.
숫자 3는(은) 리스트에 없네요.
숫자 6는(은) 리스트에 없네요.
```

1행 randrange() 함수를 사용하기 위해 작성한다.

3행 빈 리스트인 numbers를 준비한다.

4, 9행 각각 0부터 9까지 총 10회를 반복한다.

5행 random.randrange(0, 10)이 0부터 9까지 임의의 숫자를 반환하고 이 숫자를 numbers.append() 함수를 사용해 numbers 리스트에 추가한다. 결국 0부터 9까지의 숫자 총 10개를 numbers 리스트에 만든 것이다. 숫자들은 중복될 수 있고, 확률은 매우 낮지만 10개 모두 같은 숫자일 수도 있다.

9~11행 0부터 9까지의 숫자를 num에 넣은 후 10행에서 numbers 리스트에 해당 숫자가 없다면 11행에서 숫자가 없다는 메시지를 출력한다.

6 [프로그램 2] 완성

if 문을 활용해 기능이 두 가지인 종합 계산기를 구현하는 [프로그램 2]를 완성해 보자. 수식까지 입력해 계산하는 기능과 입력한 두 수의 합계를 내는 기능이 포함되어 있다.

Code03-12.py

```
## 변수 선언 부분 ##
select, answer, numStr, num1, num2 = 0, 0, "", 0, 0

## 메인 코드 부분 ##
select = int(input("1. 입력한 수식 계산 2. 두 수 사이의 합계 : "))

if select == 1 :
    numStr = input(" *** 수식을 입력하세요 : ")
    answer = eval(numStr)
    print(" %s 결과는 %5.1f입니다. " % (numStr, answer))
elif select == 2 :
    num1 = int(input(" *** 첫 번째 숫자를 입력하세요 : "))
    num2 = int(input(" *** 두 번째 숫자를 입력하세요 : "))
    for i in range(num1, num2 + 1) :
        answer = answer + i
    print("%d+...+%d는 %d입니다. " % (num1, num2, answer))
else :
    print("1 또는 2만 입력해야 합니다.")
```

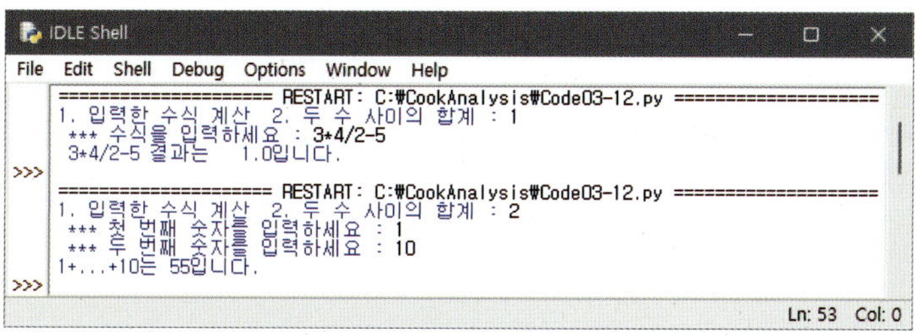

Code03-12.py를 실행한 후 1을 입력하면 수식 계산기로 작동한다. 즉 7~10행이 수행된다.

8행 수식을 입력받는데 여기서는 3*4/2-5를 입력했다.

9행 eval() 함수가 수식을 계산한다. 이 함수 없이 직접 3*4/2-5를 계산하는 프로그램을 작성하면 상당히 어렵고 코드도 길기 때문에 무척 유용한 함수이다.

10행 수식과 계산 결과를 출력한다.

Code03-12.py를 실행한 후 2를 입력하면 두 숫자 사이의 모든 수를 더한 합계를 구한다. 즉 11~16행이 실행된다.

12~13행 두 숫자를 입력받는다.

14행 for 문에서 range() 함수로 입력한 숫자 사이를 반복한다. 이때 두 번째 숫자에 1을 더해야 해당 숫자까지 반복한다는 점에 주의한다.

15~16행 값을 합치고 결과를 출력한다.

17~18행은 Code03-12.py를 실행한 후 1, 2 외의 숫자를 입력했을 때 처리하는 오류 메시지이다.

SELF STUDY 3-3

[프로그램 1]의 두 번째 기능처럼 두 숫자를 입력받고 두 숫자 사이의 합계를 구하는 프로그램을 만들어 보자. 단 1씩 증가하지 않고 증가하는 숫자도 입력받는다. 예를 들어 1, 100, 3을 입력하면 1+4+…+100의 합계를 구한다.

힌트 range(시작값, 끝값+1, 증가값) 형식으로 사용한다.

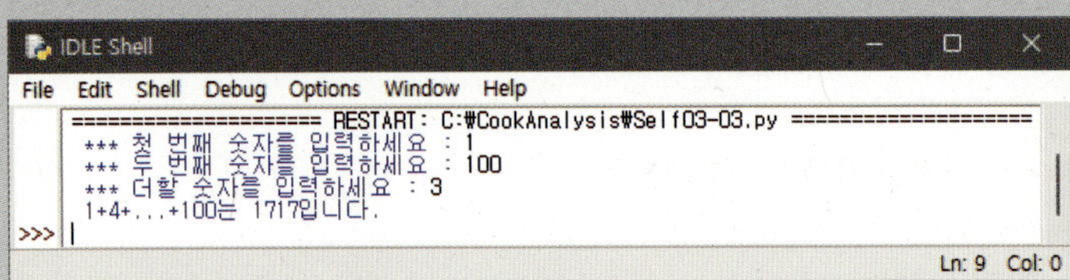

SECTION 07

반복문

1 반복문의 개념

반복문은 말 그대로 문장을 반복해서 만드는 것이다. 반복문이 없다면 코드가 너무 길어 프로그래밍하기 곤란할 것이다. 하지만 반복문 덕분에 수천 번 해야 할 일을 간략하게 할 수 있다. 반복문은 크게 for 문과 while 문으로 나누는데, 먼저 가장 활용도가 높은 for 문부터 살펴보자.

프로그램에서 반복은 왜 필요할까? 우선 지금까지 배운 내용을 바탕으로 다음 결과를 출력하는 프로그램을 만들어 보자.

실행 결과

```
안녕하세요? for 문을 공부 중입니다. ^^
안녕하세요? for 문을 공부 중입니다. ^^
안녕하세요? for 문을 공부 중입니다. ^^
```

다음 코드를 보지 않고도 작성할 수 있다면 지금까지 설명한 내용을 잘 이해한 것이다.

Code03-13(1).py

```
print("안녕하세요? for 문을 공부 중입니다. ^^")
print("안녕하세요? for 문을 공부 중입니다. ^^")
print("안녕하세요? for 문을 공부 중입니다. ^^")
```

그다지 어렵지 않다. 굳이 세 줄을 다 입력할 필요 없이 print("안녕하세요? for 문을 공부 중입니다. ^^")를 입력한 후 복사(Ctrl+C), 붙여넣기(Ctrl+V)로 완성하면 된다.

그런데 3번이 아니라 10번을 출력해야 한다면? 이것도 별로 문제가 되지 않는다. 그렇다면 100번은 어떨까? 1,000번, 10,000번은? 이제부터는 이야기가 조금 달라진다. 아무리 복사해 붙이더라도 10,000번은 무리일 것 같다. 이때 필요한 것이 반복문이다. 아직 완전히 이해되지 않더라도 다음 코드를 입력해서 결과를 살펴보자.

Code03-13(2).py

```
1 for i in range(0, 3, 1) :
2     print("안녕하세요? for 문을 공부 중입니다. ^^")
```

실행 결과

```
안녕하세요? for 문을 공부 중입니다. ^^
안녕하세요? for 문을 공부 중입니다. ^^
안녕하세요? for 문을 공부 중입니다. ^^
```

print() 함수는 2행에서 한 번밖에 사용하지 않았는데도 Code03-13(1).py와 결과가 같다. 자세한 내용은 이어서 살펴보기로 하고, 우선은 1행의 range(0, 3, 1)을 보자. 가운데가 3이므로 3번을 수행할 것임을 미루어 짐작할 수 있을 것이다. 10,000번을 반복해야 한다면 숫자 3 대신에 10000을 입력하면 된다.

2 for 문

for 문의 기본 형식은 다음과 같다.

```
for 변수 in range(시작값, 끝값+1, 증가값) :
    이 부분을 반복
```

range() 함수는 지정된 범위의 값을 반환한다. 앞서 사용한 range(0, 3, 1)은 0에서 시작해 2까지 1씩 증가하는 값을 반환한다. 표시된 숫자보다 하나 작은 숫자까지 반환되는 점에 주의한다. 예를 들어 3일 때는 이보다 하나 작은 2까지 반환한다.

TIP • range(0, 3, 1)이 0, 1, 2만 해당하고 3은 반환하지 않는 것이 처음에는 이상하겠지만, 앞으로 배울 리스트를 생각하면 이 방식을 더 편리하다고 느낄 것이다. 리스트는 0부터 시작하므로 3개의 리스트는 0, 1, 2로 표시하기 때문이다. 리스트는 4장에서 자세히 다룬다.

즉 range(0, 3, 1)은 0, 1, 2를 반환하며, 변수에 값을 하나씩 대입하면서 반복문을 수행한다. 세 번째 증가값은 생략하면 1로 인식하므로 range(0, 3, 1)은 range(0, 3)과도 같다. 시작값도 생략이 가능한데, 생략하면 0으로 인식하므로 range(3)은 range(0, 3, 1)과 같다.

다시 range() 함수를 사용한 코드를 살펴보자.

```
for i in range(0, 3, 1) :
    print("안녕하세요? for 문을 공부 중입니다. ^^")
```

range(0, 3, 1)은 [0, 1, 2]와 같으므로 내부적으로 다음과 같이 변경된다.

```
for i in [0, 1, 2] :
    print("안녕하세요? for 문을 공부 중입니다. ^^")
```

그리고 i에 0, 1, 2를 차례로 대입한 후 다음과 같이 3회 반복한다.

- **제1회** : i에 0을 대입한 후 print() 함수 수행
- **제2회** : i에 1을 대입한 후 print() 함수 수행
- **제3회** : i에 2를 대입한 후 print() 함수 수행

결과적으로 3회의 '안녕하세요? ~' 문장이 출력된다. 실행할 문장이 여러 개라면 print() 문장 아래에 실행할 문장을 들여쓰기를 맞추어 계속 작성해야 한다.

그런데 앞 코드에서는 i에 값을 대입만 했지 사용하지는 않았다. 이제는 i 값을 코드 내부에서 사용해 보자. 먼저 각 행의 맨 앞에 i 값을 출력해 보자.

```
for i in range(0, 3, 1) :
    print("%d : 안녕하세요? for 문을 공부 중입니다. ^^" % i)
```

실행 결과

```
0 : 안녕하세요? for 문을 공부 중입니다. ^^
1 : 안녕하세요? for 문을 공부 중입니다. ^^
2 : 안녕하세요? for 문을 공부 중입니다. ^^
```

TIP • 언더바(_)

i를 사용하지 않으려면 i 대신 언더바(_)를 사용해도 된다.

```
for _ in range(0, 3, 1) :
    print("안녕하세요? for 문을 공부 중입니다. ^^")
```

print() 함수에서 i 값을 사용해 맨 앞에 숫자를 출력했다. for 문의 개념을 어느 정도 잡았다면 이제는 다양한 예제를 작성하면서 for 문을 완전히 이해해 보자.

이번에는 for 문 안에서 i값을 활용할 수 있도록 1부터 5까지의 숫자들을 차례로 출력해 보자.

```
for i in range(1, 6, 1) :
    print("%d " % i, end = " ")
```

실행 결과

```
1 2 3 4 5
```

range(1, 6, 1)은 1부터 5까지 반환한다. 그런데 실행 결과를 모두 한 줄에 표시했다. print() 함수의 마지막에 end=" "를 넣어 마지막을 공백으로 처리해 한 칸씩 띄어 출력한 것이다. 이것을 삭제하면 print() 함수가 끝나고 자동으로 다음 행으로 넘어간다.

3 for 문 활용

본격적으로 for 문을 활용한 프로그램을 만들어 보자. 먼저 for 문을 배우기 전의 방식으로 1부터 10까지의 합계를 구하는 프로그램을 만든다. 이 정도는 for 문을 사용하지 않고도 덧셈 연산만으로 간단히 작성할 수 있다.

```
hap = 1 + 2 + 3 + 4 + 5 + 6 + 7 + 8 + 9 + 10
print("1에서 10까지의 합계 : %d" % hap)
```

실행 결과

```
1에서 10까지의 합계 : 55
```

코드가 아주 간단하고 결과도 바르게 출력했지만, 1부터 1,000까지의 합계를 구한다면 hap = 1 + 2 + 3 + ⋯ + 1000을 입력해야 할 것이다. 게다가 중간에 오타라도 있다면 틀린 결과를 출력할 것이다. 이 방식으로 프로그램을 만드는 것은 바람직하지 않으며, 차라리 휴대폰의 계산기를 사용하는 편이 더 낫다.

이처럼 반복적인 덧셈을 수행할 때는 앞에서 배운 for 문을 활용해야 한다. 다음과 같이 생각해 보자.

```
1부터 10까지 변할 i 변수 준비

for i 변수가 1을 시작으로 10까지 1씩 증가
    hap값에 i값을 더함

hap값 출력
```

이 내용을 그대로 코드로 옮겨 보자.

Code03-14(1).py

```
i = 0

for i in range(1, 11, 1) :
    hap = hap + i

print("1에서 10까지의 합계 : %d" % hap)
```

실행 결과

```
Traceback (most recent call last):
  File "C:\CookAnalysis\Code03-14(1).py", line 4, in <module>
    hap = hap + i
NameError: name 'hap' is not defined
```

실행하니 오류가 발생했다. 왜일까? 바로 hap 변수가 선언되지 않았기 때문이다. 그런데 파이썬은 변수를 선언하지 않아도 여태 잘 사용하지 않았는가? 그렇다. 파이썬은 변수의 선언이 없다.

하지만 4행 hap=hap+i에서는 hap에 어떤 값이 있어야 다시 누적되는데, hap 자체가 존재하지 않아 더할 것이 없어서 오류가 발생한 것이다. 1행에 hap을 초기화하는 코드를 추가해 보자.

Code03-14(2).py

```
1  i, hap = 0, 0
2
3  for i in range(1, 11, 1) :
4      hap = hap + i
5
6  print("1에서 10까지의 합계 : %d" % hap)
```

실행 결과

```
1에서 10까지의 합계 : 55
```

결과가 바르게 출력되었다. Code03-14(2).py에서 주의할 점은 i 변수와 hap 변수의 값이다. 이 값들은 [그림 3-21]과 같이 변한다.

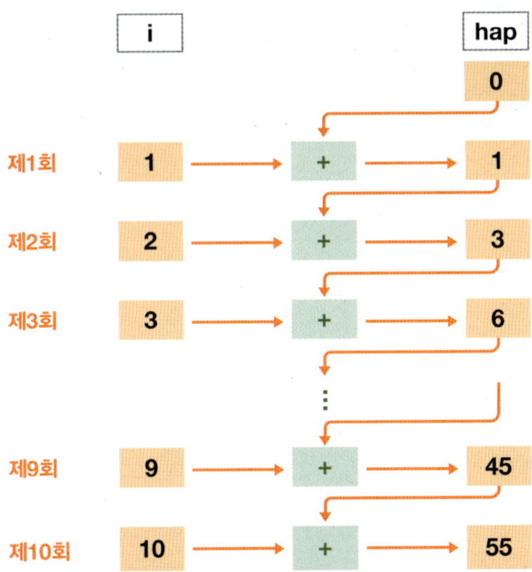

그림 3-21 i와 hap 변수 값의 변화

Code03-14(2).py의 1행에서 i 및 hap을 0으로 초기화한다. 그리고 3~4행이 반복된다. 제1회에서 i값 1을 현재의 hap값 0과 더해 다시 hap에 넣는다. 제2회에서는 i값 2를 현재의 hap값 1과 더해 다시 hap에 넣는다. 이 과정이 제10회까지 반복되면 1에서 10까지 더한 값이 hap에 들어간다.

그럼 왜 이렇게 복잡하게 프로그램을 만들까? 이제는 10이 아니라 100까지의 합계를 출력한다고 생각해 보자. Code03-14(2).py의 3행 11을 101로 고치고, 6행의 출력 부분 10을 100으로 고친 후 다시 실행해 보자. 결과로 5050이 출력될 것이다. 이제부터는 아무리 큰 수의 합이라도 숫자만 바꾸면 된다. 이것이 반복문을 사용하는 가장 큰 이유이다.

이어서 500과 1,000 사이에 있는 홀수의 합계를 구하는 프로그램을 만들어 보자.

Code03-15.py

```
1  i, hap = 0, 0
2
3  for i in range(501, 1001, 2) :
4      hap = hap + i
5
6  print("500과 1000 사이에 있는 홀수의 합계 : %d" % hap)
```

실행 결과

```
500과 1000 사이에 있는 홀수의 합계 : 187500
```

for 문의 범위를 지정하는 range() 함수의 시작값, 끝값+1, 증가값만 적절히 변경하면 다양한 형태의 합계를 구할 수 있다. Code03-15.py는 3행에서 시작값을 501로, 끝값+1을 1001로, 증가값을 2로 설정해 501부터 1,000까지의 홀수를 모두 더하는 형태이다.

SELF STUDY 3-4

Code04-13.py를 0과 100 사이에 있는 7의 배수 합계를 구하도록 수정해 보자.

실행 결과

```
0과 100 사이에 있는 7의 배수 합계 : 735
```

4 중첩 for 문

중첩 for 문은 for 문 내부에 또 다른 for 문이 들어 있는 형태이다. [그림 3-22]를 보자. 바깥 for 문과 안쪽 for 문이 반복되고 있는데, 바깥 for 문은 3회, 안쪽 for 문은 2회 반복된다고 가정한다.

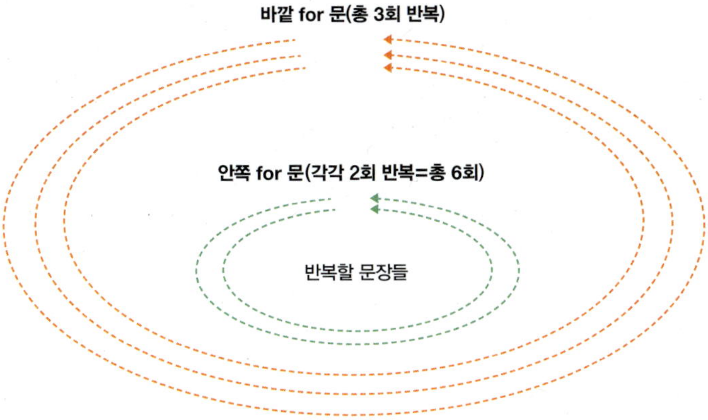

그림 3-22 중첩 for 문의 작동 개념

먼저 바깥 for 문의 첫 번째 반복이 실행되고, 안쪽 for 문의 '반복할 문장들'은 2번 반복된다. 다시 바깥 for 문의 두 번째 반복이 실행되고, 안쪽 for 문의 '반복할 문장들'은 또 처음부터 2번 반복된다. 마지막으로 바깥 for 문의 세 번째 반복이 실행되고, 안쪽 for 문의 '반복할 문장들'은 또다시 처음부터 2번 반복된다. 그래서 결국 바깥쪽이 3번 도는 동안에 안쪽은 각각 2번씩 돌게 되어 총 $3 \times 2 = 6$번 반복한다. 다음은 중첩 for 문의 기본 형식을 보여 주는 코드이다.

```
for i in range(0, 3, 1) :
    for k in range(0, 2, 1) :
        print("파이썬은 꿀잼입니다. ^^ (i값 : %d, k값 : %d)" % (i, k))
```

실행 결과

```
파이썬은 꿀잼입니다. ^^ (i값 : 0, k값 : 0)
파이썬은 꿀잼입니다. ^^ (i값 : 0, k값 : 1)
파이썬은 꿀잼입니다. ^^ (i값 : 1, k값 : 0)
파이썬은 꿀잼입니다. ^^ (i값 : 1, k값 : 1)
파이썬은 꿀잼입니다. ^^ (i값 : 2, k값 : 0)
파이썬은 꿀잼입니다. ^^ (i값 : 2, k값 : 1)
```

TIP • 일반적으로 중첩 for 문을 2개 사용할 때는 i와 j를 많이 쓰는데, 둘이 비슷해 보여 실수가 잦으므로 i, j 대신 i, k를 사용했다.

중첩 for 문의 실행 횟수는 '바깥 for 문 반복횟수 × 안쪽 for 문 반복횟수'이다. 첫 번째 for 문은 i 값이 0, 1, 2로 3회 수행되고, 두 번째 for 문은 k 값이 0, 1로 2회 수행된다. 그러므로 결국 $3 \times 2 = 6$번 반복되었다.

여기서 핵심은 외부 변수인 i는 계속 0, 1, 2로 변경된 후 끝나지만, 내부 변수인 k는 0과 1을 반복한다는 점이다.

```
❶ 외부 for 문 1회 : i에 0을 대입
  내부 for 문 1회 : k에 0을 대입 후 print() 함수 수행
  내부 for 문 2회 : k에 1을 대입 후 print() 함수 수행
```

```
❷ 외부 for 문 2회 : i에 1을 대입
  내부 for 문 1회 : k에 0을 대입 후 print() 함수 수행
  내부 for 문 2회 : k에 1을 대입 후 print() 함수 수행
```

```
❸ 외부 for 문 3회 : i에 2를 대입
  내부 for 문 1회 : k에 0을 대입 후 print() 함수 수행
  내부 for 문 2회 : k에 1을 대입 후 print() 함수 수행
```

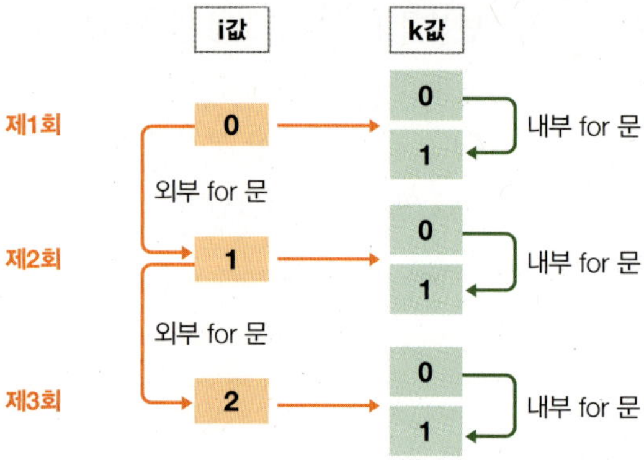

그림 3-23 중첩 for 문에서 i와 k값 변화

5 중첩 for 문 활용

지금까지 연습한 중첩 for 문을 활용해서 2단부터 9단까지 구구단을 출력해 보자. i와 k 변수는 [그림 3-24]를 참고해 추출한다.

그림 3-24 구구단에서 i와 k 변수 추출

구구단의 각 단은 2, 3, 4, …, 9까지 1회만 증가한 후 끝나고, 뒷자리는 1에서 9까지 반복된다. 이를 프로그램으로 만들면 다음과 같다.

Code03-16.py

```
1  i, k = 0, 0
2
3  for i in range(2, 10, 1) :
4      for k in range(1, 10, 1) :
5          print("%d X %d = %2d" % (i, k, i * k))
6      print("")
```

실행 결과

```
2 X 1 = 2
2 X 2 = 4
2 X 3 = 6
2 X 4 = 8
… 중략 …
9 X 8 = 72
9 X 9 = 81
```

3행 2단에서 9단까지 반복한다.

4행 각 단의 뒷자리 숫자를 1에서 9까지 반복한다.

5행 구구단을 형식에 맞추어 출력한다.

6행 각 단이 끝나면 한 줄을 띄운다.

SELF STUDY 3-5

Code03-16.py를 각 단의 제목이 출력되도록 수정해 보자.

실행 결과

```
## 2단 ##
2 X 1 = 2
2 X 2 = 4
2 X 3 = 6
… 생략 …
```

6 while 문

while 문의 기본 형식과 실행 순서는 [그림 3-25]와 같다.

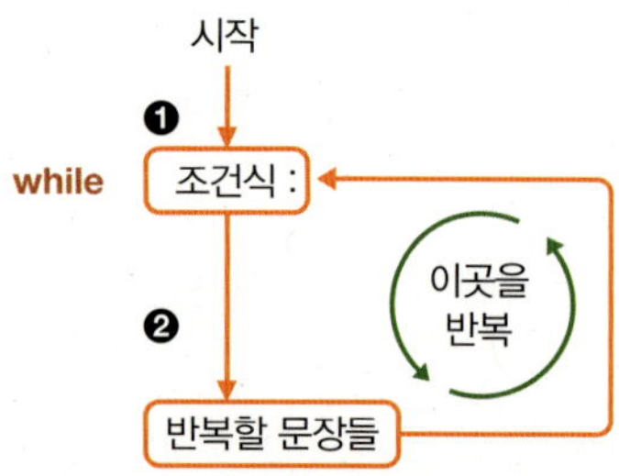

그림 3-25 while 문의 형식과 순서도

먼저 while 문 안의 조건식을 확인해 이 값이 참이면 '반복할 문장들'을 수행한다. 그리고 '반복할 문장들'이 끝나는 곳에서 다시 조건식으로 돌아와 같은 동작을 반복한다. 조건식이 참인 동안에는 계속 반복한다는 점에 유의하자.

그런데 for 문에서는 range(시작값, 끝값+1, 증가값)으로 범위를 지정해 반복했지만, while 문에서는 시작값과 끝값이 없으므로 다른 방식을 사용해야 한다. while 문 안에서는 시작값, 끝값, 증가값을 사용하지 않지만, 같은 역할을 하는 문장을 다른 위치에 넣어 사용할 수 있다.

for 문과 비슷하게 사용할 수 있는 while 문의 형식은 다음과 같다.

```
변수 = 시작값
while 변수 < 끝값 :
    이 부분을 반복
    변수 = 변수 + 증가값
```

다소 복잡해 보이지만 그다지 어렵지 않다. for 문으로 '안녕하세요?~' 문장을 3회 출력하는 코드를 다시 살펴보자.

```
for i in range(0, 3, 1) :
    print("%d : 안녕하세요? for 문을 공부 중입니다. ^^" % I)
```

이 코드처럼 문장을 3회 반복하도록 while 문을 사용해 보자.

```
i = 0
while i < 3 :
    print("%d : 안녕하세요? while 문을 공부 중입니다. ^^" % i)
    i = i + 1
```

실행 결과

```
0 : 안녕하세요? while 문을 공부 중입니다. ^^
1 : 안녕하세요? while 문을 공부 중입니다. ^^
2 : 안녕하세요? while 문을 공부 중입니다. ^^
```

for 문에서 사용한 변수와 시작값을 $i = 0$으로 while 문 위에 작성한다. 그리고 for 문의 끝값을 while 문의 조건식인 $i < 3$으로 지정한다. 마지막으로 for 문의 증가값을 while 문의 마지막에 $i = i + 1$로 작성한다. while 문을 사용할 때 자주 볼 수 있는 형태이므로 기억해 두면 좋다.

이번에는 Code03-14(2).py에서 for 문으로 작성한 1에서 10까지의 합계 구하기를 while 문으로 구현해 보자.

Code03-17.py

```
1 i, hap = 0, 0
2 
3 i = 1
4 while i < 11 :
5     hap = hap + i
6     i = i + 1
7 
8 print("1에서 10까지의 합계 : %d" % hap)
```

실행 결과

```
1에서 10까지의 합계 : 55
```

3행 i의 시작값을 1로 지정한다.

4행 i가 11보다 작으면 참이 되므로, i가 10일 때까지는 5~6행이 반복된다.

5행 hap에 i 값을 누적시킨다.

6행 i를 1 증가시킨다. 결국 $hap = 1 + 2 + \cdots + 10$이 되므로 결과는 55가 나왔다.

7 while 문 무한 반복

while 문에 무한 반복을 사용할 수 있는데, 무한 반복을 적용하려면 'while 조건식 :'에 들어가는 조건식을 True로 지정한다.

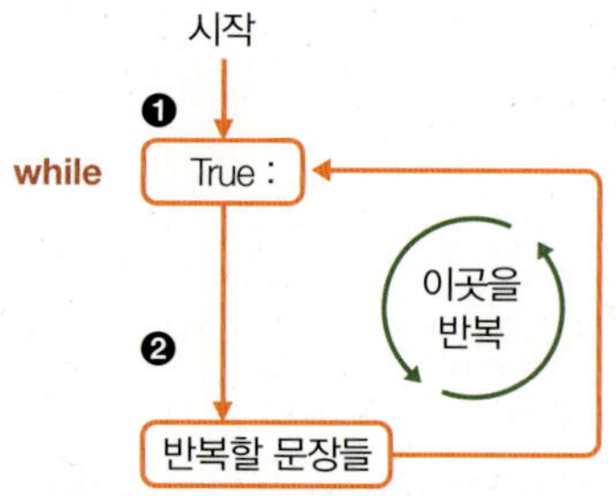

그림 3-26 while 문을 이용한 무한 루프

무한 루프를 반복하는 간단한 while 문을 실행해 보자. 글자가 무한정 출력되는데, 중지하려면 Ctrl+C를 누른다.

```
while True :
    print("ㅋ ", end = " ")
```

실행 결과

```
ㅋ ㅋ ㅋ ㅋ ㅋ ㅋ ㅋ ㅋ ~~~ 무한 반복
```

8 break 문

앞서 배운 for 문은 range() 함수에서 지정한 범위를 벗어나면 종료한다. while 문은 조건식이 거짓이 되면 종료하거나 무한 반복해 Ctrl+C를 누르면 종료한다. 하지만 계속되는 반복을 논리적으로 빠져나가는 방법도 있는데, 바로 break 문이다.

그림 3-27 break 문의 작동

반복문에서 break 문을 만나면 무조건 반복문을 빠져나온다. 먼저 간단한 코드로 확인해 보자.

```
for i in range(1, 100) :
    print("for 문을 %d번 실행했습니다." % i)
    break
```

실행 결과

```
for 문을 1번 실행했습니다.
```

이 코드는 for 문이 99번 실행되도록 계획했지만, break 문을 만나 겨우 한 번만 실행하고는 종료한다. 여기서는 무조건 break 문을 만나도록 코딩했지만, 실제로는 if 문과 함께 사용해 무한 루프를 돌다 특정 조건이 되면 반복문을 빠져나가게 한다.

사용자가 Ctrl+C를 누를 때까지 계속 두 수를 더하는 코드를 break 문으로 첫 번째 수에 0이 입력될 때 자동으로 종료하도록 수정해 보자.

Code03-18.py

```
1  hap = 0
2  a, b = 0, 0
3
4  while True :
5      a = int(input("더할 첫 번째 수를 입력하세요 : "))
6      if a == 0 :
7          break
8      b = int(input("더할 두 번째 수를 입력하세요 : "))
9      hap = a + b
10     print("%d + %d = %d" % (a, b, hap))
11
12 print("0을 입력해 반복문을 탈출했습니다.")
```

실행 결과

```
더할 첫 번째 수를 입력하세요 : 55
더할 두 번째 수를 입력하세요 : 22
55 + 22 = 77
더할 첫 번째 수를 입력하세요 : 77
더할 두 번째 수를 입력하세요 : 128
77 + 128 = 205
더할 첫 번째 수를 입력하세요 : 0
0을 입력해 반복문을 탈출했습니다.
```

4행 무한 반복을 하도록 했다.

5행 a 값을 입력받는다.

6행 입력한 a 값이 0이면 7행을 실행한 후 break 문으로 while 문을 탈출해 11행으로 건너뛴다.

11행 아무것도 없으므로 자연스럽게 12행을 실행한다.

9 continue 문

continue 문을 만나면 블록의 남은 부분을 무조건 건너뛰고 반복문의 처음으로 돌아간다. 즉 반복문을 처음부터 다시 수행한다.

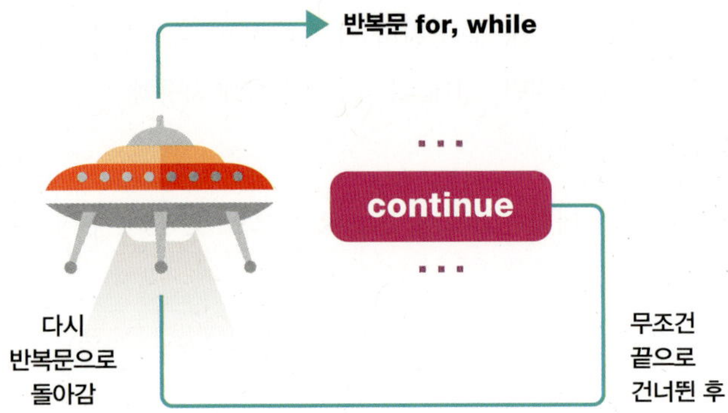

그림 3-28 continue 문의 작동

1부터 100까지의 합계를 구하되, 1+2+4+5+7+8+10+…처럼 3의 배수를 제외하고 더하는 프로그램을 만들어 보자.

Code03-19.py

```
1  hap, i = 0, 0
2
3  for i in range(1, 101) :
4      if i % 3 == 0 :
5          continue
6
7      hap += i
8
9  print("1~100의 합계(3의 배수 제외) : %d" % hap)
```

실행 결과

```
1~100의 합계(3의 배수 제외) : 3367
```

4~5행 i 값을 3으로 나눈 나머지 값이 0이면, 즉 3의 배수면 for 문의 끝으로 건너뛰어 다시 3행으로 돌아간다. 4행의 i%3 == 0은 i를 3으로 나눈 나머지 값이 0일 때 참이라는 의미이다.

4행을 위주로 몇 단계 따라해 보자.

- **제1회 :** i 값 1을 3으로 나누면 나머지는 1(거짓) → hap += 1 수행
- **제2회 :** i 값 2를 3으로 나누면 나머지는 2(거짓) → hap += 2 수행
- **제3회 :** i 값 3을 3으로 나누면 나머지는 0(참) → continue 문 수행
  다시 3행으로 되돌아가 다음 i 값을 준비함
- **제4회 :** i 값 4를 3으로 나누면 나머지는 1(거짓) → hap += 4 수행
- **제5회 :** i 값 5를 3으로 나누면 나머지는 2(거짓) → hap += 5 수행
- **제6회 :** i 값 6을 3으로 나누면 나머지는 0(참) → continue 문 수행
  다시 3행으로 되돌아가 다음 i 값을 준비함
- **제7회 :** …

이렇게 계속 진행하면 계산식 hap = 1 + 2 + 4 + 5 + 7 + … 이 된다.

요약

1 서식과 숫자는 다음과 같이 대응한다.

```
print( "%d  %d" % ( 100 , 200 ) )
```

2 %d는 정수를, %f는 실수를, %s는 문자열을 출력하는 서식이다.

3 자주 사용되는 변수의 데이터형이자, 파이썬에서 지원하는 기본 데이터형에는 정수형, 실수형, 불형, 문자열 등이 있다.

4 변수는 오른쪽에서 왼쪽으로 대입된다. 그러므로 var1=var2=var3=var4=100은 값이 모두 100이다.

5 대입 연산자(=)를 사용하면 오른쪽의 것이 왼쪽에 대입된다. 그러므로 왼쪽은 변수만 올 수 있고, 오른쪽은 상수(숫자), 변수, 계산값이 모두 올 수 있다.

6 정수형은 소수점이 없는 수, 실수형은 소수점이 있는 수, 불형은 True 또는 False, 문자열은 문자집합을 저장한다.

7 산술 연산자에는 +, −, *, /, //, %, ** 등이 있다.

8 int()나 float() 함수로 문자열을 정수나 실수로 변환할 수 있다. 숫자를 문자열로 변환하려면 str() 함수를 사용한다.

9 대입 연산자는 = 외에도 +=, −=, *=, /=, %=, //=, **=을 사용할 수 있다.

10 관계 연산자에는 ==, !=, >, <, >=, >= 등이 있으며, 결과는 참(True)이나 거짓(False)이 된다.

11 논리 연산자는 주로 여러 가지 조건을 복합해서 사용하는데 and(그리고), or(또는), not(부정) 세 가지가 있다.

12 if 문의 형식은 다음과 같고, 조건식의 결과는 참 또는 거짓 두 가지뿐이다.

```
if 조건식 :
    실행할 문장
```

13 참일 때 실행하는 문장과 거짓일 때 실행하는 문장을 다르게 할 때는 ❶ 형식의 if~else 문을 사용한다. 그리고 if 문을 한 번 실행한 결과에 따라 if 문을 다시 실행하려면 ❷ 형식의 중첩 if 문을 사용한다.

❶
```
if 조건식 :
    실행할 문장 1
else :
    실행할 문장 2
```

❷
```
if 조건식 1 :
    if 조건식 2 :
        실행할 문장 1
    else :
        실행할 문장 2
else :
    실행할 문장 3
```

14 중첩 if 문을 간략히 표현하려면 if~elif~else 문을 사용한다.

15 'if 항목 in 리스트 :'는 리스트 안에 항목이 있으면 True를 반환한다.

16 for 문의 기본 형식은 다음과 같다.

```
for 변수 in range(시작값, 끝값+1, 증가값)
    이 부분을 반복
```

17 range() 함수는 지정된 범위의 값을 반환한다. range(0, 3, 1)은 0에서 시작해 2까지 1씩 증가하는 값을 반환한다. 표시된 숫자보다 하나 작은 숫자까지 반환되는 점에 주의한다.

요약

18 중첩 for 문의 기본 코드는 다음과 같다.

```
for i in range(0, 3, 1) :
    for k in range(0, 2, 1) :
        print("중첩 for 문입니다. (i값 : %d, k값 : %d)" % (i, k))
```

19 while 문에서는 무한 루프를 사용할 수 있는데, 'while 조건식 :'에 들어가는 조건을 True로 지정하면 된다.

20 반복문 안에서 break 문을 만나면 반복문을 무조건 탈출한다.

21 continue 문을 만나면 블록의 남은 부분을 무조건 건너뛴 채 반복문의 처음으로 되돌아간다.

IT@COOKBOOK

연습문제

1 다음 각 보기를 실행하여 다른 값이 출력되는 것을 하나 고르시오.

① print("100")

② print(100)

③ print(50+50)

④ print("50+50")

2 다음 코드의 실행 결과를 도출하시오.

(1) print("%04d" % 876)

(2) print("%5s" % "CookBook")

(3) print("%1.1f" % 123.45)

3 다음 보기 중에서 설명하는 이스케이프 문자를 각각 고르시오.

\n	\t	\b	\\	\'	\"

(1) 다음 탭으로 이동

(2) 뒤로 한 칸 이동

(3) \를 출력

4 파이썬에서 제공되는 데이터 형식 중 옳지 않은 것을 고르시오.

① 불 : bool

② 정수 : int

③ 실수 : float

④ 문자 : character

5 다음 코드 중 오류가 발생하는 것을 고르시오.

① num1 = 100

② 100 = num1

③ num1 = num2 = 100

④ num1 = num2 = num3 = 100

연습문제

6 다음 각 산술 연산자 중 설명에 맞는 연산자를 보기에서 고르시오.

```
=  +  -  *  ^  ~  /  //  %  **  ***  &  #  $  @  ?  ==
```

(1) 대입 연산자

(2) 나누기(몫)

(3) 나머지 값

(4) 제곱

7 다음 각 빈칸에 들어갈 함수의 이름을 쓰시오.

> 문자열을 정수로 변환하는 함수는 [❶], 실수로 변환하는 함수는 [❷]입니다. 반대로 숫자를 문자열로 변경하는 함수는 [❸]입니다.

8 다음 코드를 실행한 후 출력되는 결과를 쓰시오.

```
num = 100
num += 1
num -= 1
num *= 1
num /= 1
num = int(num)
print(num)
```

9 다음 각 관계 연산자의 결과를 True 또는 False로 선택하시오.

```
num1, num2 = -100, 100
```

(1) num1 == num2

(2) num1 >= num2

(3) num1 <= num2

(4) num1 != num2

10 다음 각 논리 연산자의 결과를 True 또는 False로 선택하시오.

```
num1, num2 = -100, 100
```

(1) (num1 == num2) and (num1 != num2)

(2) (num1 == num2) or (num1 != num2)

(3) (num1 >= num2) and (num1 <= num2)

(4) (num1 >= num2) or (num1 <= num2)

11 num이 100인 경우에 실행하는 if 문의 문법이 옳은 코드를 고르시오.

① if num =100 :
② if num is 100 :
③ if num equal 100 :
④ if num == 100 :

12 다음 코드가 출력하는 결과를 고르시오.

```
num = 0
if num > 0 :
    print("케이스1", end = ' ')
else :
    print("케이스2", end = ' ')
print("케이스3", end = ' ')
```

① 케이스1
② 케이스2
③ 케이스1 케이스2
④ 케이스1 케이스3

13 다음은 입력한 수가 5의 배수인지 확인하는 코드의 빈칸을 채우시오.

```
num = int(input("정수를 입력하세요 : "))
if [          ]
    print("5의 배수가 아닙니다.")
else :
    print("5의 배수입니다.")
```

연습문제

14 장학생, 합격, 불합격으로 구분하는 중첩 if 문을 if~elif 문으로 변경하시오.

```
score = int(input("점수를 입력하세요 : "))
if score >= 90 :
    print("장학생", end='')
else :
    if score >= 60 :
        print("합격", end='')
    else :
        print("불합격", end='')
print("입니다. ^^")
```

15 다음 코드의 2~5행을 삼항 연산자로 변경한 것으로 옳은 것을 고르시오.

```
num = 5
if num % 2 == 0 :
    res = '짝수'
else :
    res = '홀수'
print(res)
```

① res = '홀수' if num % 2 == 0 else '짝수'

② res = if num % 2 == 0 '짝수' else '홀수'

③ res = '짝수' if num % 2 == 0 else '홀수'

④ res = if num % 2 == 0 '홀수' else '짝수'

16 다음 for 문은 몇 번 반복되는지 고르시오.

```
for i in range(0, 101, 1) :
    print("여기를 반복")
```

① 0번　　② 1번

③ 100번　　④ 101번

17 다음 중 출력되지 않는 값을 하나 고르시오.

```
for i in range(5, -1, -1) :
    print("%d")
```

① 5
② 1
③ 0
④ −1

18 1부터 1,000까지 5의 배수의 합계를 출력하는 코드의 빈칸에 들어갈 올바른 코드를 고르시오.

```
hap = 0
for i in range(          ) :
    hap += i
print(hap)
```

① 0, 1000, 5
② 0, 1001, 5
③ 1, 1000, 5
④ 1, 1001, 5

19 while 문의 문법에 맞는 것을 고르시오.

① while(초깃값, 끝값+1, 증가값)
② while(반복횟수)
③ while(조건식)
④ while(초깃값)

20 for 문을 사용하여 3,333부터 9,999까지의 숫자 중 1,234의 배수가 아닌 수의 합계를 구하되, 합계가 100,000이 넘기 직전까지만 구하는 코드를 작성하시오. 단, 코드에는 continue와 break를 모두 사용하시오.

실행 결과

```
97063
```

21 3부터 100까지의 숫자 중 소수(Prime Number)를 출력하는 코드를 작성하시오.

실행 결과

```
3 5 7 11 13 17 19 23 29 31 37 41 43 47 53 59 61 67 71 73 79 83 89 97
```

응용예제 01

윤년 계산하기

난이도★☆☆☆☆

예제 설명 입력된 연도가 윤년인지 계산하는 프로그램을 만들어 보자.

❶ 4로 나누어떨어지고, 100으로 나누어떨어지지 않으면 윤년이다.

❷ 400으로 나누어떨어지는 해도 윤년에 포함된다.

실행 결과

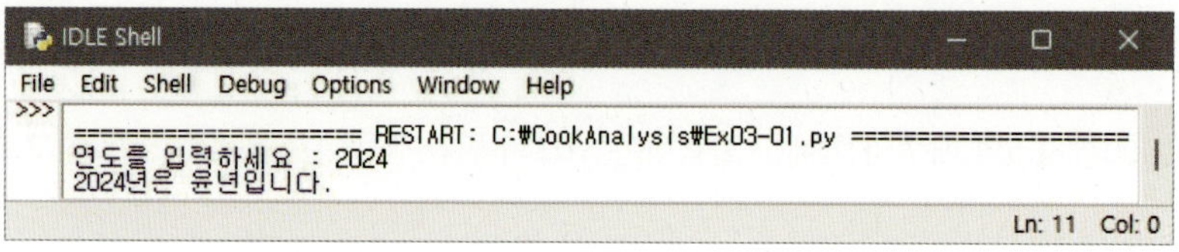

코드

```
1  ## 변수 선언 부분 ##
2  year = 0
3
4  ## 메인 코드 부분 ##
5  if __name__ == "__main__" :
6      year = int(input("연도를 입력하세요 : "))
7
8      if ((year % 4 == 0) and (year % 100 != 0)) or (year % 400 == 0) :
9          print("%d년은 윤년입니다." % year);
10     else :
11         print("%d년은 윤년이 아닙니다." % year);
```

코드 설명

2행	입력받을 연도의 변수를 준비한다.
6행	연도를 정수로 입력받는다.
8행	윤년은 4로 나누어떨어져야 하므로 (year%4==0)으로 처리한다. 즉 4로 나눈 나머지 값이 0이면 4로 나누어떨어지는 것이다. 추가로 100으로 나누어떨어지면 안 되므로 and 연산자로 (year%100!=0)을 사용했다. 100으로 나눈 나머지 값이 0이 아니어야 한다는 의미이다. 또 400으로 나누어떨어져도 윤년이므로 or 연산자로 (year%400==0)을 사용했다.

응용예제 02

하트 모양 출력하기

난이도★★★☆☆

예제 설명 사용자가 입력한 숫자만큼 하트 모양을 출력하는 프로그램을 만들어 보자. 예를 들어 5914를 입력하면 각 행에 하트를 5개, 9개, 1개, 4개 출력한다.

실행 결과

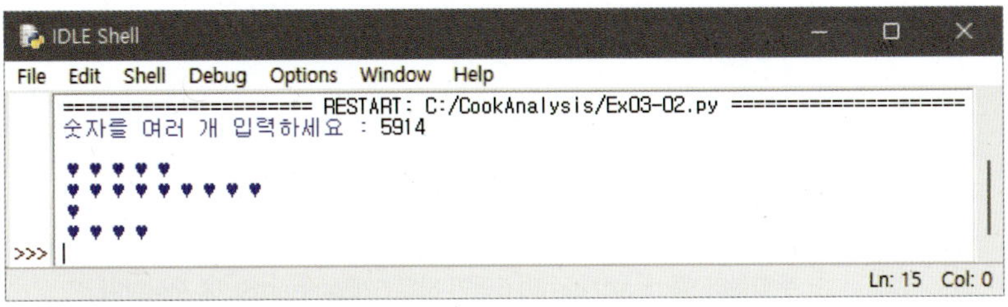

코드

```
## 변수 선언 부분 ##
i, k, heartNum = 0, 0, 0
numStr, ch, heartStr = "", "", ""

## 메인 코드 부분 ##
if __name__ == "__main__" :
    numStr = input("숫자를 여러 개 입력하세요 : ")
    print("")
    i = 0
    ch = numStr[i]
    while True :
        heartNum = int(ch)

        heartStr = ""
        for k in range(0, heartNum) :
            heartStr += "\u2665"
            k += 1

        print(heartStr)

        i += 1
        if (i > len(numStr) - 1) :
            break

        ch = numStr[i]
```

코드 설명

2~3행	2행에서는 중첩 반복문을 사용할 수 있도록 i와 k 변수를 준비한다. 그리고 하트의 개수를 세는 heartNum 변수도 준비한다. 3행은 입력받을 숫자를 위해 numStr과 하트를 저장할 heartStr 변수를 준비한다. ch는 1개씩 분리한 숫자를 저장할 변수이다.
7행	숫자로 구성된 문자열을 입력받는다. 5914로 입력하면 각 숫자를 5, 9, 1, 4로 분리해 한 글자씩 처리해야 하므로 숫자가 아닌 문자열로 취급할 것이다.
9행	i는 바깥쪽 반복문에서 사용할 숫자이다. 21행을 보면 1씩 증가시킨다. 이 예제에서는 숫자를 4개 입력하므로 4회 반복할 것이다.
10행	첫 번째 숫자를 ch에 저장한다. 이 예제에서는 ch에 5가 저장된다.
11행	프로그램의 끝까지 무한 반복을 수행한다. 무한 반복을 빠져나오는 조건은 22행에서 i가 입력한 숫자 문자열의 길이-1보다 커지는 것이다. 이 예제에서는 글자를 4개 입력하므로 i가 4면 종료된다.
12행	ch에 저장된 글자를 숫자로 변경한다. 이 예제에서는 5, 9, 1, 4가 저장된다.
14행	하트를 저장할 문자열을 우선 초기화한다.
15~17행	15행에서는 12행의 추출한 숫자만큼 반복해서 16행의 하트(\u2665)를 heartStr에 계속 누적한다. 즉 heartNum이 5라면 하트 5개를 heartStr에 저장한다.
19행	저장한 하트를 출력한다.
25행	입력한 숫자 중에서 다음 차례의 숫자를 추출해서 처리한다.

CHAPTER 04

리스트, 문자열, 함수

학습목표

- 리스트 개념을 학습하고 활용한다.
- 튜플 및 딕셔너리를 익힌다.
- 문자열과 문자열을 조작하는 함수를 익힌다.
- 함수의 개념을 익힌다.
- 함수의 작성법과 사용법을 익힌다.

SECTION 01

이 장에서 만들 프로그램

이번 장에서는 변수 여러 개를 하나로 묶어 주는 리스트를 배운다. 3장에서 반복문을 학습할 때 리스트에 대한 내용을 잠깐 다루었는데, 여기서는 리스트를 완전히 정복해 볼 것이다. 더불어 리스트와 함께 알아 두어야 할 튜플, 딕셔너리도 학습해 보자.

리스트는 단독으로 사용하기보다는 대개 for 문이나 while 문과 함께 사용한다. 좀 더 수준 있는 파이썬 프로그래밍에서 리스트는 필수 요소이다. 리스트가 없다면 무지막지한 반복 노동을 피할 수 없을지도 모른다.

1 [프로그램 1] 2차원 리스트 반전

첫 번째는 2차원 리스트를 무작위로 생성하고 값을 반전시키는 기능을 구현하는 프로그램이다. 2차원 리스트를 능숙하게 사용하기 위한 좋은 예제가 될 것이다.

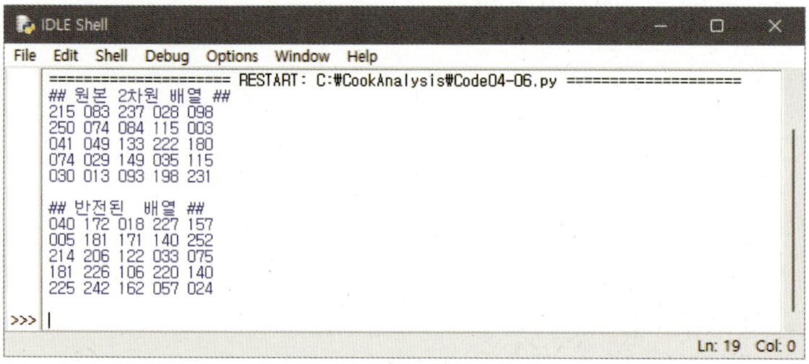

2 [프로그램 2] 로또 번호 추첨

두 번째는 로또 추첨처럼 1부터 45까지의 숫자 중에서 6개를 뽑는 프로그램이다. 코드가 그리 길지 않으며, 이전에 배운 내용들을 반복해서 연습할 수 있다.

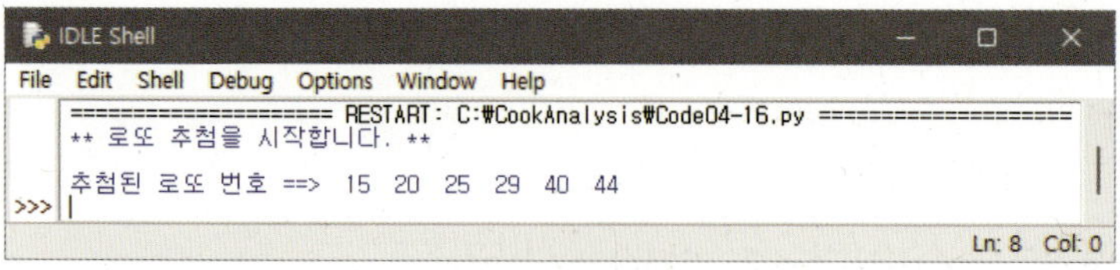

SECTION

02 리스트

1 리스트의 개념과 필요성

지금까지 변수의 개념을 그릇에 비유했다. 하지만 리스트를 설명하려면 그릇보다는 박스가 좀 더 이해하기 쉬울 것 같다. 리스트는 [그림 4-1]과 같이 하나씩 사용하던 박스(변수)를 한 줄로 붙여 놓은 것이다.

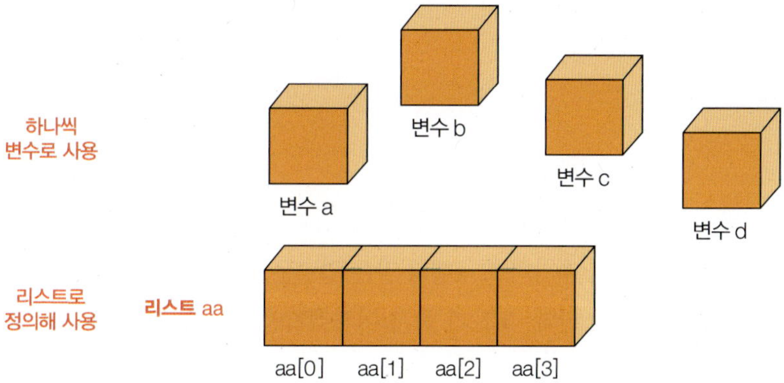

그림 4-1 리스트의 개념

지금까지는 박스(변수)의 이름을 각각 a, b, c, d 식으로 지정해서 사용해 왔지만, 리스트는 박스(변수)를 한 줄로 붙인 후 전체에 이름(aa)을 지정한다. 그리고 각각은 aa[0], aa[1], aa[2], aa[3] 처럼 번호(첨자)를 붙여 사용한다.

TIP • C/C++나 자바 같은 프로그래밍 언어에는 리스트가 없는데, 리스트와 비슷한 개념인 배열(Array)을 사용한다. 리스트는 정수, 문자열, 실수 등 서로 다른 데이터형도 하나로 묶을 수 있지만, 배열은 동일한 데이터형만 묶을 수 있다는 차이점이 있다. 그러므로 정수 배열은 정수로만 묶어서 사용해야 한다.

지금까지는 변수를 하나씩 사용해도 문제가 없었는데, 리스트라는 머리 아픈 개념을 도입한 이유는 무엇일까? 이제 배운 내용을 바탕으로 a, b, c, d라는 정수형 변수 4개를 선언한 후 이 변수에 값을 입력받고 합계를 출력하는 프로그램을 작성해 보자. 가능하면 코드를 보지 말고 직접 작성해 본다.

Code04-01.py

```
1  a, b, c, d = 0, 0, 0, 0
2  hap = 0
3  
4  a = int(input("1번째 숫자 : "))
5  b = int(input("2번째 숫자 : "))
6  c = int(input("3번째 숫자 : "))
7  d = int(input("4번째 숫자 : "))
8  
9  hap = a + b + c + d
10 
11 print("합계 ==> %d" % hap)
```

실행 결과

```
1번째 숫자 : 10
2번째 숫자 : 20
3번째 숫자 : 30
4번째 숫자 : 40
합계 ==> 100
```

이번에는 좀 더 많은 숫자를 입력받아 보자. 10개는 어떨까? Code04-01.py를 그대로 사용한다면 1행에는 e, f, g, h, i, j 등 변수 6개를 더 추가하고, 4행과 같은 명령문도 6개 더 추가해야 한다. 또 9행에서도 a부터 j까지의 합계를 구해야 한다. 코드가 좀 길어지겠지만, 그 정도는 문제없을 듯하다.

그렇다면 100개는 어떨까? 우선 변수를 100개 선언하려면 알파벳으로는 부족하다. 물론 a1, a2, a3, …, a100 식으로 선언해도 된다. 그리고 입력을 100개 받으면…. 이쯤 되면 여러분도 무리라고 느낄 것이다. 이때 필요한 것이 바로 리스트이다.

리스트를 생성하는 방법은 다음과 같다. 리스트는 대괄호([ ]) 안에 값을 선언한다.

```
리스트명 = [값1, 값2, 값3, …]
```

다음 코드는 값 4개를 담은 정수형 리스트를 생성한다.

```
aa = [10, 20, 30, 40]
```

리스트를 사용하지 않는다면 각 변수를 ❶처럼 a, b, c, d로 사용해야 한다. 하지만 리스트는 첨자를 사용해 ❷처럼 aa[0], aa[1], aa[2], aa[3]으로 사용한다. 이때 항목이 4개인 리스트를 생성했다면 첨자는 1~4가 아닌 0~3을 사용해야 한다. 이처럼 리스트의 첨자는 0부터 시작한다는 점을 반드시 기억하자. aa=[10, 20, 30, 40]을 선언해 놓고 aa[4]=40처럼 변수 aa[4]를 사용함으로써 버그가 발생하는 상황이 발생하기도 한다. 이는 실무에 능한 프로그래머도 종종 하는 실수이다.

❶ 각 변수 사용	❷ 리스트 사용
a, b, c, d = 10, 20, 30, 40	aa = [10, 20, 30, 40]
a 사용	aa[0] 사용
b 사용	aa[1] 사용
c 사용	aa[2] 사용
d 사용	aa[3] 사용

이제 Code04-01.py를 리스트를 사용하는 프로그램으로 수정해 보자.

Code04-02.py

```
1  aa = [0, 0, 0, 0]
2  hap = 0
3
4  aa[0] = int(input("1번째 숫자 : "))
5  aa[1] = int(input("2번째 숫자 : "))
6  aa[2] = int(input("3번째 숫자 : "))
7  aa[3] = int(input("4번째 숫자 : "))
8
9  hap = aa[0] + aa[1] + aa[2] + aa[3]
10
11 print("합계 ==> %d" % hap)
```

(1행: 항목 4개인 리스트 생성)
(4~7행: 리스트 사용)

실행 결과

```
1번째 숫자 : 10
2번째 숫자 : 20
3번째 숫자 : 30
4번째 숫자 : 40
합계 ==> 100
```

1행 aa=[0, 0, 0, 0]으로 항목이 4개 있는 리스트를 생성한다.

4~7행 a 대신 aa[0]을 사용한다.

9행 각 변수 대신 aa[0]+aa[1]+aa[2]+aa[3]으로 수정한다.

실행 결과는 리스트를 사용하기 전과 동일하다. 그리고 숫자 100개를 더하려면 aa=[0, 1, 0, ⋯, 99]를 생성한 후 aa[0]+aa[1]+aa[2]+⋯+aa[99]로 작성하면 된다. 그런데 이 역시 상당히 번거롭다. 이때 반복문과 결합하면 수고를 줄일 수 있다. 이어서 살펴보자.

2 리스트의 활용

Code04-02.py에서는 첨자의 특성을 제대로 응용하지 못했다. 여기서는 첨자와 반복문의 관계뿐만 아니라 리스트에 값을 입력하는 방법, 프로그래머가 만든 리스트의 크기를 알아내는 방법을 살펴볼 것이다.

빈 리스트 생성과 항목 추가

Code04-02.py의 1행에서는 항목 4개를 aa=[0, 0, 0, 0]으로 만들었다. 같은 방법으로 먼저 빈 리스트를 만들고 리스트명.append(값) 함수로 리스트에 항목을 하나씩 추가할 수 있다.

```
aa = []
aa.append(0)
aa.append(0)
aa.append(0)
aa.append(0)
aa
```

실행 결과

```
[0, 0, 0, 0]
```

첫 번째 줄의 aa=[]는 빈 리스트를 생성한다. 그리고 append() 함수로 0 값을 4번 추가해 Code04-02.py의 1행과 동일한 결과를 얻을 수 있다. 그런데 오히려 더 불편하게 느껴질 것이다. 지금처럼 항목이 4개인 리스트를 만들 때는 aa=[0, 0, 0, 0]으로 리스트를 생성하는 것이 더 낫다. 하지만 항목이 100개인 리스트를 만들려고 aa=[0, 0, 0, 0, …, 0, 0]을 작성하면 이야기가 달라진다. 이때는 append() 함수와 함께 for 문을 활용하면 간단히 해결된다.

```
aa = []
for i in range(0, 100) :
    aa.append(0)
len(aa)
```

실행 결과

```
100
```

for 문으로 0부터 99까지 100번을 반복해 리스트명.append(0)으로 항목이 100개인 리스트를 만들었다. 그리고 리스트의 항목을 전부 출력하면 너무 많아 len() 함수로 리스트의 개수만 확인했다. len()도 자주 사용되는 함수이므로 잘 기억해 두자.

이제는 Code04-02.py를 더 그럴듯하게 수정할 차례이다. Code04-02.py는 처음으로 리스트를 사용해 작성한 프로그램으로 결과가 잘 나오기는 했지만, 그다지 효율성은 느낄 수 없었다. 리스트의 첨자를 활용하는 프로그램이 아니기 때문이다. 마치 for 문과 while 문을 배우기 전에 수행했던 것과 같은 반복 노동이 필요한 상황이다. 결국 리스트의 첨자가 순서대로 변할 수 있도록 반복문과 함께 활용해야 리스트의 가치가 빛난다. 이번에는 입력 부분에 for 문을 활용하자.

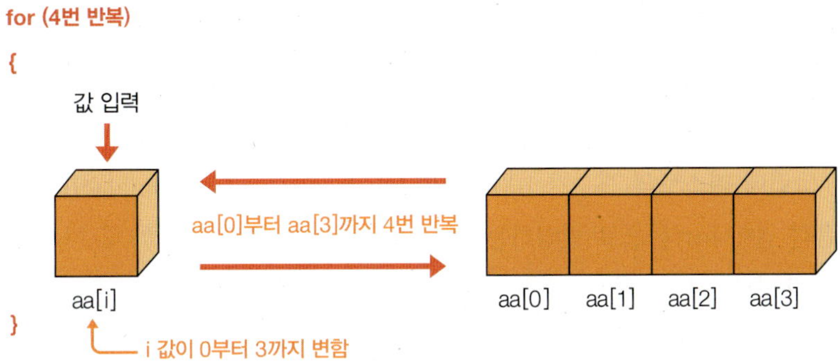

그림 4-2 for 문으로 리스트값 입력

값을 입력하기 위해 for 문을 4번 돌면서 aa[i]의 첨자를 aa[0]에서 aa[3]까지 변하게 한다. 그러면 변수 4개에 자동으로 값이 입력된다.

Code04-03.py

```
1  aa = []
2  for i in range(0, 4) :
3      aa.append(0)
4  hap = 0
5
6  for i in range(0, 4) :
7      aa[i] = int(input(str(i + 1) + "번째 숫자 : " ))
8
9  hap = aa[0] + aa[1] + aa[2] + aa[3]
10
11 print("합계 ==> %d" % hap)
```

(1~3행: aa=[0, 0, 0, 0]과 동일 / 6행: 4번 반복 / 9행: 변수 4개를 더함)

실행 결과

```
1번째 숫자 : 10
2번째 숫자 : 20
3번째 숫자 : 30
4번째 숫자 : 40
합계 ==> 100
```

TIP • Code04-03.py의 1~3행을 aa=[0]*4처럼 한 줄로도 표현할 수 있다.

1~3행 빈 리스트를 생성하고 4번 반복해 항목이 4개인 리스트로 만든다. 결국 aa=[0, 0, 0, 0]과 동일하다.

6행 i가 0에서 3까지 4번 반복된다.

7행 input() 함수는 첨자 i가 0부터 시작하므로 i+1로 출력한다. 그리고 str() 함수가 숫자를 문자로 변환한 후 '번째 숫자 : '와 합쳐지므로 결국 '1번째 숫자 : ', '2번째 숫자 : ' 등으로 출력된다. 첨자 i가 0에서 3까지 4번 변경되므로 aa[0], aa[1], aa[2], aa[3] 등 변수 4개에 값을 차례대로 입력해 [그림 4-2]와 같이 작동한다.

9행 변수 4개를 더한다. 그런데 리스트의 개수가 100개라면 hap=aa[0]+[1]+…+aa[99]로 작성해야 하므로 9행도 다음과 같이 for 문으로 변경하는 것이 바람직하다. 직접 수정한 후 다시 실행하면 결과는 동일할 것이다.

```
for i in range(0, 4) :
hap = hap + aa[i]
```

SELF STUDY 4-1

값을 4개가 아닌 10개를 입력받아 합계를 출력하도록 Code04-03.py를 수정해 보자. 또 합계를 구하기 위해 for 문 대신 while 문을 사용해 보자.

3 리스트 값의 접근

생성된 리스트는 첨자로 접근할 수 있다. 앞에서도 이미 여러 번 '리스트명[첨자]' 형식으로 접근했다. 이번에는 음수 값으로 접근해 보자.

```
aa = [10, 20, 30, 40]
print("aa[-1]은 %d, aa[-2]는 %d" % (aa[-1], aa[-2]))
```

실행 결과

```
aa[-1]은 40, aa[-2]는 30
```

첨자는 맨 뒤에서부터 −1 값으로 사용되는 것을 확인할 수 있다. 앞의 예는 aa[−4]까지 접근되므로 aa[−5]는 오류가 발생할 것이다.

리스트에 접근할 때 콜론(:)을 사용해 범위를 지정할 수도 있다. '리스트명[시작값:끝값+1]'은 리스트의 시작 위치부터 끝 위치까지 모든 값을 의미한다. aa[0:3]은 0부터 2까지, 즉 aa[0], aa[1], aa[2]가 된다. aa[3]은 포함되지 않는다는 점에 주의한다.

```
aa = [10, 20, 30, 40]
aa[0:3]
aa[2:4]
```

실행 결과

```
[10, 20, 30]
[30, 40]
```

콜론의 앞이나 뒤 숫자를 생략할 수도 있다. aa[2:]는 aa[2]부터 끝까지를 의미하며, aa[:2]는 처음부터 aa[1]까지를 의미한다. aa[2]는 포함되지 않는 점에 주의해야 한다.

```
aa = [10, 20, 30, 40]
aa[2:]
aa[:2]
```

실행 결과

```
[30, 40]
[10, 20]
```

리스트끼리 덧셈 및 곱셈 연산도 가능하다. 리스트끼리 더하니 요소들이 합쳐져 결과로 리스트 하나가 되었다. 또 리스트끼리 곱하니 항목들이 횟수만큼 반복해서 출력되었다.

```
aa = [10, 20, 30]
bb = [40, 50, 60]
aa + bb
aa * 3
```

실행 결과

```
[10, 20, 30, 40, 50, 60]
[10, 20, 30, 10, 20, 30, 10, 20, 30]
```

4 리스트 값의 변경

리스트의 값을 변경하는 방법은 다양하다. 다음은 두 번째에 위치한 값을 변경하는 방법이다.

```
aa = [10, 20, 30]
aa[1] = 200
aa
```

실행 결과

```
[10, 200, 30]
```

첨자를 사용해 해당 위치 값을 변경하면 된다. 연속된 범위의 값을 변경할 수도 있다. 두 번째 값인 20을 200과 201이라는 값 2개로 변경하는 방법은 다음과 같다.

```
aa = [10, 20, 30]
aa[1:2] = [200, 201]
aa
```

실행 결과

```
[10, 200, 201, 30]
```

aa[1:2]는 리스트 aa의 첫 번째부터 다음 첫 번째(2−1=1)를 의미한다. 즉 두 번째인 aa[1]의 위치를 [200, 201]로 교체하라는 의미이다.

aa[1:2] 대신 그냥 aa[1]을 사용하면 어떻게 될까? 다음 코드를 실행해 보자.

```
aa = [10, 20, 30]
aa[1] = [200, 201]
aa
```

실행 결과

```
[10, [200, 201], 30]
```

실행 결과를 보면 리스트 안에 또 다른 리스트가 추가되어 있다. 결과가 틀린 것은 아니지만, 이렇게 사용하는 경우는 많지 않으니 주의할 필요가 있다.

리스트의 항목을 삭제하려면 del() 함수를 사용한다. 다음은 두 번째인 aa[1]의 항목을 삭제한다.

```
aa = [10, 20, 30]
del(aa[1])
aa
```

실행 결과

```
[10, 30]
```

항목을 여러 개 삭제하려면 aa[시작값:끝값+1]=[]으로 설정한다. 다음은 두 번째인 aa[1]에서 네 번째인 aa[3]까지 삭제한다.

```
aa = [10, 20, 30, 40, 50]
aa[1:4] = []
aa
```

실행 결과

```
[10, 50]
```

리스트 자체를 삭제하는 방법은 다음과 같이 다양하므로 프로그램의 상황에 따라 적절한 방법을 선택하면 된다. ❶은 리스트 내용을 모두 삭제해 빈 리스트로 만들고, ❷는 리스트에 None값을 넣어 aa를 빈 변수로 만들고, ❸은 aa 변수를 삭제한다.

```
❶ aa = [10, 20, 30]; aa = []; aa
❷ aa = [10, 20, 30]; aa = None; aa
❸ aa = [10, 20, 30]; del(aa); aa
```

실행 결과

```
[]
아무것도 안 나옴
오류 발생
```

5 리스트 조작 함수

앞서 몇 가지 살펴보았듯이 다양한 함수로 리스트를 조작할 수 있다. 자주 사용되는 함수를 정리하면 [표 4-1]과 같다. 이 함수들은 외우기보다는 자연스럽게 사용 방법을 익히는 것이 좋다. Code04-04.py 예제 하나면 리스트 조작과 관련된 함수를 충분히 이해할 수 있다.

표 4-1 리스트 조작 함수

함수	설명	사용법
append()	리스트 맨 뒤에 항목을 추가한다.	리스트명.append(값)
pop()	리스트 맨 뒤의 항목을 빼낸다(리스트에서 해당 항목이 삭제된다).	리스트명.pop()
sort()	리스트의 항목을 정렬한다.	리스트명.sort()
reverse()	리스트 항목의 순서를 역순으로 만든다.	리스트명.reverse()
index()	지정한 값을 찾아 해당 위치를 반환한다.	리스트명.index(찾을값)
insert()	지정된 위치에 값을 삽입한다.	리스트명.insert(위치, 값)
remove()	리스트에서 지정한 값을 삭제한다. 단 지정한 값이 여러 개면 첫 번째 값만 지운다.	리스트명.remove(지울값)
extend()	리스트 뒤에 리스트를 추가한다. 리스트의 더하기(+) 연산과 기능이 동일하다.	리스트명.extend(추가할리스트)
count()	리스트에서 해당 값의 개수를 센다.	리스트명.count(찾을값)
clear()	리스트의 내용을 모두 지운다.	리스트명.clear()
del()	리스트에서 해당 위치의 항목을 삭제한다.	del(리스트명[위치])
len()	리스트에 포함된 전체 항목의 개수를 센다.	len(리스트명)
copy()	리스트의 내용을 새로운 리스트에 복사한다.	새리스트=리스트명.copy()
sorted()	리스트의 항목을 정렬해서 새로운 리스트에 대입한다.	새리스트=sorted(리스트)

Code04-04.py

```
myList = [30, 10, 20]
print("현재 리스트 : %s" % myList)

myList.append(40)
print("append(40) 후의 리스트 : %s" % myList)

print("pop()으로 추출한 값 : %s" % myList.pop())
print("pop() 후의 리스트 : %s" % myList)

myList.sort()
print("sort() 후의 리스트 : %s" % myList)

myList.reverse()
print("reverse() 후의 리스트 : %s" % myList)

print("20값의 위치 : %d" % myList.index(20))
myList.insert(2, 222)

print("insert(2, 222) 후의 리스트 : %s" % myList)

```

```
21 myList.remove(222)
22 print("remove(222) 후의 리스트 : %s" % myList)
23
24 myList.extend([77, 88, 77])
25 print("extend([77, 88, 77]) 후의 리스트 : %s" % myList)
26
27 print("77값의 개수 : %d" % myList.count(77))
```

실행 결과

```
현재 리스트 : [30, 10, 20]
append(40) 후의 리스트 : [30, 10, 20, 40]
pop()으로 추출한 값 : 40
pop() 후의 리스트 : [30, 10, 20]
sort() 후의 리스트 : [10, 20, 30]
reverse() 후의 리스트 : [30, 20, 10]
20값의 위치 : 1
insert(2, 222) 후의 리스트 : [30, 20, 222, 10]
remove(222) 후의 리스트 : [30, 20, 10]
extend([77, 88, 77]) 후의 리스트 : [30, 20, 10, 77, 88, 77]
77값의 개수 : 2
```

실행 결과만으로도 충분히 리스트 조작 함수를 이해할 수 있을 것이다. 주의할 점이라면 17행의 myList.insert(2, 222)에서 2는 myList[2]의 위치를 의미한다는 것이다. 리스트는 0번부터 시작하므로 세 번째 위치가 뒤로 밀리고 그 자리에 222가 삽입된다.

그리고 10행의 '리스트.sort()'는 리스트 자체를 정렬하지만 'sorted(리스트)'는 리스트는 그대로 두고 정렬된 결과만 반환한다는 차이가 있다. 그러므로 기존 리스트는 변경하지 않고 정렬된 새로운 리스트를 생성하고 싶다면 다음과 같이 사용해야 한다.

```
myList = [30, 10, 20]
newList = sorted(myList)
print("sorted() 후의 myList : %s" % myList)
print("sorted() 후의 newList : %s" % newList)
```

실행 결과

```
sorted() 후의 myList : [30, 10, 20]
sorted() 후의 newList : [10, 20, 30]
```

앞서 살펴본 기본 리스트는 1차원 리스트이다. 이제부터는 1차원 리스트 여러 개를 묶어서 사용하는 2차원 리스트를 알아보려고 한다. 1차원 리스트와 어떤 점이 다른지 비교해 보고, 초기화 방법도 배운 후 프로그램에 다양하게 활용해 보자.

6 2차원 리스트 개념

2차원 리스트는 1차원 리스트를 여러 개 연결한 것으로 첨자를 2개 사용한다. 앞서 1차원 리스트는 박스를 나란히 세워 놓은 것이라고 했다. 따라서 다음과 같이 리스트를 생성하면 aa[0], aa[1], aa[2]라는 항목 3개가 [그림 4-3]과 같이 생성된다.

```
aa = [10, 20, 30]
```

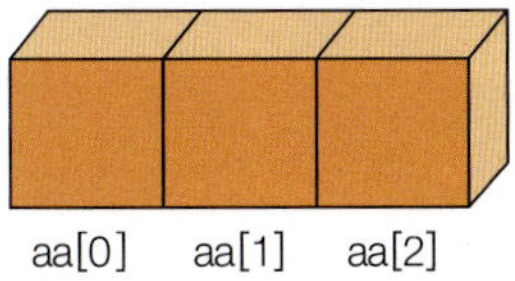

그림 4-3 1차원 리스트의 개념

1차원 리스트를 확장해 다음과 같이 2차원 리스트를 정의할 수 있다. 3행 4열 리스트가 생성되어 총 항목의 개수는 [그림 4-4]와 같이 3×4=12개가 된다.

```
aa = [[1, 2, 3, 4],
      [5, 6, 7, 8],
      [9, 10, 11, 12]]
```

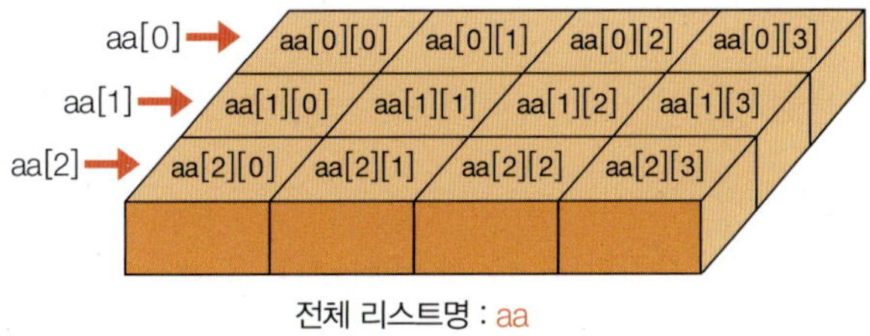

그림 4-4 2차원 리스트의 개념

2차원 리스트에서 각 항목에 접근하려면 aa[0][0]처럼 첨자를 2개 사용해야 한다. 1차원 리스트와 같이 첨자가 가로는 0~2, 세로는 0~3으로 변한다는 점에 주의한다. 즉 aa[3][4] 같은 항목은 존재하지 않는다.

[그림 4-4]에서 직접 값을 대입해 2차원 리스트를 생성하는 것은 너무 단순하므로, 1차원 리스트와 마찬가지로 for 문을 활용할 수도 있다. 첨자가 2개이므로 중첩 for 문을 사용해서 3행 4열 리스트를 생성한 후 항목 1부터 12까지 입력하고 출력해 보자.

Code04-05.py

```
list1 = []
list2 = []
value = 1
for i in range(0, 3) :
    for k in range(0, 4) :
        list1.append(value)
        value += 1
    list2.append(list1)
    list1 = []
```

리스트 준비 (1~2행)
변수 (3행)
3행짜리 2차원 리스트 생성 (4~9행)

```
10
11 for i in range(0, 3) :
12     for k in range(0, 4) :
13         print("%3d" % list2[i][k], end = " ")
14     print("")
```

← 2차원 리스트 출력

실행 결과

```
1  2  3  4
5  6  7  8
9 10 11 12
```

1~2행 1차원 리스트로 사용할 list1과 2차원 리스트로 사용할 list2를 준비한다.

3행 value는 리스트에 입력할 1부터 12까지의 값으로 사용할 변수이다.

4~9행 3회 반복되는데, 리스트의 행 단위를 만들려고 반복한 것이다. 즉 3행짜리 2차원 리스트를 생성하기 위함이다.

5~7행 4회 반복해 항목이 4개인 1차원 리스트를 생성하는데, 처음에는 [1, 2, 3, 4]의 리스트를 만든다.

8~9행 2차원 리스트에 추가한다. 즉 처음에는 [[1, 2, 3, 4]]의 2차원 리스트가 생성되고, 9행에서 1차원 리스트를 다시 비운다. 이렇게 바깥쪽 for 문을 3회 반복하면 [[1, 2, 3, 4], [5, 6, 7, 8], [9, 10, 11, 12]]의 3행 4열의 2차원 리스트가 완성된다.

11~14행 2차원 리스트를 출력한다. 13행에서는 '리스트명[행][열]' 방식으로 각 항목을 출력한다. end=" "는 print() 함수가 행을 넘기지 않고 띄어쓰기 되도록 한다. 14행에서는 행 하나를 출력한 후 한 행을 띄워서 출력하기 위해 print() 함수를 사용한다.

SELF STUDY 4-2

4행 5열의 2차원 리스트를 만들고, 0부터 3의 배수를 입력하고 출력하도록 Code04-05.py를 수정해 보자. 실행 결과는 다음과 같다.

실행 결과

```
 0  3  6  9 12
15 18 21 24 27
30 33 36 39 42
45 48 51 54 57
```

7 [프로그램 1] 완성

2차원 리스트를 활용하여 색상을 반전시키는 코드를 작성해 보자. 5×5 크기의 2차원 리스트를 준비하고, 0부터 255 사이의 무작위한 값으로 채운다. 0부터 255 사이의 값은 주로 색상의 명도로 사용되는데, 0은 가장 어두운 값을, 255는 가장 밝은 값을 의미한다. 색상을 반전한다는 것은 다음과 같은 공식을 사용할 수 있다.

반전 색상 = 255 – 원 색상

예를 들어 원 색상이 255라면 반전 색상은 0, 원 색상이 254라면 반전 색상은 1이다.

TIP • 지금은 2차원 배열의 연습이기 때문에 색상 값을 숫자로 출력하지만, 5장에서는 실제 이미지 화면으로 출력하는 예제를 다룬다.

Code04-06.py

```
import random

## 전역 변수 선언 부분 ##
imageList = []
value = 0
ROW = COL = 5

## 메인 코드 부분 ##
if __name__ == "__main__" :
    for i in range(0, ROW) :
        tmpList = [] # 임시 1차원 배열
        for k in range(0, COL) :
            value = random.randrange(0, 256)
            tmpList.append(value)
        imageList.append(tmpList)

    print('## 원본 2차원 배열 ##')
    for i in range(0, ROW) :
        for k in range(0, COL) :
            print("%03d" % imageList[i][k], end = " ")
        print("")
    print("")

    for i in range(0, ROW) :
        for k in range(0, COL) :
            imageList[i][k] = 255 - imageList[i][k]

```

```
28    print('## 반전된  배열 ##')
29    for i in range(0, ROW) :
30        for k in range(0, COL) :
31            print("%03d" % imageList[i][k], end = " ")
32        print("")
33    print("")
```

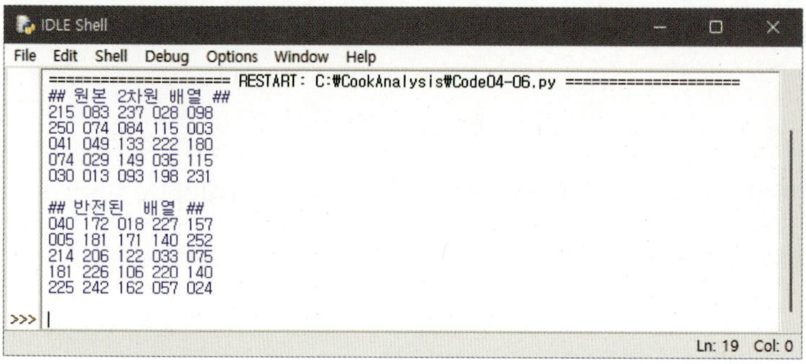

4~6행 전역 변수를 준비한다. imageList는 이미지를 저장할 2차원 리스트, value는 0부터 255 사이의 임의의 숫자를 생성할 변수이다. ROW와 COL은 이미지의 행과 열의 크기이며 5로 고정했다.

10~15행 Code04-05.py의 4~9행과 마찬가지로 5×5 크기의 2차원 리스트를 생성한다.

13행 무작위한 값을 추출해서 초기화했다.

17~22행 원본 이미지(2차원 리스트)를 출력했다.

24~26행 2차원 리스트의 모든 원 색상을 반전 색상으로 변환한다.

28~33행 반전 색상으로 변한 2차원 리스트를 출력한다.

SECTION 03

튜플과 딕셔너리

튜플(Tuple)은 리스트와 사용법이 비슷하면서도 약간 다르다. 리스트는 대괄호([ ])로 생성하지만, 튜플은 소괄호(( ))로 생성한다. 또 튜플은 값을 수정할 수 없으며, 읽기만 가능해 읽기 전용 자료를 저장할 때 사용한다.

딕셔너리(Dictionary)는 영어사전이나 국어사전을 생각하면 된다. 딕셔너리는 두 값이 한 쌍으로 묶인 자료구조이다. 예를 들어 'apple:사과'처럼 의미 있는 두 값을 연결해 구성한다. 딕셔너리는 다음과 같이 중괄호({ })로 묶어 구성하며, 키(Key)와 값(Value)의 쌍으로 구성되어 있다.

```
딕셔너리 변수 = {키1:값1, 키2:값2, 키3:값3, …}
```

1 튜플

간단한 튜플을 만드는 방법은 다음과 같다.

```
tt1 = (10, 20, 30); tt1
tt2 = 10, 20, 30; tt2
```

실행 결과

```
(10, 20, 30)
(10, 20, 30)
```

튜플은 소괄호(( ))를 생략해도 된다. tt2를 보면 괄호를 생략했음에도 동일한 튜플이 생성되었다. 튜플은 읽기 전용이므로 다음 코드는 모두 오류가 발생한다.

```
tt1.append(40)
tt1[0] = 40
del(tt1[0])
```

튜플 자체는 del( ) 함수로 삭제할 수 있다.

```
del(tt1)
del(tt2)
```

튜플의 항목에 접근할 때는 리스트처럼 '튜플명[위치]'를 사용한다.

```
tt1 = (10, 20, 30, 40)
tt1[0]
tt1[0] + tt1[1] + tt1[2]
```

실행 결과

```
10
60
```

튜플 범위에 접근하려면 리스트와 마찬가지로 '(시작값:끝값+1)'을 사용한다.

```
tt1[1:3]
tt1[1:]
tt1[:3]
```

실행 결과

```
(20, 30)
(20, 30, 40)
(10, 20, 30)
```

튜플의 덧셈 및 곱셈 연산도 가능하다.

```
tt2 = ('A', 'B')
tt1 + tt2
tt2 * 3
```

실행 결과

```
(10, 20, 30, 40, 'A', 'B')
('A', 'B', 'A', 'B', 'A', 'B')
```

SELF STUDY 4-3

다음과 같이 2차원 튜플을 생성한 후 모든 값을 출력해 보자.

```
tt = ((1, 2, 3),
(4, 5, 6),
(7, 8, 9))
```

실행 결과

```
1 2 3
4 5 6
7 8 9
```

2 딕셔너리

간단한 딕셔너리를 만드는 방법은 다음과 같다. 키를 1, 2, 3으로 하고, 값을 'a', 'b', 'c'로 만들었다.

```
dic1 = {1 : 'a', 2 : 'b', 3 : 'c'}
dic1
```

실행 결과

```
{1 : 'a', 2 : 'b', 3 : 'c'}
```

다음과 같이 키와 값을 반대로 생성해도 된다.

```
dic2 = {'a': 1, 'b': 2, 'c': 3}
dic2
```

실행 결과

```
{'a': 1, 'b': 2, 'c': 3}
```

TIP • 키와 값은 사용자가 지정하는 것으로, 어떤 값을 반드시 사용해야 한다는 규칙은 없다. 주의할 점은 딕셔너리에는 순서가 없어 생성한 순서대로 딕셔너리가 구성된다는 보장을 할 수 없다는 것이다.

딕셔너리는 여러 정보를 하나의 변수로 표현할 때 유용하다. 예를 들어 홍길동이라는 학생에게는 [표 4-2]와 같은 정보가 있을 것이다.

표 4-2 홍길동 학생의 정보

키	값
학번	1000
이름	홍길동
학과	컴퓨터학과

[표 4-2]를 딕셔너리로 표현한다면 student1 변수에 홍길동 학생의 모든 정보가 저장되어 있는 것이다.

```
student1 = {'학번' : 1000, '이름': '홍길동', '학과': '컴퓨터학과'}
student1
```

실행 결과

```
{'학번': 1000, '이름': '홍길동', '학과': '컴퓨터학과'}
```

딕셔너리에는 '딕셔너리명[키]=값' 형식으로 쌍을 추가할 수 있다. 앞에서 생성한 student1에 연락처를 추가하려면 다음 코드를 사용한다.

```
student1['연락처'] = '010-1111-2222'
student1
```

실행 결과

```
{'학번': 1000, '이름': '홍길동', '학과': '컴퓨터학과', '연락처': '010-1111-2222'}
```

그런데 이미 존재하는 키를 사용하면 새로운 쌍이 추가되는 것이 아니라 기존 값이 변경된다. 딕셔너리의 특성상 키는 유일해야 하기 때문이다. 다음 코드는 학과를 수정한다.

```
student1['학과'] = '파이썬학과'
student1
```

실행 결과

```
{'학번': 1000, '이름': '홍길동', '학과': '파이썬학과', '연락처': '010-1111-2222'}
```

딕셔너리의 쌍은 'del(딕셔너리명[키])' 형식으로 삭제할 수 있다. 다음 코드는 student1의 학과를 삭제한다.

```
del(student1['학과'])
student1
```

실행 결과

```
{'학번': 1000, '이름': '홍길동', '연락처': '010-1111-2222'}
```

딕셔너리의 키는 유일해야 하므로 다음 코드를 작성하면 동일한 키를 갖는 딕셔너리를 생성하는 것이 아니라 마지막에 있는 키가 적용된다.

```
student1 = {'학번': 1000, '이름': '홍길동', '학과': '파이썬학과', '학번': 2000}
student1
```

실행 결과

```
{'학번': 2000, '이름': '홍길동', '학과': '파이썬학과'}
```

딕셔너리는 키를 이용해 값을 구한다. 다음은 키로 값에 접근하는 코드이다.

```
student1['학번']
student1['이름']
student1['학과']
```

실행 결과

```
2000
'홍길동'
'파이썬학과'
```

딕셔너리를 사용할 수 있도록 함수를 몇 가지 제공한다. 딕셔너리명.get(키) 함수를 사용해 키로 값에 접근할 수 있다.

```
student1.get('이름')
```

실행 결과

```
'홍길동'
```

딕셔너리와 관련된 함수 중 딕셔너리명.keys()는 딕셔너리의 모든 키를 반환한다.

```
student1.keys()
```

실행 결과

```
dict_keys(['학번', '이름', '학과'])
```

실행 결과의 dict_keys가 보기 싫으면 list(딕셔너리명.keys()) 함수를 사용하면 된다. 딕셔너리명.items() 함수를 사용하면 키와 값의 쌍을 튜플 형태로도 구할 수 있다.

```
list(student1.keys())
```

실행 결과

```
['학번', '이름', '학과']
```

딕셔너리명.values() 함수는 딕셔너리의 모든 값을 리스트로 만들어 반환한다. 딕셔너리명.values() 함수도 실행 결과의 dict_values가 보기 싫으면 list(딕셔너리명.values()) 함수를 사용한다.

```
student1.values()
```

실행 결과

```
dict_values([2000, '홍길동', '파이썬학과'])
```

딕셔너리명.items() 함수를 사용하면 튜플 형태로도 구할 수 있다.

```
student1.items()
```

실행 결과

```
dict_items([('학번', 2000), ('이름', '홍길
동'), ('학과', '파이썬학과')])
```

딕셔너리 안에 해당 키가 있는지 없는지는 in을 사용해 확인할 수 있다. 다음 코드는 딕셔너리에 키가 있다면 True를 반환하고, 없다면 False를 반환한다.

```
'이름' in student1
'주소' in student1
```

실행 결과

```
True
False
```

다음은 for 문을 활용해 딕셔너리의 모든 값을 출력하는 간단한 코드이다.

Code04-07.py

```
singer = {}

singer['이름'] = '트와이스'
singer['구성원 수'] = 9
singer['데뷔'] = '서바이벌 식스틴'
```

```
6 singer['대표곡'] = 'SIGNAL'
7
8 for k in singer.keys() :
9     print('%s --> %s' % (k, singer[k]))
```

실행 결과

```
이름 --> 트와이스
구성원 수 --> 9
데뷔 --> 서바이벌 식스틴
대표곡 --> SIGNAL
```

1행 빈 딕셔너리를 준비한다.

3~6행 쌍을 만들어 딕셔너리에 추가한다.

8~9행 모든 키와 값을 출력한다.

SECTION 04

문자열

1 문자열의 개념

'abcd'나 '안녕하세요?'처럼 연결된 문자를 표현하는 문자열을 살펴보자. 파이썬에서는 문자열을 큰따옴표(" ")나 작은따옴표(' ')로 묶어 표현한다. 어떤 것을 사용하든 상관없지만 큰따옴표를 사용하더라도 print()로 출력하면 작은따옴표로 표시한다.

문자열은 리스트와 비슷한 부분이 많으므로 다음 리스트 코드와 비교해서 살펴보자.

```
aa = [10, 20, 30, 40, 50]
aa[0]
aa[1:3]
aa[3:]
```

실행 결과

```
10
[20, 30]
[40, 50]
```

이 리스트와 비슷하게 다섯 글자로 된 문자열을 사용하면 다음과 같다. 이처럼 리스트에 접근하는 것과 문자열에 접근하는 것이 크게 다르지 않다. 리스트는 대괄호([ ])로 묶고 문자열은 작은따옴표(' ')로 묶어 출력된다는 것만 다르다.

```
ss = "파이썬최고"
ss[0]
ss[1:3]
ss[3:]
```

실행 결과

```
'파'
'이썬'
'최고'
```

문자열도 리스트와 마찬가지로 덧셈(+) 기호를 사용해 연결한다. 또 곱셈(*) 기호를 사용해 문자열을 반복할 수도 있다.

```
ss = '파이썬' + '최고'
ss
ss = '파이썬' * 3
ss
```

실행 결과

```
'파이썬최고'
'파이썬파이썬파이썬'
```

문자열 길이를 파악할 때도 리스트처럼 len() 함수를 사용한다. len() 함수는 리스트나 문자열의 개수를 셀 때 자주 사용하므로 기억해 두자.

```
ss = '파이썬abcd'
len(ss)
```

실행 결과

```
7
```

문자열도 len() 함수로 개수를 파악할 수 있기 때문에 리스트처럼 for 문을 사용해 처리할 수 있다. Code04-08.py는 문자열의 모든 글자 뒤에 $를 붙여서 출력한다.

Code04-08.py

```
1  ss = '파이썬짱!'
2
3  sslen = len(ss)
4  for i in range(0, sslen) :
5      print(ss[i] + '$', end = '')
```

실행 결과

```
파$이$썬$짱$!$
```

3행 문자열의 길이를 sslen 변수에 저장한다.

4행 문자열의 길이만큼 반복한다.

5행 글자 하나와 $를 붙여서 출력한다.

SELF STUDY 4-4

Code04-08.py를 수정해서 '파이썬은완전재미있어요'에서 '파#썬#완#재#있#요'를 출력해 보자. 즉 짝수 번째 글자는 그대로 출력되고, 홀수 번째는 글자 대신 #이 표시되도록 하면 된다.

힌트 if 문을 사용해 i가 짝수일 때와 홀수일 때를 다르게 처리한다. 짝수는 2로 나누어서 나머지 값이 0이면 짝수이다.

2 문자열 함수

문자열 데이터형 자체에서 제공하는 다양한 문자열 함수로 문자열을 처리하자. 문자열이 지원하는 함수는 매우 다양하므로 목록을 나열하기보다는 직접 실행하면서 용도를 확인하는 것이 좋다.

대·소문자 변환

[표 4-3]을 참고하여 대문자와 소문자를 변환하는 함수를 알아보자.

표 4-3 대·소문자 변환 함수

함수	기능
upper()	소문자를 대문자로 변환한다.
lower()	대문자를 소문자로 변환한다.
swapcase()	대·소문자를 상호 변환한다.
title()	각 단어의 앞 글자만 대문자로 변환한다. 한글 또는 기호에는 영향을 주지 않는다.

```
ss = 'Python is Easy. 그래서 programming이 재미있습니다. ^^'
ss.upper()
ss.lower()
ss.swapcase()
ss.title()
```

실행 결과

```
'PYTHON IS EASY. 그래서 PROGRAMMING이 재미있습니다. ^^'
'python is easy. 그래서 programming이 재미있습니다. ^^'
'pYTHON IS eASY. 그래서 PROGRAMMING이 재미있습니다. ^^'
'Python Is Easy. 그래서 Programming이 재미있습니다. ^^'
```

여기서 잠깐

함수(Function)와 메서드(Method)

함수와 메서드는 상당히 비슷하지만 차이점이 약간 있다. 우선 함수는 단독으로 사용된다. 예로 리스트나 문자열의 길이를 알아내는 len() 함수는 다음과 같이 사용된다.

```
ss = "abcd"
len(ss)
```

하지만 메서드는 문자열 자료형에 그 기능이 들어 있기 때문에 '변수명.메서드( )' 형식으로 사용된다. 예로 문자열을 대문자로 바꾸는 upper( ) 메서드는 다음과 같이 사용된다.

```
ss = "abcd"
ss.upper()
```

객체지향에서는 함수와 메서드를 정확히 구분해야 하지만 지금은 '둘 다 뒤에 괄호가 붙는다' 정도만 알면 되므로 모두 함수라고 칭한다.

문자열 찾기

문자열을 찾는 함수도 예와 함께 용도를 확인해 보자.

```
ss = '파이썬 공부는 즐겁습니다. 물론 모든 공부가 다 재미있지는 않죠. ^^'
ss.count('공부')
print(ss.find('공부'), ss.rfind('공부'), ss.find('공부', 5), ss.find('없다'))
print(ss.index('공부'), ss.rindex('공부'), ss.index('공부', 5))
print(ss.startswith('파이썬'), ss.startswith('파이썬', 10), ss.endswith('^^'))
```

실행 결과

```
2
4 21 21 -1
4 21 21
True False True
```

표 4-4 문자열을 찾는 함수

함수	기능
count('찾을문자열')	'찾을문자열'이 몇 개 들어 있는지 개수를 센다.
find('찾을문자열')	'찾을문자열'이 왼쪽 끝(0번)부터 시작해서 몇 번째에 위치하는지 찾는다.
rfind('찾을문자열')	find( )와 반대로 오른쪽부터 찾는다. 앞의 예에서 '공부'라는 글자를 찾으려고 find('공부') 함수를 사용하면 왼쪽 끝(0번)부터 찾기 시작하므로 4번 위치를 반환하다.
find('공부', 5)	찾기 시작할 위치를 왼쪽에서 5번째('부' 글자)부터 시작하므로 21번 위치를 반환한다. find( ) 함수는 찾을 문자열이 없으면 −1을 반환한다.
index( )	find( ) 함수와 동일하지만 index('없다')처럼 찾을 문자열이 없으면 오류가 발생한다.
startswith('찾을문자열')	'찾을문자열'로 시작하면 True를 반환하고, 그렇지 않으면 False를 반환한다.
endswith('찾을문자열')	'찾을문자열'로 끝나면 True를 반환하고, 그렇지 않으면 False를 반환한다.
startswith('찾을문자열', 위치)	'위치'에서 '찾을문자열'로 시작하면 True를 반환한다.

문자열 공백 삭제·변경

문자열의 앞뒤 공백이나 특정 문자를 삭제하려면 strip(), rstrip(), lstrip() 함수를 사용한다. 단 문자열 중간의 공백은 삭제되지 않는다.

```
ss = ' 파 이 썬 '
ss.strip()
ss.rstrip()
ss.lstrip()
```

실행 결과

```
'파 이 썬'
' 파 이 썬'
'파 이 썬 '
```

앞뒤의 특정 문자를 삭제할 수도 있으나 공백처럼 문자열 중간의 문자는 삭제되지 않는다.

```
ss = '----파---이---썬----'
print(ss.strip('-'))
ss = '<<<파 << 이 >> 썬>>>'
print(ss.strip('<>'))
```

실행 결과

```
파---이---썬
파 << 이 >> 썬
```

문자열 변경은 replace('기존문자열', '새문자열') 함수를 사용한다.

```
ss = '열심히 파이썬 공부 중~~'
ss.replace('파이썬', 'Python')
```

실행 결과

```
'열심히 Python 공부 중~~'
```

문자열 분리·결합

split() 함수는 문자열을 공백이나 다른 문자로 분리해 리스트를 반환한다. join() 함수는 문자열을 합쳐 준다.

```
ss = 'Python을 열심히 공부 중'
ss.split()
ss = '하나:둘:셋'
ss.split(':')
ss = '하나\n둘\n셋'
ss.splitlines()
ss = '%'
ss.join('파이썬')
```

실행 결과

```
['Python을', '열심히', '공부', '중']
['하나', '둘', '셋']
['하나', '둘', '셋']
'파%이%썬'
```

\n은 행이 넘어가는 특수문자이고, splitlines() 함수는 행 단위로 분리시켜 준다. join() 함수는 묶어 줄 구분자를 먼저 ss에 준비한 후 구분자.join('문자열')로 사용한다.

함수명에 대입

map(함수명, 리스트명) 함수는 리스트값 하나하나를 함수명에 대입한다. 따라서 다음 코드와 같은 방법으로 문자열로 구성된 리스트를 숫자로 변환할 수 있다.

```
before = ['2019', '12', '31']
after = list(map(int , before))
after
```

실행 결과

```
[2019, 12, 31]
```

int() 함수의 이름을 map() 함수의 매개변수로 사용한다. 즉 int('2019'), int('12'), int('31')의 연속적인 효과를 가져온다. 그리고 결과 값을 다시 list() 함수를 사용해 리스트 형태로 변환한다. 파이썬의 특징이 잘 살아 있는 함수이므로 기억해 두자.

문자열 구성 파악

문자열이 무엇으로 구성되어 있는지 함수로 파악해서 True와 False로 알려 준다. 다음 코드는 결과가 모두 True이다.

```
'1234'.isdigit()
'abcd'.isalpha()
'abc123'.isalnum()
'abcd'.islower()
'ABCD'.isupper()
' '.isspace()
```

표 4-5 문자열 구성 파악 함수

함수	기능
isdigit()	숫자로만 구성되었는지 확인한다.
isalpha()	글자(한글, 영어)로만 구성되었는지 확인한다.
isalnum()	글자와 숫자가 섞여 있는지 확인한다.
islower()	전체가 소문자로만 구성되었는지 확인한다.
isupper()	대문자로만 구성되었는지 확인한다.
isspace()	공백 문자로만 구성되었는지 확인한다. 이때 문자열을 ss='1234' 방식으로 변수에 넣은 후 ss.isdigit() 처럼 사용해도 되고, '1234'.isdigit() 방식으로 해당 문자열에 함수를 직접 사용해도 된다.

SELF STUDY 4-5

입력한 값이 영어나 한글이면 '글자입니다', 숫자이면 '숫자입니다', 섞여 있으면 '글자+숫자입니다', 특수문자 등이면 '모르겠습니다'가 출력되는 프로그램을 작성해 보자.

실행 결과

```
문자열 입력 : abcd123
글자+숫자입니다.
```

SECTION

05 함수

1 함수의 개념

함수(Function)는 '무엇'을 넣으면 '어떤 것'을 돌려주거나 '어떤 일'이 일어나게 하는 요술 상자이다. 함수는 파이썬 자체에서도 제공하지만 사용자가 직접 만들어서 사용할 수도 있다. 직접 만들어 사용하는 함수는 나중에 알아보기로 하고, 먼저 파이썬에서 제공하는 함수 위주로 살펴보자.

파이썬에서 제공하는 함수는 다음 형식으로 사용한다.

```
함수명()
```

지금까지 가장 많이 사용한 print() 함수도 다음 코드처럼 괄호 안에 들어 있는 내용을 화면에 출력한다.

```
print("CookBook-파이썬")
```

단순히 print() 함수에 '무엇'에 해당하는 "CookBook-파이썬"만 넣었을 뿐인데, 우리가 알지 못하는 곳에서 여러 과정을 거친 후 화면에 출력하는 '어떤 일'이 일어났다. 이때 print() 함수의 내부에서 어떤 일이 일어났는지 알지 못하는데, 단지 무엇을 입력하면 그 내용을 화면에 출력해 주는 기능을 하는 함수라고만 기억하자.

2 함수의 형식

반복적으로 코딩해야 할 내용을 함수로 만들어 두면 필요할 때 바로 사용할 수 있다. 또 함수로 만들어 두면 동일한 동작을 계속 사용하므로 내용이 바뀔 일이 없다. 함수의 기본 형식을 살펴보자.

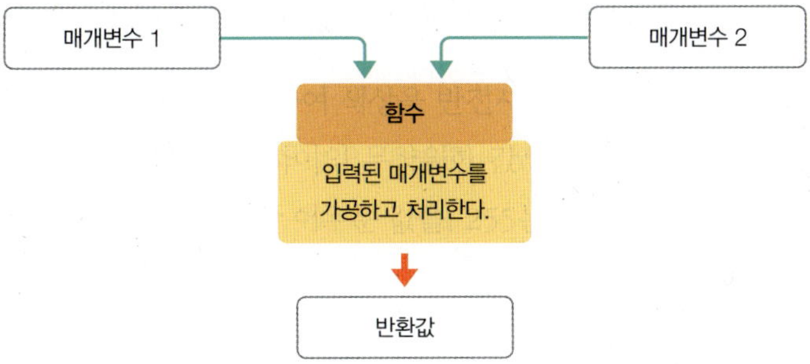

그림 4-5 함수의 기본 형식

[그림 4-5]와 같이 함수는 매개변수(Parameter)를 입력받은 후 그 매개변수를 가공 및 처리해서 반환값을 돌려준다. 커피 자판기를 예로 들면, 동전과 버튼 입력이라는 매개변수를 받아서 커피를 탄 후 반환값으로 커피를 돌려준다.

또 다른 예로 두 정수를 입력받아서 합계를 반환하는 plus() 함수를 만들어 보자.

Code04-09.py

```
1  ## 함수 선언 부분 ##
2  def plus(v1, v2) :
3      result = 0
4      result = v1 + v2
5      return result
6
7  ## 변수 선언 부분 ##
8  hap = 0
9
10 ## 메인 코드 부분 ##
11 hap = plus(100, 200)
12 print("100과 200의 plus() 함수 결과는 %d" % hap)
```

실행 결과

```
100과 200의 plus() 함수 결과는 300
```

2~5행 plus() 함수를 정의한다. 4행에서 매개변수로 받은 두 값의 합계를 구하고 5행에서 반환한다. 주의할 점은 def로 되어 있는 함수 선언 부분은 바로 실행되지 않는다는 것이다. 2~5행의 plus() 함수를 만들어 가지고만 있는 개념이다.

11행 100, 200 두 값을 전달하면서 plus() 함수를 호출해 hap에 대입한다. plus() 함수를 호출하면 그때서야 2~5행이 실행되는 것이다.

12행 plus() 함수에서 반환된 값을 출력한다.

'함수를 정의했다 == 요리를 만들었다', '함수를 실행했다 == 요리를 먹었다' 정도로 이해하면 된다. 즉 2~5행은 요리를 만든 것이고, 11행에서 요리를 먹은 것이다.

[그림 4-6]은 plus() 함수를 정의하고 호출하는 과정을 보여 주는데, 이것으로 11행의 처리 순서를 이해해 보자.

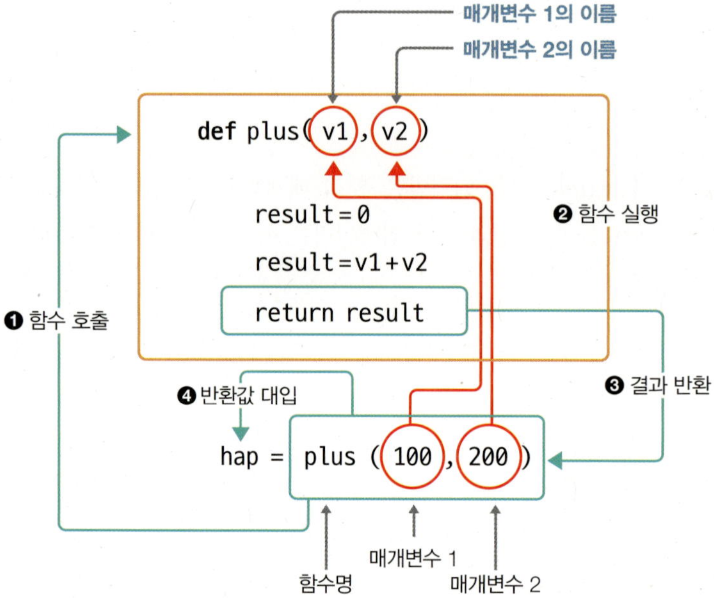

그림 4-6 plus( ) 함수의 형식과 호출 순서

[그림 4-6]에서 plus() 함수는 매개변수를 2개 받는다. 그러므로 'plus(숫자1, 숫자2)' 같은 형식으로 호출해야 한다.

❶ 함수 호출

plus(100, 200)으로 함수를 호출하면 100과 200이라는 숫자로 plus() 함수를 호출한다. 이때 plus() 함수의 두 매개변수인 v1에는 100이, v2에는 200이 차례로 할당된다.

❷ 함수 실행

plus() 함수의 내용을 보면 v1과 v2를 더해 result에 대입시킨 후 return result 문으로 이 함수를 호출했던 곳 즉 11행으로 돌아간다.

❸ 결과 반환

함수를 실행해 얻은 결과 값인 result 값 300을 plus() 함수를 호출했던 곳으로 돌려준다.

❹ 반환값 대입

반환된 값 300을 hap 변수에 대입한다.

[그림 4-6]이 다소 복잡해 보인다면 간단하게 [그림 4-7]과 같이 표현할 수도 있다.

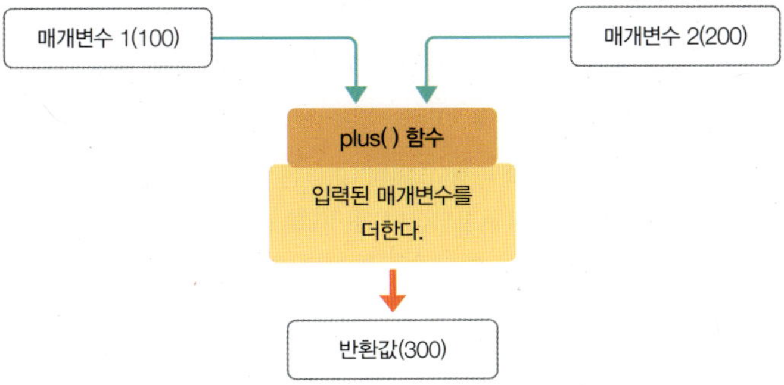

그림 4-7 plus( ) 함수의 호출 간략 표현

이제는 사용자가 입력한 두 숫자로 덧셈, 뺄셈, 곱셈, 나눗셈을 하는 계산기 함수를 작성해 보자.

Code04-10.py

```
## 함수 선언 부분 ##
def calc(v1, v2, op) :
    result = 0
    if op == '+' :
        result = v1 + v2
    elif op == '-' :
        result = v1 - v2
    elif op == '*' :
        result = v1 * v2
    elif op == '/' :
        result = v1 / v2

    return result

## 변수 선언 부분 ##
res = 0
var1, var2, oper = 0, 0, ""

## 메인 코드 부분 ##
oper = input("계산을 입력하세요(+, -, *, /) : ")
var1 = int(input("첫 번째 수를 입력하세요 : "))
var2 = int(input("두 번째 수를 입력하세요 : "))

res = calc(var1, var2, oper)

print("## 계산기 : %d %s %d = %d" % (var1, oper, var2, res))
```

실행 결과

```
계산을 입력하세요(+, -, * , /) : *
첫 번째 수를 입력하세요 : 7
두 번째 수를 입력하세요 : 8
## 계산기 : 7 * 8 = 56
```

2~13행 매개변수를 3개 받는 calc() 함수를 정의한다.

4~11행 사용자가 입력한 연산자에 따라 필요한 연산을 수행한 후 계산된 값을 13행에서 return으로 반환하고 함수를 호출한 24행으로 돌아간다.

20~22행 어떤 연산을 할지 연산자를 입력받은 후 계산할 숫자 2개를 입력받는다.

24행 calc() 함수에 매개변수 3개를 넘겨주며 호출한다. 이 매개변수는 calc() 함수가 위치한 2행의 var1 → v1, var2 → v2, oper → op에 각각 대응된다. calc() 함수에서 반환한 값을 res에 넣는다.

26행 계산식을 출력한다.

TIP • 매개변수는 지역 변수로 취급된다. Code04-10.py의 calc() 함수가 받는 매개변수 v1, v2, op는 모두 calc() 함수 안에서만 사용되는 지역 변수이다. 지역 변수와 전역 변수는 바로 이어서 설명한다.

SELF STUDY 4-6

Code04-10.py에 다음 기능을 추가해 보자.

① 숫자1, 연산자, 숫자2 순서로 입력받는다.

② 제곱(**) 연산자를 추가한다.

③ 0으로 나누려고 하면 메시지를 출력하고 계산되지 않도록 한다.

힌트 메인 코드 부분에 if~else 문을 활용한다.

실행 결과

```
첫 번째 수를 입력하세요 : 2
계산을 입력하세요(+, -, *, /, **) : **
두 번째 수를 입력하세요 : 4
## 계산기 : 2 ** 4 = 16
```

실행 결과

```
첫 번째 수를 입력하세요 : 8
계산을 입력하세요(+, -, *, /, **) : /
두 번째 수를 입력하세요 : 0
0으로는 나누면 안 됩니다.ㅠㅠ
```

3 지역 변수와 전역 변수

변수는 사용할 수 있는 범위에 따라 크게 집(함수) 안에서만 사용하는 변수인 지역(Local) 변수와 집 밖에서도 사용할 수 있는 전역(Global) 변수로 나눈다. 프로그램을 만들다 보면 간혹 의도한 대로 변수 범위가 지정되지 않아 프로그램 흐름이 이상해지기도 한다. 따라서 지역 변수와 전역 변수를 제대로 사용할 수 있도록 개념을 이해하고 정확한 사용법을 익혀 보자.

지역 변수는 말 그대로 한정된 지역에서만 사용되는 변수이고, 전역 변수는 프로그램 전체에서 사용되는 변수이다.

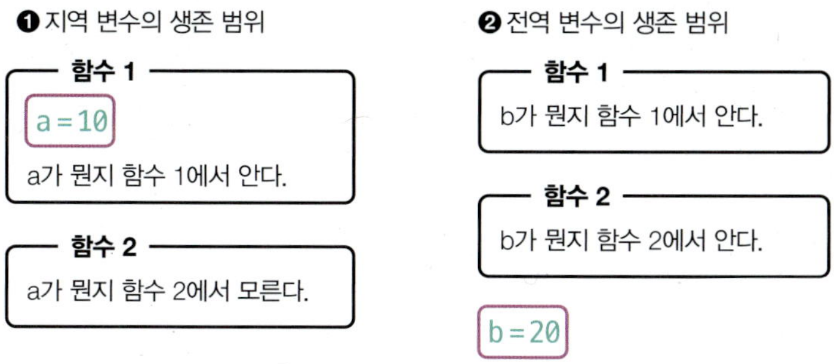

그림 4-8 지역 변수와 전역 변수의 생존 범위

[그림 4-8]의 ❶에서 지역 변수 a는 현재 함수 1 안에 선언되어 함수 1 안에서만 사용할 수 있고, 함수 2에서는 존재 자체를 알지 못한다. ❷에서 전역 변수 b는 함수(함수 1과 함수 2) 안이 아니라 바깥에 선언되어 있으므로 모든 함수에서 존재를 알고 있다. 여기서 전역 변수 b가 선언된 위치는 맨 아래쪽이든 맨 위쪽이든 관계가 없으며, 함수 밖에 선언되어 있기만 하면 된다.

간혹 지역 변수와 전역 변수의 이름이 같은 경우도 있는데, 이때는 함수 안에 변수가 정의되어 있는지 확인하면 간단히 구분할 수 있다. [그림 4-9]를 보면 같은 a라고 해도 함수 1의 a는 함수 안에서 따로 정의했으므로 지역 변수이고, 함수 2의 a는 함수 안에 정의된 것이 없으므로 전역 변수이다. 결론적으로 변수명이 같다면 지역 변수가 우선된다.

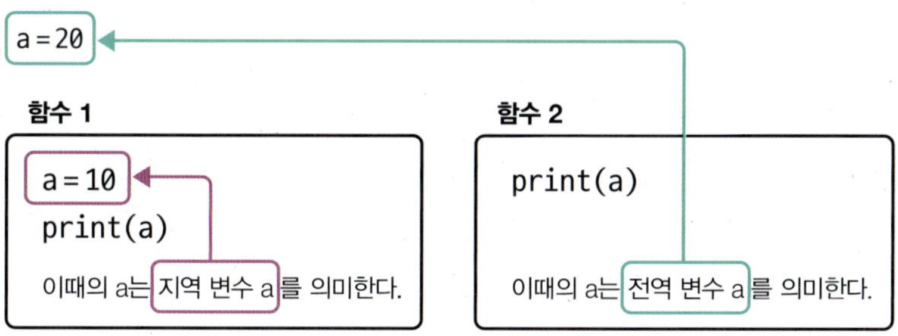

그림 4-9 지역 변수와 전역 변수의 공존

Code04-11.py

```
## 함수 선언 부분 ##
def func1() :
    a = 10   # 지역 변수
    print("func1()에서 a값 %d" % a)

```

```
6  def func2() :
7      print("func2()에서 a값 %d" % a)
8
9  ## 변수 선언 부분 ##
10 a = 20      # 전역 변수
11
12 ## 메인 코드 부분 ##
13 func1()
14 func2()
```

실행 결과

```
func1()에서 a값 10
func2()에서 a값 20
```

2~4행 func1() 함수를 정의하고 3행에서 a를 선언하는데, 함수 안에서 선언하므로 지역 변수이다. 4행에서 a 변수를 출력하니 지역 변수 a값 10이 출력된다.

7행 a 변수를 출력하니 func2() 함수에는 a가 없어 10행에서 선언한 전역 변수 a의 값 20을 출력한다.

10행 선언한 a는 함수 밖에서 선언하므로 전역 변수이다.

13행 func1() 함수를 호출한다.

14행 func2() 함수를 호출한다.

그렇다면 10행의 전역 변수가 없다면 7행은 어떻게 될까? 10행을 지우고 다시 실행해 보자. 다음과 같은 오류가 발생할 것이다.

실행 결과

```
func1()에서 a의 값 10
Traceback (most recent call last):
File "C:/CookAnalysis/04-11.py", line 14, in <module>
    func2()
File "C:/CookAnalysis/04-11.py", line 7, in func2
    print("func2()에서 a값 %d" % a)
NameError: name 'a' is not defined
```

func1() 함수의 a는 지역 변수가 있으므로 잘 출력되지만, func2() 함수에는 a가 없으므로 오류가 발생한다. 오류 코드 맨 아래쪽을 보면 'a가 정의되지 않았다'는 메시지가 있다. 결국 func2() 함수에서는 func1() 함수의 a가 있는지조차 인식하지 못하는 것이다.

4 global 예약어

함수 안에서 사용되는 변수를 지역 변수 대신 전역 변수로 사용하고 싶을 수도 있다. Code04-11.py 6행에 있는 func2() 함수에서는 전역 변수 a를 변경하지는 않고 사용만 해서 별 문제가 없었다. 하지만 3행의 a를 지역 변수가 아닌 전역 변수 a 값으로 변경하려면 Code04-12.py와 같이 함수 안에서 global이라는 예약어로 a가 전역 변수라는 것을 명시해야 한다.

Code04-12.py

```
1  ## 함수 선언 부분 ##
2  def func1() :
3      global a    # 이 함수 안에서 a는 전역 변수
4      a = 10
5      print("func1()에서 a값 %d" % a)
6
7  def func2() :
8      print("func2()에서 a값 %d" % a)
9
10 ## 변수 선언 부분 ##
11 a = 20          # 전역 변수
12
13 ## 메인 코드 부분 ##
14 func1()
15 func2()
```

실행 결과

```
func1()에서 a값 10
func2()에서 a값 10
```

3행 global 예약어로 a 변수를 전역 변수로 지정해 지역 변수 a는 더 이상 존재하지 않는다.

4행 전역 변수 a값을 10으로 변경하므로 func1()과 func2() 함수에서 모두 전역 변수 a 값을 10으로 출력한다.

global 예약어는 다른 프로그래밍 언어와는 형식이 다르다는 점을 기억하자.

5 함수 반환값

함수를 사용하다 보면 실행 후에 값을 돌려줄 때도 있고 돌려주지 않을 때도 있다. 함수는 크게 반환값이 있는 함수와 반환값이 없는 함수로 나눌 수 있다.

TIP • 반환값은 return 문으로 반환되므로 리턴값이라고도 한다. 또 매개변수는 파라미터라고도 한다.

반환값이 있는 함수

함수에서 어떤 계산이나 작동을 한 후 반환할 값이 있으면 'return 반환값' 형식으로 표현한다. [그림 4-10]과 같이 ❶ 함수 호출을 하면 ❷ 함수가 실행된다. 그리고 함수의 마지막에 ❸ 값(100)을 반환하면 ❹ 호출한 곳으로 돌아와 반환값을 대입하는 것이다.

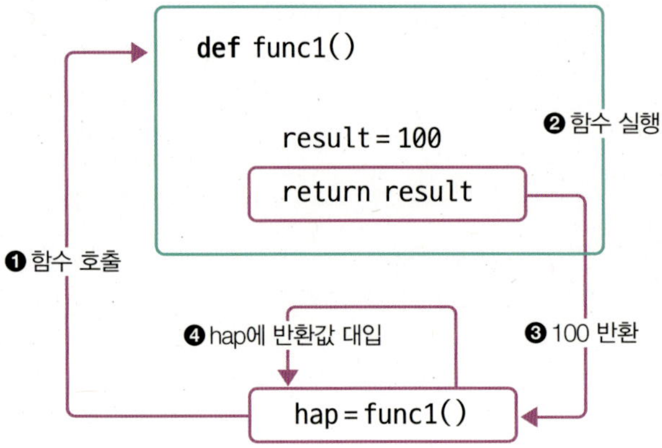

그림 4-10 값의 반환

반환값이 없는 함수

함수의 실행 결과로 돌려줄 것이 없을 때는 return 문을 생략하면 된다. 또는 반환값 없이 return만 입력해도 된다. [그림 4-11]과 같이 함수를 실행한 후 반환값 없이 함수를 마치면 아무것도 반환하지 않은 채 함수를 종료한다.

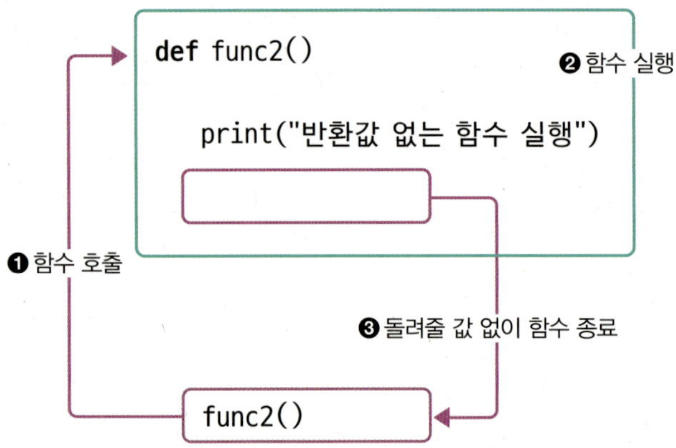

그림 4-11 반환값이 없는 함수의 작동

Code04-13.py

```
## 함수 선언 부분 ##
def func1() :
    result = 100
```

```
4      return result
5
6  def func2() :
7      print("반환값이 없는 함수 실행")
8
9  ## 변수 선언 부분 ##
10 hap = 0
11
12 ## 메인 코드 부분 ##
13 hap = func1()
14 print("func1()에서 돌려준 값 ==> %d" % hap)
15 func2()
```

실행 결과

```
func1()에서 돌려준 값 ==> 100
반환값이 없는 함수 실행
```

13~14행 반환값이 있는 함수인 func1()을 호출하면 func1()을 실행한 후 func1()의 반환값을 hap에 넣고 출력한다.

15행 반환값이 없는 함수인 func2()를 호출하면 아무것도 돌려받지 않는다.

반환값이 여러 개인 함수

함수는 문법상 반환값이 2개 이상일 수 없음에도 코드를 작성하다 보면 종종 값을 2개 이상 반환해야 할 때가 있다. 이때는 리스트에 반환할 값을 넣은 후 리스트를 반환하면 된다. 리스트에 아무리 많은 데이터를 넣더라도 결국 리스트 1개를 반환하는 것이므로 문법상 문제가 없다.

Code04-14.py

```
## 함수 선언 부분 ##
def multi(v1, v2) :
    retList = []          # 반환할 리스트
    res1 = v1 + v2
    res2 = v1 - v2
    retList.append(res1)
    retList.append(res2)
    return retList

## 변수 선언 부분 ##
myList = []
hap, sub = 0, 0

```

```
14 ## 메인 코드 부분 ##
15 myList = multi(100, 200)
16 hap = myList[0]
17 sub = myList[1]
18 print("multi()에서 돌려준 값 ==> %d, %d" % (hap, sub))
```

실행 결과

```
multi()에서 돌려준 값 ==> 300, -100
```

3행 빈 리스트를 준비한다.

6~8행 리스트에 값을 추가한 리스트를 반환한다.

15~17행 반환한 리스트의 값을 각 변수에 대입한다. 15~17행을 다음과 같이 한 줄로도 쓸 수 있는데, 이때는 함수에서 반환받는 별도의 리스트인 myList가 필요 없다.

```
hap, sub = multi(100, 200)
```

참고로 파이썬은 여러 개의 값을 반환하는 문법을 허용한다. 이러한 경우 내부적으로는 튜플로 구성되어 반환된다. 예를 들어 Code06-11.py에서 multi() 함수의 6~8행을 다음 한 행으로 변경해도 된다.

```
return res1, res2
```

pass 예약어

함수를 실행한 결과로 돌려줄 것이 없을 때는 return 문을 생략한다. 또 함수를 구현할 때 일단 이름만 만들어 놓고 그 내용은 pass 예약어를 사용해 비울 수도 있다.

```
def myFunc() :
    pass
```

True일 때 아무런 할 일이 없다고 빈 줄로 두면 문법상 오류가 발생한다. 따라서 함수뿐만 아니라 if문이나 반복문에서 그냥 비워 놓을 때도 pass를 사용한다.

```
if True :

else :
    print('거짓이네요')
```

이 오류는 True를 False로 바꾸고 else 문을 삭제해도 되지만, 다음과 같이 pass를 넣어 간편하게 해결할 수 있다.

```
if True :
    pass
else :
    print('거짓이네요')
```

6 매개변수 전달

함수의 매개변수를 전달하는 방법은 개수를 정확히 지정해서 전달하는 방법, 기본값을 설정해 놓고 전달하는 방법, 개수를 지정하지 않고 전달하는 방법으로 나눌 수 있다.

매개변수의 개수를 지정해 전달하는 방법

함수에 매개변수의 개수를 지정해 놓으면 정확히 매개변수의 개수에 맞추어 호출해야 한다. 다음은 숫자 2개의 합과 숫자 3개의 합을 구하는 코드이다.

Code04-15.py

```
## 함수 선언 부분 ##
def para2_func( v1, v2 ) :
    result = 0
    result = v1 + v2
    return result

def para3_func( v1, v2, v3 ) :
    result = 0
    result = v1 + v2 + v3
    return result

## 변수 선언 부분 ##
hap = 0

## 메인 코드 부분 ##
hap = para2_func(10, 20)
print("매개변수가 2개인 함수를 호출한 결과 ==> %d" % hap)
hap = para3_func(10, 20, 30)
print("매개변수가 3개인 함수를 호출한 결과 ==> %d" % hap)
```

실행 결과

```
매개변수가 2개인 함수를 호출한 결과 ==> 30
매개변수가 3개인 함수를 호출한 결과 ==> 60
```

2~5행 매개변수 2개를 받아 합계를 반환하는 함수를 정의한다.

7~10행 매개변수 3개를 받아 합계를 반환하는 함수를 정의한다.

16~19행 각 함수를 호출하고 결과를 출력한다.

이처럼 매개변수의 개수가 다르면 별도의 함수를 만들어야 하는데, 다소 불편할 수 있다. 필요하다면 함수 하나로만 만들어도 된다.

7 [프로그램 2] 완성

함수에서 기본 내용을 파악했으니 로또 번호를 추첨하는 [프로그램 2]를 완성해 보자. 이 프로그램에서는 함수의 사용과 함께 앞서 배운 리스트도 복습할 수 있다.

Code04-16.py

```
import random

## 함수 선언 부분 ##
def getNumber() :
    return random.randrange(1, 46)

## 변수 선언 부분 ##
lotto = []
num = 0

## 메인 코드 부분 ##
print("** 로또 추첨을 시작합니다. ** \n");

while True :
    num = getNumber()

    if lotto.count(num) == 0 :
        lotto.append(num)

    if len(lotto) >= 6 :
        break

print("추첨된 로또 번호 ==> ", end = '')
lotto.sort()
for i in range(0, 6) :
    print("%d " % lotto[i], end = '')
```

4~5행 getNumber() 함수를 정의한다. 5행의 random.randrange(시작값, 끝값) 함수는 시작값부터 끝값−1 중에서 임의의 숫자 하나를 추출한다. 이 함수를 사용하려고 1행에 import random을 입력했다.

8~9행 추첨된 로또 숫자를 저장할 lotto 리스트와 추첨된 숫자를 임시로 저장할 num 변수를 준비한다.

14~21행 무한 반복한다. 뽑을 숫자가 6개이므로 6번만 수행하면 되는데도 무한 반복하는 이유는 뽑혔던 숫자가 다시 뽑힐 수 있기 때문이다. 즉 임의의 숫자를 15행에서 getNumber() 함수로 뽑는데, 뽑힌 숫자(num)가 중복될 수 있기 때문이다.

17~18행 이미 뽑힌 숫자가 lotto[ ] 리스트에 들어 있지 않아야 lotto.append(num) 함수로 추가한다. lotto.count(num) 함수는 lotto[ ] 리스트에서 num 숫자의 개수를 세는 함수로 개수가 0이면 lotto[ ] 리스트에 뽑힌 숫자가 없으므로 lotto[ ] 리스트에 뽑힌 숫자인 num을 추가한다.

20~21행 무한 반복을 끝내려면 lotto[ ] 리스트에 6개 이상을 저장하면 된다. 즉 숫자 6개가 모두 뽑혔기 때문에 더 이상 숫자를 뽑을 필요 없다.

24~26행 뽑힌 숫자 6개를 lotto.sort()로 정렬한 후 출력한다.

요약

1 리스트는 박스를 연결해 놓은 개념이다.

2 리스트를 생성하는 방법은 다음과 같다.

```
리스트명 = [값1, 값2, 값3, …]
```

3 리스트는 초기에 만드는 방법과 빈 리스트를 만든 후 하나씩 추가하는 방법으로 생성할 수 있다.

```
# 초기에 만드는 방법
aa = [10, 20, 30, 40]

# 빈 리스트를 만들어 추가하는 방법
aa = []
aa.append(10)
aa.append(20)
aa.append(30)
aa.append(40)
```

4 리스트 여러 개를 초기화하려면 for 문과 함께 사용한다.

```
aa = []
for i in range(0, 100) :
    aa.append(0)
```

5 리스트에는 aa[0], aa[1], aa[2], aa[3]처럼 첨자로 접근한다. 첨자는 0번부터 사용한다.

6 첨자는 맨 뒤에서부터 −1 값으로 사용된다. 또한 콜론(:)을 사용하여 범위를 지정할 수 있다.

```
aa = [10, 20, 30, 40]
print("aa[-1]은 %d, aa[-2]는 %d" % (aa[-1], aa[-2]))  # 40, 30 출력
aa[0:3]    # [10, 20 30] 출력
aa[2:4]    # [30, 40] 출력
```

7 리스트의 덧셈 연산은 두 리스트를 합치고, 곱셈 연산은 리스트를 반복한다.

8 리스트를 조작하는 함수로는 append(), pop(), sort(), index() 등이 있다.

9 2차원 리스트는 리스트 안에 또 다른 리스트가 있는 구조이다. 생성 예시와 개념은 다음과 같다.

```
aa = [[1, 2, 3, 4],
      [5, 6, 7, 8],
      [9, 10, 11, 12]]
```

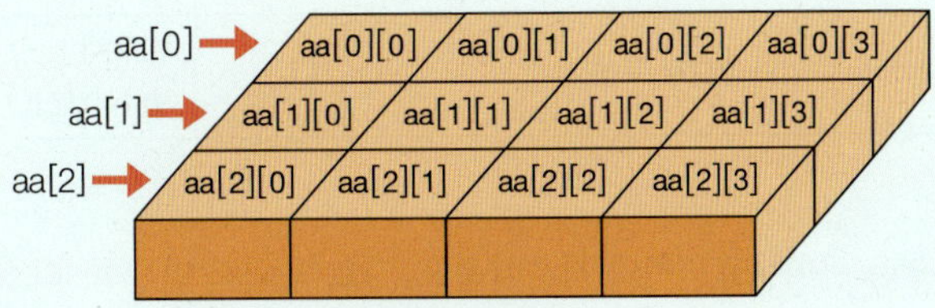

전체 리스트명 : aa

10 튜플은 소괄호(())로 생성한다. 튜플은 값을 수정할 수 없으며 읽기만 가능하다.

11 다음은 튜플을 생성하는 예이다.

```
tt1 = (10, 20, 30)
tt2 = 10, 20, 30
```

12 딕셔너리는 중괄호({})를 통해 두 값이 한 쌍으로 묶이는 것으로, 'apple:사과'처럼 의미 있는 두 값을 연결하면서 구성된다. 다음은 딕셔너리의 예이다.

```
student1 = {'학번': 1000 , '이름': '홍길동', '학과': '컴퓨터학과'}
```

13 딕셔너리명.keys() 함수는 딕셔너리의 모든 키를 반환하고, 딕셔너리명.values() 함수는 딕셔너리의 모든 값을 반환한다.

요약

14 리스트, 튜플, 딕셔너리를 비교하면 다음 표와 같다.

구분	개념	기호	생성 방법	특징
리스트	여러 개의 데이터를 1개의 변수 이름으로 저장	[ ]	변수=[ ] 변수=list( )	다른 언어의 배열과 비슷한 개념
튜플	리스트와 비슷하지만 읽기 전용으로 사용	( )	변수=( ) 변수=tuple( )	읽기 전용으로만 사용됨
딕셔너리	키와 값으로 구성	{ }	변수={ } 변수=dict( )	콜론(:)으로 키와 값을 구분

15 문자열은 큰따옴표(" ")나 작은따옴표(' ')로 묶어서 만들며, 리스트와 비슷하게 처리할 수 있다.

```
ss = "파이썬최고"
ss[0]
ss[1:3]
ss[3:]
```

16 upper( ) 함수는 소문자를 대문자로, lower( ) 함수는 대문자를 소문자로 변환한다. swapcase( ) 함수는 대·소문자를 상호 변환하고, title( ) 함수는 각 단어의 첫 글자만 대문자로 변환한다.

17 count('찾을문자열') 함수는 '찾을문자열'이 몇 개 들어 있는지 개수를 센다. find('찾을문자열') 함수는 '찾을문자열'이 몇 번째 위치하는지 찾는다.

18 find( ) 함수는 '찾을문자열'이 없으면 −1을 반환한다. index( ) 함수도 find( ) 함수와 동일하다.

19 문자열의 앞뒤 공백이나 특정 문자를 삭제하려면 strip( ), rstrip( ), lstrip( ) 함수를 사용한다. 단, 문자열 중간의 공백은 삭제되지 않는다.

20 split( ) 함수는 문자열을 공백이나 다른 문자로 분리해 리스트를 반환하고, join( ) 함수는 문자열을 합친다.

21 isdigit( ), isalpha( ), isalnum( ), islower( ), isupper( ), isspace( ) 함수는 문자열이 무엇으로 구성되었는지 파악하여 True나 False를 반환한다.

22 함수(Function)는 '무엇'을 넣으면 '어떤 것'을 돌려주는 요술 상자이다.

23 함수는 매개변수(Parameter)를 입력받아 그 매개변수를 가공·처리한 후 반환값을 돌려준다.

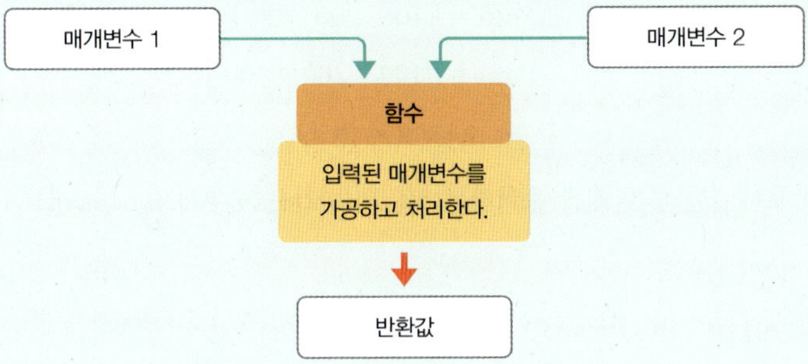

24 지역 변수는 한정된 지역(Local)에서만 사용되는 변수이고, 전역 변수는 프로그램 전체(Global)에서 사용되는 변수이다. 전역변수로 지정하려면 global 예약어를 사용한다.

25 함수에서 어떤 계산이나 작동을 한 후 반환할 값이 있으면 'return 반환값' 형식으로 표현한다. 반대로, 반환할 값이 없을 때는 return 문을 생략하거나 반환값 없이 return만 사용해도 된다.

연습문제

1 다음 3개 변수를 리스트로 올바르게 변경한 것을 고르시오.

```
n1, n2, n3 = 100, 200, 300
```

① nn = [100 200 300]　　② nn = [100, 200, 300]

③ nn = [100 & 200 & 300]　　④ nn = [100 # 200 # 300]

2 리스트에 10개의 값을 랜덤하게 대입한 후 합계를 출력하는 코드의 빈칸을 채우시오.

```
import random
nn = []
for _ in range(10) :
    num = random.randrange(1, 100)
    [      ❶      ]
hap = 0
for i in range(10) :
    num = [    ❷    ]
    hap += num
print(hap)
```

3 배열을 역순으로 만드는 코드의 빈칸에 들어갈 내용을 고르시오.

```
ary1 = [ 1, 2, 3, 4 ]
ary2 = []
for i in range([          ]) :
 ary2.append(ary1[i])
print(ary1)
print(ary2)
```

실행 결과

```
[1, 2, 3, 4]
[4, 3, 2, 1]
```

① 3, 1, −1　　② 3, −1, −1

③ 4, −1, −1　　④ 3, 0, −1

4 각 설명에 해당하는 리스트 함수를 보기에서 고르시오.

append()	pop()	sort()	reverse()	index()	insert()
remove()	extend()	count()	del()	len()	copy()

(1) 리스트의 전체 개수를 센다.

(2) 두 리스트를 연결한다.

(3) 리스트 맨 뒤의 항목을 추출한다.

(4) 지정한 값을 찾아서 위치를 알아낸다.

(5) 리스트에서 특정 값의 개수를 센다.

5 튜플에 대한 설명 중 옳지 않은 것을 고르시오.

① 괄호로 표현한다.

② append() 함수는 사용할 수 없다.

③ 첨자로 접근하는 것은 리스트와 동일하다.

④ 주로 읽기 전용이지만, 필요한 경우 insert()는 사용이 가능하다.

6 딕셔너리에 대한 설명 중 옳지 않은 것을 고르시오.

① 중괄호로 표현한다.

② append() 함수는 사용할 수 없다.

③ 첨자로 접근하는 것은 리스트 및 튜플과 동일하다.

④ 읽기 및 쓰기가 모두 가능하다.

7 다음 코드를 실행한 후 myData에 저장된 값이 무엇인지 쓰시오.

```
myData = [ [ n * m for n in range(1, 3) ] for m in range(2, 4)]
```

연습문제

8 비어 있는 자료구조를 초기화하는 코드에 알맞은 것을 줄로 이으시오.

(1) aa = [ ]	•	•	가. 튜플
(2) bb = { }	•	•	나. 리스트
(3) cc = ( )	•	•	다. 딕셔너리
(4) dd = None	•	•	라. 일반 변수

9 각 설명에 해당하는 리스트 조작 함수를 보기에서 고르시오.

```
append()      pop()      sort()      reverse()      index()
insert()      remove()   extend()    count()
```

(1) 리스트의 뒤에 리스트를 추가한다.

(2) 리스트에서 지정한 값을 제거한다.

(3) 리스트 항목의 순서를 역순으로 만든다.

(4) 리스트 맨 뒤의 항목을 빼내고, 빼낸 항목은 삭제한다.

10 다음 2차원 리스트를 참고하여 각 문제의 실행 결과를 도출하시오.

```
myList = [[1, 2, 3, 4],
          [5, 6, 7, 8],
          [9, 10, 11, 12]]
```

(1) myList[0][1]

(2) myList[1][3]

(3) myList[2]

11 다음 문자열을 추출한 코드의 실행 결과로 옳은 것을 고르시오.

```
ss='IT_CookBook'
```

① ss[0] → 'I'　　② ss[1:2] → T_'

③ ss[0:-1] → 'IT_CookBook'　　④ ss[:4] → 'IT_Co'

12 문자열을 반대로 출력하면서 짝수 번째 문자열은 #으로 표시하는 코드의 빈칸을 채우시오.

```
inStr ='IT_CookBook_Python'
outStr = ''
for i in range(0, len(inStr)) :
    if i%2 == 0 :
        [          ]
    else :
        outStr += '#'
print("원본 내용 -->", inStr)
print("변경 내용 -->", outStr)
```

실행 결과

```
원본 내용 --> IT_CookBook_Python
변경 내용 --> n#h#y#_#o#B#o#C#T#
```

13 각 설명에 해당하는 문자열 함수를 보기에서 고르시오.

upper()	lower()	swapcase()	title()

(1) 각 단어의 첫 글자를 대문자로 변경

(2) 모두 영문 대문자로 변경

(3) 영문 대소문자를 상호 변경

(4) 모두 영문 소문자로 변경

14 다음 코드의 결과를 쓰시오.

```
str1 = "코딩 중에서 파이썬 코딩이 가장 즐거운 코딩" # 총 24글자
```

(1) str1.count('코딩')

(2) str1.rfind('코딩')

(3) str1.startswith('코딩')

(4) str1.find('파이썬')

연습문제

15 입력한 문자열에서 숫자, 영문 소문자, 영문 대문자, 한글, 기타 문자를 골라서 출력하는 프로그램을 작성하시오.

힌트 각 문자는 고유한 번호가 할당되어 있으며, ord() 함수로 번호를 확인할 수 있다.

실행 결과

```
문자열을 입력하세요 : IT CookBook 데이터 분석을 365일 공부하고 있습니다. ^___^
대문자 : ITCB
소문자: ookook
숫자: 365
한글: 데이터분석을일공부하고있습니다
기타: . ^___^
```

16 다음 함수의 설명 중 옳지 않은 것을 고르시오.

① 함수는 뒤에 괄호(()) 또는 대괄호([])가 붙는다.

② print("값")처럼 괄호 안에 데이터를 전달할 수 있다.

③ 파이썬은 자체 함수는 제공하지 않지만, 필요시 사용자가 직접 만들어서 사용할 수 있다.

④ 함수의 사용을 위해서 내부 작동을 꼭 알아야 할 필요는 없다. 함수에 전달하는 값과 어떤 작동만 하는지 정도만 알면 함수의 사용에는 문제가 없다.

17 다음 코드의 빈칸을 채우시오.

```
def plus[  ❶  ] :
    result = 0
    result = v1 + v2 + v3
    [  ❷  ]

hap = plus(100, 200, 300)
print(hap)
```

18 다음 코드의 실행 결과를 도출하시오.

```
def f1() :
    print(var)

def f2() :
    var = 10
    print(var)

var = 100
f1()
f2()
```

19 pass 예약어의 의미를 가장 적절하게 설명한 것을 고르시오.

① 동일한 내용을 반복한다는 의미이다.

② 이후의 코드를 모두 건너뛴다는 의미이다.

③ 그냥 아무 것도 하지 않고 비워 놓을 때 사용한다.

④ if 문에서만 사용한다.

20 함수의 매개변수와 관련된 설명 중 옳은 것을 고르시오.

① 매개변수는 1개 이상은 있어야 한다.

② 매개변수는 2개일 수도 있다.

③ 매개변수가 2개일 경우, 두 매개변수의 형식은 동일해야 한다.

④ 매개변수가 2개 이상일 경우, 반환값도 2개 이상이어야 한다.

21 두 수를 더해 결과를 반환하는 함수의 빈칸을 채우시오.

```
[    ❶    ] sum(v1, v2) :
    result = 0
    result = v1 + v2
    [    ❷    ] result
```

22 3개의 매개변수 중 기본값을 2개 설정하는 코드의 빈칸을 채우시오.

```
def myFunc(            ) :
    ret = p1 + p2 + p3
    return ret

print("매개변수 없이 호출 ==> " , myFunc())
print("매개변수가 1개로 호출 ==> " , myFunc(1))
print("매개변수가 2개로 호출 ==> ", myFunc(1, 2))
print("매개변수가 3개로 호출 ==> ", myFunc(1, 2, 3))
```

실행 결과

```
매개변수 없이 호출 ==> 6
매개변수가 1개로 호출 ==> 6
매개변수가 2개로 호출 ==> 6
매개변수가 3개로 호출 ==> 6
```

23 func() 함수를 호출할 때 오류가 발생하는 것을 고르시오.

```
def func(v1, v2 = 0, v3 = 0) :
    result = 0
    result = v1 + v2 + v3
    return result
```

① func(1) ② func(1, 2)

③ func(0, 0, 0) ④ func()

응용예제 01

16진수 정렬하기

난이도★★☆☆☆

예제 설명 16진수가 저장된 리스트를 정렬하는 프로그램이다. 여기서는 A37B, 23CC, 88D9, BB8F, 3A9A의 값 5개를 오름차순 정렬하고자 한다. 선택정렬을 사용했는데, 리스트의 sort() 함수나 sorted() 함수를 사용하지 않고 정렬하는 코드를 직접 작성해 보자.

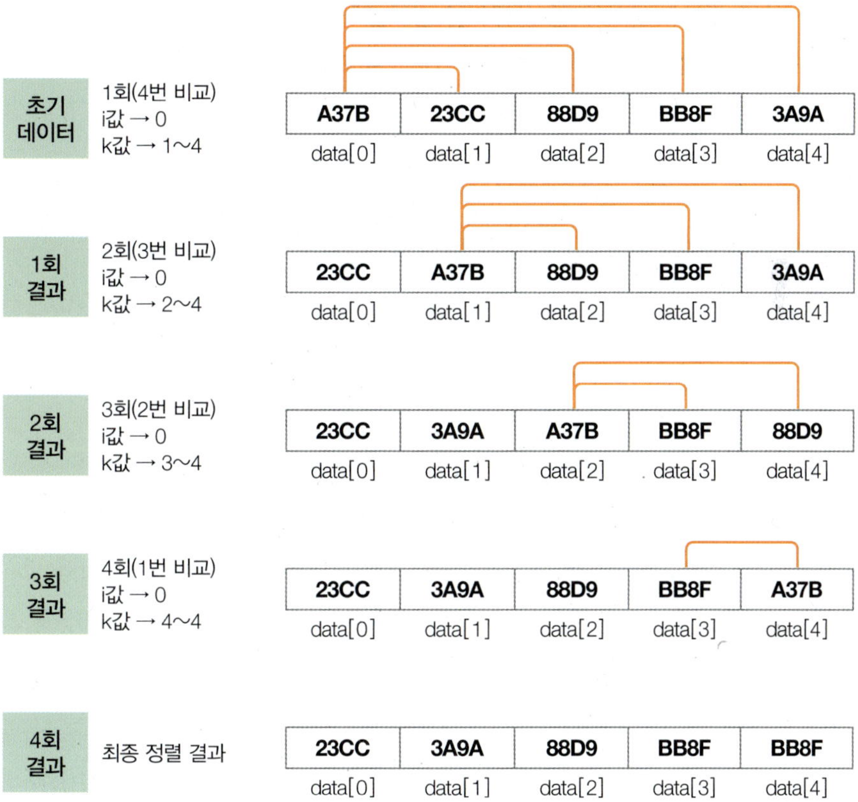

실행 결과

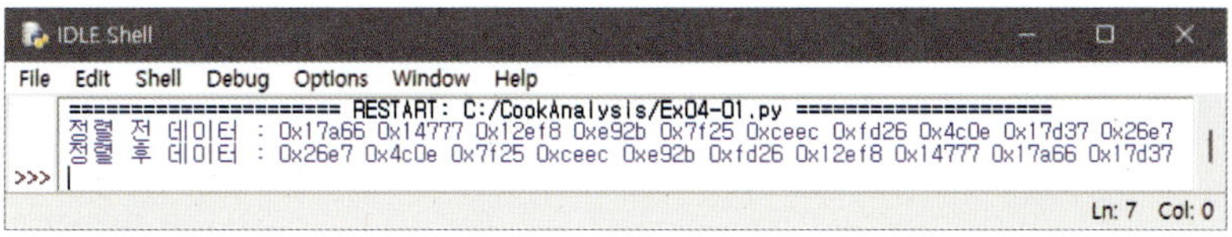

코드

```
1  import random
2
3  ## 변수 선언 부분 ##
4  data = []
5  i, k = 0, 0
6
7  ## 메인 코드 부분 ##
8  if __name__ == "__main__" :
9      for i in range(0, 10) :    # 임의의 데이터 10개 생성
10         tmp = hex(random.randrange(0, 100000))
11         data.append(tmp)
12
13     print('정렬 전 데이터 : ', end = '')
14     [print(num, end = ' ') for num in data]
15
16     for i in range(0, len(data) - 1) :
17         for k in range(i + 1, len(data)) :
18             if int(data[i], 16) > int(data[k], 16) :
19                 tmp = data[i]
20                 data[i] = data[k]
21                 data[k] = tmp
22
23     print('\n정렬 후 데이터 : ', end = '')
24     [print(num, end = ' ') for num in data]
```

코드 설명

4~5행	16진수를 저장할 data 리스트와 for 문에서 사용할 변수 i, k를 준비한다.
9~11행	임의의 16진수 10개를 0부터 99999 사이에서 추출한다.
13~14행, 23~24행	추출된 정렬 전 데이터와 정렬 후 데이터를 출력한다. 리스트 컴프리헨션을 이용해 출력한다.
16~21행	중첩 for 문을 이용해 리스트를 선택정렬로 내림차순 정렬한다. 16행에서 비교하는 앞의 값은 0번째부터 마지막 값 바로 전까지, 17행 뒤의 값은 비교하는 앞의 값 바로 다음부터 마지막 값까지 비교한다. 18행에서 앞의 값이 더 크다면 19~21행으로 데이터를 교환한다. 19~21행을 다음과 같이 한 줄로 표현해도 된다. data[i], data[k] = data[k], data[i]

응용예제 02

문자와 숫자가 섞인 데이터 정렬하기

난이도★★★☆☆

예제 설명 문자와 숫자가 섞여 있는 데이터가 있을 때 숫자를 기준으로 데이터를 정렬하는 프로그램을 만들어 보자. [응용예제 1]에서는 16진수로 다룬 것을 여기서는 문자로 취급한다. 예로 A37B, 23CC, 88D9, BB8F, 3A9A의 값 5개를 정렬한다. 이 값들에서 문자는 무시하고 숫자만 취급하면 37, 23, 889, 8, 39가 된다. 숫자만 취급해서 오름차순으로 정렬하는 순서는 다음과 같다. 정렬은 선택정렬을 사용한다.

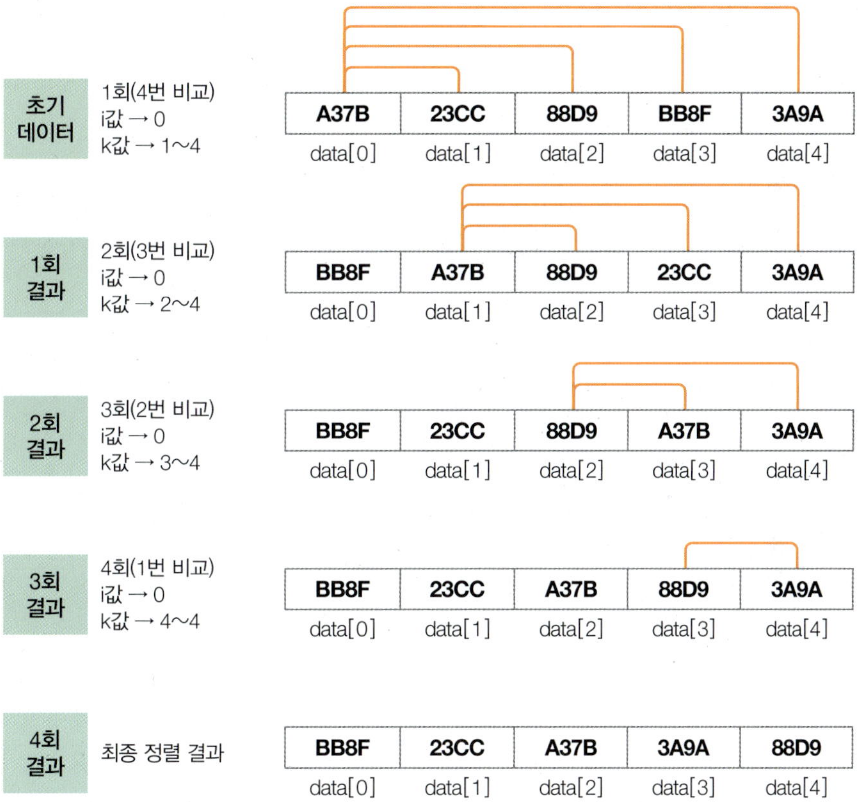

실행 결과

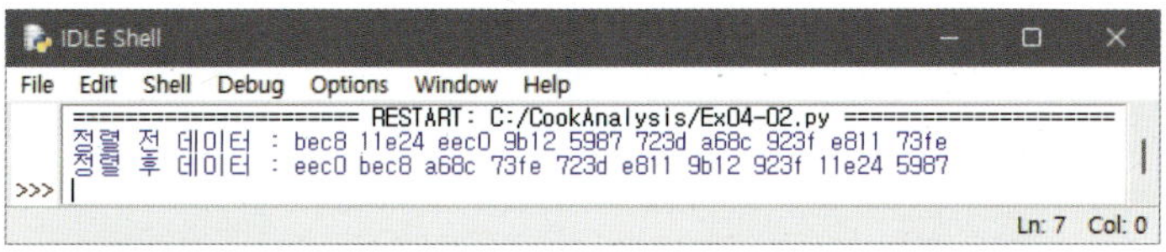

```
===================== RESTART: C:/CookAnalysis/Ex04-02.py =====================
정렬 전 데이터 : bec8 11e24 eec0 9b12 5987 723d a68c 923f e811 73fe
정렬 후 데이터 : eec0 bec8 a68c 73fe 723d e811 9b12 923f 11e24 5987
>>>
```

코드

```python
1  import random
2
3  ## 함수 선언 부분 ##
4  def getNumber(strData) :
5      numStr = ''
6      for ch in strData :
7          if ch.isdigit() :
8          numStr += ch
9
10    return int(numStr)
11
12 ## 전역 변수 선언 부분 ##
13 data = []
14 i, k = 0, 0
15
16 ## 메인 코드 부분 ##
17 if __name__ == "__main__" :
18     for i in range(0, 10) :     # 임의의 데이터를 10개 생성
19         tmp = hex(random.randrange(0, 100000))
20         tmp = tmp[2:] # 앞의 '0x'를 제거
21         data.append(tmp)
22
23     print('정렬 전 데이터 : ', end = '')
24     [print(num, end = ' ') for num in data]
25
26     for i in range(0, len(data) - 1) :
27       for k in range(i + 1, len(data)) :
28         if getNumber(data[i]) > getNumber(data[k]) :
29             tmp = data[i]
30             data[i] = data[k]
31             data[k] = tmp
32
33     print('\n정렬 후 데이터 : ', end = '')
34     [print(num, end = ' ') for num in data]
```

코드 설명

4~10행	문자열을 넘겨받아 그중 숫자만 추출해서 숫자로 결과를 반환한다. 6~8행에서 문자를 하나씩 추출해서 숫자인지 확인한 후 숫자만 추출하고는 10행에서 숫자로 변환해 반환한다. 예로 'A7B8'이 넘어오면 78을 반환한다.
20행	16진수 앞에 붙은 '0x'를 제거한다.
그 외	[응용예제 1]과 동일하다.

CHAPTER 05

GUI와 파일 입출력

학습목표

- 윈도 프로그래밍의 개념을 익힌다.
- 윈도 프로그래밍에서 활용되는 다양한 위젯을 배운다.
- 메뉴의 구성을 이용한 고급 윈도 프로그래밍을 배운다.
- 파일 처리 개념을 익힌다.
- 텍스트 파일의 내용을 읽거나 쓰는 기능을 배운다.
- 이진 파일 중 사진 파일을 윈도창에 출력하는 방법을 익힌다.

SECTION 01
이 장에서 만들 프로그램

이 장에서는 지금까지 주로 작업한 텍스트 기반이 아닌 윈도창이 나오는 윈도 프로그래밍(Window Programming) 또는 GUI(Graphical User Interface) 프로그래밍을 학습한다. 여기서는 윈도창의 작동 원리를 비롯해 버튼, 체크박스, 이미지 등 다양한 위젯을 사용한다. 그리고 파일의 내용을 읽거나 쓰는 파일 처리를 배운다. 처리하는 파일 형태 또한 단순 텍스트뿐만 아니라 이진 파일을 GUI에 출력하는 방식도 익힌다.

1 [프로그램 1] 명화 감상

첫 번째는 메뉴를 활용하는 명화 감상 프로그램이다. 파일을 선택할 수 있는 대화상자도 생성하여 좀 더 그럴듯한 프로그램으로 만들어 볼 것이다.

2 [프로그램 2] 흑백 사진 출력

두 번째는 사진 파일을 읽어서 출력하는 프로그램이다. 사용할 사진 파일은 이진 파일 처리가 가능하도록 일반적인 GIF, JPG, BMP 등과는 다른 특별한 용도의 흑백 파일(*.raw)이다.

SECTION 02

기본 위젯

위젯(Widget)은 윈도창에 나올 수 있는 문자, 버튼, 체크박스, 라디오버튼 등을 의미한다. 윈도창을 프로그래밍하려면 기본적으로 이러한 위젯을 배치하고 활용하는 방법을 익혀야 한다. 위젯마다 특성이 있는데, 각 특성에 따라서 어떤 용도로 활용하는지 실습을 통해 알아본다.

1 윈도창

기본적인 윈도창의 구성을 살펴보자. Code 05-01.py는 가장 간단한 윈도창을 표시하는 코드이다.

Code05-01.py

```
1  from tkinter import *
2
3  window = Tk()
4
5  ## 이 부분에서 화면을 구성하고 처리함 ##
6
7  window.mainloop()
```

1행 tkinter는 파이썬에서 GUI 관련 모듈을 제공해주는 표준 윈도 라이브러리이다. 윈도창이 필요할 때 반드시 입력해야 한다.

3행 Tk()는 기본이 되는 윈도를 반환하는데, 이를 루트 윈도(Root Window) 또는 베이스 윈도(Base Window)라고 한다. 3행을 실행하면 윈도창이 화면에 출력된다.

7행 window.mainloop() 함수를 실행한다. 이는 앞으로 윈도창에 키보드 누르기, 마우스 클릭 등 다양한 이벤트가 일어날 때 이 이벤트를 처리하는 데 필요하다.

1행, 3행, 7행은 기본적으로 꼭 입력해야 하고, 주석으로 처리한 5행 부분에는 윈도창에 필요한 내용을 추가할 것이다.

TIP • tkinter는 TK Interface의 약어이다. Tk는 Tcl/Tk라는 전통적인 GUI 인터페이스로 윈도, 리눅스, 맥 등에서 모두 동일한 코드로 사용이 가능하다.

윈도창을 조절하는 방법을 알아보자. 윈도창에 제목을 달고 크기를 지정할 수 있다. 또 윈도창의 크기가 변경되지 않도록 고정하는 방법도 있다.

Code05-02.py

```
1 from tkinter import *
2
3 window = Tk()
4 window.title("윈도창 연습")
5 window.geometry("400x100")
6 window.resizable(width = FALSE, height = FALSE)
7
8 window.mainloop()
```

제목 표시

크기 지정

크기 고정

4행 윈도창에 제목을 표시한다.

5행 윈도창의 초기 크기를 400×100으로 지정한다.

6행 가로와 세로의 크기가 변경되지 않도록 지정한다.

2 레이블

레이블(Label)은 문자를 표현할 수 있는 위젯이다. 'Label(부모윈도, 옵션…)' 형식으로 사용하고 '옵션'으로 위젯을 다양하게 설정한다. 그런데 레이블 같은 위젯들은 pack() 함수를 호출해야 화면에 표시된다.

TIP • 앞으로 사용할 위젯에는 많게는 수십 개 이상의 옵션이 있다. 이런 옵션을 일일이 나열하는 것은 학습에 별 도움이 되지 않으므로 각 코드에서 자주 사용하는 옵션 위주로 알아본다.

Code05-03.py

```
from tkinter import *
window = Tk()

label1 = Label(window, text = "COOKBOOK, 데이터 분석을")
label2 = Label(window, text = "열심히", font = ("궁서체", 30), fg = "blue")
label3 = Label(window, text = "공부 중입니다.", bg = "magenta", \
               width = 20, height = 5, anchor = SE)

```

```
 9 label1.pack()
10 label2.pack()
11 label3.pack()
12
13 window.mainloop()
```

4~7행 Label() 함수가 레이블을 만들어 준다.

9~11행 pack() 함수로 해당 레이블을 화면에 표시한다. 'Label(부모윈도, 옵션…)' 형식에서 '부모윈도'에 2행에서 생성한 베이스 윈도인 window를 지정해 레이블을 출력한다.

[표 5-1]을 참고하여 옵션에 대해 알아 보자.

표 5-1 옵션의 종류

옵션	설명
text	글자 자체를 나타낸다.
font	글꼴과 크기를 지정한다.
fg	foreground의 약어로 글자색을 지정한다.
bg	background의 약어로 배경색을 지정한다.
width	위젯의 폭을 지정한다.
anchor	위젯이 어느 위치에 자리 잡을지 결정한다. South East의 약어이다. anchor에는 N, NE, E, SE, S, SW, W, NW, CENTER 등의 값을 사용할 수 있으며, 기본값은 CENTER이다.

레이블에는 글자 대신 이미지를 넣을 수도 있다. 별도의 이미지 파일이 없는 독자는 예제소스(http://www.hanbit.co.kr/src/4612)를 사용하면 된다. 필자는 C:\CookAnalysis\GIF\ 폴더를 생성하고 그 안에 몇 개의 *.gif 이미지 파일을 넣어 두었다. Code05-04.py에서 사용한 PhotoImage()는 GIF 파일만 지원하고 JPEG나 BMP 등은 지원하지 않으니 주의한다.

Code05-04.py

```
from tkinter import *
window = Tk()

photo = PhotoImage(file = "gif/dog.gif")
label1 = Label(window, image = photo)

label1.pack()

window.mainloop()
```

4행 PhotoImage() 함수에서 이미지 파일을 준비한다.

5행 Label() 함수의 옵션 image에서 속성을 지정하면 해당 이미지를 글자 대신 사용한다.

SELF STUDY 5-1

Code05-04.py를 수정해서 이미지 2개를 출력해 보자.

힌트 위젯을 가로로 나타내려면 pack(side=LEFT)를 사용한다.

3 버튼

버튼(Button)은 마우스로 클릭하면 눌리는 효과와 함께 지정한 작업이 실행되도록 하는 위젯이다. 'Button(부모윈도, 옵션…)' 형식으로 사용한다. 레이블과 달리 버튼은 눌렀을 때 특정 작업을 하도록 직접 설정해야 한다. command 옵션은 버튼을 눌렀을 때 지정한 작업을 처리할 수 있다. 나머지 옵션은 대부분 레이블과 동일하다. Code05-05.py는 버튼을 누르면 파이썬 IDLE이 종료되는 코드이다.

Code05-05.py

```
1  from tkinter import *
2  window = Tk()
3
4  button1 = Button(window, text = "파이썬 종료", fg = "red", command = quit )
5
6  button1.pack()
7
8  window.mainloop()
```

4행 command 옵션에 quit 명령을 내렸으므로 버튼을 클릭하면 파이썬 IDLE이 닫힐 것이다.

버튼에도 이미지를 넣을 수 있고, 버튼을 누르면 실행될 내용을 함수로 만들어서 실행할 수도 있다. Code05-06.py는 이미지 버튼을 누르면 간단한 메시지창이 나오는 코드이다.

Code05-06.py

```
1  from tkinter import *
2  from tkinter import messagebox
3
4  ## 함수 선언 부분 ##
5  def myFunc() :
6      messagebox.showinfo("강아지 버튼", "강아지가 귀엽죠? ^^")
7
8  ## 메인 코드 부분 ##
9  window = Tk()
10
11 photo = PhotoImage(file = "gif/dog2.gif")
12 button1 = Button(window, image = photo, command = myFunc)
13
14 button1.pack()
15
16 window.mainloop()
```

2행 messagebox 모듈을 사용하는 임포트이다.

5~6행 myFunc() 함수를 정의하는데, 이 함수는 'messagebox.showinfo(제목, 내용)' 형식으로 화면에 메시지창을 출력한다.

11~12행 이미지를 준비하고 버튼에 글자 대신 이미지를 출력한다. Button() 옵션에서 command 값을 5행에서 만든 함수명으로 지정한 후 버튼을 누르면 5행에 있는 함수를 실행한다.

4 체크버튼

체크버튼(Checkbutton)은 켜고 끄는 데 사용하는 위젯이다. 'Checkbutton(부모윈도, 옵션…)' 형식으로 사용한다. Code05-07.py는 체크버튼을 켜거나 끄면 메시지창이 열리게 하는 코드이다.

Code05-07.py

```
1  from tkinter import *
2  from tkinter import messagebox
3  window = Tk()
4
5  ## 함수 선언 부분 ##
6  def myFunc() :
7      if chk.get() == 0 :
8          messagebox.showinfo("", "체크버튼이 꺼졌어요.")
9      else :
10         messagebox.showinfo("", "체크버튼이 켜졌어요.")
11
12 ## 메인 코드 부분 ##
13 chk = IntVar()
14 cb1 = Checkbutton(window, text = "클릭하세요", variable = chk, command = myFunc)
15
16 cb1.pack()
17
18 window.mainloop()
```

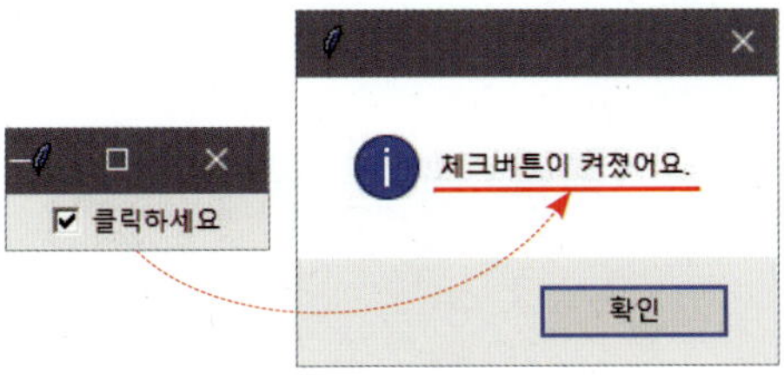

6~10행 myFunc() 함수는 chk.get() 함수로 체크버튼에 설정된 값을 가져와서 메시지를 출력한다. command 값을 5행에서 만든 함수명으로 지정한 후 버튼을 누르면 5행에 있는 함수를 실행한다.

13행 chk 변수를 준비하는 데 IntVar() 함수를 사용한다. IntVar() 함수는 정수형 타입의 변수를 생성한다.

14행 Checkbutton()의 옵션 중에서 variable에 chk 변수를 사용하는데, 체크버튼을 켜면 chk에 1을 대입하고, 끄면 chk에 0을 대입한다. 또 체크버튼을 켜거나 끄면 myFunc() 함수가 실행되도록 한다.

5 라디오버튼

라디오버튼(Radiobutton)은 여러 선택지 중 하나를 선택할 때 사용하는 위젯이다. 'Radio button(부모윈도, 옵션⋯)' 형식으로 사용한다.

Code05-08.py

```
1  from tkinter import *
2  window = Tk()
3
4  ## 함수 선언 부분 ##
5  def myFunc() :
6      if var.get() == 1 :
7          label1.configure(text = "파이썬")
8      elif var.get() == 2 :
9          label1.configure(text = "C++")
10     else :
11         label1.configure(text = "Java")
12
13 ## 메인 코드 부분 ##
14 var = IntVar()
15 rb1 = Radiobutton(window, text = "파이썬", variable = var, value = 1 , command = myFunc)
16 rb2 = Radiobutton(window, text = "C++", variable = var, value = 2 , command = myFunc)
17 rb3 = Radiobutton(window, text = "Java", variable = var, value = 3 , command = myFunc)
18
19 label1 = Label(window, text = "선택한 언어 : ", fg = "red")
20
21 rb1.pack()
22 rb2.pack()
23 rb3.pack()
24 label1.pack()
25
26 window.mainloop()
```

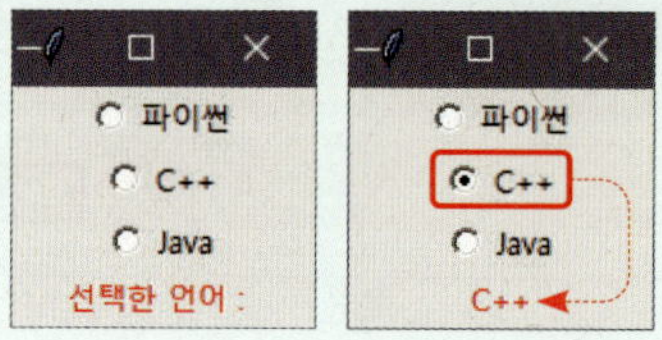

5~11행 myFunc() 함수는 var 변수 값으로 맨 아래쪽 레이블의 텍스트를 변경한다. 위젯명.configure(옵션=값)은 해당 위젯의 옵션 값을 변경시켜 주는 함수이다. 그러면 즉시 위젯의 값이나 모양이 바뀐다. 현재는 레이블의 글자를 변경하도록 코딩되어 있다.

14행 정수형 변수 var을 준비한다.

15~17행 라디오버튼을 3개 준비한다. 각 라디오버튼을 선택하면 var에는 value에 할당된 값이 들어간다. 즉 rb1 버튼을 선택하면 var에는 1이 대입된다.

SECTION

03 위젯 설정

윈도창에 위젯을 여러 개 표시할 때는 그 배치를 잘 고려해야 화면을 효과적으로 표현할 수 있다. 파이썬은 pack()이나 place() 함수를 사용해 위젯을 화면에 출력하며, 기존에 출력된 위젯의 모양을 변경할 때는 configure() 함수를 사용한다. 여기서는 pack() 함수의 다양한 옵션을 이용해 위젯을 배치하는 방법을 알아본다.

1 수평 정렬

pack() 함수의 옵션 중에서 수평으로 정렬하는 방법은 side=LEFT 혹은 side=RIGHT이다. 간단히 코드에서 확인해 보자.

Code05-09.py

```
1  from tkinter import *
2  window = Tk()
3
4  button1 = Button(window, text = "버튼1")
5  button2 = Button(window, text = "버튼2")
6  button3 = Button(window, text = "버튼3")
7
8  button1.pack(side = LEFT)
9  button2.pack(side = LEFT)
10 button3.pack(side = LEFT)
11
12 window.mainloop()
```

8~10행 side=LEFT 옵션은 왼쪽부터 채우라는 의미이다.

이제 오른쪽부터 채워 보자. 앞에서는 하나씩 작성했지만, 이번에는 리스트와 for 문을 활용한다.

Code05-10.py

```
1  from tkinter import *
2  window = Tk()
3
4  btnList = [None] * 3
5
6  for i in range(0, 3) :
7      btnList[i] = Button(window, text = "버튼" + str(i + 1))
8
9  for btn in btnList :
10     btn.pack(side = RIGHT)
11
12 window.mainloop()
```

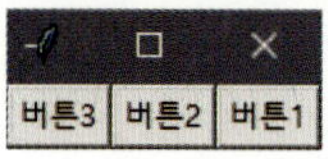

4행 비어 있는 리스트를 3개 준비한다.

6~7행 3회 반복하면서 버튼을 생성했다.

9~10행 준비한 버튼 리스트를 화면에 출력한다.

결과를 확인해 보면 오른쪽부터 위젯이 나타날 것이다.

2 수직 정렬

pack() 함수의 옵션 중 수직으로 정렬하는 방법은 side=TOP 혹은 side=BOTTOM이다. Code05-10.py의 10행을 다음과 같이 변경하고 실행해 보자.

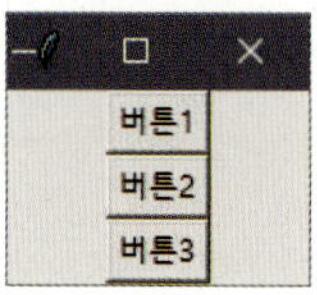


```
btn.pack(side = TOP)
```

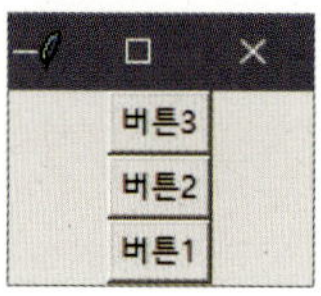


```
btn.pack(side = BOTTOM)
```

3 폭 조정

pack() 함수의 옵션 중 윈도창 폭에 맞추는 방법은 fill=X이다. Code05-10.py의 10행을 다음과 같이 변경하고 실행해 보자.

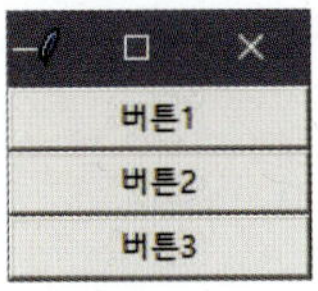


```
btn.pack(side = TOP, fill = X)
```

4 여백 조절

pack() 함수의 옵션 중에서 위젯 사이에 여백을 주는 방법은 padx=픽셀값 또는 pady=픽셀값이다. Code05-10.py의 10행을 다음과 같이 변경하고 실행해 보자.

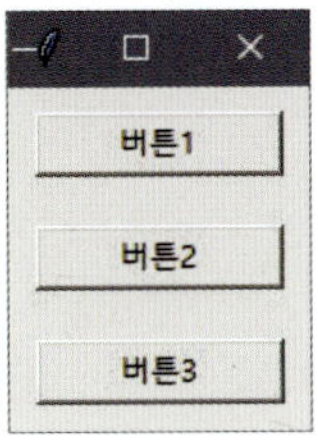


```
btn.pack(side = TOP, fill = X, padx = 10, pady = 10)
```

pack() 함수의 옵션 중에서 위젯 내부에 여백을 주는 방법은 ipadx=픽셀값 또는 ipady=픽셀값이다. Code05-10.py의 10행을 다음과 같이 변경하고 실행해 보자.

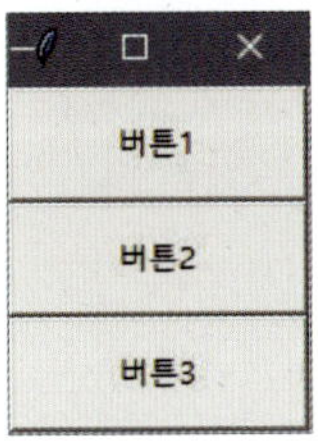


```
btn.pack(side = TOP, fill = X, ipadx = 10, ipady = 10)
```

필요하다면 위젯 내부와 외부에 모두 여백도 줄 수 있다. Code05-10.py의 10행을 다음과 같이 변경하고 실행해 보자.

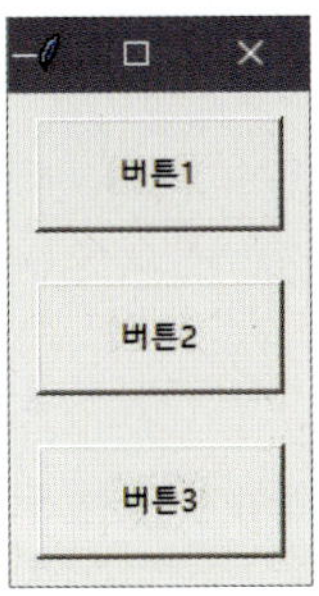


```
btn.pack(side = TOP, fill = X, ipadx = 10, ipady = 10, padx = 10, pady = 10)
```

SECTION

04 메뉴와 대화상자

앞서 윈도 프로그램을 작성해 보았다. 실무에서 쓰는 많은 프로그램은 윈도창뿐만 아니라 상단 메뉴도 추가해서 사용한다. 또 메뉴를 선택하면 그 아래에 하위 메뉴가 나타나고, 하위 메뉴 중 하나를 선택하면 비로소 특정 작업이 실행된다. 예를 들어 [파일]-[열기] 메뉴를 선택하면 파일을 선택하는 대화상자가 열린다. 먼저 메뉴를 만들고 활용하는 방법을 알아보자.

1 메뉴 생성

기본 윈도창에 메뉴를 추가해 보자. 메뉴를 만드는 구성과 형식은 다음과 같다.

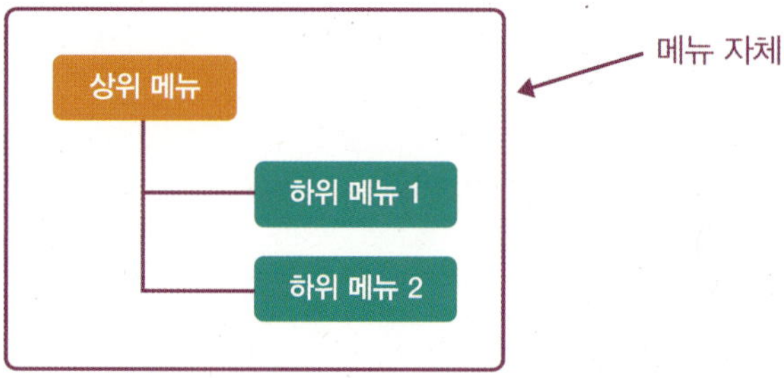

그림 5-1 메뉴의 구성도

```
메뉴자체 = Menu(부모윈도)
부모윈도.config(menu = 메뉴자체)

상위메뉴 = Menu(메뉴자체)
메뉴자체.add_cascade(label = "상위메뉴텍스트", menu = 상위메뉴)
상위메뉴.add_command(label = "하위메뉴1", command = 함수1)
상위메뉴.add_command(label = "하위메뉴2", command = 함수2)
```

메뉴는 대부분 이러한 형식으로 구성된다. [파일] 메뉴 아래에 [열기]와 [종료] 하위 메뉴가 있는 코드를 실제로 작성해 보자. 먼저 메뉴의 겉모양만 생성한다.

Code05-11.py

```
1  from tkinter import *
2
3  window = Tk()
4
5  mainMenu = Menu(window)
6  window.config(menu = mainMenu)
7
8  fileMenu = Menu(mainMenu)
9  mainMenu.add_cascade(label = "파일", menu = fileMenu)
10 fileMenu.add_command(label = "열기")
11 fileMenu.add_separator()
12 fileMenu.add_command(label = "종료")
13
14 window.mainloop()
```

5행 Menu(부모윈도)로 mainMenu 변수를 생성한다. mainMenu는 [그림 5-1]의 '메뉴 자체'를 나타내는 변수이다.

6행 생성한 메뉴 자체를 윈도창의 메뉴로 지정한다.

8~9행 상위 메뉴인 [파일]을 생성하고 메뉴 자체에 부착한다. [파일] 메뉴는 선택하고 끝나는 것이 아니라 그 아래에 다른 메뉴가 확장되어야 하므로 add_cascade() 함수를 사용한다.

10행 [파일] 메뉴의 하위에 [열기] 메뉴를 준비한다. [열기] 메뉴는 선택할 때 어떤 작동을 해야 하므로, add_command() 함수를 사용한다.

11행 메뉴 사이에 구분선을 넣는다.

12행 10행과 같은 방식으로 하위 메뉴를 생성한다.

Code05-11.py은 메뉴 모양만 있을 뿐 실제로 작동하지는 않는다. 이번에는 메뉴를 선택하면 특정 작업이 작동할 수 있도록 코드를 추가한다.

Code05-12.py

```
1  from tkinter import *
2  from tkinter import messagebox
3
4  ## 함수 선언 부분 ##
5  def func_open() :
6      messagebox.showinfo("메뉴선택", "열기 메뉴를 선택함")
7
8  def func_exit() :
9      window.quit()
10     window.destroy()
11
12 ## 메인 코드 부분 ##
13 window = Tk()
14
15 mainMenu = Menu(window)
16 window.config(menu = mainMenu)
17
18 fileMenu = Menu(mainMenu)
19 mainMenu.add_cascade(label = "파일", menu = fileMenu)
20 fileMenu.add_command(label = "열기", command = func_open)
21 fileMenu.add_separator()
22 fileMenu.add_command(label = "종료", command = func_exit)
23
24 window.mainloop()
```

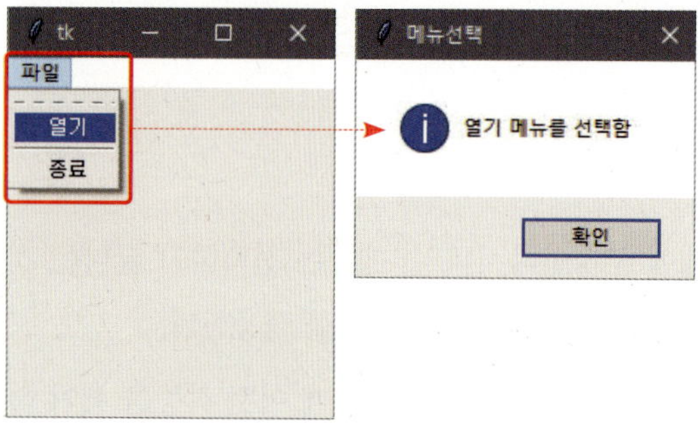

5~6행 [열기] 메뉴를 선택하면 간단한 메시지창이 열린다.

8~10행 [종료] 메뉴를 선택하면 프로그램이 종료된다.

20행 [열기] 메뉴를 선택하면 무언가 작동을 해야 하므로 add_command() 함수를 사용한다. 그리고 선택할 때 실행될 함수명을 command 값으로 사용한다. 즉 [파일] 메뉴를 선택하면 하위 메뉴가 확장되고, [열기] 메뉴를 선택하면 5행의 func_open() 함수가 실행된다.

22행 20행과 같은 방식으로 하위 메뉴를 생성한다.

2 대화상자

파이썬은 몇 가지 대화상자를 제공한다. 앞서 기본적인 메시지창을 표시하는 messagebox.showinfo()를 사용했다. 이외에도 숫자나 문자를 입력받을 수 있도록 tkinter.simpledialog 모듈을 임포트한 후 askinteger() 및 askstring() 함수 등을 사용할 수 있다. Code05-13.py로 확인해 보자.

Code05-13.py

```
1  from tkinter import *
2  from tkinter.simpledialog import *
3
4  ## 함수 선언 부분 ##
5  window = Tk()
6  window.geometry("400x100")
7
8  label1 = Label(window, text = "입력된 값")
9  label1.pack()
10
11 value = askinteger("확대배수", "주사위 숫자(1~6)을 입력하세요", minvalue = 1, maxvalue = 6)
12
13 label1.configure(text = str(value))
14 window.mainloop()
```

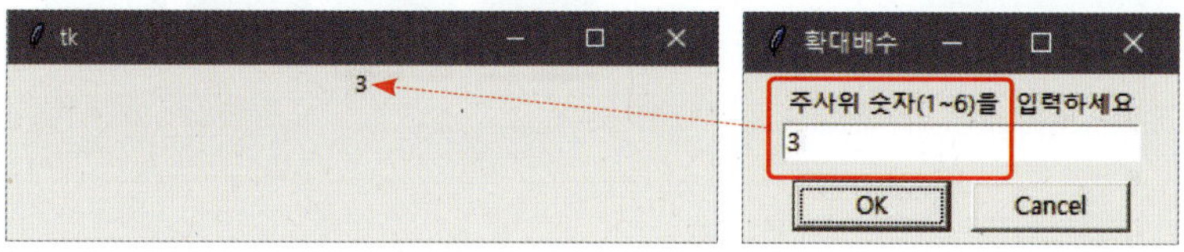

2행 입력창을 사용하기 위해 tkinter.simpledialog 모듈을 임포트한다.

8~9행 레이블 하나를 준비한다.

11행 askinteger("제목", "내용", 옵션) 함수로 정수를 입력받는다. 옵션 중 minvalue는 최솟값이고, maxvalue는 최댓값이다. 이 값을 벗어나서 입력하면 경고창을 표시하며 입력되지 않는다.

13행 입력받은 숫자를 문자열로 변경하여 레이블에 쓴다. 실수를 입력받으려면 askfloat() 함수를 사용하고, 문자열을 입력받으려면 askstring() 함수를 사용한다.

파일을 열거나 저장할 때 표시하는 대화상자도 있다. tkinter.filedialog 모듈을 임포트한 후 askopenfilename()이나 asksaveasfile() 함수를 사용하면 된다.

Code05-14.py는 Code05-13.py의 2행과 11행만 변경한 것으로, 그림 파일인 GIF 파일을 선택하는 코드이다.

Code05-14.py

```
1  from tkinter import *
2  from tkinter.filedialog import *
3
4  ## 함수 선언 부분 ##
5  window = Tk()
6  window.geometry("400x100")
7
8  label1 = Label(window, text = "선택된 파일 이름")
9  label1.pack()
10
11 filename = askopenfilename(parent = window, \
12             filetypes = (("GIF 파일", "*.gif"), ("모든 파일", "*.*")))
13
14 label1.configure(text = str(filename))
15 window.mainloop()
```

2행 tkinter.filedialog 모듈을 임포트한다.

11~12행 askopenfilename() 함수를 사용한다. 함수의 매개변수 중 parent는 부모 윈도를 지정한다. 주의 깊게 볼 것은 filetypes인데, 값으로 튜플을 받는다. 그리고 각 튜플 안에는 다시 튜플로 ("표시할글자", "확장명") 형식을 구성한다. 11행의 첫 번째 값은 ("GIF 파일", "*.gif")이다. 그래서 실행 화면에서 오른쪽 아래를 보면 현재 GIF 파일만 표시한다. 이 부분을 클릭해서 '모든 파일'을 선택하면 모든 파일을 볼 수 있다. askopenfilename() 함수는 경로를 포함해서 선택한 파일의 파일명을 반환한다.

14행 filename을 출력한다.

파일을 저장하는 대화상자는 매개변수가 약간 다르다. Code05-14.py의 11~15행을 다음과 같이 변경하고 실행해 보자.

Code05-15.py

```
1  from tkinter import *
2  from tkinter.filedialog import *
3
4  ## 함수 선언 부분 ##
5  window = Tk()
6  window.geometry("400x100")
7
8  label1 = Label(window, text = "선택된 파일 이름")
9  label1.pack()
10
11 saveFp = asksaveasfile(parent = window, mode = "w", defaultextension = ".jpg", \
12           filetypes = (("JPG 파일", "*.jpg;*.jpeg"), ("모든 파일", "*.*")))
13 label1.configure(text = saveFp)
14 saveFp.close()
```

Code05-15.py를 실행하면 [다른 이름으로 저장] 대화상자가 열린다. 그리고 기존에 있는 파일명을 입력하고 〈저장〉 버튼을 누르면 기존 파일을 바꿀 것인지 묻는 메시지창을 표시한다. 주의할 점은 askopenfilename() 함수는 파일 경로와 파일명 문자열만 반환하지만, asksaveasfile() 함수는 다른 정보도 함께 반환한다는 것이다. 반환된 값 중에서 name과 관련된 것이 새로 저장할 파일명이 들어 있는 부분이다.

TIP • 파일을 바꾸면 기존 파일(여기서는 picture42.jpg)은 0바이트짜리 파일로 변경된다. 즉 파일이 없어지므로 중요한 파일은 사용하지 말자.

11~12행 asksaveasfile() 함수의 매개변수 중 mode="w"는 쓰기 모드라는 의미이다. 그리고 defaultextension=".jpg"는 특별히 확장명을 지정하지 않으면 확장명을 jpg로 붙인다는 의미이다.

13행 saveFp는 자체를 text에 대입시켜서 출력한다.

14행 파일을 닫는다. 14행이 실행된 이후에는 파일의 기록이 완료된다.

3 [프로그램 1] 완성

명화 감상 프로그램은 메뉴 처리와 파일 처리가 핵심이다. 나머지는 이미 배운 내용들을 다시 반복하는 것뿐이다. 파일을 선택하는 대화상자도 사용할 것이다. 이번에도 PhotoImage() 함수를 활용할 것인데, 이 함수는 GIF 파일만 열 수 있으므로 여기서도 GIF 파일만 사용한다.

Code05-16.py

```
from tkinter import *
from tkinter.filedialog import *

## 함수 선언 부분 ##
def func_open() :
filename = askopenfilename(parent = window, \
    filetypes = (("GIF 파일", "*.gif"), "모든 파일", "*.*")))
    photo = PhotoImage(file = filename)
    pLabel.configure(image = photo)
    pLabel.image = photo

def func_exit() :
    window.quit()
    window.destroy()

## 메인 코드 부분 ##
window = Tk()
window.geometry("500x500")
window.title("명화 감상하기")

photo = PhotoImage()
pLabel = Label(window, image = photo)
pLabel.pack(expand = 1, anchor = CENTER)

mainMenu = Menu(window)
window.config(menu = mainMenu)
fileMenu = Menu(mainMenu)
mainMenu.add_cascade(label = "파일", menu = fileMenu)
fileMenu.add_command(label = "파일 열기", command = func_open)
fileMenu.add_separator()
fileMenu.add_command(label = "프로그램 종료", command = func_exit)

window.mainloop()
```

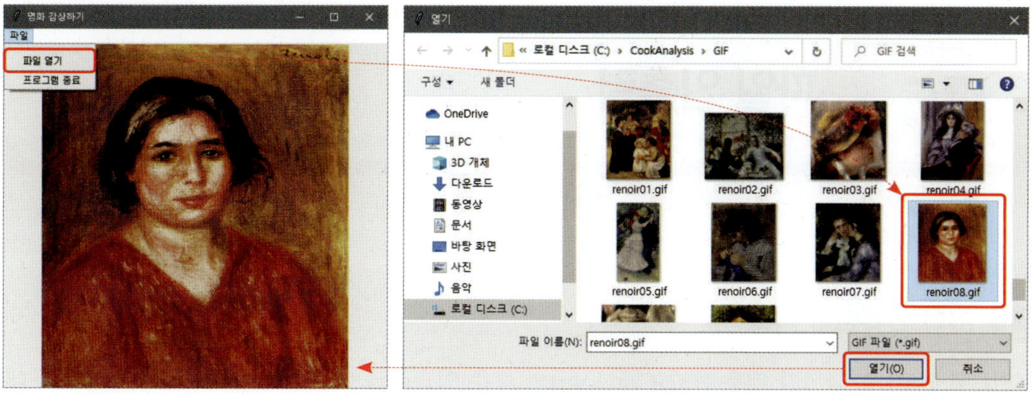

5~10행 [파일 열기] 메뉴를 선택하면 실행되는 함수이다. 앞서 배운 askopenfilename() 함수로 파일을 선택한 후 선택한 파일명을 7행에서 PhotoImage() 함수로 처리한다. 9~10행은 레이블에 이미지를 표시한다. 결국 [파일] 대화상자에서 선택한 이미지가 화면에 보이는 명화 감상 프로그램으로 작동하는 것이다.

21~23행 선택한 GIF 그림을 윈도창에 출력하려고 레이블을 준비한다. 처음 실행되면 선택한 그림이 없으므로 21행에서 PhotoImage()에 별도의 매개변수 없이 빈 그림만 준비한 것이다.

25~31행 준비하는 메뉴는 앞서 실습한 내용과 동일하다.

SELF STUDY 5-2

Code05-16.py를 수정해서 이미지가 회색 영상(Greyscale Image)으로 보이도록 하자.

힌트1 이미지 크기는 photo.width()와 photo.height()로 알아낸다.

힌트2 각 픽셀의 색상값은 photo.get(x위치, y위치)로 알아낸다. 반환값은 (red, green, blue) 튜플이다.

힌트3 색상을 회색(Grey)값으로 하려면 (red+green+blue)/3으로 처리한다.

힌트4 이미지의 픽셀값을 변경하려면 다음 코드를 사용한다.

```
photo.put("#%02x%02x%02x" % (회색값, 회색값, 회색값), (x위치, y위치))
```

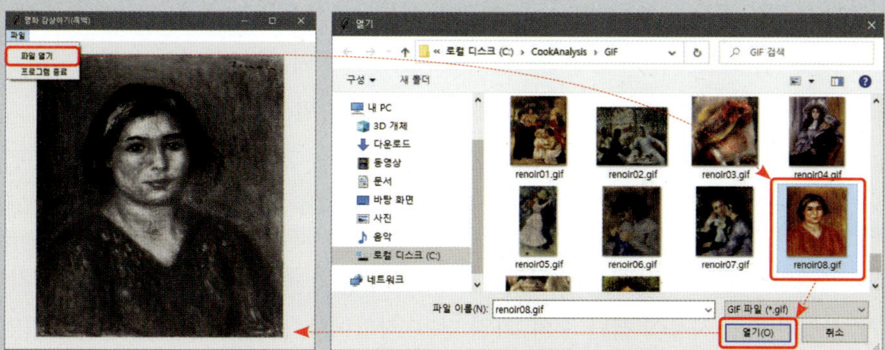

SECTION

05 파일 입출력

1 파일 입출력의 개념

파일 입출력은 지금까지 배운 콘솔(Console)의 표준 입출력과 개념이 비슷하다. 다만 키보드 대신 파일을 읽어서 내용을 입력하거나 화면 대신 파일에 내용을 출력하는 점이 다르다. 키보드에서 입력되는 것을 표준 입력, 화면에 출력되는 것을 표준 출력이라고도 한다. 이번 장에서는 파일 입출력을 하려면 꼭 알아야 할 처리 과정과 파일 입출력 함수를 알아본다.

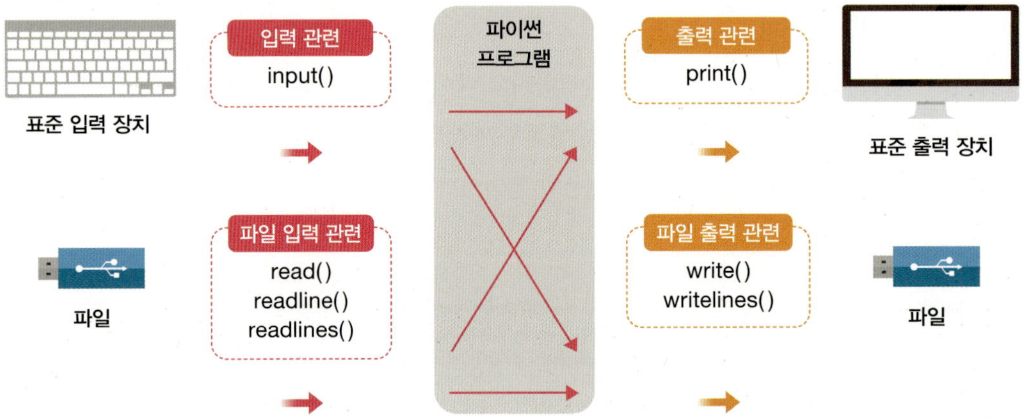

그림 5-2 표준 입출력과 파일 입출력 함수

[그림 5-2]에서 input()과 print() 함수는 키보드와 화면에서 입출력을 담당한다. 그리고 read(), readline(), readlines() 함수는 파일에서 내용을 읽어 오고, write()와 writelines() 함수는 파일에 내용을 쓴다. 그림으로도 표현했지만, 필요하다면 키보드에서 입력받은 후 파일에 쓸 수도 있고, 파일에서 내용을 입력받은 후 화면에 출력할 수도 있다. 그림이 다소 복잡해 보일 수 있는데, 하나씩 살펴보면 별로 복잡하지 않다. 잠시 후 예제 코드를 실습하면서 하나씩 살펴볼 것이다.

2 파일 입출력의 과정

파일 입출력을 하려면 표준 입출력과 달리 두 가지 작업을 추가로 해야 한다. 파일을 사용하기 전의 '파일 열기' 작업과 파일 사용이 끝난 후의 '파일 닫기' 작업이다. [그림 5-3]의 3단계를 기억해 두자. 앞으로 계속 이 단계를 거쳐 프로그램을 코딩할 것이다.

그림 5-3 파일 처리의 3단계

1단계 : 파일 열기

파일을 열려면 open() 함수에서 파일명을 입력하고, 읽기 또는 쓰기인지 지정해야 한다.

```
읽기용 : 변수명 = open("파일명", "r")
쓰기용 : 변수명 = open("파일명", "w")
```

읽기용 파일과 쓰기용 파일의 작업이 거의 동일하다. 차이점은 open() 함수의 마지막 매개변수로 읽기용은 r을 사용하고, 쓰기용은 w를 사용한다는 것이다. 짐작했다시피 r은 Read, w는 Write를 의미한다.

open() 함수의 마지막 매개변수를 모드(Mode)라고 한다. 즉 파일을 열 때 어떤 용도로 여는지 결정해 주는 것이다. r과 w뿐만 아니라 다양한 파일 열기 모드가 있다.

표 5-2 파일의 열기 모드

종류	설명
생략	r과 동일하다.
r	읽기 모드. 기본값이다.
w	쓰기 모드. 기존에 파일이 있으면 덮어쓴다.
r+	읽기/쓰기 겸용 모드.
a	쓰기 모드. 기존에 파일이 있으면 이어서 쓴다. append의 약어이다.
t	텍스트 모드. 텍스트 파일을 처리한다. 기본값이다.
b	이진 모드. 이진 파일을 처리한다.

예를 들어 일반 텍스트 파일의 읽기 모드는 그냥 r 또는 rt를 사용하고, 이진 파일을 출력할 때는 wb를 사용한다.

2단계 : 파일 처리

파일에 데이터를 쓰거나 파일에서 데이터를 읽어 올 수 있는 상태가 되었다. 파일을 처리하는 세부적인 방법은 설명보다는 잠시 후 예제 코드를 실습하면서 이해하는 편이 더 좋다.

3단계 : 파일 닫기

파일과 관련된 모든 작업이 끝나면 파일을 정상적으로 닫아야 한다. 여기서 파일을 닫는 데 사용하는 변수는 1단계에서 open() 함수로 연 변수명이다.

```
변수명.close();
```

3 텍스트 파일을 이용한 입력

지금까지 해 온 입력 방식은 키보드 입력이 전부였다. 데이터가 간단해서 입력하는 데 별 어려움이 없었을 것이다. 그런데 입력할 데이터가 20페이지 분량의 프린트물에 담겨 있다면 어떨까? 여러 사람에게 20페이지짜리 데이터를 나눠 주고 프로그램을 실행할 때 직접 입력하게 한다고 가정하자. 시간도 많이 걸리고 입력하는 사람마다 입력 형태나 내용이 달라 정확한 결과를 얻기 힘들 수 있다. 이런 경우 파일 하나에 데이터를 담아 두고 필요할 때 불러서 사용하는 편이 훨씬 효율적이다. 다음은 [그림 5-1]에서 파일 입력과 화면 출력 부분만 떼어 낸 것이다.

그림 5-4 파일 입력과 표준 출력

[그림 5-4]와 같이 파일을 입력하는 데 세 가지 함수를 사용할 수 있다. 각 함수의 용도는 이어서 확인해 보자.

한 행씩 읽어 들이기

파일의 내용을 한 행씩 읽어 들일 때는 readline() 함수를 사용한다. [그림 5-4]와 같이 파일로 데이터를 입력한 후 이를 화면에 출력하는 프로그램을 살펴보자. 출력은 기존에 사용하던 print() 함수를 사용한다.

먼저 메모장을 실행해서 적당한 내용을 세 줄 정도 입력한 후 저장한다.

```
CookBook 데이터 분석을 공부합니다.
완전 재미있어요. ^^
데이터 분석을 공부하기 잘했네요~~
```

TIP • 메모장을 빨리 실행하려면 ⊞ + R 을 누르고 NOTEPAD를 입력한 후 〈확인〉 버튼을 누른다.

TIP • 이 장에서는 파일의 확장명을 확인할 수 있어야 한다. 파일의 확장명을 표시하는 방법은 다음과 같다. 윈도 7에서는 파일 탐색기에서 [구성]–[폴더 및 검색 옵션] 메뉴를 선택한다. [폴더 옵션] 대화상자 → [보기] 탭에서 '알려진 파일 형식의 파일 확장명 숨기기' 체크표시를 해제하고 〈확인〉 버튼을 누른다.

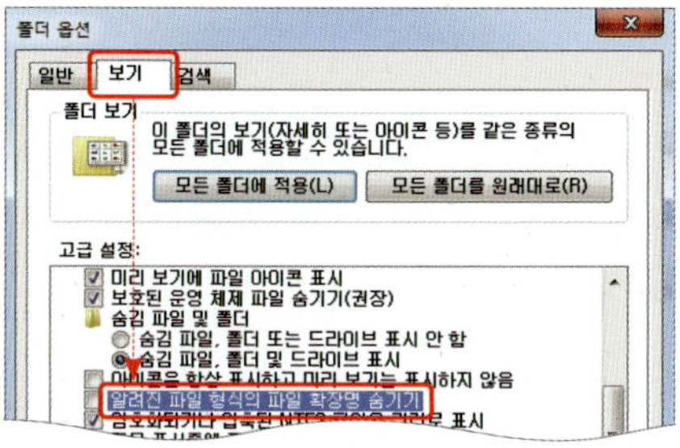

윈도 8, 8.1, 10에서는 파일 탐색기의 [보기] 메뉴를 선택한 후 '파일 확장명'에 체크하면 되며, 윈도 11에서는 [보기] → [표시] → '파일 확장명'을 선택하면 된다.

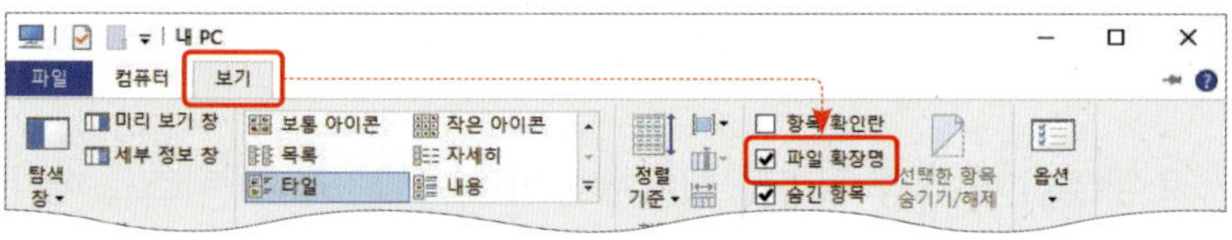

C:\Temp 폴더에 data1.txt라는 이름으로 저장한다. C 드라이브에 Temp 폴더가 없다면 미리 만들어 놓아야 한다. 이제 다음 코드를 입력하고 실행해 보자.

TIP • Code05-17.py를 실행 할 때, "UnicodeDecodeError: 'cp949' codec ~~" 오류가 발생하면 4행을 다음과 같이 수정한다.

```
inFp = open("C:/Temp/data1.txt", "r", encoding="utf-8" )
```

이후의 코드도 오류 시 동일하게 수정한다.

Code05-17.py

```
1  inFp = None      # 입력 파일
2  inStr = ""      # 읽어 온 문자열
3
4  inFp = open("C:/Temp/data1.txt", "r")
5
6  inStr = inFp.readline()
7  print(inStr, end = "")
8
9  inStr = inFp.readline()
10 print(inStr, end = "")
11
```

```
12 inStr = inFp.readline()
13 print(inStr, end = "")
14
15 inFp.close()
```

실행 결과

```
CookBook 데이터 분석을 공부합니다.
완전 재미있어요. ^^
데이터 분석을 공부하기 잘했네요~~
```

4행 파일을 연다. open() 함수에서 첫 번째 매개변수는 파일의 경로이다. 그런데 자세히 보면 폴더 경로를 백슬래시(\)가 아닌 슬래시(/)로 표시했다. 백슬래시를 표시하려면 2개를 사용해야 한다. 즉 C:\\Temp\\data1.txt로 입력해야 한다. 두 번째 r은 앞서 배운 읽기 모드이다.

6행 readline() 함수는 inFp로 열린 파일에서 한 행을 읽어 inStr에 저장한다. 이런 처리를 9~10행, 12~13행에서도 반복해 총 3회 수행한다.

7, 10, 13행 화면에 출력한다.

15행 파일을 닫는다.

그런데 Code05-17.py는 텍스트 파일의 내용 중 정확히 행 3개만 처리가 가능하다. 텍스트 파일에 행이 1~2개만 있으면 오류가 발생하고, 4개 이상 있어도 3개밖에 읽지 못한다. 그래서 텍스트 파일에 있는 모든 행을 다 읽으려면 다음과 같이 수정해야 한다. 실행 결과는 Code05-17.py와 동일하다.

Code05-18.py

```
inFp = None     # 입력 파일
inStr = ""      # 읽어 온 문자열

inFp = open("C:/Temp/data1.txt", "r")

while True :
    inStr = inFp.readline()
    if inStr == "" :
        break
    print(inStr, end = "")

inFp.close()
```

6~10행 Code05-17.py와 달리 무한 반복된다.

7행 파일에서 행을 1개 읽는다.

8~10행 8행에서 읽어 온 것이 없다면 9행 break로 무한 반복에서 빠져나온다. 그렇지 않으면 10행에서 읽어 온 내용을 출력한다. 이런 방식으로 처리하면 파일에 행이 몇 개가 있든지 모두 읽어서 화면에 출력할 수 있다.

Code05-18.py와 같은 방식은 텍스트 파일을 읽을 때 가장 많이 사용하므로 잘 기억해 두자.

SELF STUDY 5-3

Code05-18.py를 수정해서 다음과 같이 앞에 각 행 번호를 출력해 보자.

힌트 1, 2, 3, …으로 변경되는 변수를 하나 추가하고, print() 함수에서 "%d %s"를 사용한다.

실행 결과

```
1 : CookBook 데이터 분석을 공부합니다.
2 : 완전 재미있어요. ^^
3 : 데이터 분석을 공부하기 잘했네요~~
```

한 번에 모두 읽어 들이기

readline() 함수는 한 행씩 읽지만, readlines() 함수는 파일 내용을 통째로 읽어서 리스트에 저장한다. 다음 코드를 실행해 보자.

Code05-19.py

```
inFp = None
inList = ""

inFp = open("C:/Temp/data1.txt", "r")

inList = inFp.readlines()
print(inList)

inFp.close()
```

실행 결과

```
['CookBook 데이터 분석을 공부합니다.\n', '완전 재미있어요. ^^\n', '데이터 분석을 공부하기 잘했네요~~']
```

6행 한번에 읽어서 inList에 저장한다.

7행 readlines() 함수는 각 행을 리스트 항목으로 저장해서 한번에 반환한다.

Code05-19.py에서 파일의 내용을 한 행씩 출력하려면 어떻게 수정해야 할까? 4장에서 배운 리스트 처리 방식을 사용하면 된다.

Code05-20.py

```
inFp = None
inList, inStr = [], ""

inFp = open("C:/Temp/data1.txt", "r")

inList = inFp.readlines()
for inStr in inList :
    print(inStr, end = "")

inFp.close()
```

실행 결과

```
CookBook 데이터 분석을 공부합니다.
완전 재미있어요. ^^
데이터 분석을 공부하기 잘했네요~~
```

Code05-19.py의 7행에서는 리스트를 출력하지만, Code05-20.py에서는 for 문을 사용해 리스트의 내용을 하나씩 출력한다.

여기서 잠깐

with~as 문

프로그램을 만들다 보면 close() 함수를 호출하지 않고 프로그램을 종료해서 종종 문제가 발생한다. 아예 close() 함수를 사용하지 않으려면 다음과 같이 with~as 문으로 파일을 연다. Code05-19.py에서 4~9행을 다음과 같이 수정하면 된다. 즉 inFp.close()는 사용하지 않는다.

```
with open("C:/Temp/data1.txt", "r") as inFp :
    inList = inFp.readlines()
    print(inList)
```

SELF STUDY 5-4

Code05-20.py를 수정해서 다음과 같이 앞에 각 행 번호를 출력해 보자.

실행 결과

```
1 : CookBook 데이터 분석을 공부합니다.
2 : 완전 재미있어요. ^^
3 : 데이터 분석을 공부하기 잘했네요~~
```

4 텍스트 파일을 이용한 출력

지금까지는 화면에 출력하는 방식을 사용했다. 하지만 실행 결과는 화면에 한 번만 표시되며 영구적으로 저장되지 않는다. 이번에는 출력되는 결과를 파일에 저장하는 방식을 알아보자. 파일에 내용을 쓸 때는 write()나 writelines() 함수를 사용한다.

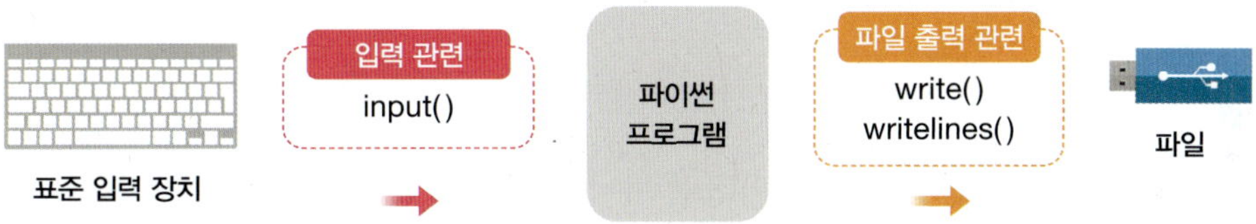

그림 5-5 표준 입력과 파일 출력

한 행씩 파일에 쓰기

다음은 키보드에서 입력한 내용을 한 행씩 파일에 쓰는 코드이다. input() 함수를 반복해서 사용한다. 아무것도 입력하지 않은 채 Enter를 누르면 파일 쓰기를 종료하는 프로그램을 만든다.

Code05-21.py

```
outFp = None
outStr = ""

outFp = open("C:/Temp/data2.txt", "w" )

while True :
    outStr = input("내용 입력 : ")
    if outStr != "" :
        outFp.writelines(outStr + "\n")
    else :
        break

outFp.close()
print("--- 정상적으로 파일에 씀 ---")
```

실행 결과

```
내용 입력 : 데이터 분석을
내용 입력 : 열공하고
내용 입력 : 있습니다. ^^
내용 입력 : Enter
--- 정상적으로 파일에 씀 ---
```

4행 파일을 열 때 쓰기 모드인 w를 사용한다.

6~11행 무한 반복한다. 7행에서 파일에 쓸 내용을 입력받은 후 8행에서 입력한 글자가 비어 있지 않으면 9행에서 입력한 내용을 파일에 쓴다. 9행에서 outStr만 파일에 쓴다면 여러 줄을 써도 줄바꿈이 되지 않고 한 줄에 이어서 써진다. 이것을 방지하려고 행을 넘기는 \n을 함께 사용했다.

10~11행 8행에서 입력한 글자가 비어 있다면 무한 반복을 종료한다.

13~14행 파일을 닫고 메시지를 출력한다.

도스 명령어 copy의 구현

이번에는 도스 명령어 중 하나인 copy 명령어(또는 유닉스의 cp 명령어)를 프로그램으로 만들어 보자. copy 명령어는 주어진 파일을 복사해 똑같은 파일을 하나 더 생성한다.

```
copy 소스파일 타깃파일
```

[시작]-[모든 프로그램]-[보조 프로그램]-[명령 프롬프트] 메뉴를 선택하거나 ⊞+R을 누른 후 cmd 명령어를 입력해 명령 프롬프트창을 연다. [그림 5-6]과 같이 명령어를 입력하면 win.ini 파일이 data3.txt 파일로 복사될 것이다.

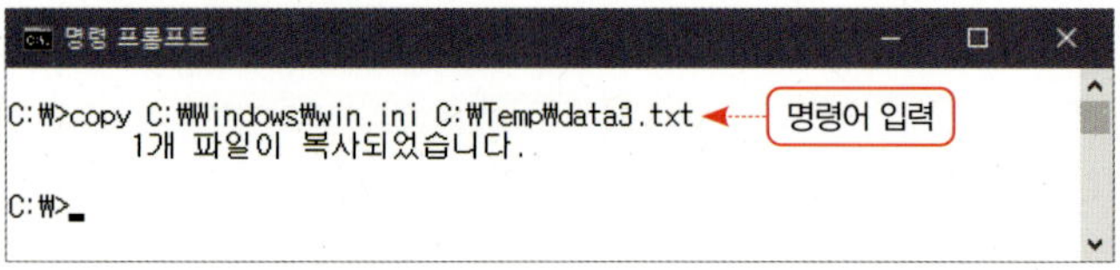

그림 5-6 copy 명령어 입력

copy 명령어를 구현하기 위해 소스 파일은 읽기 모드로 파일을 열고, 타깃 파일은 쓰기 모드로 파일을 연다. 그리고 readline() 함수로 소스 파일의 내용을 읽어 와 writelines() 함수로 타깃 파일에 쓴다. 이런 과정을 파일의 끝을 만날 때까지 반복한다.

그림 5-7 copy 명령어를 구현하는 파일 입출력

Code05-22.py

```
1  inFp, outFp = None, None
2  inStr = ""
3
4  inFp = open("C:/Windows/win.ini", "r")
5  outFp = open("C:/Temp/data3.txt", "w")
6
7  inList = inFp.readlines()
8  for inStr in inList :
9      outFp.writelines(inStr)
10
11 inFp.close()
12 outFp.close()
13 print("--- 파일이 정상적으로 복사되었음 ---")
```

실행 결과

```
--- 파일이 정상적으로 복사되었음 ---
```

4~5행 읽기 모드 및 쓰기 모드로 파일을 연다.

7행 파일의 내용을 통째로 읽는다.

8~9행 내용을 쓰기 파일에 쓴다.

11~12행 파일을 닫는다.

SECTION 06 이진 파일 입출력

1 이진 파일의 개념

지금까지 작성한 프로그램에서는 모두 텍스트(Text) 파일의 입출력 작업을 했다. 텍스트 파일은 우리가 읽을 수 있는 글자로 구성된 파일이라고 보면 된다. 이와 달리 이진(Binary) 파일은 글자가 아닌 비트(Bit) 단위로 의미가 있는 파일이다.

이진 파일은 텍스트 파일을 제외한 나머지 파일이다. 예를 들어 그림 파일, 음악 파일, 동영상 파일, 엑셀 파일, 실행 EXE 파일 등이 모두 이진 파일이다.

텍스트 파일과 이진 파일을 구분하는 간단한 방법은 파일을 메모장에서 열어 보는 것이다. 열었을 때 글자가 보이면 텍스트 파일, 이상하게 보이면 이진 파일이라고 보면 된다. 일반 텍스트 파일과 JPG 그림 파일을 메모장에서 열면 [그림 5-8]과 같이 표시된다.

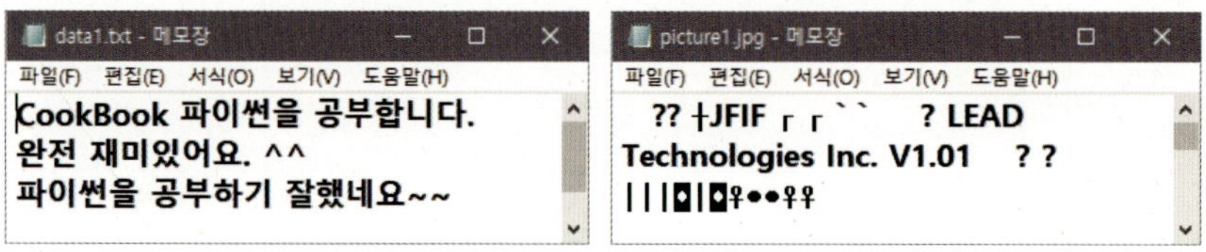

그림 5-8 텍스트 파일과 이진 파일을 메모장에서 열 때

이진 파일은 별도의 소프트웨어에서 열어 사용한다. PNG, JPG, BMP 등 그림 파일은 그림판이나 포토샵 등 소프트웨어가 필요하고, HWP 파일은 한글 소프트웨어가 필요하며, PPT 파일은 파워포인트 소프트웨어가 필요하다. 그래서 텍스트 파일과 달리 파이썬에서 작성한 코드는 화면에 출력하기 쉽지 않다.

2 이진 파일 복사

이진 파일을 복사해서 새로운 이진 파일로 만드는 코드는 화면에 내용을 출력하는 것이 아니므로 작성하기 쉽다. Code05-22.py를 수정해서 이진 파일을 복사해 보자.

모든 윈도에 기본적으로 들어 있는 워드패드 실행 파일인 C:\Windows\write.exe 파일을 복사해 보자. 복사할 파일이 텍스트 파일이 아니므로 open() 함수의 encoding 부분도 필요 없으며,

[표 5-2]처럼 이진 파일을 처리해야 하므로 4~5행을 rb 및 wb로 수정해야 한다.

추가로 readlines(), writelines() 함수는 텍스트 파일을 처리하므로 한 바이트씩 처리하는 read(), write() 함수로 수정해야 한다. 즉 read() 함수를 사용해서 한 바이트씩 읽고, write() 함수를 사용해서 한 바이트씩 쓰는 작업을 파일의 끝까지 무한 반복하면 된다.

Code05-23.py

```
1  inFp, outFp = None, None
2  inStr = ""
3
4  inFp = open("C:/Windows/write.exe", "rb")
5  outFp = open("C:/Temp/write.exe", "wb")
6
7  while True :
8      inStr = inFp.read(1)
9      if not inStr :
10         break
11     outFp.write(inStr)
12
13 inFp.close()
14 outFp.close()
15 print("--- 이진 파일이 정상적으로 복사되었음 ---")
```

실행 결과

```
--- 이진 파일이 정상적으로 복사되었음 ---
```

4~5행 이진 읽기 모드와 쓰기 모드로 파일을 연다.

7~11행 파일의 끝까지 한 바이트씩 읽어서 한 바이트씩 파일에 쓴다.

파일 탐색기를 실행해서 새로 복사된 C:\Temp\write.exe를 실행해 보자. 워드패드가 잘 실행될 것이다.

TIP • read() 함수는 무조건 파일의 처음부터 읽어 들인다. 파일의 내용을 어느 정도 건너뛰어서 읽고 싶다면 seek(바이트)를 사용한다. seek(바이트)는 바이트로 지정한 만큼 건너뛰어서 읽기 시작한다.

3 [프로그램 2] 완성

[프로그램 2]는 사진 파일을 읽어서 출력한다. 여기서는 이진 파일 처리가 가능하도록 일반적인 GIF, JPG, BMP 등과는 다른 특별한 용도의 흑백 파일(*.raw)을 사용한다. 그런데 흑백 사진을 윈도창에 출력하려면 다른 프로그램과 달리 좀 더 알아야 할 개념들이 있는데, 먼저 이 몇 가지 개념부터 파악하고 진행할 것이다.

RAW 사진 파일의 구조 이해

처리하는 사진이 GIF, JPG, BMP 등 컬러 파일이면 좋겠지만, 이 파일들은 내부 구조가 상당히 복잡해서 지금까지 배운 내용으로는 다소 다루기 어렵다. 그래서 지금까지 배운 내용으로도 쉽게 조작이 가능하도록 단순한 사진 파일 형태인 RAW 파일을 사용하는 것이다. 우리가 사용할 *.raw 파일은 256×256픽셀 크기의 흑백 이미지이다. 정확히는 0과 1로만 나뉘는 흑백(Black–White) 이미지가 아니라 0부터 255까지 밝기로 구분되는 그레이(Gray) 이미지이다.

TIP • *.raw 파일의 픽셀 크기는 256×256뿐만 아니라 정방형의 크기면 구성이 가능하다. 하지만 *.raw 파일은 일반적으로 구하기가 쉽지 않으므로 이 책의 예제 소스(http://www.hanbit.co.kr/src/4612)와 함께 제공되는 RAW 사진 파일을 사용하자.

RAW 사진 파일의 구조를 들여다보면 [그림 5–9]와 같다.

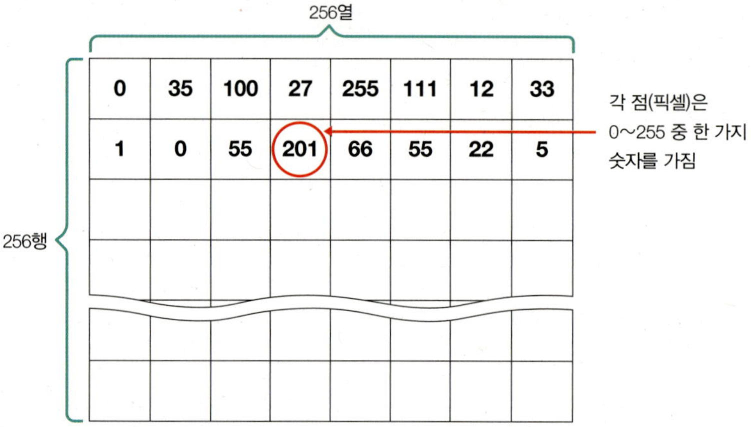

그림 5–9 RAW 사진 파일의 구조

정방형 크기의 사진 파일에서 각 점(픽셀)은 0부터 255까지의 값을 갖는다. 픽셀값이 0에 가까울수록 검은색에 가까운 회색이 되고, 255에 가까울수록 흰색에 가까운 회색이 된다. 예를 들어 모든 값을 0으로 채우면 이 사진은 완전히 검은색으로 보이고, 모든 값을 255로 채우면 아무것도 없는 흰색으로 보인다.

윈도창 작성

앞서 다룬 윈도창을 이번에도 사용해 보자. 먼저 기본적인 윈도창을 표시하는 간단한 코드를 다시 살펴보자.

Code05-24.py

```
from tkinter import *

## 변수 선언 부분 ##
```

```
4  window = None
5  canvas = None
6  XSIZE, YSIZE = 256, 256
7
8  ## 메인 코드 부분 ##
9  window = Tk()
10 canvas = Canvas(window, height = XSIZE, width = YSIZE)
11
12 canvas.pack()
13 window.mainloop()
```

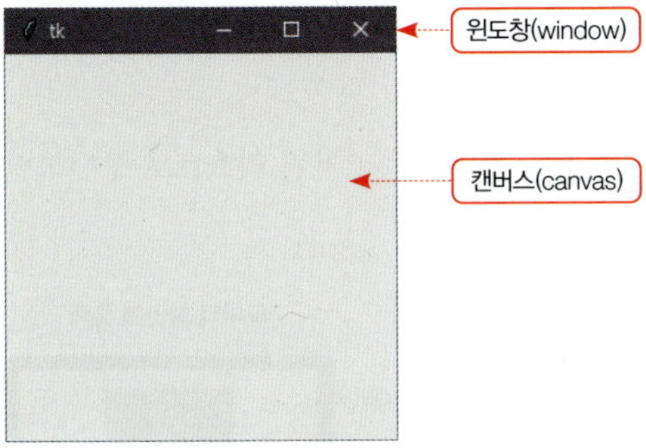

4~5행 window 변수는 실행 결과에서도 볼 수 있듯 윈도창 전체를 가리킨다. 그 안의 캔버스는 5행의 canvas 변수로 접근하면 된다.

6행 XSIZE, YSIZE는 다음 코드에서 사용할 사진의 크기가 256×256이기 때문에 캔버스의 크기도 256×256으로 지정하는 변수이다.

9~10행 윈도창을 준비하고 256×256 크기의 캔버스를 부착한다.

12~13행 부착한 캔버스와 윈도창을 화면에 출력한다.

그런데 캔버스에서는 선을 직접 그리는 작업은 할 수 있지만 RAW 이미지는 출력할 수 없다. RAW 이미지는 [그림 5-9]와 같이 256×256개의 점을 각각 찍어 주는 방식으로 그려야 한다. 그래서 Code05-24.py의 11행에 다음 두 행을 추가로 코딩할 것이다. paper 변수는 캔버스 위에 흰색 종이를 한 장 붙인 것이라고 생각하면 된다. 그리고 잠시 후에 이 종이(paper)에 점을 256×256개 찍어서 사진을 화면에 출력할 것이다.

```
paper = PhotoImage(width = XSIZE, height = YSIZE)
canvas.create_image((XSIZE / 2, YSIZE / 2), image = paper, state = "normal")
```

이 코드를 추가하면 개념은 다음과 같다. 물론 아직은 점을 찍지 않아서 Code05-24.py의 실행 결과와 겉모양은 동일하다.

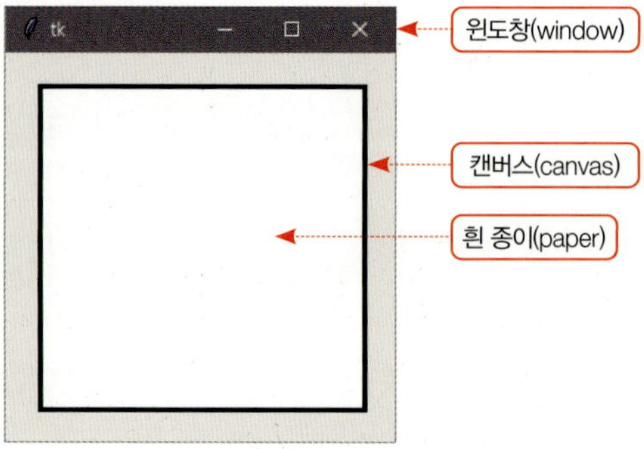

그림 5-10 흰 종이를 붙인 개념의 윈도창

RAW 사진 파일의 화면 출력

이제는 RAW 사진 파일을 읽어서 메모리에 저장해 보자. 메모리 변수는 2차원 리스트로 구현하면 되는데, 그 개념은 [그림 5-11]과 같다.

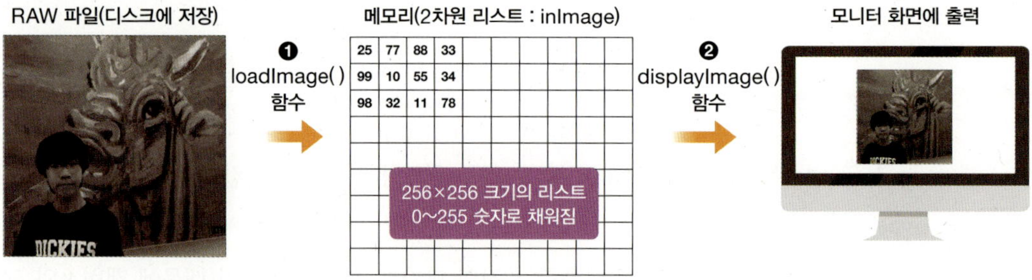

그림 5-11 RAW 사진 파일을 메모리로 읽은 후 화면에 출력하는 개념

먼저 ❶의 과정은 디스크에 저장된 RAW 파일을 메모리(inImage)로 불러들인다. 이 작업을 loadImage( ) 함수에 작성한다. loadImage( ) 함수의 핵심 코드는 다음과 같다. 2차원 반복문을 이용해 파일을 읽었으며 256×256번 반복하게 될 것이다.

```
1  for i in range(0, XSIZE) :
2      tmpList = []
3      for k in range(0, YSIZE) :
4          data = int(ord(fp.read(1)))
5          tmpList.append(data)
6      inImage.append(tmpList)
```

2~5행 tmpList를 비운 후 1바이트씩 256번 읽어 tmpList에 저장한다. 4행의 fp.read(1)은 1바이트를 읽어 들이고, 이것을 숫자 형태로 변환해서 data에 대입시킨다. 일단 모든 값을 inImage 리스트에 정수(0부터 255까지의 범위)로 저장해 놓았다.

6행 256 크기의 1차원 리스트를 inImage에 저장한다. 결국 inImage는 [그림 5-12]와 같이 256 크기의 1차원 리스트를 256개 저장한 2차원 리스트 구조를 갖는다.

❷의 과정에서 메모리(inImage)를 윈도창에 출력하는 기능은 displayImage() 함수에 구현한다. displayImage() 함수의 핵심 코드는 다음과 같다.

```
1  rgbString = ""
2  for i in range(0, XSIZE) :
3      tmpString = ""
4      for k in range(0, YSIZE) :
5          data = image[i][k]
6          tmpString += "#%02x%02x%02x " % (data, data, data)  # x 뒤에 한 칸 공백
7      rgbString += "{" + tmpString + "} "                    # } 뒤에 한 칸 공백
8  paper.put(rgbString)
```

위 코드는 inImage(256×256 크기)의 각 점 색상을 문자열로 만든 후 8행에서 생성한 문자열을 한꺼번에 화면에 출력해 준다는 정도만 알고 있으면 코드의 큰 흐름을 이해하는 데 충분하다.

TIP • 코드를 좀 더 상세히 설명하면 4~6행은 inImage의 한 행에 있는 256개 픽셀의 각 점 값(data)을 "#%02x%02x%02x "% (data, data, data)" 코드를 통해 16진수 문자열로 만든다. 그리고 7행에서 rgbString을 중괄호({ })로 감싸서 추가해 준다. 결국 rgbString에는 왼쪽 상단 픽셀부터 차례대로 색상값이 '{#RRGGBB #RRGGBB ~ 총 256개 픽셀 ~} {#RRGGBB #RRGGBB ~ 총 256개 픽셀~} ~' 형식의 문자열로 저장된다. 즉, 256개 픽셀값이 256번 반복 저장되고 이렇게 저장된 문자열을 8행에서 한번에 화면에 출력한다. 예들 들어 rgbString에는 '{#4f4f4f #515151 #535353 #555555 #565656 ~}' 같은 값들이 저장되어 있다.

지금까지 배운 내용을 최종 완성해 보자. 다음 코드를 실행하기 전에 먼저 예제 코드가 저장된 폴더인 C:\CookAnalysis\RAW\에 tree.raw 파일을 복사해야 한다. 42행의 파일명만 일치하면, 예제 파일에서 제공하는 다른 256×256 크기의 RAW 파일을 사용해도 된다. Code05-25.py는 앞서 다룬 코드를 모두 합친 것이다.

Code05-25.py

```
1   from tkinter import *
2
3   ## 함수 선언 부분 ##
4   def loadImage(fname) :
5       global inImage, XSIZE, YSIZE
6       fp = open(fname, 'rb')
7
8       for i in range(0, XSIZE) :
9           tmpList = []
10          for k in range(0, YSIZE) :
11              data = int(ord(fp.read(1)))
```

```
            tmpList.append(data)
        inImage.append(tmpList)

    fp.close()

def displayImage(image) :
    global XSIZE, YSIZE
    rgbString = ""
    for i in range(0, XSIZE) :
        tmpString = ""
        for k in range(0, YSIZE) :
            data = image[i][k]
            tmpString += "#%02x%02x%02x " % (data, data, data)   # x 뒤에 한 칸 공백
        rgbString += "{" + tmpString + "} "                      # } 뒤에 한 칸 공백
    paper.put(rgbString)

## 전역 변수 선언 부분 ##
window = None
canvas = None
XSIZE, YSIZE = 256, 256
inImage = []                  # 2차원 리스트(메모리)

## 메인 코드 부분 ##
window = Tk()
window.title("흑백 사진 보기")
canvas = Canvas(window, height = XSIZE, width = YSIZE)
paper = PhotoImage(width = XSIZE, height = YSIZE)
canvas.create_image((XSIZE / 2, YSIZE / 2), image = paper, state = "normal")

# 파일 --> 메모리
filename = 'RAW/tree.raw'    # C:/CookAnalysis/RAW/tree.raw
loadImage(filename)

# 메모리 --> 화면
displayImage(inImage)

canvas.pack()
window.mainloop()
```

29~32행 관련 변수를 준비한다.

42~43행 파일명을 지정하고 loadImage() 함수에 파일명을 전달해 해당 파일을 inImage 리스트에 불러들인다.

46행 displayImage() 함수에 inImage 리스트를 전달해 윈도창에 출력한다.

요약

1 위젯(Widget)은 윈도창에 나타내는 문자, 버튼, 체크박스, 라디오버튼 등을 의미한다.

2 tkinter는 파이썬에서 GUI 관련 모듈을 제공하는 표준 윈도 라이브러리이다.

3 레이블(Label)은 문자를 표현할 수 있는 위젯이다. 'Label(부모윈도, 옵션…)' 형식으로 사용한다.

4 버튼(Button)은 마우스로 클릭하면 눌리는 효과와 함께 지정한 작업이 실행되도록 하는 위젯이다. 'Button(부모윈도, 옵션…)' 형식으로 사용하고, command 옵션은 눌렀을 때 특정 작업을 처리할 수 있다.

5 체크버튼(Checkbutton)은 끄고 켜는 데 사용하는 위젯이다. 'Checkbutton(부모윈도, 옵션…)' 형식으로 사용한다.

6 라디오버튼(Radiobutton)은 여러 선택지 중 하나를 선택하는 위젯이다. 'Radiobutton(부모윈도, 옵션…)' 형식으로 사용한다.

7 pack() 함수의 옵션 중 정렬 방법은 side=LEFT, RIGHT, TOP, BOTTOM가 있다.

8 pack() 함수의 옵션 중 여백을 주는 방법은 padx=픽셀값 또는 pady=픽셀값, ipadx=픽셀값, ipady=픽셀값이 있다.

9 메뉴를 만드는 형식은 다음과 같다.

```
메뉴자체 = Menu(부모윈도)
부모윈도.config(menu = 메뉴자체)

상위메뉴 = Menu(메뉴자체)
메뉴자체.add_cascade(label = "상위메뉴텍스트", menu = 상위메뉴)
상위메뉴.add_command(label = "하위메뉴1", command = 함수1)
상위메뉴.add_command(label = "하위메뉴2", command = 함수2)
```

10 숫자나 문자를 입력받으려면 tkinter.simpledialog 모듈을 임포트한 후 askinteger(), askfloat(), askstring() 함수 등을 사용한다.

11 파일을 열거나 저장할 때 나타나는 대화상자도 있다. 먼저 tkinter.filedialog 모듈을 임포트한 후 askopenfilename() 또는 asksaveasfile() 함수를 사용한다.

12 파일 입출력은 키보드를 사용하는 대신 파일을 읽어서 내용을 입력하거나 화면 대신 파일에 내용을 출력하는 것이다.

13 표준 입출력과 파일 입출력 함수를 정리하면 다음과 같다.

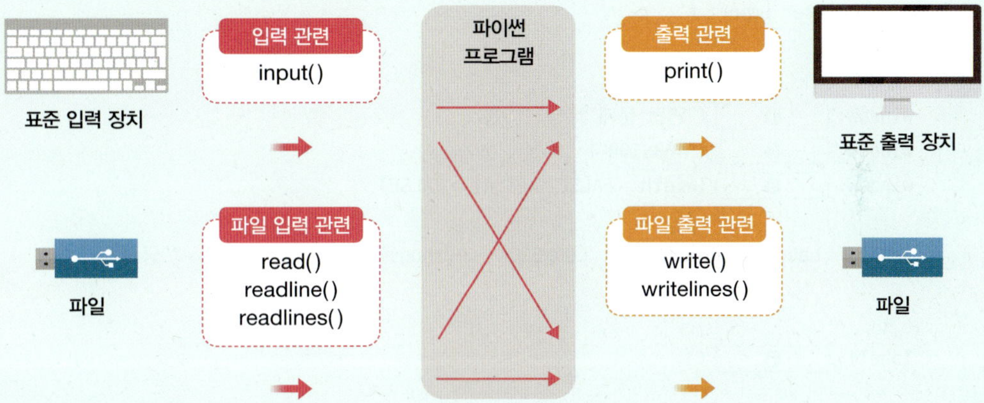

14 파일 입출력은 파일 열기 → 파일 처리 → 파일 닫기 총 3단계를 거친다.

15 파일의 내용을 한 행씩 읽어 오려면 readline() 함수를 사용한다. readlines() 함수는 파일의 내용을 통째로 읽어서 리스트에 저장한다.

16 텍스트 파일은 우리가 읽을 수 있는 글자로 구성된 파일이다. 반면 이진(Binary) 파일은 글자가 아닌 비트(Bit) 단위로 의미가 있는 파일이다.

17 이진 파일을 처리하기 위해 read() 함수를 이용해서 한 바이트씩 읽고, write() 함수를 이용해서 한 바이트씩 쓰는 작업을 파일에서 읽을 것이 없을 때까지 무한 반복한다.

연습문제

1 다음 그림과 같은 윈도창이 나오는 코드의 빈칸에 들어갈 내용을 보기에서 고르시오.

input　resizable　button　size　geometry　mainloop　title　pack　print　view

```
from tkinter import *

window = Tk()
window.[   ❶   ]("연습 문제")
window.[   ❷   ]("400x100")
window.[   ❸   ](width = FALSE, height = FALSE)

label1 = Label(window, text = "COOKBOOK~~ Python을 학습중...", font = ("궁서체", 15),
               fg =  "red")

label1.[   ❹   ]();

window.[   ❺   ]()
```

2 버튼을 누르면 작동하는 코드의 빈칸에 들어갈 내용을 고르시오.

```
from tkinter import *
from tkinter import messagebox

def click_button() :
 messagebox.showinfo("버튼", "버튼을 눌렀어요.")

window = Tk()
button1 = Button(window, text='여기를 클릭', [          ])
button1.pack()

window.mainloop()
```

① command = click_button()　　② execute= click_button()

③ command = click_button　　④ execute = click_button()

3 라디오버튼 중 어떤 것을 클릭했는지 알려주는 코드의 빈칸에 들어갈 내용을 채우시오.

```
from tkinter import *
window = Tk()

def rdo_change() :
    if [ ❶ ] == 1 :
        label1.configure(text = "벤츠")
    else :
        label1.configure(text = "포르쉐")

var = [ ❷ ]
rdo1 = Radiobutton(window, text = "벤츠", variable = [ ❸ ] , value = 1, 이후 생략…)
rdo2 = Radiobutton(window, text = "포르쉐", variable = [ ❸ ] , value = 2, 이후 생략…)
label1 = Label(window, text="선택한 차량", fg="red")

rdo1.pack()
rdo2.pack()
label1.pack()

window.mainloop()
```

4 그림과 같은 메뉴가 나오도록 코드의 빈칸을 채우시오.

```
from tkinter import *
window = Tk()
totalMenu = Menu(window)
window.config(menu = totalMenu)
upMenu = Menu(totalMenu)

[                                        ]

window.mainloop()
```

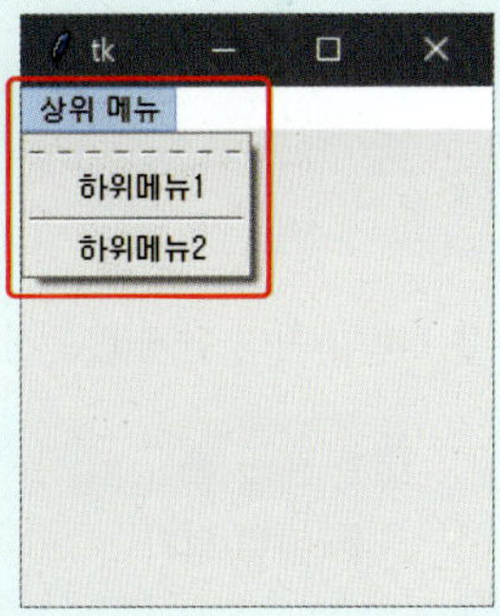

연습문제

5 코드를 실행하면 다음 각 항목에 해당하는 결과가 나오기 위해서 빈칸에 무엇을 채워야 할지 쓰시오.

```
from tkinter import *
window = Tk()

button1 = Button(window, text = "버튼1")
button2 = Button(window, text = "버튼2")
button3 = Button(window, text = "버튼3")

button1.pack(side = [          ])
button2.pack(side = [          ])
button3.pack(side = [          ])

window.mainloop()
```

(1)
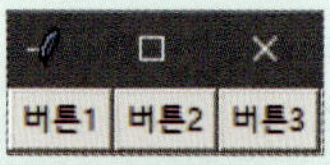

(2)

(3)
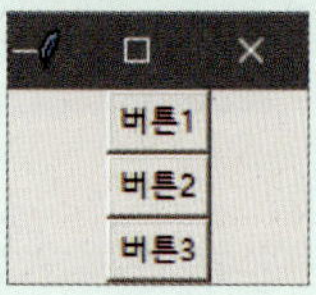

(4)
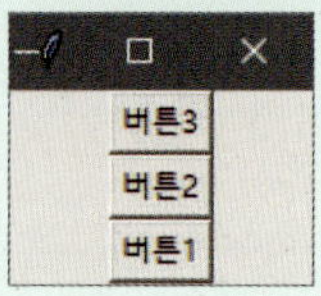

6 다음 보기를 입력 관련 함수와 출력 관련 함수로 분류하시오.

`input()` `print()` `write()` `read()` `readline()` `writeline()` `readlines()`

7 파일 처리 단계를 순서대로 나열한 것을 고르시오.

A. 파일 열기 B. 파일 쓰기
C. 파일 읽기 D. 파일 닫기

① A → C → B → D ② A → C → D → B
③ D → C → B → A ④ A → D → B → C

8 파일의 열기 모드에 대한 설명 중 옳은 것을 고르시오.

① 생략하면 쓰기 모드가 기본으로 설정된다.

② r+는 읽기/쓰기 겸용 모드다

③ a는 쓰기 모드이다. 기존 파일 있으면 삭제하고 새로 만든다.

④ tb는 텍스트 파일 겸 이진 파일 모드 공용이다.

9 data1.txt 파일에서 행 1개만 읽어서 출력하는 코드의 빈칸을 채우시오.

```
inFp = [ ❶ ] ("C:/Temp/data1.txt", "r")

inStr = inFp.[ ❷ ]()
print(inStr, end = "")

inFp.[ ❸ ]()
```

10 다음 중 파일이 있는지 확인하는 함수를 고르시오.

① os.path.file(파일명)
② os.path.isfile(파일명)
③ os.path.place(파일명)
④ os.path.exists(파일명)

11 파일을 복사하는 코드의 빈칸을 채우시오.

```
inFp = open("C:/Windows/win.ini", "r")
outFp = open("C:/Temp/data3.txt", "w")

inList = [ ❶ ]
for inStr in inList :
[ ❷ ]

inFp.close()
outFp.close()
```

응용예제 01 좋아하는 동물 투표하기

난이도★★☆☆☆

예제 설명 이 프로그램은 지금까지 배운 위젯을 모두 활용한다. 레이블, 라디오버튼, 버튼, 이미지를 모두 활용하여 좋아하는 동물 투표 프로그램을 만들어 보자. 앞서 배운 내용들이므로 별로 어렵지는 않을 것이다. 실행 결과에서 볼 수 있듯이 사용 방법도 간단하다.

실행 결과

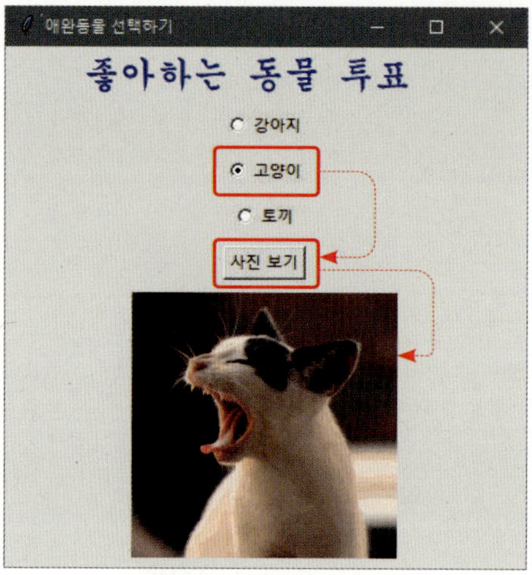

코드

```
from tkinter import *

## 함수 선언 부분 ##
def myFunc() :
    if var.get() == 1 :
        labelImage.configure(image = photo1)
    elif var.get() == 2 :
        labelImage.configure(image = photo2)
    else :
        labelImage.configure(image = photo3)

## 변수 선언 부분 ##
var, labelImage = 0, None
photo1, photo2, photo3 = [None] * 3

## 메인 코드 부분 ##
if __name__ == "__main__" :
    window = Tk()
```

```
19    window.geometry("400x400")
20    window.title("애완동물 선택하기")
21    labelText = Label(window, text = "좋아하는 동물 투표 ", fg = "blue", \
22                font = ("궁서체", 20))
23
24    var = IntVar()
25    rb1 = Radiobutton(window, text = "강아지", variable = var, value = 1)
26    rb2 = Radiobutton(window, text = "고양이", variable = var, value = 2)
27    rb3 = Radiobutton(window, text = "토끼", variable = var, value = 3)
28    buttonOk = Button(window, text = "사진 보기", command = myFunc)
29
30    photo1 = PhotoImage(file = "gif/dog3.gif")
31    photo2 = PhotoImage(file = "gif/cat.gif")
32    photo3 = PhotoImage(file = "gif/rabbit.gif")
33
34    labelImage = Label(window, width = 200, height = 200, bg = "yellow", \
35                image = None)
36
37    labelText.pack(padx = 5, pady = 5)
38    rb1.pack(padx = 5, pady = 5)
39    rb2.pack(padx = 5, pady = 5)
40    rb3.pack(padx = 5, pady = 5)
41    buttonOk.pack(padx = 5, pady = 5)
42    labelImage.pack(padx = 5, pady = 5)
43
44    window.mainloop()
```

코드 설명

4~10행	myFunc() 함수는 선택한 라디오버튼이 이미지를 바꾸도록 설정한다.
19~20행	윈도창의 크기와 제목을 설정한다.
24~28행	24행에서는 라디오버튼을 선택할 때 선택된 값을 저장할 var 변수를 준비한다. 25~27행에서 라디오버튼을 3개 준비하고, 28행에서 버튼을 누르면 myFunc() 함수가 실행되도록 설정한다.
30~35행	30~32행에서 이미지를 3개 준비하고, 34~35행에서 레이블에 이미지를 넣을 준비를 한다. 처음에는 아직 이미지를 선택하지 않았으므로 image 옵션을 None으로 지정해서 이미지가 보이지 않도록 한다.
37~42행	준비한 위젯을 화면에 보이게 한다. padx는 x 간격을, pady는 y 간격을 어느 정도 떨어지게 한다. 위젯 간격이 너무 좁으면 가독성이 좋지 않기 때문에 사용한 옵션이다.

응용예제 02

흑백 사진에 메뉴 추가하기

난이도★★★★★

예제 설명 [프로그램 2]의 흑백 사진 보기 프로그램에 *.raw 파일을 선택해 열고 사진에 각종 효과를 주는 메뉴를 추가해 보자.

실행 결과

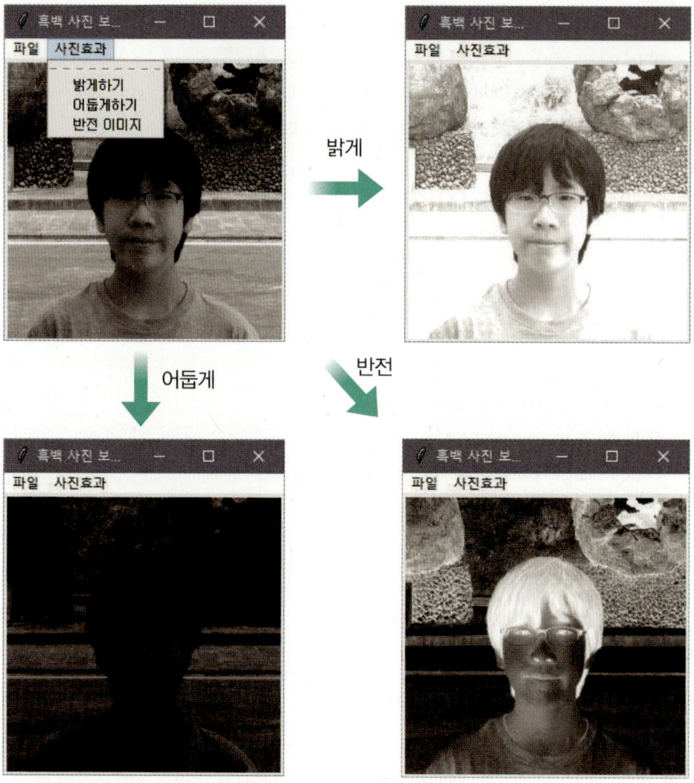

코드

```
from tkinter import *
from tkinter.filedialog import *
from tkinter.simpledialog import *
import os.path
import math

## 함수 선언 부분 ##
def loadImage(fname) :
    global window, canvas, paper, filename, XSIZE, YSIZE, inImage

    inImage = []
```

```
    fsize = os.path.getsize(fname)          # 파일의 크기
    XSIZE = YSIZE = int(math.sqrt(fsize))    # 정방형으로 가정하고 크기 구함

    fp = open(fname, 'rb')

    for i in range(0, XSIZE) :
        tmpList = []
        for k in range(0, YSIZE) :
            data = int(ord(fp.read(1)))
            tmpList.append(data)
        inImage.append(tmpList)

    fp.close()

def displayImage(image) :
    global window, canvas, paper, filename, XSIZE, YSIZE, inImage
    rgbString = ""
    for i in range(0, XSIZE) :
        tmpString = ""
        for k in range(0, YSIZE) :
            data = image[i][k]
            tmpString += "#%02x%02x%02x " % (data, data, data)
        rgbString += "{" + tmpString + "} "
    paper.put(rgbString)

def func_open() :
    global window, canvas, paper, filename, XSIZE, YSIZE, inImage

    filename = askopenfilename(parent = window, filetypes = (("RAW 파일", \
                "*.raw"), ("모든 파일", "*.*")))
    if filename == '' :      # 대화상자에서 취소를 눌렀으면
        return

    if canvas != None :      # 기존에 열린 적이 있으면 삭제
        canvas.destroy()

    # 파일 --> 메모리
    loadImage(filename)

    window.geometry(str(XSIZE) + 'x' + str(YSIZE))   # 윈도창 크기
    canvas = Canvas(window, height = XSIZE, width = YSIZE)
    paper = PhotoImage(width = XSIZE, height = YSIZE)
    canvas.create_image((XSIZE / 2, YSIZE / 2), image = paper, state = "normal")

    # 메모리 --> 화면
```

```
    displayImage(inImage)

    canvas.pack()

def func_exit() :
    window.quit()
    window.destroy()

def brightPhoto() :
    global window, canvas, paper, filename, XSIZE, YSIZE, inImage, filename
    value = 0
    value = askinteger('밝게', '값 입력', minvalue = 1, maxvalue = 255)

    for i in range(0, XSIZE) :
        for k in range(0, YSIZE) :
            data = inImage[i][k] + value
            if data > 255 :
                newData = 255
            else :
                newData = data
            inImage[i][k] = newData

    displayImage(inImage)

def darkPhoto() :
    global window, canvas, paper, filename, XSIZE, YSIZE, inImage
    value = 0
    value = askinteger('어둡게', '값 입력', minvalue = 1, maxvalue = 255)

    for i in range(0, XSIZE) :
        for k in range(0, YSIZE) :
            data = inImage[i][k] - value
            if data < 0 :
                newData = 0
            else :
                newData = data
            inImage[i][k] = newData

    displayImage(inImage)

def reversePhoto() :
    global window, canvas, paper, filename, XSIZE, YSIZE, inImage

    for i in range(0, XSIZE) :
        for k in range(0, YSIZE) :
```

```
102             data = inImage[i][k]
103             newData = 255 - data
104             inImage[i][k] = newData
105
106     displayImage(inImage)
107
108 ## 변수 선언 부분 ##
109 window = None
110 canvas = None
111 XSIZE, YSIZE = 0, 0
112 inImage = []          # 2차원 리스트(메모리)
113 filename = ''         # 파일명(전역 변수)
114
115 ## 메인 코드 부분 ##
116 if __name__ == "__main__" :
117     window = Tk()
118     window.title("흑백 사진 보기(메뉴)")
119
120     # 메뉴 추가
121     mainMenu = Menu(window)
122     window.config(menu = mainMenu)
123     fileMenu = Menu(mainMenu)
124     mainMenu.add_cascade(label = "파일", menu = fileMenu)
125     fileMenu.add_command(label = "파일 열기", command = func_open)
126     fileMenu.add_separator()
127     fileMenu.add_command(label = "프로그램 종료", command = func_exit)
128
129     photoMenu = Menu(mainMenu)
130     mainMenu.add_cascade(label = "사진효과", menu = photoMenu)
131     photoMenu.add_command(label = "밝게하기", command = brightPhoto)
132     photoMenu.add_command(label = "어둡게하기", command = darkPhoto)
133     photoMenu.add_command(label = "반전 이미지", command = reversePhoto)
134
135     window.mainloop()
```

코드 설명

1~5행	관련 모듈을 임포트한다.
8~24행	파일명을 매개변수로 받아서 파일의 내용을 메모리로 읽어 온다. 파일을 여러 번 열 수 있으므로 11행에서 메모리를 초기화했다. 12~13행은 파일이 정방형이라는 가정하에 파일의 크기를 계산해서 가로(XSIZE)와 세로(YSIZE)의 크기를 결정한다. 즉 다양한 크기의 사진을 불러올 수 있다. 15~24행은 파일의 내용을 inImage 메모리에 읽어 들인다.
26~35행	image 리스트를 매개변수로 받아서 사진을 화면에 출력한다.

37~59행	[파일]-[열기] 메뉴를 선택하면 실행되는 함수이다. [파일 열기] 대화상자에서 선택된 raw 파일을 화면에 출력한다. 45~46행에서는 사진을 여러 번 열 수 있으므로 캔버스가 겹치지 않도록 기존에 사진을 연 적이 있으면 캔버스를 초기화한다. 사진을 여러 번 열 경우에 캔버스가 inImage 메모리로 불러들인다. 51~54행에서 사진 크기에 따라 윈도창의 크기를 조절한다. 59행에서 메모리를 화면에 출력한다.
65~79행	[사진효과]-[밝게하기] 메뉴를 선택하면 실행되는 함수이다. 68행에서 밝게 할 값을 입력받는다. 각 픽셀은 0부터 255까지의 값을 가지므로 최소 1부터 최대 255까지 밝게 했다. 70~77행은 영상의 가로×세로 크기만큼 반복한다. 72행에서 픽셀값에 입력된 값을 더한다. 73~76행은 더한 픽셀값이 최대 255이므로 255가 넘으면 255로 취급한다는 의미이다. 77행에서 결정된 새로운 값을 다시 inImage 메모리에 저장한다. 79행에서 다시 새로운 값으로 채운 inImage를 화면에 출력한다.
81~95행	brightPhoto( ) 함수와 동일한 개념이다. 단 픽셀값은 0 이하가 될 수 없도록 처리했다.
97~106행	영상을 반전 처리한다. 255에서 픽셀값을 빼면 반전되는 효과가 된다.
109~113행	전역 변수를 설정한다.
121~133행	메뉴를 생성하고, 각 메뉴를 선택할 때 실행될 함수를 설정한다.

PART 02

데이터 분석

PART 02

데이터 분석

CHAPTER 06

CSV 파일 처리

학습목표

- CSV 파일의 구조에 대해서 이해한다.
- CSV 텍스트 파일에 내용을 읽거나 쓰는 기능을 배운다.
- CSV 라이브러리를 이용해서 읽거나 쓰는 기능을 배운다.
- GUI 환경을 활용해서 CSV 파일을 엑셀처럼 표현하는 방식을 알아본다.

SECTION
01 이 장에서 만들 프로그램

대량의 표 데이터를 배포할 때 가장 많이 사용하는 파일 형식 중 하나는 CSV이다. CSV 파일은 특히 데이터가 대용량인 경우 적합하다. 데이터 분석을 위한 가장 첫 번째 주제로 CSV 파일을 처리하는 방식을 알아보도록 하자.

1 [프로그램 1] CSV 파일 복사

첫 번째로 만들 프로그램은 파이썬의 기본적인 파일 처리 방법을 사용해서 CSV 파일을 다른 CSV 파일로 복사하는 프로그램이다. 복사한 새로운 CSV 파일은 필요한 부분만 추출해서 생성한다. CSV 파일의 구조를 이해한 후 파이썬에서 처리하는 방법을 익힐 수 있다.

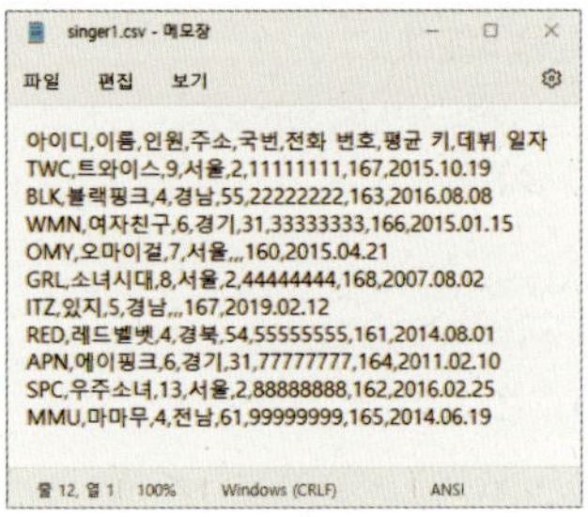

CSV 파일

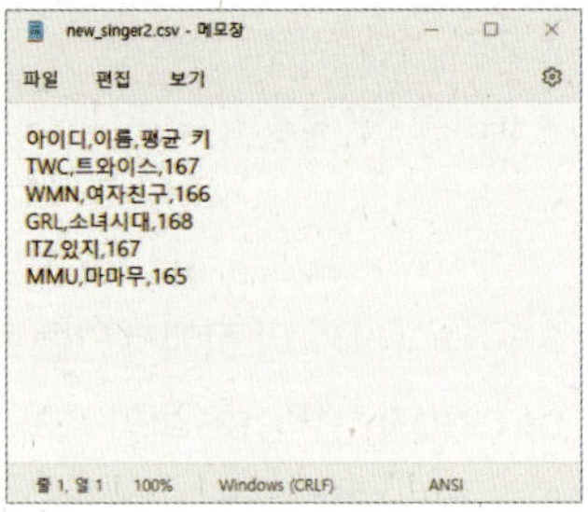

CSV 파일(변경)

2 [프로그램 2] CSV 파일 출력

두 번째로 만들 프로그램은 CSV 파일을 읽어서 엑셀처럼 GUI로 출력하는 프로그램이다. 기능 구현은 csv 라이브러리를 활용하고, GUI 화면은 tkinter를 사용한다.

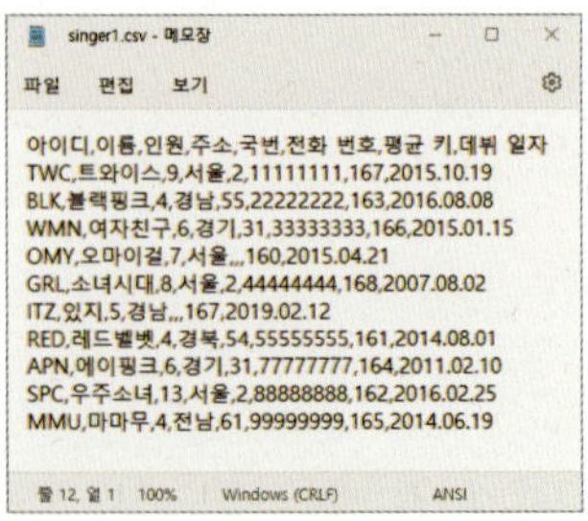

CSV 파일

GUI 화면 출력

SECTION
02 CSV 파일 처리 방법

1 CSV 파일의 개념

CSV 파일은 Comma Separated Values의 약자로 '쉼표로 구분된 값'이라고 해석할 수 있다. 텍스트 파일처럼 메모장에서 생성, 읽기, 쓰기가 가능한 데이터 형식이며, 숫자나 문자열로 구성된 표를 단순한 텍스트 형식으로 저장한 것이다. 메모장에서 생성한 CSV의 대표적인 형태는 [그림 6-1]과 같다.

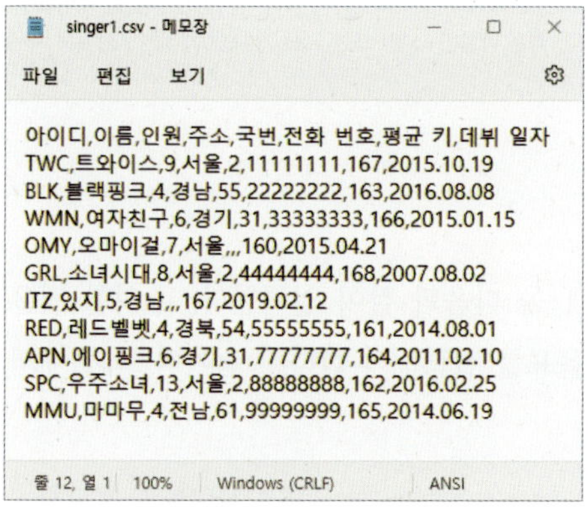

그림 6-1 메모장에서 생성한 CSV 파일

TIP • 정부에서 제공하는 공공데이터포털(https://www.data.go.kr/)에서 주로 배포하는 파일 포맷이 CSV다. 이 책도 공공데이터포털에서 다운로드한 일부 자료를 사용한다.

[그림 6-1]의 CSV 파일은 [표 6-1]과 같은 형태의 데이터를 입력한 것이다. 첫 행은 각 열의 값의 이름을 표현한 헤더(Header)이며, 두 번째 행부터는 데이터 값이다. CSV 파일에는 행의 값을 쉼표로 구분한다.

표 6-1 CSV로 생성할 표 데이터

아이디	이름	인원	주소	국번	전화 번호	평균 키	데뷔 일자
TWC	트와이스	9	서울	02	11111111	167	2015.10.19
BLK	블랙핑크	4	경남	055	22222222	163	2016.08.08
WMN	여자친구	6	경기	031	33333333	166	2015.01.15
OMY	오마이걸	7	서울			160	2015.04.21

GRL	소녀시대	8	서울	02	44444444	168	2007.08.02
ITZ	있지	5	경남			167	2019.02.12
RED	레드벨벳	4	경북	054	55555555	161	2014.08.01
APN	에이핑크	6	경기	031	77777777	164	2011.02.10
SPC	우주소녀	13	서울	02	88888888	162	2016.02.25
MMU	마마무	4	전남	061	99999999	165	2014.06.19

그런데 CSV 파일을 메모장에서 직접 생성하거나 편집하는 것은 다소 불편하다. 쉼표로 구분되어 있기 때문에 데이터 값에 따라 길이가 들쑥날쑥해서 한눈에 잘 들어오지 않는다. 그래서 CSV를 직접 입력하여 생성할 때는 엑셀(Excel)을 사용하는 것이 편리하다. 잠시 후에 우리도 데이터를 입력할 때 엑셀을 사용할 것이다.

TIP • 엑셀은 원래 *.xlsx 또는 *.xls 확장자 파일을 처리하며, 이러한 파일들은 이진 파일(Binary File)이기에 메모장에서 편집할 수 없다. 또한, 엑셀 파일은 행의 개수에 어느 정도 제한이 있지만, CSV 파일은 순수한 텍스트 파일이기에 행의 개수가 무제한이다. 따라서 대용량 파일을 처리할 때 CSV 파일이 많이 사용되며, 빅데이터 파일도 CSV로 데이터를 배포하는 경우가 많다. 엑셀 파일인 *.xlsx 또는 *.xls에 대한 처리는 7장에서 자세히 살펴볼 것이다.

2 CSV 파일 생성

간단한 CSV 파일을 생성하자. 엑셀을 실행해서 [표 6-1]을 다음과 같이 입력한다. 주의할 점은 '국번' 열의 경우 앞에 숫자 0이 들어가야 하므로 작은따옴표를 입력해야 한다는 점이다. 엑셀에서는 기본적으로 02를 입력해도 2로 저장되기 때문이다.

TIP • 엑셀이 설치되어 있지 않거나, 입력 과정을 생략하고 싶다면 책의 자료실(http://www.hanbit.co.kr/src/4612)에서 CSV 파일을 다운로드해도 된다.

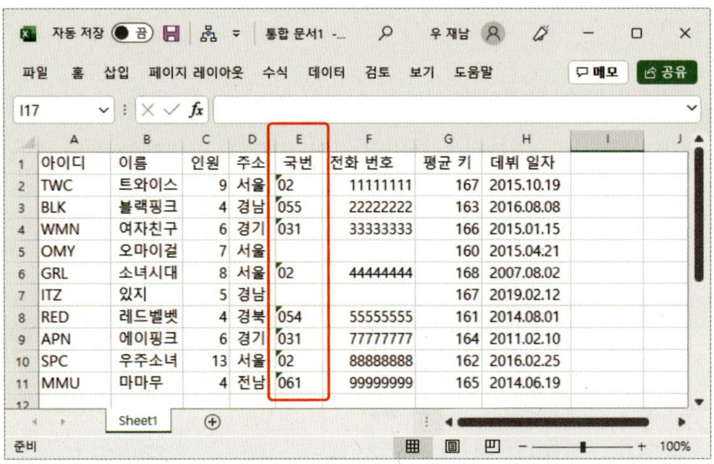

아이디	이름	인원	주소	국번	전화 번호	평균 키	데뷔 일자
TWC	트와이스	9	서울	02	11111111	167	2015.10.19
BLK	블랙핑크	4	경남	055	22222222	163	2016.08.08
WMN	여자친구	6	경기	031	33333333	166	2015.01.15
OMY	오마이걸	7	서울			160	2015.04.21
GRL	소녀시대	8	서울	02	44444444	168	2007.08.02
ITZ	있지	5	경남			167	2019.02.12
RED	레드벨벳	4	경북	054	55555555	161	2014.08.01
APN	에이핑크	6	경기	031	77777777	164	2011.02.10
SPC	우주소녀	13	서울	02	88888888	162	2016.02.25
MMU	마마무	4	전남	061	99999999	165	2014.06.19

그림 6-2 엑셀에서 데이터 입력

입력을 완료하면 파일 형식을 CSV로 선택한 후 C:\CookAnalysis\CSV\singer1.csv로 저장한다. 만약 C:\CookAnalysis\CSV\ 폴더가 없다면 폴더를 먼저 생성하여 저장한다. 그 후 엑셀을 종료한다.

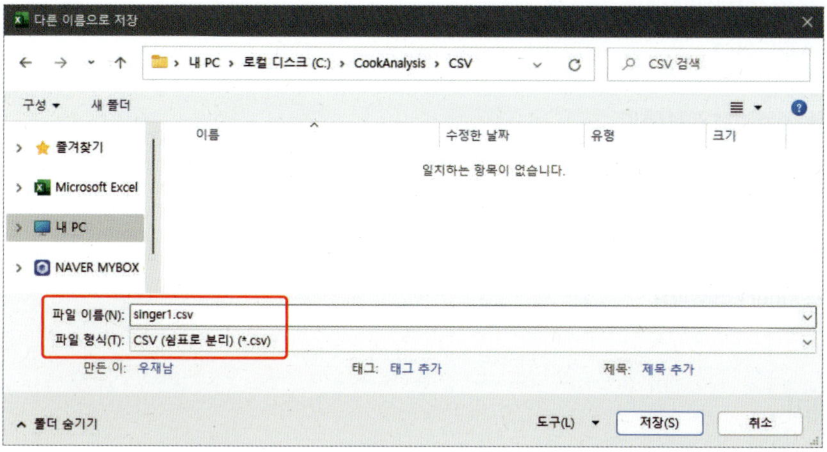

그림 6-3 CSV 파일로 저장

저장된 파일을 메모장에서 읽을 수 있다. [파일 탐색기]에서 C:\CookAnalysis\CSV\singer1.csv 파일을 선택하고 마우스 오른쪽 버튼을 클릭한 후 [연결 프로그램]-[메모장]을 선택한다. 만약 [메모장]이 보이지 않으면 [다른 앱 선택]을 클릭해서 메모장을 찾을 수 있다.

TIP • 엑셀이 설치된 컴퓨터에서는 CSV 파일을 더블클릭하면 엑셀에서 열린다.

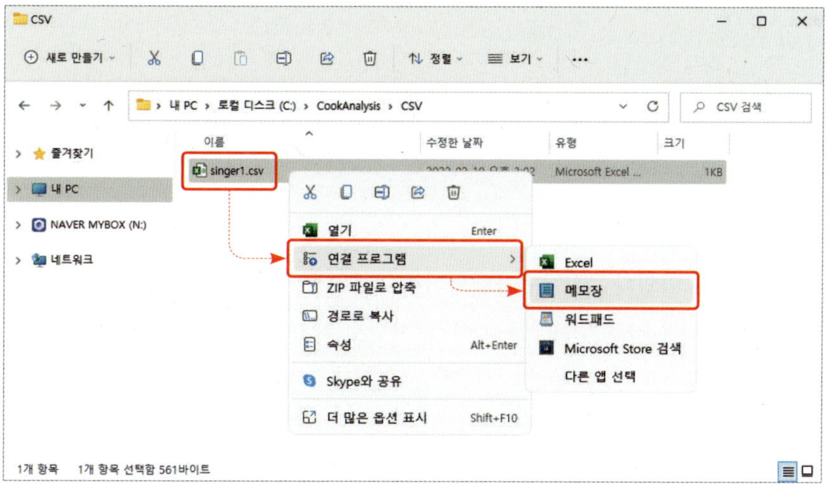

그림 6-4 CSV 파일을 메모장에서 열기

메모장에서 singer1.csv 파일이 열린다. 다음 절에서 이 파일을 처리하는 파이썬 코드를 작성해보자.

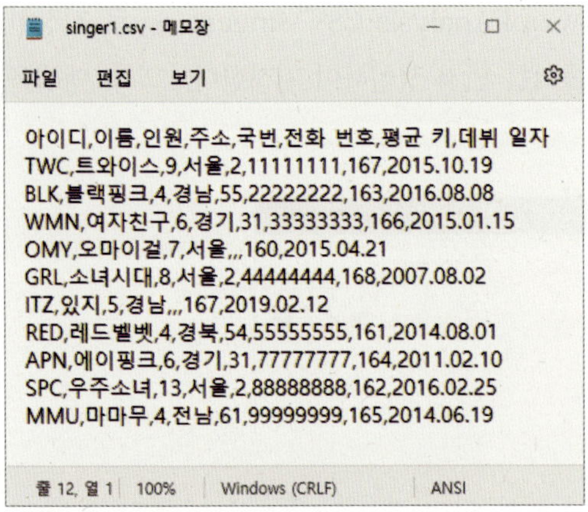

singer1.csv - 메모장

파일 편집 보기

아이디,이름,인원,주소,국번,전화 번호,평균 키,데뷔 일자
TWC,트와이스,9,서울,2,11111111,167,2015.10.19
BLK,블랙핑크,4,경남,55,22222222,163,2016.08.08
WMN,여자친구,6,경기,31,33333333,166,2015.01.15
OMY,오마이걸,7,서울,,,160,2015.04.21
GRL,소녀시대,8,서울,2,44444444,168,2007.08.02
ITZ,있지,5,경남,,,167,2019.02.12
RED,레드벨벳,4,경북,54,55555555,161,2014.08.01
APN,에이핑크,6,경기,31,77777777,164,2011.02.10
SPC,우주소녀,13,서울,2,88888888,162,2016.02.25
MMU,마마무,4,전남,61,99999999,165,2014.06.19

줄 12, 열 1 100% Windows (CRLF) ANSI

그림 6-5 메모장에서 열린 singer1.csv 파일

3 CSV 파일 처리

5장에서 학습한 텍스트 파일을 처리하는 방식으로 CSV 파일도 처리할 수 있다. 텍스트 파일을 읽어서 출력하기 위한 가장 기본적인 구조는 Code06-01.py와 같다. singer1.csv 파일의 첫 줄인 헤더를 읽어서 화면에 출력해보자.

Code06-01.py

```
1 inFp = open("C:/CookAnalysis/CSV/singer1.csv", "r")
2
3 inStr = inFp.readline()
4 print(inStr, end = "")
5
6 inStr = inFp.readline()
7 print(inStr, end = "")
8
9 inFp.close()
```

실행 결과

```
아이디, 이름, 인원, 주소, 국번, 전화 번호, 평균 키, 데뷔 일자
TWC, 트와이스, 9, 서울, 02, 11111111, 167, 2015.10.19
```

1행 CSV 파일을 읽기 전용으로 열었다. 계속 언급했듯이 CSV도 텍스트 파일과 동일하게 처리할 수 있다.

3, 6행 한 행을 문자열로 읽었다.

4, 7행 읽어온 내용을 출력했다.

Code06-01.py를 Code06-02.py처럼 좀 더 효율적으로 표현할 수도 있다. with 예약어를 사용하면 Code06-01.py 9행의 파일을 닫는 과정이 생략된다. 실행 결과는 Code06-01.py와 동일하다.

Code06-02.py

```
1 with open("C:/CookAnalysis/CSV/singer1.csv", "r") as inFp :
2
3     inStr = inFp.readline()
4     print(inStr, end = "")
5
6     inStr = inFp.readline()
7     print(inStr, end = "")
```

1행 with 예약어를 open() 함수와 함께 사용하고 마지막에 as문을 사용했다. 그러면 Code 06-01.py의 1행과 동일하다. 단, with절 이후에 파일을 읽거나 쓰는 내용은 들여쓰기로 묶어야 하며, close()문은 사용하지 않는다.

이제는 완전하게 CSV 파일을 읽어서 처리해 보자. 그런데 CSV는 한 줄을 모두 처리하는 것이 아니라 각 데이터를 처리해야 의미가 있다. 즉, TWC, 트와이스, 9 … 등을 리스트에 분리해서 저장해야 이후 계산이 가능해진다. Code06-03.py는 CSV 파일의 헤더를 별도로 먼저 읽어서 처리한 후 나머지 모든 행을 리스트로 저장하고 각 항목을 분리해서 출력한다.

Code06-03.py

```
def printList(pList) :
    for data in pList :
      print(data, end='\t')
    print()

with open("C:/CookAnalysis/CSV/singer1.csv", "r") as inFp :
    header = inFp.readline()
    header = header.strip()
    header_list = header.split(',')
    printList(header_list)
    for inStr in inFp:
        inStr = inStr.strip()
        row_list = inStr.split(',')
        printList(row_list)
```

실행 결과

아이디	이름	인원	주소	국번	전화 번호	평균 키	데뷔 일자
TWC	트와이스	9	서울	02	11111111	167	2015.10.19
BLK	블랙핑크	4	경남	055	22222222	163	2016.08.08
WMN	여자친구	6	경기	031	33333333	166	2015.01.15
OMY	오마이걸	7	서울			160	2015.04.21
GRL	소녀시대	8	서울	02	44444444	168	2007.08.02

```
ITZ    있지      5    경남                     167    2019.02.12
RED    레드벨벳  4    경북   054   55555555   161    2014.08.01
APN    에이핑크  6    경기   031   77777777   164    2011.02.10
SPC    우주소녀  13   서울   02    88888888   162    2016.02.25
MMU    마마무    4    전남   061   99999999   165    2014.06.19
```

1~3행 리스트의 내용을 출력하는 함수를 생성한다.

7~10행 첫 행인 헤더를 읽어서 출력한다. 8행의 strip()은 문자열의 앞뒤 공백이나 다음 행으로 넘어가는 문자('\n')를 제거해 준다. 9행의 split('구분자')는 문자열을 구분자로 분리해서 리스트로 생성한다. 즉 다음과 같이 처리해준다.

```
"아이디, 이름, 인원, 주소, 국번, 전화 번호, 평균 키, 데뷔 일자"
→ ['아이디', '이름', '인원', '주소', '국번', '전화 번호', '평균 키', '데뷔 일자']
```

11~14행 실제 데이터 행인 2행부터 CSV 파일의 끝까지 문자열을 콤마로 분리해서 출력한다.

다음 코드에서 우리가 사용할 기능을 몇 가지 확인할 수 있다. 먼저 문자열에서 일부 문자를 변경하는 코드이다. 문자열.replace() 함수를 사용한다.

```
myStr = "2025-5-5"
myStr.replace('-', '#')
```

실행 결과

```
'2025#5#5'
```

format()을 이용하여 정수 데이터 형식을 소수점이 들어간 문자열 형식으로 변경할 수 있다.

```
num1, num2 = 1234.555,  100
"{0:0.0f} {1:0.2f}".format(num1, num2)
```

실행 결과

```
'1235 100.00'
```

첫 번째 행의 num1은 1234.5555가 들어 있다. 두 번째 행은 "{순번:형식} {순번:형식}". format(값, 값, …) 형식이다. 순번은 뒤에 나오는 값의 순서인데 0, 1, 2 … 순으로 부여된다. 형식은 정수인 경우엔 d, 실수인 경우엔 f를 사용한다. 0.0f는 소수점 아래 자릿수가 0이라는 의미이고, 0.2f는 소수점 아래 자릿수를 2자리까지 설정하라는 의미이다. 결과는 문자열로 출력된다.

리스트를 문자열로 변경하려면 '구분자'.join()을 사용할 수 있다. 다음은 리스트의 내용을 해시(#)로 구분해서 묶어준다.

```
myList = ['파이썬', '데이터', '분석']
'#'.join(myList)
```

실행 결과

```
'파이썬#데이터#분석'
```

그런데 숫자 리스트의 경우 join을 하기 전에 모두 문자열로 변경해야 한다. 이때 map(함수, 리스트)로 리스트에 함수가 한 번에 적용되는 방식을 사용하면 편리하다.

```
myList = [100, 200, 300]
list(map(str, myList))
```

실행 결과

```
['100', '200', '300']
```

위 2행에서 map() 함수는 myList의 각 항목마다 str() 함수를 한꺼번에 적용시킨다. 따라서 리스트의 모든 항목이 문자열로 변경되었다. 참고로 결과를 다시 list()로 묶어줘야 리스트 형태로 출력된다.

join()과 map()을 모두 사용하여 숫자 리스트를 문자열로 묶어보자.

```
myList = [2025, 8, 8]
'/'.join(map(str, myList))
```

실행 결과

```
'2025/8/8'
```

이번에는 CSV 파일을 다른 파일로 복사해보자. 복사할 때는 날짜의 형식을 "연.월.일"에서 "연/월/일"로 변경하겠다. 또한, 평균 키도 소수점 아래 2자리까지 자릿수를 변경해서 복사하자. 실행 결과는 new-singer1.csv를 메모장에서 열어본 결과이다.

Code06-04.py

```
with open("C:/CookAnalysis/CSV/singer1.csv", "r") as inFp :
    with open("C:/CookAnalysis/CSV/new_singer1.csv", "w") as outFp:
        header = inFp.readline()
        header = header.strip()
        header_list = header.split(',')
        header_str = ','.join(map(str, header_list))
        outFp.write(header_str + '\n')
        for inStr in inFp:
            inStr = inStr.strip()
            row_list = inStr.split(',')
            row_list[-1] = row_list[-1].replace('.', '/')
            height_str = "{0:.2f}".format(int(row_list[-2]))
            row_list[-2] = height_str
            row_str = ','.join(map(str, row_list))
            outFp.write(row_str + '\n')

print('Save. OK~')
```

실행 결과

```
아이디,이름,인원,주소,국번,전화 번호,평균 키,데뷔 일자
TWC,트와이스,9,서울,02,11111111,167.00,2015/10/19
BLK,블랙핑크,4,경남,055,22222222,163.00,2016/08/08
WMN,여자친구,6,경기,031,33333333,166.00,2015/01/15
OMY,오마이걸,7,서울,,,160.00,2015/04/21
GRL,소녀시대,8,서울,02,44444444,168.00,2007/08/02
ITZ,있지,5,경남,,,167.00,2019/02/12
RED,레드벨벳,4,경북,054,55555555,161.00,2014/08/01
APN,에이핑크,6,경기,031,77777777,164.00,2011/02/10
SPC,우주소녀,13,서울,02,88888888,162.00,2016/02/25
MMU,마마무,4,전남,061,99999999,165.00,2014/06/19
```

1행 singer1.csv 파일을 읽기용으로 열었다.

2행 new_singer1.csv를 쓰기용으로 열었다.

5~7행 리스트로 변환한 헤더를 다시 문자열로 묶고 헤더를 파일에 기록했다.

11~13행 row_list[-1]은 마지막 열인 데뷔 일자 열을, row_list[-2]는 마지막 2번째 열인 평균 키 열을 의미한다. 11행에서 데뷔 일자의 마침표(.)를 슬래시(/)로 변경했다. 12, 13행에서는 소수점이 없는 평균 키를 소수점 2자리까지 변경했다.

14~15행 리스트를 다시 문자열로 묶고 파일에 기록했다.

4 [프로그램 1] 완성

모든 열이 아닌 일부 열만 처리해 보자. singer1.csv의 열 중에서 아이디, 이름, 평균 키만 추출하여 singer1_height.csv로 저장해 보자. 현재는 열이 몇 개 되지 않아서 아이디는 0번째, 이름은 1번째, 평균 키는 5번째 열인 것을 알 수 있다. 하지만 열이 상당히 많아서 어디쯤 해당 열이 있는지 모르는 경우를 대비해 열의 위치를 찾은 후 해당 열만 저장하는 방식을 익혀보겠다. 또한 평균 키가 165 이상인 가수 그룹만 추출해 보자. 실행 결과는 new_singer2.csv를 메모장에서 열어본 결과이다.

Code06-05.py

```python
with open("C:/CookAnalysis/CSV/singer1.csv", "r") as inFp :
    with open("C:/CookAnalysis/CSV/new_singer2.csv", "w") as outFp:
        header = inFp.readline()
        header = header.strip()
        header_list= header.split(',')
        idx1 = header_list.index('아이디')
```

```
7          idx2 = header_list.index('이름')
8          idx3 = header_list.index('평균 키')
9          header_list = [header_list[idx1], header_list[idx2], header_list[idx3]]
10         header_str = ','.join(map(str, header_list))
11         outFp.write(header_str + '\n')
12         for inStr in inFp:
13             inStr = inStr.strip()
14             row_list = inStr.split(',')
15             if int(row_list[idx3]) >= 165 :
16                 row_list = [row_list[idx1], row_list[idx2], row_list[idx3]]
17                 row_str = ','.join(map(str, row_list))
18                 outFp.write(row_str + '\n')
19
20 print('Save. OK~')
```

실행 결과

```
아이디,이름,평균 키
TWC,트와이스,167
WMN,여자친구,166
GRL,소녀시대,168
ITZ,있지,167
MMU,마마무,165
```

6~8행 저장하고자 하는 각 열 이름의 위치를 찾는다.

9행 찾은 열 이름으로 아이디, 이름, 평균 키의 새로운 헤더 리스트를 만들었다.

15~18행 평균 키가 165 이상인 경우에만 아이디, 이름, 평균 키 열을 파일에 기록했다.

SELF STUDY 6-1

Code06-05.py를 수정하여 이름, 국번, 전화 번호만 new_singer3.csv로 저장해보자. 단, 전화 번호가 없는 행은 제외하고 저장한다.

실행 결과

```
이름,국번,전화 번호
트와이스,02,11111111
블랙핑크,055,22222222
여자친구,031,33333333
소녀시대,02,44444444
레드벨벳,054,55555555
에이핑크,031,77777777
우주소녀,02,88888888
마마무,061,99999999
```

SECTION
03 CSV 파일 활용

1 콤마가 포함된 데이터

CSV 파일은 콤마(,)로 각 데이터가 구분된다. 그런데 데이터 값 중 콤마가 들어 있는 경우를 생각해보자. 예를 들어 금액을 표시할 때는 세 자리 즉 천 단위로 콤마를 붙인다. 또 여러 건의 데이터가 있을 때도 콤마로 구분한다.

계속 사용해온 singer1.csv 파일에서 '국번' 열과 '전화 번호' 열은 삭제하고 다음과 같이 유튜브 조회수 열을 천 단위에서 콤마(,)를 사용하여 추가한 후 singer2.csv로 저장하자.

TIP • 엑셀이 설치되지 않았거나, 입력 과정을 생략하고 싶다면 책의 자료실(http://www.hanbit.co.kr/src/4612)에서 CSV 파일을 다운로드해도 된다.

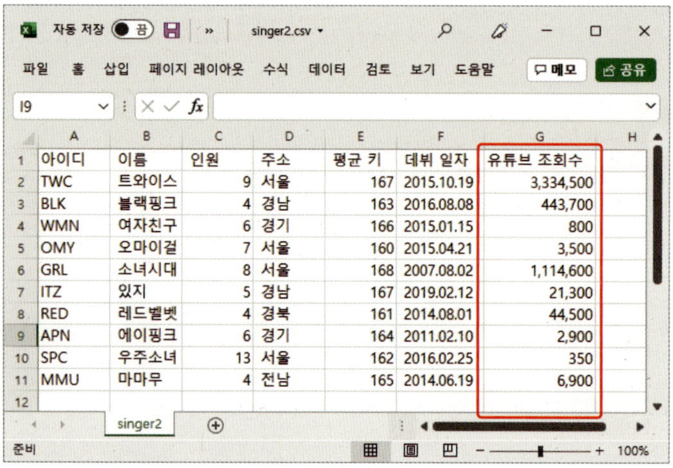

아이디	이름	인원	주소	평균 키	데뷔 일자	유튜브 조회수
TWC	트와이스	9	서울	167	2015.10.19	3,334,500
BLK	블랙핑크	4	경남	163	2016.08.08	443,700
WMN	여자친구	6	경기	166	2015.01.15	800
OMY	오마이걸	7	서울	160	2015.04.21	3,500
GRL	소녀시대	8	서울	168	2007.08.02	1,114,600
ITZ	있지	5	경남	167	2019.02.12	21,300
RED	레드벨벳	4	경북	161	2014.08.01	44,500
APN	에이핑크	6	경기	164	2011.02.10	2,900
SPC	우주소녀	13	서울	162	2016.02.25	350
MMU	마마무	4	전남	165	2014.06.19	6,900

그림 6-6 데이터에 콤마가 들어간 CSV 파일

메모장에서 singer2.csv를 열어서 확인해보자. 콤마(,)가 들어간 데이터는 큰따옴표(" ")로 자동으로 묶인 것을 확인할 수 있다. 즉, 실제 구분자인 콤마와 데이터 중에 포함된 콤마를 구분할 수 있다. 또한 같은 유튜브 조회수라 하더라도 콤마가 없는 것은 큰 따옴표를 사용하지 않은 것을 확인할 수 있다.

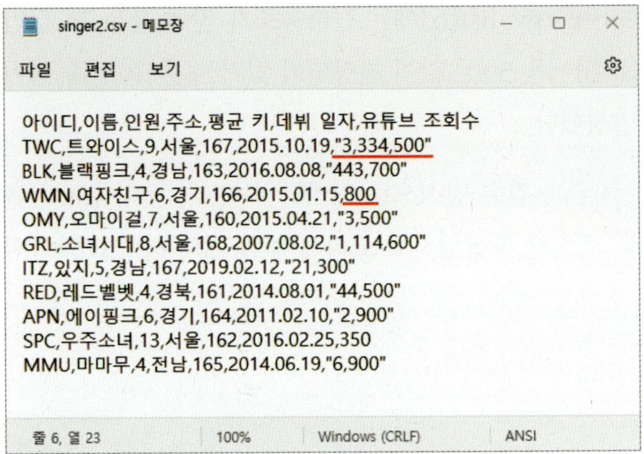


```
아이디,이름,인원,주소,평균 키,데뷔 일자,유튜브 조회수
TWC,트와이스,9,서울,167,2015.10.19,"3,334,500"
BLK,블랙핑크,4,경남,163,2016.08.08,"443,700"
WMN,여자친구,6,경기,166,2015.01.15,800
OMY,오마이걸,7,서울,160,2015.04.21,"3,500"
GRL,소녀시대,8,서울,168,2007.08.02,"1,114,600"
ITZ,있지,5,경남,167,2019.02.12,"21,300"
RED,레드벨벳,4,경북,161,2014.08.01,"44,500"
APN,에이핑크,6,경기,164,2011.02.10,"2,900"
SPC,우주소녀,13,서울,162,2016.02.25,350
MMU,마마무,4,전남,165,2014.06.19,"6,900"
```

그림 6-7 데이터에 콤마가 들어간 CSV를 메모장에서 확인

이제는 singer2.csv 파일을 읽어서 이름(첫 번째 열)과 유튜브 조회수(여섯 번째 열)를 만 단위까지만 출력해보자. 예를 들어 3,334,500은 "333만", 3,500은 "0만"으로 출력하자.

Code06-06.py

```
1  with open("C:/CookAnalysis/CSV/singer2.csv", "r") as inFp :
2      header = inFp.readline()
3      header = header.strip()
4      header_list = header.split(',')
5      print(header_list[1], header_list[6])
6      for inStr in inFp:
7          inStr = inStr.strip()
8          row_list = inStr.split(',')
9          youtube = int(row_list[6])
10         youtube = int(youtube/10000)
11         print(row_list[1], str(youtube)+"만")
```

실행 결과

```
이름 유튜브 조회수
Traceback (most recent call last):
  File "C:/CookAnalysis/Code06-06.py", line 9, in <module>
    youtube = int(row_list[6])
ValueError: invalid literal for int() with base 10: '"3'
```

9행 row_list[6]에 저장된 "3,334,500" 값을 정수로 변환한다.

10행 "3,334,500"을 10,000으로 나누고 다시 정수로 변환해서 333으로 변환한 후 "333만"으로 출력하려고 했다.

그런데 9행에서 오류가 발생했다.

오류가 발생한 이유는 8행에서 콤마로 분류하여 row_list[6]에는 큰따옴표가 앞에 붙은 "3 값만 들어 있고, row_list[7]에는 334가, row_list[8]에는 500" 값이 저장되어 있기 때문이다. 즉 "3이라는 값은 정수로 변환할 수 없기에 오류가 발생했다.

이렇게 데이터에 콤마가 들어 있는 경우에는 지금과 같은 방식으로 처리할 수 없다. 큰따옴표가 붙은 데이터는 별도로 코드를 작성해야 하는데, 코드가 복잡해지고 고려해야 할 예외 사항도 많아진다. 이를 해결해 보자.

2 csv 라이브러리

파이썬에서는 내부 라이브러리 csv를 제공한다. 이는 CSV 파일을 간편하게 처리할 수 있다. 특히 singer2.csv와 같이 데이터에 콤마(,)가 들어간 경우에 유용하다. csv 라이브러리는 오픈한 파일을 CSV 전용 리더로 변환하면 된다. 또한 next() 함수를 사용하면 바로 리스트로 반환된다. Code06-06.py의 오류를 해결한 Code06-07.py를 확인해 보자.

Code06-07.py

```
import csv

with open("C:/CookAnalysis/CSV/singer2.csv", "r") as inFp :
    csvReader = csv.reader(inFp)
    header_list = next(csvReader)
    print(header_list[1],header_list[6])
    for row_list in csvReader:
        youtube = int(row_list[6].replace(',',''))
        youtube = int(youtube/10000)
        print(row_list[1], str(youtube)+"만")
```

실행 결과

```
이름 유튜브 조회수
트와이스 333만
블랙핑크 44만
여자친구 0만
오마이걸 0만
소녀시대 111만
있지 2만
레드벨벳 4만
에이핑크 0만
우주소녀 0만
마마무 0만
```

1행 파이썬 내부 라이브러리인 csv를 포함시켰다.

4행 3행에서 연 inFp를 csv.reader()를 사용해서 csv 전용의 csvReader 변수로 준비했다.

5행 next()를 사용하면 문자열이 아닌 헤더 리스트가 바로 반환된다.

7행 for 문은 csvReader에서 바로 리스트로 추출된다.

8행 row_list[6]은 "3,334,500" 형식의 문자열이므로 replace()를 사용해서 콤마(,)를 제거한 후 정수로 변환한다.

9~10행 만 단위로 계산하고 출력한다.

이제는 값에 콤마(,)가 들어가도 동일하게 한 건의 데이터로 읽힌다.

3 CSV 파일 합치기

같은 형식의 데이터가 있는 여러 개의 파일을 하나로 계산해야 하는 경우도 있다. 파이썬을 사용하지 않는다면 엑셀 등으로 직접 편집해야겠지만, 이제는 파이썬과 csv 라이브러리를 활용하여 자동으로 처리할 수 있다.

먼저 간단히 singerA.csv와 singerB.csv 파일을 합쳐서 singerSum.csv 파일로 만들어 보겠다.

TIP • singerA.csv와 singerB.csv 파일은 10건이 있는 singer1.csv 파일의 내용을 5건씩 나눈 파일이다.

Code06-08.py

```
import csv

with open("C:/CookAnalysis/CSV/singerA.csv", "r") as inFpA :
    with open("C:/CookAnalysis/CSV/singerB.csv", "r") as inFpB:
        with open("C:/CookAnalysis/CSV/singerSum.csv", "w", newline='') as outFp:
            csvReaderA = csv.reader(inFpA)
            csvReaderB = csv.reader(inFpB)
            csvWriter = csv.writer(outFp)
            header_list = next(csvReaderA)
            header_list = next(csvReaderB)
            csvWriter.writerow(header_list)

            for row_list in csvReaderA:
                csvWriter.writerow(row_list)
            for row_list in csvReaderB:
                csvWriter.writerow(row_list)

print('Save. OK~')
```

실행 결과

```
아이디,이름,인원,주소,국번,전화 번호,평균 키,데뷔 일자
ITZ,있지,5,경남,,,167,2019.02.12
RED,레드벨벳,4,경북,054,55555555,161,2014.08.01
APN,에이핑크,6,경기,031,77777777,164,2011.02.10
SPC,우주소녀,13,서울,02,88888888,162,2016.02.25
MMU,마마무,4,전남,061,99999999,165,2014.06.19
TWC,트와이스,9,서울,02,11111111,167,2015.10.19
BLK,블랙핑크,4,경남,055,22222222,163,2016.08.08
WMN,여자친구,6,경기,031,33333333,166,2015.01.15
OMY,오마이걸,7,서울,,,160,2015.04.21
GRL,소녀시대,8,서울,02,44444444,168,2007.08.02
```

3~4행 합칠 두 파일을 읽기 모드로 연다.

5행 결과 파일을 쓰기 모드로 연다. 제일 뒤에 newline=''은 csv 파일로 쓰기를 할 때 한 행이 사이사이에 들어가는 것을 방지한다.

9~11행 두 파일의 헤더가 동일하므로 연속으로 읽어서 하나만 취하고 헤더를 썼다.

13~16행 두 파일에서 각각 나머지 데이터 행을 읽어서 결과 파일에 썼다.

SELF STUDY 6-2

Code06-08.py를 수정하여 singerA.csv와 singer.B.csv 중 평균 키가 165 이상인 가수 그룹으로 구성된 singer 165.csv 파일을 생성하자.

SECTION

04 CSV 응용 프로그램

1 CSV 파일의 GUI 출력

텍스트 형태로 결과를 출력할 수도 있지만, 좀 더 직관적으로 확인하기 위해 엑셀 시트 형태로 출력할 수도 있다. 먼저 간단히 4행 3열 워크시트 형식을 출력하는 코드를 살펴보자.

Code06-09.py

```
from tkinter import *

## 함수 선언 부분 ##
def makeEmptySheet(r, w) :
    retList = []
    for i in range(0, r):
        tmpList = []
        for k in range(0, w):
            ent = Entry(window, text='', width=10)
            ent.grid(row=i, column=k)
            tmpList.append(ent)
        retList.append(tmpList)
    return retList

## 전역 변수 부분 ##
csvList = [ [ '제목1', '제목2' , '제목3'],
            [ 111, 222, 333],
            [ 444, 555, 666],
            [ 777, 888, 999]]
rowNum, colNum = 4, 3
workSheet = []

## 메인 코드 부분 ##
window = Tk()
workSheet = makeEmptySheet(rowNum, colNum)

for i in range(0, rowNum) :
    for k in range(0, colNum) :
```

```
29            workSheet[i][k].insert(0, csvList[i][k])
30
31  window.mainloop()
```

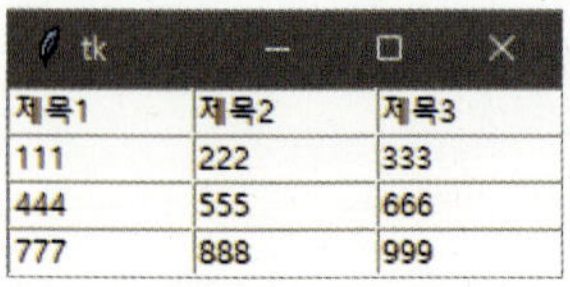

4~13행 넘겨받은 행과 열의 개수만큼 빈 시트를 만들어서 반환하는 함수다.

6~12행 행과 열만큼 이중 반복을 진행한다. 특히 7행은 한 개 행을 저장하는 임시 리스트 변수다.

8~11행 열의 개수만큼 한 줄을 만든다. 특히 9행의 Entry( )는 빈 한 칸의 셀을 만든다. width 옵션은 셀의 폭을 지정한다. 그리고 10행은 i행, k열의 위치에 빈 셀을 배치한다.

12~13행 생성한 한 줄을 retList에 추가하고, 생성한 2차원 시트를 반환한다.

16~20행 테스트로 사용할 4×3 크기의 2차원 리스트를 준비한다.

21행 화면에 출력할 워크시트 변수를 준비했다.

24, 31행 윈도창을 출력하기 위한 필수 코드다.

25행 makeEmptySheet( ) 함수를 호출하여 4×3 크기의 빈 시트를 생성한다.

27~29행 워크시트의 i행 k열에 16행에서 준비한 2차원 리스트의 값을 대입한다. insert(0, 값)은 각 셀의 첫 번째(0번째) 위치에 값을 대입한다.

2 [프로그램 2] 완성

앞선 코드를 활용하여 [프로그램 2]를 완성해 보자. singer1.csv를 읽어서 GUI 환경으로 출력해 보겠다. 또한 이번에는 평균 키가 167 이상인 가수 그룹의 행 색상도 변경해 보자.

Code06-10.py

```
from tkinter import *
import csv
## 함수 선언 부분 ##
def makeEmptySheet(r, w) :
 ~~~ Code06-09.py의 5~13행과 동일 ~~~

## 전역 변수 부분 ##
csvList = []
rowNum, colNum = 0, 0
workSheet = []
```

```
19
20 ## 메인 코드 부분 ##
21 window = Tk()
22
23 with open("C:/CookAnalysis/CSV/singer1.csv", "r") as inFp :
24     csvReader = csv.reader(inFp)
25     header_list = next(csvReader)
26     csvList.append(header_list)
27     for row_list in csvReader:
28         csvList.append(row_list)
29
30 rowNum = len(csvList)
31 colNum = len(csvList[0])
32 workSheet = makeEmptySheet(rowNum, colNum)
33
34 idx = 6
35 for i in range(0, rowNum) :
36     for k in range(0, colNum) :
37         if ( csvList[i][idx].isnumeric() ) :
38             if ( int(csvList[i][idx]) >= 167) :
39                 ent = workSheet[i][k]
40                 ent.configure(bg='yellow')
41         workSheet[i][k].insert(0, csvList[i][k])
42
43 window.mainloop()
```

tk

아이디	이름	인원	주소	국번	전화 번호	평균 키	데뷔 일자
TWC	트와이스	9	서울	02	11111111	167	2015.10.19
BLK	블랙핑크	4	경남	055	22222222	163	2016.08.08
WMN	여자친구	6	경기	031	33333333	166	2015.01.15
OMY	오마이걸	7	서울			160	2015.04.21
GRL	소녀시대	8	서울	02	44444444	168	2007.08.02
ITZ	있지	5	경남			167	2019.02.12
RED	레드벨벳	4	경북	054	55555555	161	2014.08.01
APN	에이핑크	6	경기	031	77777777	164	2011.02.10
SPC	우주소녀	13	서울	02	88888888	162	2016.02.25
MMU	마마무	4	전남	061	99999999	165	2014.06.19

23~28행 csv 라이브러리를 활용하여 singer1.csv 파일을 읽어서 csvList에 저장한다.

30~32행 csvList의 행과 열의 크기를 계산해서 해당 크기만큼의 빈 워크시트를 생성한다.

34행 singer1.csv의 평균 키가 6번째 열에 있는 것을 지정했다.

35~41행 csvList의 내용을 워크시트에 채운다.

37~40행 평균 키(여섯 번째 열)가 167 이상이라면 워크시트에서 그 행의 셀 배경 색상을 노란색으로 변경한다. 특히 29행은 제목 행을 처리하지 않기 위해서 값이 숫자인지 먼저 체크한다.

SELF STUDY 6-3

Code06-10.py를 수정해서 다음과 같이 앞에 인원수가 7명 이상인 셀만 분홍색(magenta)으로 변경해 보자.

아이디	이름	인원	주소	국번	전화 번호	평균 키	데뷔 일자
TWC	트와이스	9	서울	02	11111111	167	2015.10.19
BLK	블랙핑크	4	경남	055	22222222	163	2016.08.08
WMN	여자친구	6	경기	031	33333333	166	2015.01.15
OMY	오마이걸	7	서울			160	2015.04.21
GRL	소녀시대	8	서울	02	44444444	168	2007.08.02
ITZ	있지	5	경남			167	2019.02.12
RED	레드벨벳	4	경북	054	55555555	161	2014.08.01
APN	에이핑크	6	경기	031	77777777	164	2011.02.10
SPC	우주소녀	13	서울	02	88888888	162	2016.02.25
MMU	마마무	4	전남	061	99999999	165	2014.06.19

IT@COOKBOOK

요약

1 CSV 파일은 Comma Separated Values의 약자로 '쉼표로 구분된 값'이라는 의미이며, 일반 텍스트 파일처럼 메모장에서 읽기 및 쓰기가 가능한 데이터 형식이다. CSV 파일의 첫 행은 각 열의 값의 이름을 표현한 헤더(Header)이며 두 번째 행부터는 데이터 값이다. CSV 파일을 생성할 때 메모장보다는 엑셀을 주로 사용한다. 또한, CSV 파일은 파이썬 파일 처리 방식으로 사용할 수 있다.

2 CSV 파일을 일반 파일로 처리하는 표준 코드는 다음과 같다.

```
with open("C:/CookAnalysis/CSV/singer1.csv", "r") as inFp :

    inStr = inFp.readline()
    print(inStr, end = "")

    inStr = inFp.readline()
    print(inStr, end = "")
```

3 CSV 파일은 콤마(,)로 각 데이터가 구분된다. 그런데 데이터의 값 중에서 콤마가 들어 있으면 일반 파일 처리로는 상당히 까다롭다. 이를 내부 라이브러리인 csv로 처리할 수 있다. csv는 CSV 파일을 전용으로 처리하기 편리하다.

4 CSV 라이브러리를 활용한 표준 코드는 다음과 같다.

```
import csv

with open("C:/CookAnalysis/CSV/singer2.csv", "r") as inFp :
    csvReader = csv.reader(inFp)
    header_list = next(csvReader)
    for row_list in csvReader:
        # 여기서 row_list 처리
```

5 tkinter 라이브러리를 활용하면 CSV 파일을 엑셀처럼 GUI로 표현할 수 있다.

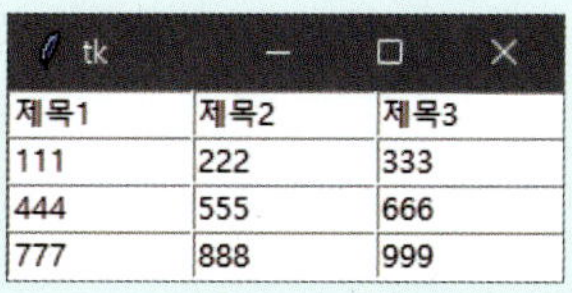

연습문제

1 다음 중 CSV의 약자로 옳은 것을 고르시오.

① Comma Separated Values

② Common Service Version

③ Comma Spread Volume

④ Common Shift Values

2 CSV 파일에 대한 설명으로 옳은 것을 고르시오.

① CSV 파일은 첫 번째 행부터 데이터 값이다.

② CSV 파일은 메모장에서 편집할 수 없고, 엑셀에서는 편집이 가능하다.

③ CSV 파일은 쉼표로 값이 구분된다.

④ CSV 파일의 확장명은 *.xls 또는 *.xls 다.

3 일반 파일 처리로 CSV 파일을 읽어서 2개 행을 출력하는 코드의 빈칸에 들어갈 함수를 보기에서 고르시오.

save	copy	paste	open	close	shift	out	in
excel	read	readcsv	readLine	write	writeline	with	

```
inFp = [ ❶ ]("CSV파일", "r")
inStr = inFp.[ ❷ ]()
print(inStr, end = "")
inStr = inFp.[ ❷ ]()
print(inStr, end = "")
inFp.[ ❸ ]()
```

4 파일을 with 예약어를 open() 함수와 함께 사용했을 때 생략 가능한 함수는 무엇인지 고르시오.

① read ② save ③ close ④ exit

5 다음 코드의 결과 myData에 들어 있는 값을 쓰시오.

```
myData= "2025/5/5"
myData.replace('/', '.')
```

6 다음 코드의 결과 myList에 들어 있는 값을 쓰시오.

```
myList = [1.1, 2.2, 3.3]
list(map(int, myList))
```

7 다음 csv 라이브러리에 대한 설명으로 옳지 않은 것을 고르시오.

① 파이썬 내부 라이브러리다.

② 파이썬이 원래 제공하므로 외부에서 별도로 설치할 필요는 없다.

③ csv 파일(*.csv)의 처리에는 유용하지만, 엑셀 파일(*.xls)을 처리할 수는 없다.

④ csv 라이브러리만 있으면 open() 함수는 사용할 필요가 없다.

8 csv 라이브러리를 사용하는 코드의 빈칸에 들어갈 것을 보기에서 고르시오.

previous	next	middle	open	close	csv	library
excel	read	readcsv	readLine	reader	writeline	with

```
import [ ❶ ]

with open("C:/CookAnalysis/CSV/singer2.csv", "r") as inFp :
    csvReader = csv.[ ❷ ](inFp)
    header_list = [ ❸ ](csvReader)
    for row_list in csvReader:
        print(row_list)
```

연습문제

IT@COOKBOOK

9 행, 열 크기의 엑셀 워크시트를 생성하는 GUI 함수의 빈칸에 들어갈 것을 보기에서 고르시오.

```
Button   Check     Entry     Excel    middle     open  close    csv      library
read     readcsv   readLine  reader   writeline  grid  retList  tmpList
```

```
def makeEmptySheet(r, w) :
    retList = []
    for i in range(0, r):
        tmpList = []
        for k in range(0, w):
            ent = [   ❶   ](window, text='', width=10)
            ent.[   ❷   ](row=i, column=k)
            tmpList.append(ent)
        retList.append(tmpList)
    return [   ❸   ]
```

응용예제 01

폴더 안의 모든 CSV 파일 합치기

난이도★★★☆☆

예제 설명 특정 폴더에 들어 있는 CSV 파일을 모두 합쳐 하나의 CSV 파일로 생성하는 프로그램을 작성한다. 폴더 안의 CSV 파일 개수에는 제한이 없어야 한다. 폴더는 C:\CookAnalysis\CSV\folder\ 폴더 안에 여러 개의 강원도 연도별 인구 CSV 파일을 미리 준비해 놓는다. 최종 CSV 파일은 C:\CookAnalysis\CSV\강원인구통합.csv로 저장한다.

TIP • 사용하는 강원도 인구 CSV 파일은 책의 자료실(http://www.hanbit.co.kr/src/4612)에서 다운로드 한다.

실행 결과

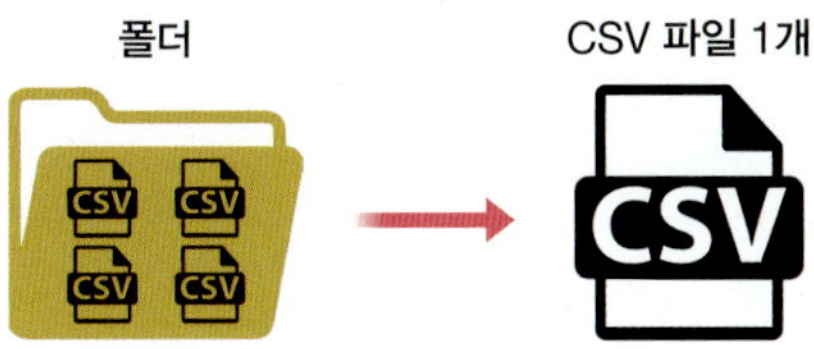

코드

```python
import csv
import glob
import os

## 전역 변수 부분 ##
file_list = glob.glob(os.path.join('C:/CookAnalysis/CSV/folder/', '*.csv'))
firstYN = True

## 메인 코드 부분 ##
for input_file in file_list :
    with open(input_file, "r") as inFp :
        with open("C:/CookAnalysis/CSV/강원인구통합.csv", "a" , newline='') \
        as outFp:
            csvReader = csv.reader(inFp)
            csvWriter = csv.writer(outFp)
            header_list = next(csvReader)

            if firstYN == True :
                csvWriter.writerow(header_list)
                firstYN = False

            for row_list in csvReader:
                csvWriter.writerow(row_list)

print('Save. OK~')
```

코드 설명

2~3행	폴더 및 파일 처리를 위해서 포함시켰다.
6행	지정된 폴더의 모든 파일의 *.csv 파일의 목록을 구한다. 리스트에는 ['경로\파일명', '경로\파일명' …] 식으로 저장이 된다.
7행	첫 번째 파일의 헤더만 통합 CSV 파일에 기록하고, 나머지 파일의 헤더는 넘어가기 위해서 준비한 변수다. 18행에서 사용한다.
10~23행	폴더에 들어 있는 파일의 개수만큼 반복한다.
11행	차례대로 CSV 파일 1개를 읽기 모드로 연다.
12~13행	통합 CSV 파일을 쓰기 모드로 연다. "a"는 추가 모드로 파일을 다시 열면 기존의 내용에 이어진다.
14~15행	CSV 라이브러리를 활용해서 CSV 전용으로 리더 및 라이터를 준비했다.
16행	헤더를 추출했다.
18~20행	첫 번째 파일인 경우에만 헤더를 기록한다. 그리고 더 이상 기록되지 않도록 firstYN 변수를 False로 변경한다.
22~23행	파일의 모든 데이터 행을 쓰기 파일에 기록한다.

응용예제 02 RAW 이미지를 CSV 파일로 저장하기

난이도★★★★☆

예제 설명 RAW 이미지 파일은 2차원 리스트에 값을 가지고 있는데, 각 픽셀이 지정된 행과 열의 위치에 해당하는 픽셀의 값이 있다. RAW 파일은 이진 파일이기에 직접 편집하기가 어렵다. 이를 CSV 파일로 변환한다면 파이썬에서 파일의 내용을 편집하기 쉬워진다. 어차피 저장된 정보의 내용만 동일하다면 어떤 형태로 보관하든 상관없기 때문이다.

실행 결과

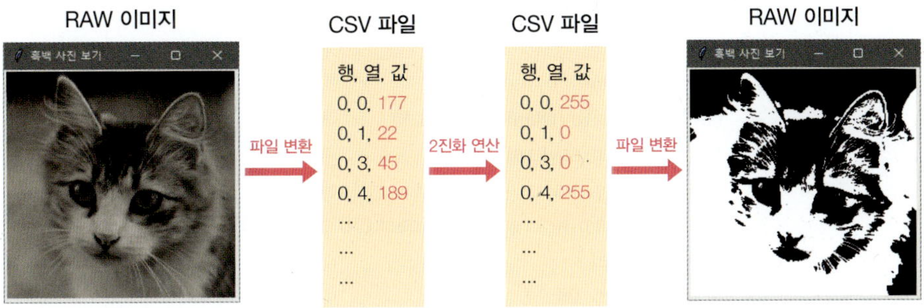

코드

```python
import csv
import struct

## 전역 변수 부분 ##
inRawName = 'c:/CookAnalysis/RAW/cat256.raw'
outRawName = 'c:/CookAnalysis/RAW/cat256_out.raw'
csvName =  'c:/CookAnalysis/CSV/cat256.csv'
row, col = 256, 256

## 메인 코드 부분 ##
## RAW --> CSV로 저장
rawFp = open(inRawName, 'rb')
csvFp = open(csvName,'w', newline='')
csvWriter = csv.writer(csvFp)
csvWriter.writerow(['행', '열', '픽셀 값'])
for i in range(row) :
    for k in range(col) :
        value = int(ord(rawFp.read(1)))
        row_list = [i, k, value]
        csvWriter.writerow(row_list)
rawFp.close()
csvFp.close()
```

```
23
24 ## CSV 파일을 흑백으로 ##
25 csvFp = open(csvName,'r')
26 csvReader = csv.reader(csvFp)
27 headerList = next(csvReader)
28 csvList = []
29 for cList in csvReader :
30     value = int(cList[2])
31     if value > 127 :
32         value = 255
33     else :
34         value = 0
35     csvList.append([cList[0], cList[1], value])
36
37 ## CSV --> RAW ##
38 rawFp = open(outRawName, 'wb')
39 for cList in csvList :
40         x, y, value = map(int , cList)
41         rawFp.write(struct.pack('B', value))
42 rawFp.close()
43 print('Save. OK~')
```

코드 설명

5~7행	입력용 RAW, 출력용 RAW 및 중간 처리용 CSV 파일명을 준비했다.
8행	RAW 이미지는 256×256을 사용한다.
12~22행	입력 RAW 이미지를 CSV 파일로 변환한다.
12행	입력 RAW 이미지를 읽기용 이진 파일로 열었다.
13~15행	쓰기용 CSV 파일을 준비하고, CSV 전용으로 csvWriter를 준비하고 헤더를 기록했다.
16~20행	256×256만큼 반복해서 RAW 파일의 값을 [행, 열, 값] 형식으로 CSV 파일에 기록했다. 18행은 1byte를 읽어서 숫자(0부터 255 사이)로 변환한다.
25~35행	CSV 파일을 읽어서 값이 127 이상이면 255로, 127 미만이면 0으로 변환해서 csvList에 저장한다.
25~27행	CSV 파일을 열고 csvReader로 준비했다. 헤더는 그냥 읽고 무시한다.
29~35행	0부터 255까지 범위의 값을 0과 255 두 가지로 분리해서 csvList에 저장한다.
38~42행	csvList의 값을 출력용 RAW에 저장된다. 결국 이진화된 값이 출력 RAW로 저장된다. 41행은 숫자를 바이트 형식으로 변환해서 저장하는 기능이다.

07

CHAPTER

엑셀 파일 처리

학습목표

- 엑셀 파일의 구조를 이해한다.
- 엑셀 파일의 내용을 읽거나 쓰는 기능을 배운다.
- xlrd, xlwt, openpyxl, xlsxwriter 등의 라이브러리를 이용해서 읽거나 쓰는 기능을 배운다.
- 엑셀 파일에 이미지 파일을 표현하는 엑셀 아트를 알아본다.

SECTION 01

이 장에서 만들 프로그램

엑셀은 마이크로소프트사에서 제작한 스프레드시트 프로그램이다. 많은 기업과 개인이 회계, 급여, 재고, 고객 관리에 거의 필수적으로 엑셀을 사용하고 있다. 6장에서 배운 CSV도 엑셀에서 읽고 쓸 수 있다. 하지만 기존의 엑셀 파일을 6장의 방식으로 사용하려면 CSV로 변환해야 한다. 파일이 몇 개 되지 않으면 모르겠으나, 수백 개의 파일이 엑셀로 되어 있다면 상당히 많은 작업이 필요하다. 이때 파이썬에서 직접 엑셀 파일에 접근하여 작업할 수 있다면, 엑셀로 작성된 많은 파일을 굳이 CSV로 변환하지 않고 편리하게 사용할 수 있다.

1 [프로그램 1] 엑셀 파일 복사

첫 번째로 만들 프로그램은 엑셀 파일을 다른 엑셀 파일로 복사하는 프로그램이다. 새로운 엑셀 파일에는 기존 엑셀 파일의 모든 내용을 복사하지 않고, 코드에서 설정한 조건을 충족하는 내용만 추출한다. 또한, 기존의 워크시트 여러 개를 통합하여 새로운 엑셀 파일에는 워크시트 하나로 만든다.

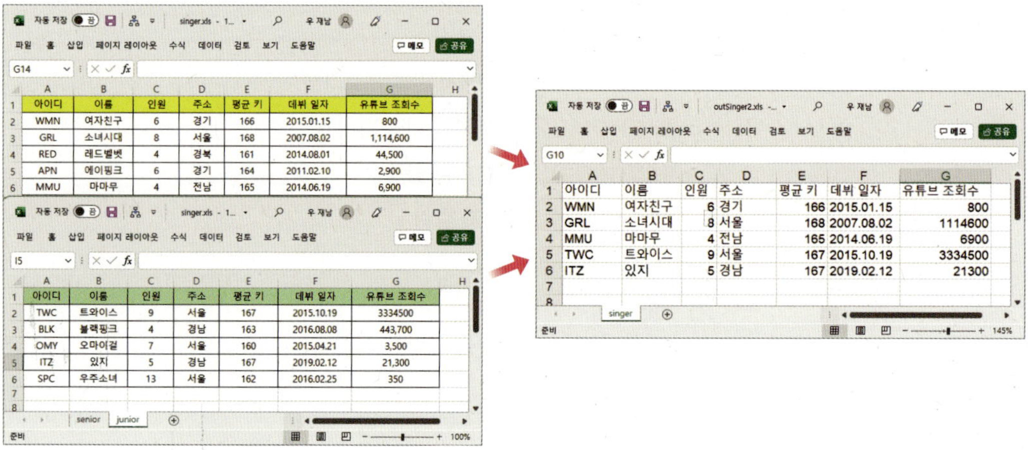

엑셀 파일
(워크시트 여러 개)

엑셀 파일
(워크시트 1개)

2 [프로그램 2] 엑셀 아트

두 번째로 만들 프로그램은 엑셀의 외부 라이브러리를 활용하여 이미지를 엑셀로 표현하는 프로그램이다. 이미지 파일 각각의 픽셀 값을 엑셀의 각 셀마다 배경색으로 지정하는 방법을 사용한다. 따라서 엑셀의 셀에 다양한 색상이 칠해져 전체적으로는 하나의 이미지 파일처럼 보이도록 한다.

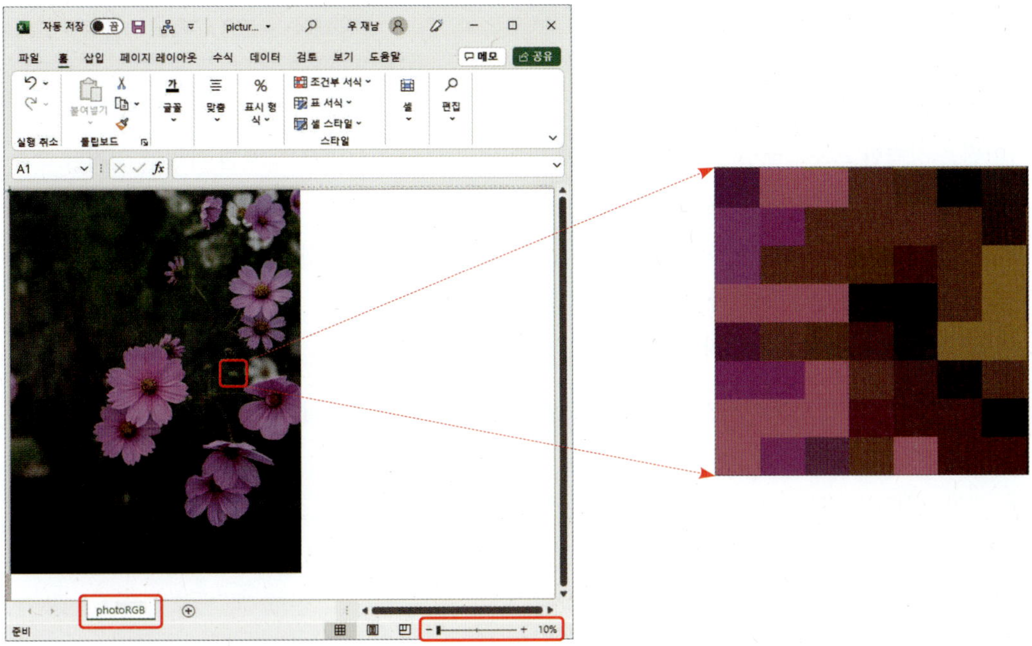

SECTION

02 엑셀 파일 처리 방법

1 파이썬 외부 라이브러리

파이썬은 강력한 프로그래밍 언어이기 때문에 파이썬의 순수 기능만으로 엑셀 파일을 읽거나 쓰는 프로그램을 작성할 수 있다. 그러기 위해서는 파이썬 자체를 상당히 오래 공부해야 하며, 더불어 엑셀 파일의 내부 구조도 완벽하게 이해해야 한다. 만약 파이썬 고수가 엑셀 파일을 완벽히 이해했다고 해도, 엑셀 파일을 처리하기 위한 코드 설계는 최소 몇 주 이상 걸릴 것이다. 그래서 엑셀을 처리하고 싶은 사용자를 위해 파이썬은 외부 라이브러리를 제공한다.

이번 장은 엑셀 파일을 처리하기 위한 장이므로 엑셀용 외부 라이브러리를 사용하겠으나, 그 외에도 외부 라이브러리의 종류는 몇십 만개 이상 있다. 이 책을 집필하는 시점에서는 30만 개 정도이다. 게임, 네트워크 프로그래밍, 고급 GUI, 이미지 처리, 데이터베이스 연동 등 많은 분야에서 사용할 수 있는 다양한 라이브러리가 있다. 이러한 파이썬 외부 라이브러리는 PyPI(https://pypi.org/)에서 검색할 수 있다.

그림 7-1 PyPI에서 라이브러리 검색

CSV 파일을 처리하기 위해서는 파이썬에서 제공하는 내부 라이브러리 csv를 사용하면 된다. 하지만 파이썬은 엑셀 파일을 처리하는 내부 라이브러리를 제공하지 않는다. 그래서 외부 라이브러리를 설치해서 사용해야 한다. xls 파일을 읽는 외부 라이브러리는 xlrd이며, 쓰는 외부 라이브러리는 xlwt다.

파일 탐색기에서 Python이 설치된 폴더 아래 Script 폴더까지 이동한다. 필자와 동일한 버전을 설치했다면 C:\Python\Python310\Scripts\ 폴더다. 폴더의 빈 부분에서 Shift를 누른 상태로 마우스 오른쪽 버튼을 클릭하고 [Windows 터미널에서 열기] 또는 [Windows PowerShell 열기]를 선택한다.

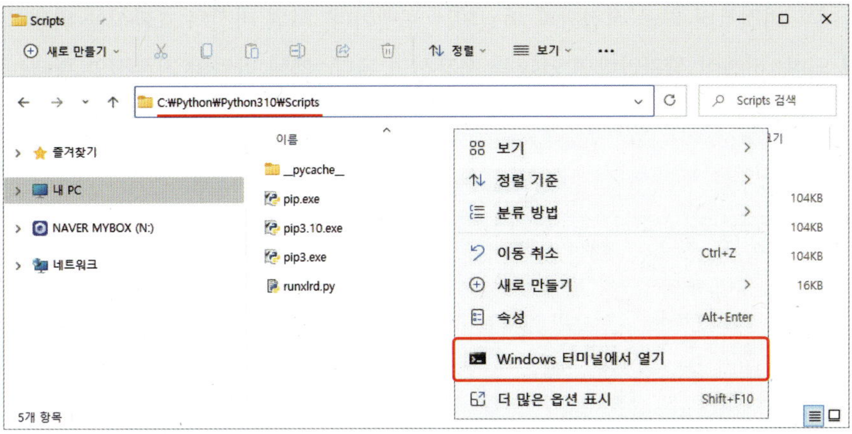

그림 7-2 파이썬 외부 라이브러리 설치 1

PowerShell 창이 열리면 cmd 명령을 입력해서 명령 프롬프트로 변경한 후 "pip install 라이브러리_이름" 명령어를 입력하여 외부 라이브러리를 설치하자. 여러 라이브러리를 한꺼번에 설치하려면 라이브러리 이름을 띄어쓰기와 함께 나열하면 된다. 마지막에 'Successfully installed~' 메시지가 표시되면 설치가 완료된 것이다.

TIP • 'Successfully installed~' 메시지 이후에 Warning 등의 pip 버전과 관련된 메시지가 표시되면 무시하도록 한다.

```
cmd
pip install xlrd xlwt
```

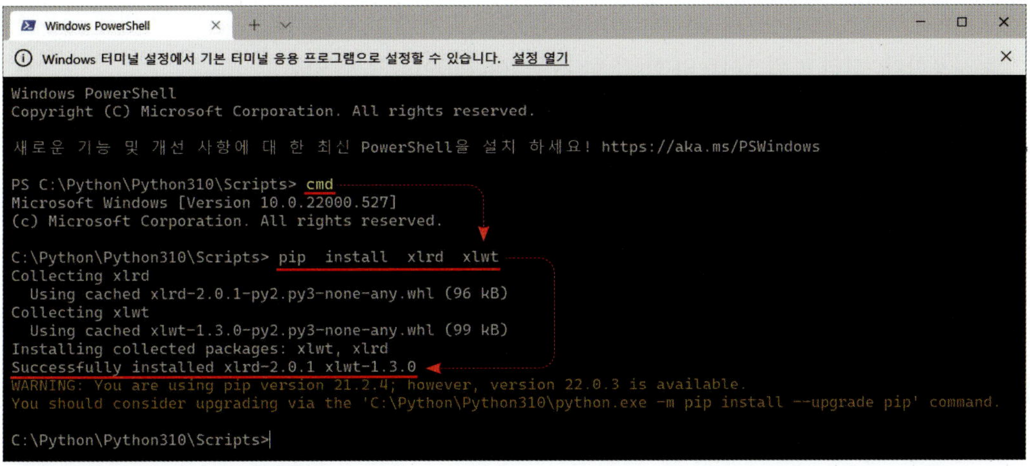

그림 7-3 파이썬 외부 라이브러리 설치 2

2 엑셀 파일의 개념

엑셀 파일의 확장자는 *.xls 또는 *.xlsx이다. xls는 엑셀97~2003 버전에서 저장되는 포맷이며, xlsx는 엑셀2007 이후 버전부터 최근 버전까지 지원되는 포맷이다. 하위 버전의 호환성을 위해서는 xls를 사용하면 되며, 버전이 상관없다면 xlsx를 사용하면 된다. 엑셀 파일의 기본적인 형태는 [그림 7-4]와 같다. 그림에 나온 용어를 우선 기억해 두자.

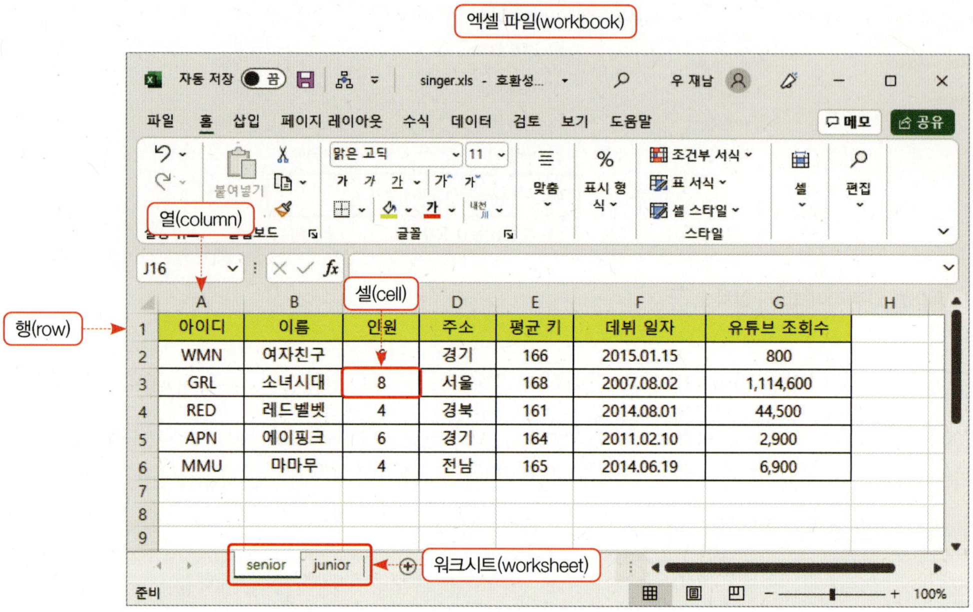

그림 7-4 엑셀 파일과 용어

엑셀 파일 자체를 워크북(Workbook)이라고 부른다. 여러 개의 페이지로 구성된 책을 의미한다고 생각하자. 그리고 각 페이지를 엑셀에서는 시트(Sheet) 또는 워크시트(Worksheet)라고 부른다. 각 워크시트는 행(row)과 열(column)의 표 형태로 되어 있으며, 일반적으로 첫 번째 행을 헤더로 사용한다. 그리고 워크시트의 한 칸 한 칸을 셀(cell)이라고 부른다.

CSV와 엑셀 파일은 큰 차이점이 있다. CSV는 파일 한 개에 표 하나만 작성할 수 있으나, 엑셀은 워크시트 단위로 표를 작성할 수 있다. 즉 CSV 파일 여러 개를 하나의 엑셀 파일에 워크시트 단위로 저장할 수 있다. 또한, CSV는 텍스트 파일이기에 별도의 서식을 지정할 수 없었으나, 엑셀은 셀의 단위나 형태, 색상과 글꼴 등 서식 지정이 가능하다.

3 엑셀 파일 생성

엑셀을 실행해서 [표 7-1]을 입력하자. 단, 워크시트를 junior, senior로 나눠서 입력한다.

표 7-1 엑셀로 생성할 데이터 표

(a) senior 워크시트

아이디	이름	인원	주소	평균 키	데뷔 일자	유튜브 조회수
WMN	여자친구	6	경기	166	2015.01.15	800
GRL	소녀시대	8	서울	168	2007.08.02	1,114,600
RED	레드벨벳	4	경북	161	2014.08.01	44,500
APN	에이핑크	6	경기	164	2011.02.10	2,900
MMU	마마무	4	전남	165	2014.06.19	6,900

(b) junior 워크시트

아이디	이름	인원	주소	평균 키	데뷔 일자	유튜브 조회수
TWC	트와이스	9	서울	167	2015.10.19	3334500
BLK	블랙핑크	4	경남	163	2016.08.08	443,700
OMY	오마이걸	7	서울	160	2015.04.21	3,500
ITZ	있지	5	경남	167	2019.02.12	21,300
SPC	우주소녀	13	서울	162	2016.02.25	350

TIP • 입력 과정을 생략하고 싶다면 책의 자료실(http://www.hanbit.co.kr/src/4612)에서 엑셀 파일을 다운로드해도 된다.

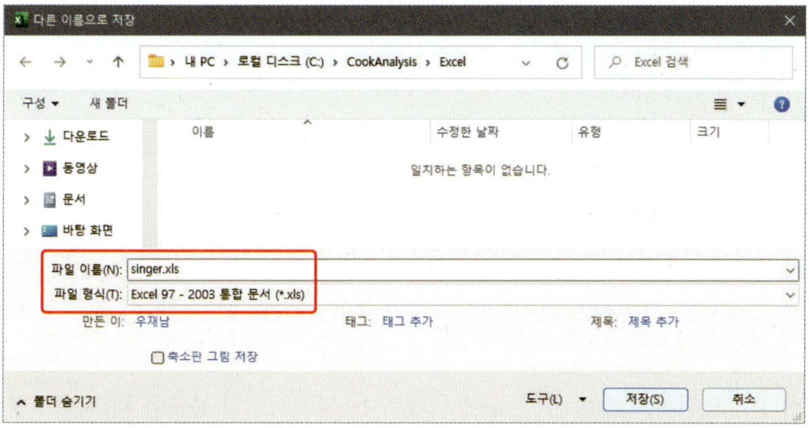

그림 7-5 엑셀 파일로 저장

입력을 완료하면 파일 형식을 'Excel 97 – 2003 통합 문서 (*.xls)'로 선택한 후, C:\CookAnalysis\Excel\singer.xls로 저장한다. 만약 C:\CookAnalysis\Excel\ 폴더가 없다면 이 폴더를 먼저 생성하여 저장한 후 종료한다.

TIP • 엑셀이 설치되어 있지 않다면 차선책으로 무료 이용이 가능한 리브레 오피스(libreOffice)를 설치하여 칼크(Calc) 프로그램을 사용하면 된다. 엑셀과 사용법이 비슷하고 XLS 및 XLSX 파일의 불러오기 및 저장 등이 지원된다. 리브레 오피스 홈페이지(https://ko.libreoffice.org/)에서 다운로드할 수 있다.

4 엑셀 파일 정보 출력

앞서 설치한 xlrd 라이브러리를 활용해서 엑셀 파일의 정보를 알아내는 코드를 작성하자. 엑셀 파일은 앞에서 작성한 singer.xls를 사용한다. 이번 코드에서는 각 워크시트의 이름과 행, 열의 개수를 출력하겠다.

Code07-01.py

```
1  import xlrd
2
3  workbook = xlrd.open_workbook('c:/CookAnalysis/Excel/singer.xls')
4  sheetCount = workbook.nsheets  ◀ 워크시트 개수 추출
5  print('워크시트는 %d개 입니다' % (sheetCount))
6
7  wsheetList = workbook.sheets()  ◀ 워크시트 목록 추출
8  for worksheet in wsheetList :  ◀ 반복
9      print('** 워크시트의 이름 : %s' % (worksheet.name) )
10     print(" 행 수는 %d, 열 개수는 %d 입니다." % (worksheet.nrows, worksheet.ncols))
```

실행 결과

```
워크시트는 2개 입니다
** 워크시트의 이름 : senior
 행 수는 6, 열 개수는 7 입니다.
** 워크시트의 이름 : junior
 행 수는 6, 열 개수는 7 입니다.
```

1행 xlrd 라이브러리를 임포트했다. xlrd는 엑셀 파일을 읽는 라이브러리이며, *.xls 형식의 파일을 읽을 수 있다.

3행 엑셀 파일을 열었다. 엑셀 파일을 워크북(workbook)이라고 주로 부른다.

4행 워크시트의 개수를 추출했다. workbook.nsheets 속성은 워크북에 시트가 몇 개 있는지 알려준다.

7행 워크시트의 목록을 추출했다. workbook.sheets() 함수는 워크시트의 목록을 리스트로 반환한다.

8행 모든 워크시트만큼 반복한다.

9~10행 worksheet.name은 워크시트의 이름을, worksheet.nrows와 worksheet.ncols는 워크시트에 작성된 행과 열의 개수를 알려준다.

5 엑셀 파일 처리

앞서 엑셀 파일과 그 내부의 워크시트의 정보를 추출했다. 이번에는 엑셀 파일의 모든 내용을 출력하자.

Code07-02.py

```
1  import xlrd
2
3  workbook = xlrd.open_workbook('c:/CookAnalysis/Excel/singer.xls')
4  sheetCount = workbook.nsheets
5
6  wsheetList = workbook.sheets()
7  for worksheet in wsheetList :
8      print('** 워크시트의 이름 : %s' % (worksheet.name) )
9      for row in  range(worksheet.nrows) :
10         for col  in range(worksheet.ncols) :
11             print("%s" % worksheet.cell_value(row, col), end = '\t')
12         print()
13     print()
```

실행 결과

```
** 워크시트의 이름 : senior
아이디	이름	인원	주소	평균 키	데뷔 일자	유튜브 조회수
WMN	여자친구	6.0	경기	166.0	2015.01.15	800.0
GRL	소녀시대	8.0	서울	168.0	2007.08.02	1114600.0
RED	레드벨벳	4.0	경북	161.0	2014.08.01	44500.0
APN	에이핑크	6.0	경기	164.0	2011.02.10	2900.0
MMU	마마무	4.0	전남	165.0	2014.06.19	6900.0

** 워크시트의 이름 : junior
아이디	이름	인원	주소	평균 키	데뷔 일자	유튜브 조회수
TWC	트와이스	9.0	서울	167.0	2015.10.19	3334500.0
BLK	블랙핑크	4.0	경남	163.0	2016.08.08	443700.0
OMY	오마이걸	7.0	서울	160.0	2015.04.21	3500.0
ITZ	있지	5.0	경남	167.0	2019.02.12	21300.0
SPC	우주소녀	13.0	서울	162.0	2016.02.25	350.0
```

7~13행 모든 워크시트를 반복한다. 특히 8행은 현재 워크시트의 이름을 출력한다.

9~12행 행과 열의 개수만큼 반복한다. 특히 11행에서 셀의 내용을 출력한다. worksheet.cell_value(행, 열)은 해당 위치의 셀의 값을 반환한다.

워크시트별 작업도 가능하지만, 워크시트를 통합한 작업도 가능하다. singer.xls의 워크시트는

senior와 junior 2개로 구성되어 있다. 이번에는 모든 워크시트에서 인원의 총합과 평균을 계산해 보자. 즉 10행의 가수 그룹의 인원 총합을 계산해 보자.

Code07-03.py

```
1  import xlrd
2
3  workbook = xlrd.open_workbook('c:/CookAnalysis/Excel/singer.xls')
4  sheetCount = workbook.nsheets
5
6  personNum = 0
7  personIdx = 2
8  rowCount = 0
9  wsheetList = workbook.sheets()
10 for worksheet in wsheetList :
11     rowCount += worksheet.nrows-1
12     for row in range(1, worksheet.nrows) :
13         personNum += int(worksheet.cell_value(row, personIdx))
14
15 print("전체 가수그룹 인원 합계 : ", personNum)
16 print("가수그룹 인원 평균 : ", personNum/rowCount)
```

실행 결과

```
전체 가수그룹 인원 합계 :  66
가수그룹 인원 평균 :  6.6
```

6행 personNum은 인원의 총합을 저장할 변수다.

7행 personIdx는 인원이 위치하는 열의 인덱스다.

8행 rowCount는 읽은 행의 수를 카운트하기 위한 변수다.

10~13행 모든 워크시트의 모든 셀을 처리한다.

11행 헤더는 제외하고 각 워크시트의 행의 수를 누적한다.

12행 데이터 행의 수만큼 반복하는데, 헤더를 제외하기 위해서 1부터 시작했다.

13행 인원수가 있는 셀의 값을 personNum에 누적시킨다.

15~16행 전체 인원 및 평균을 출력했다.

6 엑셀 파일 저장

엑셀 파일을 다른 파일로 복사하여 저장해 보자. singer.xls를 outSinger1.xls로 복사하자. *.xls 파일의 복사를 위해서는 xlwt 라이브러리를 사용한다.

Code07-04.py

```
1  import xlrd
2  import xlwt
3
4  workbook = xlrd.open_workbook('c:/CookAnalysis/Excel/singer.xls')
5  outWorkbook = xlwt.Workbook()
6
7  wsheetList = workbook.sheets()
8  for worksheet in wsheetList :
9      outSheet = outWorkbook.add_sheet(worksheet.name)
10     for row in range(worksheet.nrows) :
11         for col in range(worksheet.ncols) :
12             outSheet.write(row, col, worksheet.cell_value(row, col))
13
14 outWorkbook.save('c:/CookAnalysis/Excel/outSinger1.xls')
15 print("Save. OK~")
```

실행 결과

```
Save. OK~
```

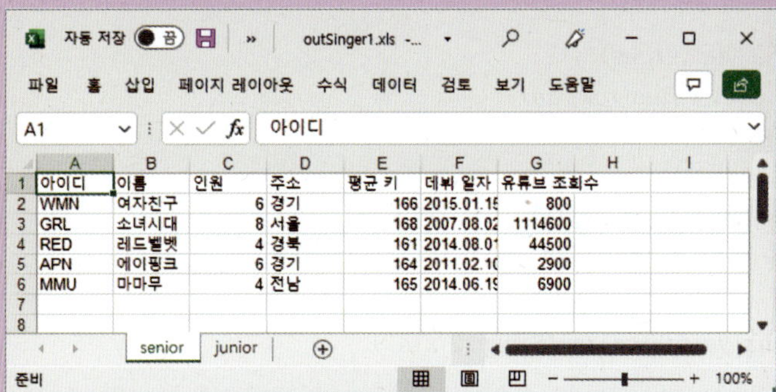

2행 엑셀로 저장하기 위해 xlwt 라이브러리를 임포트했다.

5행 xlwt.Workbook() 함수로 빈 워크북을 생성한다. 새 엑셀 파일을 생성한다고 보면 된다.

9행 새로운 워크북에 워크시트를 추가했다. 읽어온 엑셀의 워크시트와 같은 이름으로 추가했다.

12행 outSheet.write(행, 열, 값) 함수로 새 워크시트의 행, 열 위치에 값을 기록했다.

파일을 열어보면 동일한 데이터가 저장되어 있을 것이다. 하지만 셀의 형식은 생략되어 있다. xlrd 및 xlwt 라이브러리의 한계인데, 셀의 서식까지 복사하는 방식은 잠시 후에 살펴보겠다.

7 [프로그램 1] 완성

[프로그램 1]을 구현해 보자. 이번에는 엑셀 파일에서 전체를 추출하는 것이 아니라 특정 조건의

행만 추출해 보겠다. 평균 키가 165 이상인 행만 추출해서 outSinger2.xls로 저장하자. 또한, 워크시트도 singer 하나만 만들어서 모든 행을 통합하겠다.

Code07-05.py

```
import xlrd
import xlwt

workbook = xlrd.open_workbook('c:/CookAnalysis/Excel/singer.xls')
outWorkbook = xlwt.Workbook()
idx = 4    # 평균 키의 인덱스

wsheetList = workbook.sheets()
outSheet = outWorkbook.add_sheet("singer")
worksheet = wsheetList[0]
for col in range(worksheet.ncols):
        outSheet.write(0, col, worksheet.cell_value(0, col))

totalRow = 0
for worksheet in wsheetList :
    for row in range(1, worksheet.nrows) :
        height = worksheet.cell_value(row, idx)
        if int(height) >= 165 :
            totalRow += 1
            for col in range(worksheet.ncols) :
                outSheet.write(totalRow, col, worksheet.cell_value(row, col))

outWorkbook.save('c:/CookAnalysis/Excel/outSinger2.xls')
print("Save. OK~")
```

실행 결과

```
Save. OK~
```

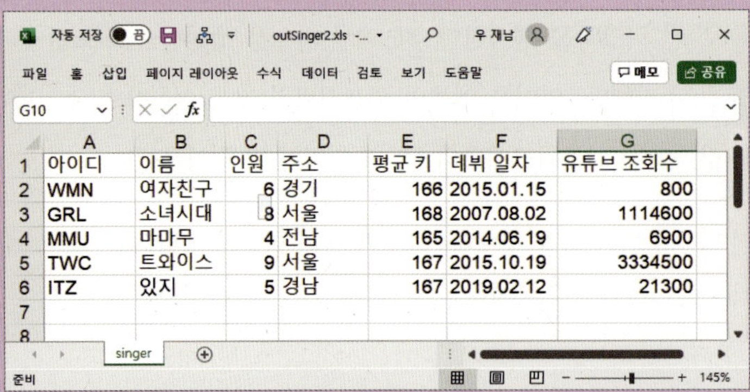

	A	B	C	D	E	F	G
1	아이디	이름	인원	주소	평균 키	데뷔 일자	유튜브 조회수
2	WMN	여자친구	6	경기	166	2015.01.15	800
3	GRL	소녀시대	8	서울	168	2007.08.02	1114600
4	MMU	마마무	4	전남	165	2014.06.19	6900
5	TWC	트와이스	9	서울	167	2015.10.19	3334500
6	ITZ	있지	5	경남	167	2019.02.12	21300

6행 평균 키의 열 인덱스를 지정했다.

8~12행 singer.xls의 여러 워크시트 중에서 첫 번째 워크시트의 헤더를 결과 엑셀 파일(outSinger2.xls)의 헤더로 사용하기 위해 따로 헤더를 추출해서 쓴다. 결과 엑셀 파일에는 워크시트를 1개만 생성하므로 헤더도 1회만 기록하면 된다. 즉, singer.xls의 두 번째 워크시트부터는 헤더 부분을 건너뛰고 데이터만 처리한다.

9행 결과 엑셀의 워크시트는 'singer' 1개만 생성했다.

10~12행 singer.xls의 첫 번째 워크시트만 추출하고 첫 번째 워크시터의 첫 행만 outSheet에 기록했다.

14행 totalRow는 outSheet에 기록될 행의 번호다. totalRow는 써야 할 행의 개수만큼 계속 누적해서 증가한다.

16행 range(1, worksheet.nrows)로 헤더인 첫 번째 행은 처리하지 않았다.

19행 totalRow는 쓸 때마다 한 행씩 증가시킨다. 평균 키가 165 이상인 경우 19~21행에서 outSheet에 행을 쓴다.

SELF STUDY 7-1

Code07-05.py를 수정하여 인원이 6명 이상인 가수 그룹만 추출하자. 결과 엑셀 파일명은 outSinger3.xls로 한다.

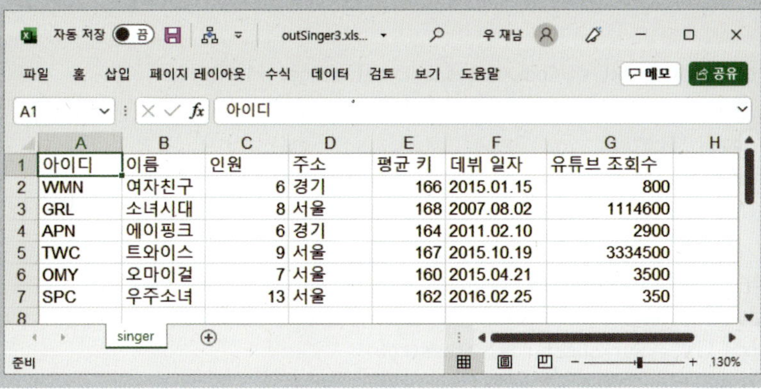

아이디	이름	인원	주소	평균 키	데뷔 일자	유튜브 조회수
WMN	여자친구	6	경기	166	2015.01.15	800
GRL	소녀시대	8	서울	168	2007.08.02	1114600
APN	에이핑크	6	경기	164	2011.02.10	2900
TWC	트와이스	9	서울	167	2015.10.19	3334500
OMY	오마이걸	7	서울	160	2015.04.21	3500
SPC	우주소녀	13	서울	162	2016.02.25	350

SECTION
03 엑셀 파일 활용

1 엑셀과 CSV의 상호 변환

엑셀 파일을 CSV 파일로 변환

엑셀 파일을 CSV 파일로 내보내는 경우도 많다. 엑셀 프로그램에서 직접 [다른 이름으로 저장]을 선택해서 CSV 파일로 내보내기를 할 수도 있으나, 엑셀 파일이 여러 개이고 워크시트도 다양하다면 작업이 상당히 오래 걸릴 수 있다. 이번에는 singer1.xls 파일을 워크시트별로 별도의 CSV 파일로 내보내겠다. xlrd와 csv 라이브러리를 사용한다. 실행 결과는 각각 singer_senior.csv, singer_junior.csv 파일로 변환된다.

Code07-06.py

```
import xlrd
import csv

workbook = xlrd.open_workbook('c:/CookAnalysis/Excel/singer.xls')

wsheetList = workbook.sheets()
for worksheet in wsheetList :
    with open("C:/CookAnalysis/Excel/singer_" + worksheet.name + ".csv", "w", newline='') \
    as outFp:
        csvWriter = csv.writer(outFp)
        for row in range(worksheet.nrows) :
                row_list = worksheet.row_values(row)
                csvWriter.writerow(row_list)

print("Save. OK~")
```

실행 결과

```
아이디,이름,인원,주소,평균 키,데뷔 일자,유튜브 조회수
WMN,여자친구,6.0,경기,166.0,2015.01.15,800.0
GRL,소녀시대,8.0,서울,168.0,2007.08.02,1114600.0
RED,레드벨벳,4.0,경북,161.0,2014.08.01,44500.0
APN,에이핑크,6.0,경기,164.0,2011.02.10,2900.0
MMU,마마무,4.0,전남,165.0,2014.06.19.,6900.0
```

실행 결과

```
아이디,이름,인원,주소,평균 키,데뷔 일자,유튜브 조회수
TWC,트와이스,9.0,서울,167.0,2015.10.19,3334500.0
BLK,블랙핑크,4.0,경남,163.0,2016.08.08,443700.0
OMY,오마이걸,7.0,서울,160.0,2015.04.21,3500.0
ITZ,있지,5.0,경남,167.0,2019.02.12,21300.0
SPC,우주소녀,13.0,서울,162.0,2016.02.25,350.0
```

2행 csv 라이브러리를 임포트했다.

7~13행 워크시트마다 별도의 CSV 파일을 생성한다. 8행은 'singer_워크시트명.csv' 파일을 쓰기 모드로 연다. 11~13행은 행의 개수만큼 CSV 파일에 쓰는데, worksheet.row_values(행번호)는 해당 행을 리스트로 반환한다. 13행에서 리스트의 내용을 CSV에 기록했다.

CSV 파일을 엑셀 파일로 변환

앞 예제와 반대로 CSV 파일을 엑셀 파일로 변환하자. 여러 CSV 파일을 변환할 것인데, 각 CSV 파일 이름을 엑셀의 워크시트 이름으로 사용하자. 이 예에서는 C:\CookAnalysis\CSV\ 폴더의 singerA.csv와 singerB.csv 파일을 singerCSV.xls 파일로 변환하겠다.

Code07-07.py

```python
import xlwt
import csv
import os

csvFileList = ["C:/CookAnalysis/CSV/singerA.csv", "C:/CookAnalysis/CSV/singerB.csv"]
outWorkbook = xlwt.Workbook()

for csvFileName in csvFileList :
    rowCount = 0
    with open(csvFileName, "r") as inFp:
        csvReader = csv.reader(inFp)
        header_list = next(csvReader)
        outSheet = outWorkbook.add_sheet(os.path.basename(csvFileName))
        for col in range(len(header_list)) :
            outSheet.write(rowCount, col, header_list[col])
        for row_list in csvReader:
            rowCount += 1
            for col in range(len(row_list)):
                if row_list[col].isnumeric() :
                    outSheet.write(rowCount, col, float(row_list[col]))
```

```
21            else :
22                outSheet.write(rowCount, col, row_list[col])
23
24  outWorkb ook.save('c:/CookAnalysis/Excel/singerCSV.xls')
25  print("Save. OK~")
```

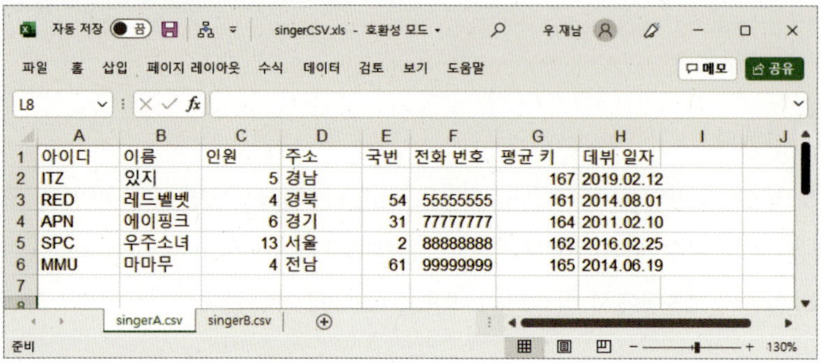

5행 처리할 CSV 파일 목록을 리스트로 준비했다.

9행 rowCount는 엑셀의 행으로 사용할 변수로, CSV 파일이 한 행씩 읽힐 때마다 1씩 증가한다.

13행 os.path.basename(경로/파일)은 경로/파일에서 파일명만 추출한다. 즉, C:/CookAnalysis/CSV/singerA.csv 파일이라면 singerA만 추출한다. CSV 파일명으로 워크시트를 새로 만든다.

14~15행 워크시트에 헤더를 기록한다.

16~22행 워크시트에 한 행씩 데이터를 기록한다. 17행에서 먼저 한 행을 증가시키고 18~22행에서 각 셀에 값을 기록한다. 19행은 기록할 값이 숫자로만 되어 있다면 20행에서 실수 형식으로 쓰고, 문자가 섞여 있다면 22행에서 문자 형식으로 쓴다.

> **SELF STUDY 7-2**
>
> Code07-07.py를 수정해서 CSV 파일이 각각의 엑셀 파일로 변환되도록 코드를 수정하자. 즉, CSV 파일의 2개이므로 엑셀 파일도 singerA.xls, singer.xls 2개를 생성하자.

특정 열만 CSV로 내보내기

앞서 엑셀의 모든 열을 CSV로 내보냈다. 이번에는 특정 열만 내보내기를 해보자. singer.xls에서 이름, 주소, 유튜브 조회수를 CSV로 저장하자. 단, 각 열의 위치가 어디인지 모른다고 가정하고, 헤더의 이름으로 각 열의 인덱스를 먼저 찾은 후에 해당 인덱스만 CSV로 내보내자. 실행 결과는 singer_youtube.csv 파일을 확인하면 된다.

Code07-08.py

```
1  import xlrd
2  import csv
3
4  workbook = xlrd.open_workbook('c:/CookAnalysis/Excel/singer.xls')
5
6  findColumn = ['이름', '주소', '유튜브 조회수']
7  findIndex = []
8
9  wsheetList = workbook.sheets()
10 worksheet = wsheetList[0]
11 header_list = worksheet.row_values(0)
12 for name in findColumn :
13     findIndex.append(header_list.index(name))
14
15 wsheetList = workbook.sheets()
16 with open("C:/CookAnalysis/Excel/singer_youtube.csv", "w",  newline='') as outFp:
17     csvWriter =  csv.writer(outFp)
18     csvWriter.writerow(findColumn)
19     for worksheet in wsheetList :
20         for row in range(1, worksheet.nrows) :
21             findList = []
22             for col in range(worksheet.ncols) :
23                 if col in findIndex :
24                     findList.append(worksheet.row_values(row)[col])
25             csvWriter.writerow(findList)
26
27 print("Save. OK~")
```

실행 결과

```
이름,주소,유튜브 조회수
여자친구,경기,800.0
소녀시대,서울,1114600.0
레드벨벳,경북,44500.0
에이핑크,경기,2900.0
마마무,전남,6900.0
트와이스,서울,3334500.0
블랙핑크,경남,443700.0
오마이걸,서울,3500.0
있지,경남,21300.0
우주소녀,서울,350.0
```

6~7행 각각 찾을 헤더의 열 이름 리스트, 각 열 이름의 인덱스를 위한 변수다.

9~11행 첫 번째 워크시트에서 첫 행을 추출한다.

12~13행 6행의 열 이름에 해당하는 인덱스를 찾아서 findIndex 리스트에 저장한다. '리스트.index(찾을내용)'은 찾을 내용의 위치를 반환한다. 결국 findIndex는 [1, 3, 6]이 될 것이다.

16~25행 singer_youtube.csv 파일에 엑셀 파일의 모든 행을 저장한다. 단, 앞에서 추출한 findIndex에 해당하는 열만 저장한다. 18행에서 헤더를 CSV 파일에 기록한다.

19~25행 모든 워크시트의 내용을 처리한다.

20~25행 각 워크시트의 헤더인 0행을 제외한 1행부터 처리한다. 21행의 findList를 빈 리스트로 준비한 후, 22~24행에서 findIndex에 해당하는 열만 findList에 추가한다. 25행에서 findList를 CSV 파일에 기록한다.

2 openpyxl 라이브러리

xlrd와 xlwt는 엑셀97~2003 버전의 xls 파일만 처리된다. 엑셀2007 이후에서 사용하는 xlsx 파일을 처리를 위해서는 외부 라이브러리인 openpyxl 라이브러리를 사용할 수 있다. 다음 명령을 실행하면 openpyxl이 설치된다.

```
pip install openpyxl
```

기본적으로 xlsx 파일을 열고 그 내용을 출력해보자. 다음은 Code07-02.py와 같은 작업이지만, openpyxl 라이브러리와 상위 버전 포맷인 singer.xlsx를 사용하는 점이 다르다. 또한, 사용하는 세부적인 함수도 다르다.

Code07-09.py

```
import openpyxl

workbook = openpyxl.load_workbook('c:/CookAnalysis/Excel/singer.xlsx')
wsheetList = workbook.sheetnames

for wsName in wsheetList :
    worksheet =  workbook[wsName]
    print('** 워크시트의 이름 : %s' % (wsName) )
    for row in range(1, worksheet.max_row+1) :
        for col in range(1, worksheet.max_column+1) :
            print("%s" % (worksheet.cell(row=row, column=col).value), end='\t')
        print()
    print()
```

실행 결과

```
** 워크시트 이름 : senior
아이디      이름        인원    주소    평균 키    데뷔 일자      유튜브 조회수
WMN        여자친구     6       경기    166       2015.01.15    800
GRL        소녀시대     8       서울    168       2007.08.02    1114600
~~~ 생략 ~~~

** 워크시트 이름 : junior
아이디      이름        인원    주소    평균 키    데뷔 일자      유튜브 조회수
TWC        트와이스     9       서울    167       2015.10.19    3334500
BLK        블랙핑크     4       경남    163       2016.08.08    443700
~~~ 생략 ~~~
```

1행 openpyxl을 임포트했다.

3행 openpyxl.load_workbook( ) 함수를 사용해서 확장명이 xlsx인 엑셀 파일을 열었다.

4행 workbook.sheetnames는 전체 워크시트의 이름을 리스트로 반환한다.

6행 워크시트의 이름을 하나씩 추출한 후, 7행의 workbook[워크시트이름]으로 worksheet 개체를 구했다.

8행 워크시트의 이름을 출력했다.

9~11행 worksheet.max_row는 행의 개수를, worksheet.max_column은 열의 개수를 구한다. 그런데 11행의 worksheet.cell(row, column)은 엑셀과 동일한 행/열의 숫자를 사용한다. 엑셀을 실행해서 워크시트를 보면 왼쪽의 번호가 0이 아닌 1부터 시작한다. 그래서 range(1, 행+1) 및 range(1, 열+1)을 사용했다. 11행의 worksheet.cell(row=행, column=열).value는 해당 셀의 값을 반환한다.

3 엑셀 파일 서식 복사

openpyxl 라이브러리에는 *.xlsx 파일의 읽기 및 쓰기 기능이 모두 포함되어 있다. 또한, 셀의 색상과 폰트 등 서식도 지정할 수 있다. 이번에는 Code07-04.py처럼 엑셀 파일을 복사하되 서식까지 함께 복사해보자.

Code07-10.py

```python
import openpyxl
from copy import copy

workbook = openpyxl.load_workbook('c:/CookAnalysis/Excel/singer.xlsx')
```

```
5  wsheetList = workbook.sheetnames
6
7  outWorkbook = openpyxl.Workbook()
8  outWorkbook.remove(outWorkbook['Sheet'])     # 기본으로 생성된 시트를 일단 제거
9
10 for wsName in wsheetList :
11     worksheet =  workbook[wsName]
12     outSheet =  outWorkbook.create_sheet(wsName)
13     for row in  range(1, worksheet.max_row+1) :
14         outSheet.row_dimensions[row].height = worksheet.row_dimensions[row].height
15         for col in range(1, worksheet.max_column+1) :
16             outSheet.column_dimensions[chr(ord('A')+col-1)].width \
17               = worksheet.column_dimensions[chr(ord('A')+col-1)].width
18             inCell = worksheet.cell(row=row, column=col)
19             outCell = outSheet.cell(row=row, column=col, value= inCell.value)
20             if inCell.has_style:
21                 outCell.font = copy(inCell.font)
22                 outCell.border = copy(inCell.border)
23                 outCell.fill = copy(inCell.fill)
24                 outCell.number_format = copy(inCell.number_format)
25                 outCell.alignment = copy(inCell.alignment)
26
27 outWorkbook.save('c:/CookAnalysis/Excel/singer_copy.xlsx')
28 print("Save. OK~")
```

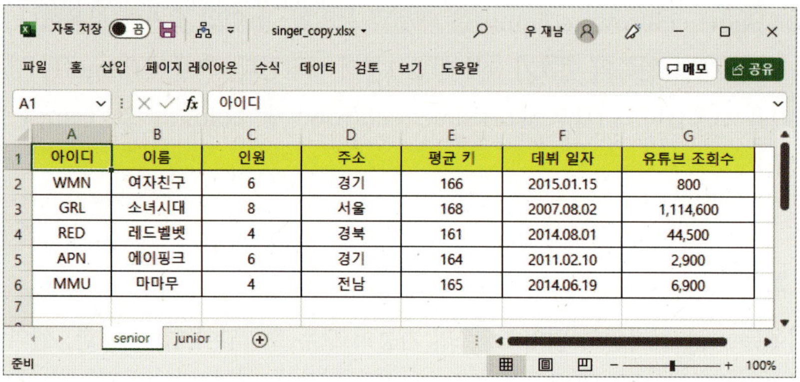

아이디	이름	인원	주소	평균 키	데뷔 일자	유튜브 조회수
WMN	여자친구	6	경기	166	2015.01.15	800
GRL	소녀시대	8	서울	168	2007.08.02	1,114,600
RED	레드벨벳	4	경북	161	2014.08.01	44,500
APN	에이핑크	6	경기	164	2011.02.10	2,900
MMU	마마무	4	전남	165	2014.06.19	6,900

2행 복사 기능을 사용하기 위해서 copy를 임포트했다.

7~8행 출력용 빈 워크북을 생성했다. 빈 워크북은 기본적으로 'Sheet'라는 이름의 빈 워크시트가 자동으로 생성되는데 8행에서 이를 우선 삭제했다.

12행 singer.xlsx의 워크시트와 동일한 이름의 빈 워크시트를 출력 워크북에 생성했다.

14행 입력 워크시트의 행 높이와 동일하게 출력 워크시트의 행 높이를 설정한다. '워크시트.row_demensions[행번호].height'는 워크시트의 행 번호의 높이를 의미한다.

16~17행 입력 워크시트의 열 너비와 동일하게 출력 워크시트의 열 너비를 설정한다. 열 이름은 'A'부터 시작하는데 ord('A')는 A를 숫자로 변환한 후 1부터 시작하는 col을 더한다. 다시 1을 빼기 때문에 처음에는 'A'의 숫자(실제로는 65)가 된다. chr(숫자)는 다시 문자로 변경하므로 결국 반복문에서는 A, B, C, … 식으로 변경된다. '워크시트.column_demensions['열'].height'는 워크시트의 열 너비를 의미한다.

18~19행 inCell은 입력 워크시트의 현재 셀이고, outCell은 출력 워크시트의 같은 위치의 셀이다. outSheet.cell()의 파라미터 중 value에 inCell의 값을 지정해서, outCell의 값을 inCell과 같도록 했다.

20~25행 입력 셀에 색상, 폰트 등의 스타일이 지정되어 있다면 입력 셀의 스타일을 하나씩 출력 셀에 복사한다. 즉 입력 셀의 스타일과 출력 셀의 스타일을 동일하게 만든다. font는 글꼴, border는 외곽선, fill은 배경색, number_format은 숫자 형식, alignment는 정렬 방식이다.

27행 설정된 워크북을 저장한다.

SELF STUDY 7-3

Code07-10.py를 수정해서 평균 키가 165 이상인 가수 그룹만 singer_copy2.xlsx로 저장하자. 또한, 각 워크시트 이름 앞에 "New_"를 붙이자. 즉 New_junior, New_senior의 워크시크가 된다.

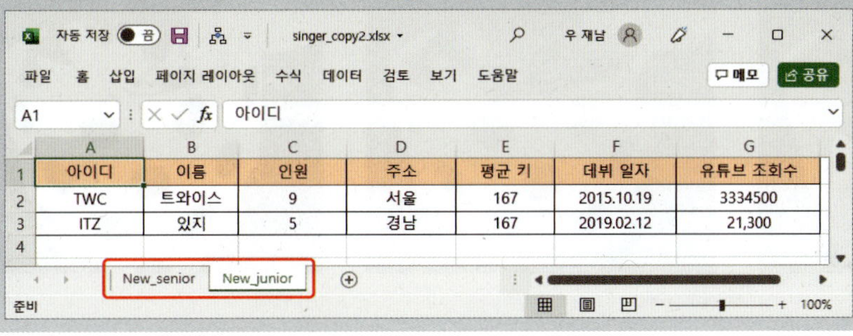

SECTION 04

이미지 출력

1 이미지 파일의 개념

이미지 파일은 색상의 표현 종류에 따라서 컬러 이미지, 그레이 이미지, 흑백 이미지로 나눌 수 있다. 한 픽셀(Pixel)은 0부터 255까지 총 256가지 색상으로 표현되는데, 컬러 이미지 파일은 Red, Green, Blue 3색을 조합하여 표현한다. 그러므로 컬러 색상의 개수는 256×256×256=약 1600만 개의 색상이 된다. 그레이는 Red, Green, Blue가 모두 같은 색상으로, 256가지 색상만으로 표현된다. 따라서 그레이는 색상이 아닌 밝기의 표현인 회색 이미지로 표현된다. 흑백 이미지는 검은색인 0과 흰색인 255 두 가지 값으로만 표현된다.

(a) 컬러　(b) 그레이　(c) 흑백

그림 7-6 컬러, 그레이, 흑백 이미지

[그림 7-6]의 픽셀 수는 가로 512, 세로 512이다. 간단한 예를 들기 위해서 [그림 7-7]처럼 가로 및 세로 2픽셀 크기의 그림이 있다고 가정한다면, 컬러는 Red, Green, Blue 3가지 색으로 표현된다. 이러한 컬러를 그레이로 변환하려면 세 값을 합하여 3으로 나눈 값을 모두 Red, Green, Blue로 사용하면 된다. 그레이를 다시 흑백으로 표현하려면 그레이를 0부터 255 사이의 중간값인 127을 기준으로 127보다 작으면 0, 127보다 크면 255로 처리하면 된다.

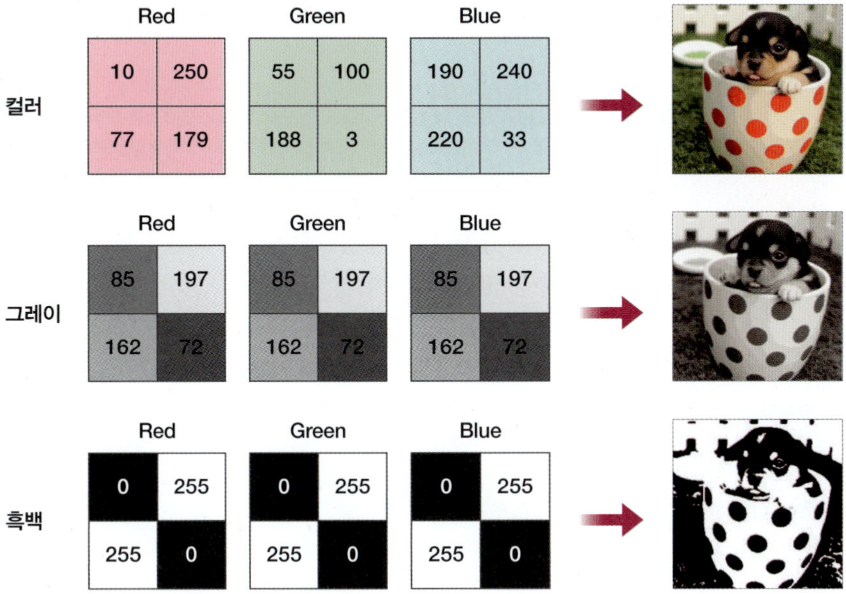

그림 7-7 컬러, 그레이, 흑백 영상의 내부

[그림 7-7]을 보면 컬러의 첫 번째 픽셀이 Red는 10, Green은 55, Blue는 190의 값으로, 이 세 값을 조합하여 컬러를 표현한다. 그레이는 컬러의 세 점을 모두 합한 후 3으로 나누면 된다. 즉 (10+55+190) ÷ 3=85가 되는데, 이를 Red, Green, Blue에 모두 동일하게 넣으면 두 번째 그레이 이미지로 표현이 된다. 흑백은 그레이 값이 127 이하면 모두 0으로, 127 초과면 모두 255로 처리하면 된다. 세 번째 흑백 이미지는 이러한 계산으로 처리되었다.

2 이미지의 엑셀 저장

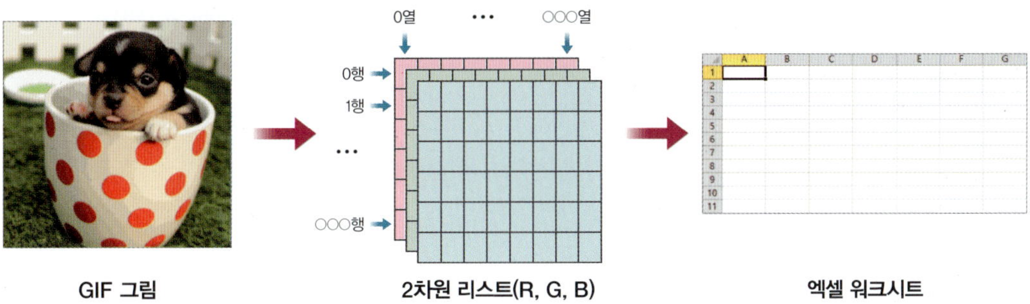

그림 7-8 GIF 이미지를 2차원 배열과 워크시트로 변환

앞서 컬러 이미지는 한 픽셀이 Red, Green, Blue 3가지 값이 0부터 255 사이의 값으로 표현된다고 설명했다. 이제는 GIF 이미지를 파이썬 리스트로 저장해 보자. 예로 GIF 파일의 높이와 폭이 250×185라면 파이썬 리스트도 250×185의 2차원 리스트가 될 것이다. 그리고 컬러는 3가지 색상이므로 Red, Green, Blue 3가지 값을 각 2차원 리스트에 저장하겠다. 엑셀의 각 워크시트에 2차원 리스트의 값을 저장하자.

TIP • 파이썬은 기본적으로 그림 파일 중 GIF 파일만 지원한다. JPG, PNG 등의 파일을 보기 위해서는 Pillow, OpenCV 등의 외부 라이브러리를 사용해야 한다. 이번 장은 GIF 파일만 사용할 것이다. 책과 동일한 파일은 자료실(http://www.hanbit.co.kr/src/4612)에서 다운로드하면 된다.

먼저 간단히 GIF 파일에서 Red, Green, Blue 색상을 뽑아내어 리스트에 저장하는 코드를 작성해 보자. GIF 이미지에 표현하기 위해서 PhotoImage() 함수를 사용한다.

Code07-11.py

```
1  from tkinter import *
2  
3  window = Tk()
4  photo = PhotoImage(file = 'C:/CookAnalysis/GIF/pic7.gif')
5  h = photo.height()
6  w = photo.width()
7  print('이미지 크기 : ', h, 'x', w)
8  
9  photoR=[ [0 for _ in range(h)] for _ in range(w)]
10 photoG=[ [0 for _ in range(h)] for _ in range(w)]
11 photoB=[ [0 for _ in range(h)] for _ in range(w)]
12 
13 for i in range(w) :
14     for k in  range(h) :
15         r, g, b = photo.get(i,k)
16         photoR[i][k] = r
17         photoG[i][k] = g
18         photoB[i][k] = b
19 
20 print('[50][50] 위치의 RGB 값 : ', photoR[50][50], photoG[50][50], photoB[50][50] )
```

실행 결과

```
이미지 크기 :  250 x 185
[50][50] 위치의 RGB 값 :  197 82 49
```

1행 tkinter를 사용하기 위해 임포트했다.

3행 tkinter의 함수를 사용하려면 먼저 작성하는 필수 코드이다.

4행 pic7.gif 파일을 PhotoImage() 함수로 접근했다.

5~6행 이미지 파일의 크기와 높이를 추출한다.

9~11행 이미지를 저장하기 위한 높이×폭 크기의 빈 2차원 리스트를 R, G, B 값용으로 따로 준비했다.

13~18행 이미지의 크기만큼 이중 반복한다. 15행에서 i, k 위치의 R, G, B 값을 추출하고 16~18행에서 리스트의 해당 위치에 R, G, B값을 저장했다.

20행 테스트용으로 (50, 50) 위치의 픽셀 값을 출력해보았다.

이제는 2차원 리스트를 엑셀에 저장해보자. 이번에는 *.xlsx 파일의 쓰기를 지원하는 xlsxwriter 라이브러리를 사용해 보자. 다음 명령을 실행하면 xlsxwriter가 설치된다.

```
pip install xlsxwriter
```

Code07-11.py에 이어서 2차원 리스트를 엑셀의 워크시트에 기록하자. R, G, B 값을 photoR, photoG, photoB 워크시트 이름으로 저장하겠다.

Code07-12.py

```
from tkinter import *
import xlsxwriter
window = Tk()
... ~~~ Code07-11.py의 4~18행과 동일 ~~~


workbook =  xlsxwriter.Workbook('C:/CookAnalysis/Excel/pic7.xlsx')
worksheetR = workbook.add_worksheet('photoR')
worksheetG = workbook.add_worksheet('photoG')
worksheetB = workbook.add_worksheet('photoB')

for i in range(w) :
    for k in  range(h) :
        worksheetR.write(i, k, photoR[i][k])
        worksheetG.write(i, k, photoG[i][k])
        worksheetB.write(i, k, photoB[i][k])

workbook.close()
print('Save. OK~')
```

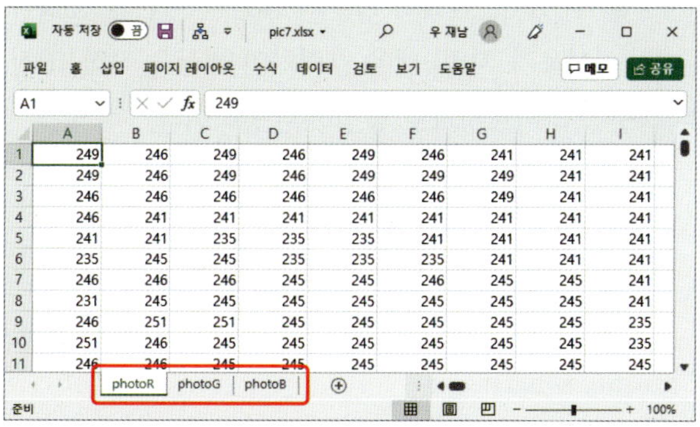

	A	B	C	D	E	F	G	H	I
1	249	246	249	246	249	246	241	241	241
2	249	246	249	246	249	249	249	241	241
3	246	246	246	246	246	246	249	241	241
4	246	241	241	241	241	241	241	241	241
5	241	241	235	235	235	241	241	241	241
6	235	245	245	235	235	235	241	241	241
7	246	246	246	245	245	246	245	245	241
8	231	245	245	245	245	245	245	245	241
9	246	251	251	245	245	245	245	245	235
10	251	246	245	245	245	245	245	245	235
11	246	246	245	245	245	245	245	245	245

3 이미지 색상 표현

GIF 이미지를 2차원 리스트에 저장한 후 다시 2차원 리스트를 엑셀의 워크시트에 저장하는 방법을 살펴봤다. 이번에는 엑셀아트(Excel Art), 즉 엑셀에 직접 그림을 표현하는 방식을 알아보자. Code07-12.py에서는 셀에 숫자를 직접 쓰는 방식을 사용했는데, 엑셀은 셀마다 색상을 표시할 수 있다. 이 기능을 활용해서 숫자에 해당하는 색상을 셀에 표시할 수 있다.

예를 들어 빨간색은 R, G, B에서 R 값만 255를, 나머지 G와 B는 0을 지정하면 된다. RGB를 표현하기 위해서 16진수로 '#RRGGBB' 형식을 사용할 수 있다. 완전 빨간색은 '#FF0000'으로 표현이 된다. 16진수 FF는 255에 해당된다. 몇 가지 색상의 예를 들면 [표 7-2]와 같다.

표 7-2 색상의 10진수, 16진수 예

색상	RGB(10진수)	RGB(16진수)
빨간색(Red)	255 0 0	#FF0000
녹색(Green)	0 255 0	#00FF00
파란색(Blue)	0 0 255	#0000FF
흰색(White)	255 255 255	#FFFFFF
검정색(Black)	0 0 0	#000000
청록색(Cyan)	0 255 255	#00FFFF
자홍색(Magenta)	255 0 255	#FF00FF
노란색(Yellow)	255 255 0	#FFFF00
갈색(Brown)	165 42 42	#A52A2A
초콜릿색(Chocolate)	210 105 30	#D2691E
금색(Gold)	255 215 0	#FFD700
라이트핑크(LightPink)	255 182 193	#FFB6C1
네이비(Navy)	0 0 128	#000080
오렌지(Orange)	255 165 0	#FFA500

엑셀은 10진수 및 16진수로 셀의 배경색을 지정할 수 있다. 셀에서 마우스 오른쪽 버튼을 클릭하고 [셀 서식]을 선택한 후, [채우기] 탭-[다른 색]-[사용자 지정] 탭을 클릭하면 색상을 직접 10진수나 16진수로 입력할 수 있다. [그림 7-9]는 색상을 라이트핑크로 설정하는 방식이다.

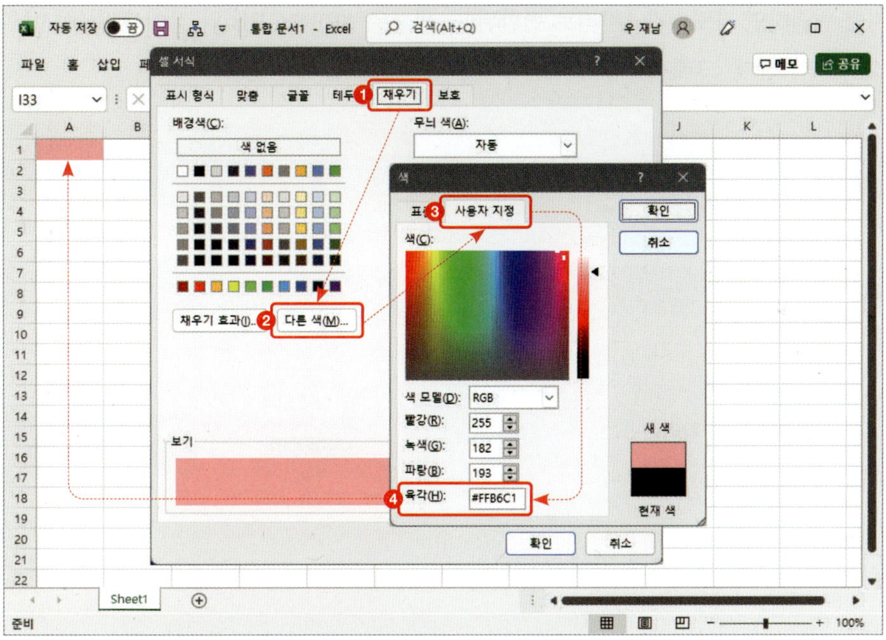

그림 7-9 엑셀에서 16진수로 셀의 색상을 지정

이 방식을 이용해서 R, G, B 색상이 저장된 2차원 배열을 '#RRGGBB' 형식의 16진수 색상으로 지정해 보자. 예로 255, 255, 255는 hex(10진수) 함수를 사용해서 다음과 같이 변경할 수 있다.

```
hexR = hex(255)
hexG = hex(255)
hexB = hex(255)
hexStr = '#' + hexR[2:] + hexG[2:] + hexB[2:]
print(hexStr.upper())
```

실행 결과

```
#FFFFFF
```

hexR[2:]를 사용하는 이유는 hex()의 결과가 '0xFF' 형식으로 앞 '0x'를 제거하기 위함이다. 출력되는 결과는 '#FFFFFF'로 흰색을 의미하는 16진수가 추출된다. 그런데 문제는 15 이하의 숫자다. 다음과 같이 값을 15 이하를 사용해 보자.

```
hexR = hex(15)
hexG = hex(12)
hexB = hex(3)
hexStr = '#' + hexR[2:] + hexG[2:] + hexB[2:]
print(hexStr.upper())
```

실행 결과

```
#FC3
```

15 이하의 숫자를 변환하면 자릿수가 1자리로 변환된다. 색상은 '#RRGGBB'와 같이 해시(#) 이후에 6글자로 표현되어야 한다. 그래서 1자리의 결과라면 앞에 0을 붙여야 한다.

```
hexR = hex(15)
hexG = hex(12)
hexB = hex(3)
hexStr = '#'
if len(hexR[2:]) < 2 :
    hexStr += '0' + hexR[2:]
else :
    hexStr += hexR[2:]
~~ hexG, hexB도 같은 방식으로 처리 ~~
print(hexStr.upper())
```

실행 결과

```
#0F0C03
```

그리고 셀의 폭과 높이도 정사각형으로 작게 조절하자.

```
worksheet.set_column(0, w-1, 1.0)
for i in range(h) :
    worksheet.set_row(i, 9.5)
```

위 코드의 1행은 전체 열의 폭을 약 0.34로 조정한 코드다. 2~3행은 값을 약 0.35로 조절했다. 열의 경우는 set_column() 함수에서 한 번에 0번 열부터 폭-1열까지 크기를 지정할 수 있다. set_column() 함수의 세 번째 파라미터 열 너비 0.1은 엑셀에서 0.34 정도의 값이다. 행은 set_row()에서 한 행씩만 높이를 설정할 수 있다. 그래서 for문으로 반복해서 한 행씩 높이를 설정했다. set_row() 함수의 두 번째 파라미터 행 높이 9.5는 엑셀에서 0.35 정도의 값이다.

TIP • xlsxwriter의 함수에서 사용하는 크기 단위와 엑셀의 크기 단위는 다소 다르다. 지금은 아주 작게 정사각형에 가깝도록 셀의 폭과 높이를 지정했다고 보면 된다.

4 [프로그램 2] 완성

이번에는 앞서 정리한 내용을 바탕으로 엑셀 파일의 각 셀에 색상을 지정하는 코드를 작성해 보자.

Code07-13.py

```
from tkinter import *
import xlsxwriter
window = Tk()
 ~~~ Code07-11.py의 4~18행과 동일 ~~~

```

```
workbook = xlsxwriter.Workbook('C:/CookAnalysis/Excel/picture06_art.xlsx')
worksheet = workbook.add_worksheet('photoRGB')

worksheet.set_column(0, w - 1, 1.0)     # 약 0.34
for i in range(h):
    worksheet.set_row(i, 9.5)           # 약 0.35

for i in range(w) :
    for k in  range(h) :
        hexR = hex(photoR[i][k])
        hexG = hex(photoG[i][k])
        hexB = hex(photoB[i][k])
        hexStr = '#'
        if len(hexR[2:]) < 2:
            hexStr += '0' + hexR[2:]
        else:
            hexStr += hexR[2:]
        if len(hexG[2:]) < 2:
            hexStr += '0' + hexG[2:]
        else:
            hexStr += hexG[2:]
        if len(hexB[2:]) < 2:
            hexStr += '0' + hexB[2:]
        else:
            hexStr += hexB[2:]

        cell_format = workbook.add_format()
        cell_format.set_bg_color(hexStr)
        worksheet.write(k, i, '', cell_format)

workbook.close()
print('Save. OK~')
```

사용하는 파일은 GIF 파일이라면 아무 것이나 상관없으나, 해상도는 512×512 이하를 권장한다.

20행 워크시트를 1개만 생성했다. R, G, B를 합쳐서 셀을 컬러로 표현할 것이다.

22~24행 셀의 행 높이와 열 너비를 최소로 지정한 것이다.

28~30행 2차원 리스트의 R, G, B 색상을 각 16진수로 변경했다.

32~44행 자릿수를 '#RRGGBB'로 맞췄다.

46행 workbook.add_format()을 셀 서식을 지정하기 위한 빈 서식으로 준비했다.

47~48행 셀 서식에 set_bg_color(16진수) 함수로 배경색을 지정하고 빈 값을 출력하면서 준비한 셀 서식을 적용했다. 즉, 아무것도 쓰이지 않지만 셀의 배경색이 지정되는 것이다. GIF 파일의 XY축과 엑셀의 XY축의 개념이 달라서, i와 k를 바꿔야 그림이 정상적으로 표현된다.

SELF STUDY 7-4

Code07-13.py를 수정해서 Red, Green, Blue를 별도의 워크시트에 저장해 보자.

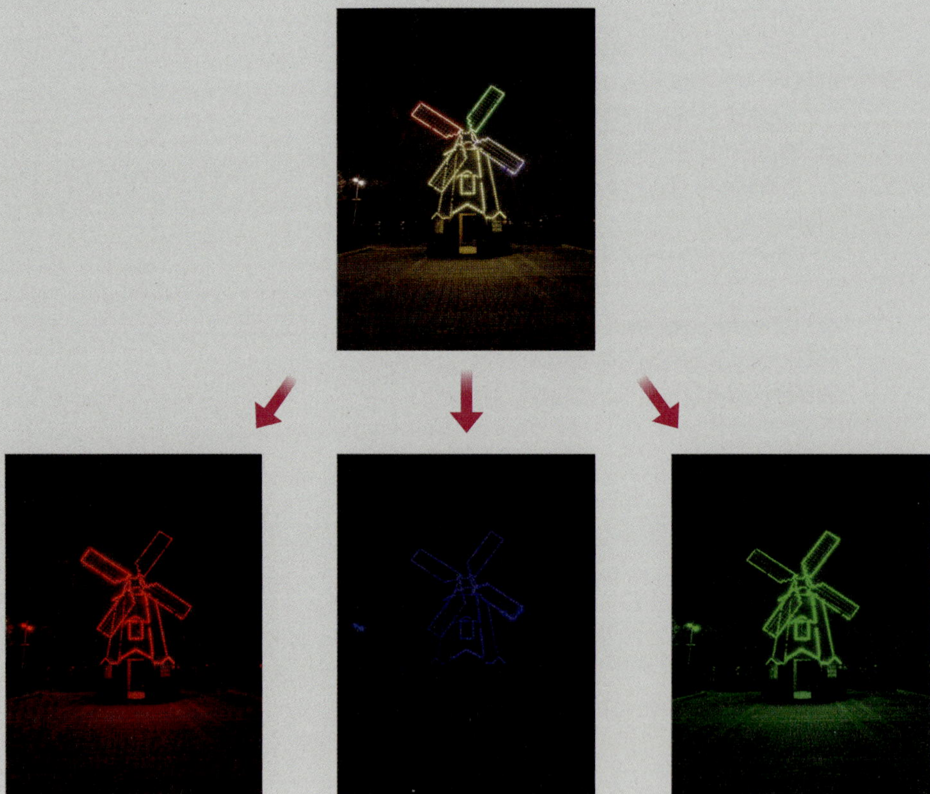

IT@COOKBOOK

요약

1 엑셀 파일의 확장자는 엑셀97~2003에서 *.xls로 표현되며, 엑셀2007 이후 버전은 *.xlsx로 표현된다.

2 엑셀 파일 자체를 워크북(Workbook)이라고, 각 페이지를 엑셀에서는 시트(Sheet) 또는 워크시트(Worksheet)라고 부른다. 워크시트는 행(row)과 열(column)의 표 형태로 되어 있다. 워크시트의 한 칸을 셀(cell)이라고 부른다.

3 CSV는 파일 1개에 하나의 표만 작성할 수 있으나, 엑셀은 워크시트 단위로 표를 작성할 수 있다.

4 파이썬 외부 라이브러리는 PYPI 홈페이지(https://pypi.org/)에서 검색할 수 있다.

5 xlrd와 xlwt 라이브러리는 다음 명령으로 설치한다.

```
pip install xlrd xlwt
```

6 다음은 xlrd를 이용해서 엑셀 파일(*.xls)을 읽어서 모든 내용을 출력하는 표준 코드다.

```
import xlrd

workbook =  xlrd.open_workbook('c:/CookAnalysis/Excel/singer.xls')
sheetCount = workbook.nsheets

wsheetList = workbook.sheets()
for worksheet in wsheetList :
    print('** 워크시트의 이름 : %s' % (worksheet.name) )
    for row in range(worksheet.nrows) :
        for col in range(worksheet.ncols) :
            print("%s" %  worksheet.cell_value(row, col), end = '\t')
        print()
    print()
```

7 엑셀의 특정 열만 추출해서 CSV로 내보낼 수 있다. 만약 각 열의 위치가 어디인지 모른다면, 헤더의 이름으로 각 열의 인덱스를 먼저 찾은 후에 해당 인덱스만 CSV로 내보내면 된다.

8 엑셀 2007 이후에서 사용하는 xlsx 파일을 처리를 위해서는 외부 라이브러리인 openpyxl 라이브러리를 사용할 수 있다. openpyxl 라이브러리는 다음 명령으로 설치한다.

```
pip install openpyxl
```

9 다음은 openpyxl을 이용해서 엑셀 파일(*.xlsx)을 읽어서 모든 내용을 출력하는 표준 코드다.

```
import openpyxl

workbook = openpyxl.load_workbook('c:/CookAnalysis/Excel/singer.xlsx')
wsheetList = workbook.sheetnames

for wsName in wsheetList :
    worksheet = workbook[wsName]
    print('** 워크시트의 이름 : %s' % (wsName) )
    for row in range(1, worksheet.max_row+1) :
        for col in range(1, worksheet.max_column+1) :
            print("%s" %  (worksheet.cell(row=row, column=col).value), end='\t')
        print()
    print()
```

10 GIF 파일에서 Red, Green, Blue 색상을 추출하여 리스트에 저장하기 위해서 PhotoImage() 함수를 사용한다.

11 엑셀 파일(*.xlsx)의 쓰기를 위해서는 xlsxwriter 라이브러리를 사용할 수 있다. xlsxwriter 라이브러리는 다음 명령으로 설치한다.

```
pip install xlsxwriter
```

12 엑셀 아트는 엑셀에 직접 그림을 표현하는 방식인데, RGB를 표현하기 위해서 16진수로 '#RRGGBB' 형식을 사용할 수 있다.

13 hex() 함수는 값을 16진수로 변경해 준다.

연습문제

1 엑셀 파일의 확장명에 대한 설명 중 옳지 않은 것을 고르시오.

① *.xls는 엑셀 97~2003 버전에서 저장되는 포맷이다.

② *.xlsx는 엑셀 2007 이후 버전부터 저장되는 포맷이다.

③ 엑셀 파일 자체를 워크북(Workbook)이라 부른다.

④ 엑셀 파일의 각 페이지를 셀(Cell)이라 부른다.

2 엑셀 파일과 CSV 파일의 차이점에 대한 설명 중 옳지 않은 것을 고르시오.

① 엑셀 파일은 엑셀 소프트웨어가 필요하지만, CSV는 메모장에서 열 수도 있다.

② CSV는 여러 개의 워크시트로 구성할 수 있다.

③ 엑셀은 여러 개의 CSV 파일을 워크시트로 구별해서 저장할 수 있다.

④ CSV 파일의 행 개수는 제한이 없다.

3 다음 보기 중 엑셀과 관련된 파이썬 외부 라이브러리를 모두 고르시오.

```
xlsxwriter  csv  tkinter xlwt  opencv  math  os.path  xlrd  openpyxl  pyexcel  excelpy
```

4 외부 라이브러리를 설치하는 명령어를 고르시오.

① setup install 라이브러리

② put install 라이브러리

③ pip install 라이브러리

④ install setup 라이브러리

5 다음 xlrd 라이브러리에서 엑셀 파일의 모든 워크시트에서 모든 셀의 값을 출력하는 코드의 빈칸에 들어갈 내용을 고르시오.

```
for worksheet in wsheetList :
    for row in  range(worksheet.nrows) :
        for col in range(worksheet.ncols) :
            [                    ]
```

① print("%s" % workbook.cell_value(row, col), end = '\t')

② print("%s" % worksheet.cell_value(row, col), end = '\t')

③ print("%s" % worksheet.data(row, col), end = '\t')

④ print("%s" % workbook.data(row, col), end = '\t')

연습문제

6 다음 *.xls 파일의 정보를 추출하는 코드의 빈칸에 들어갈 내용을 보기에서 고르시오.

open	open_file	open_workbook	sheetCount	nsheets
countSheet	sheets	workbooks	sheetList	

```
import xlrd

workbook = xlrd.[   ❶   ]('파일.xls')
sheetCount = workbook.[   ❷   ]
print('워크시트는 %d개 입니다'  % (sheetCount))

wsheetList = workbook.[   ❸   ]()
for worksheet in wsheetList :
    print('** 워크시트의 이름 : %s' %  (worksheet.name) )
    print(" 행 수는 %d, 열 개수는 %d 입니다." % (worksheet.nrows,  worksheet.ncols))
```

7 다음 xlwt 라이브러리에서 엑셀 파일을 저장하기 위한 코드의 빈칸에 들어갈 내용을 고르시오.

```
for worksheet in wsheetList :
    outSheet =  outWorkbook.add_sheet(worksheet.name)
    for row in  range(worksheet.nrows) :
        for col  in range(worksheet.ncols) :
            [                              ]
```

① outSheet.write(row, col, worksheet.cell_value(row, col))

② outSheet.writeline(row, col, worksheet.cell_value(row, col))

③ outSheet.save(row, col, worksheet.cell_value(row, col))

④ outSheet.saveline(row, col, worksheet.cell_value(row, col))

8 이미지 파일에 대한 설명 중 옳지 않은 것을 고르시오.

① 컬러(Color) 이미지, 그레이(Grey) 이미지, 흑백(Black-white) 이미지로 나눌 수 있다.

② 한 픽셀(Pixel)의 색상은 256가지로 표현된다.

③ 그레이는 Red, Green, Blue가 모두 동일한 색상으로 256가지의 색상만으로 표현된다.

④ 흑백 이미지는 검정색인 0 값과 흰색인 1 값 두 가지로만 표현된다.

9 다음 openpyxl 라이브러리를 사용해서 워크북을 읽는 코드의 빈칸에 들어갈 내용을 고르시오.

```
import openpyxl

workbook = openpyxl.[            ](*.xlsx 파일')
wsheetList = workbook.sheetnames
```

① open_workbook ② load_worksheet

③ open_worksheet ④ load_workbook

10 다음 중 10진수를 16진수로 변경하는 함수를 고르시오.

① binary() ② hex()

③ decimal() ④ to_hex()

응용예제 01 폴더 안의 모든 엑셀 파일 합치기

난이도★★☆☆☆

예제 설명 여러 개의 엑셀 파일 및 여러 워크시트에 나뉘어서 저장된 데이터를 한꺼번에 모아야 하는 경우가 종종 있다. 이번에는 특정 폴더에 들어 있는 엑셀 파일을 모두 합하여 하나의 CSV 파일로 생성하는 프로그램을 작성한다. 폴더 안의 엑셀 파일 및 워크시트의 개수에는 제한이 없어야 한다. C:\CookAnalysis\Excel\folder\ 폴더 안에 여러 개의 강원도 연도별 인구 엑셀 파일을 미리 준비해 놓는다. 최종적으로 모든 엑셀 파일을 합친 CSV 파일은 C:\CookAnalysis\Excel\강원인구통합.csv로 저장한다. 이번 예제는 openpyxl 라이브러리를 사용한다.

TIP • 사용하는 강원도 인구 엑셀 파일은 책의 자료실(http://www.hanbit.co.kr/src/4612)에서 다운로드 한다.

실행 결과

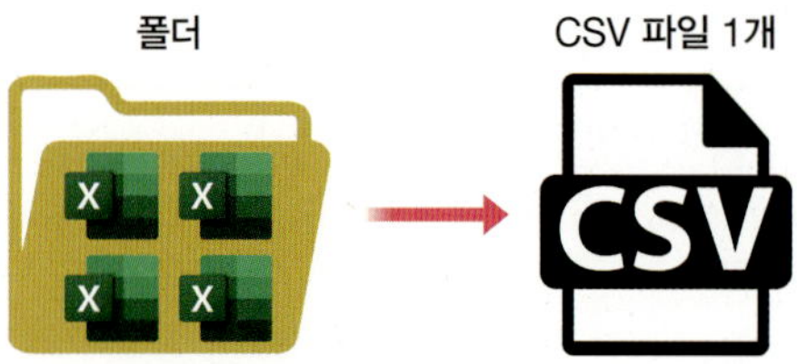

코드

```python
import csv
import glob
import os
import openpyxl

## 전역 변수 부분 ##
file_list = glob.glob(os.path.join('c:/cookAnalysis/Excel/folder/', '*.xlsx'))
firstYN = True

## 메인 코드 부분 ##
for input_file in file_list :
    workbook = openpyxl.load_workbook(input_file)
    wsheetList = workbook.sheetnames
    for wsName in wsheetList:
        worksheet = workbook[wsName]
        with open("C:/CookAnalysis/Excel/강원인구통합.csv", "a", newline='') \
        as outFp:
            csvWriter = csv.writer(outFp)
            if  firstYN == True:
                header_list = []
```

```
21                 for col in range(1, worksheet.max_column + 1):
22                     header_list.append(worksheet.cell(row=1, column=col). \
23                     value)
24                 csvWriter.writerow(header_list)
25                 firstYN = False
26             for row in range(2, worksheet.max_row + 1):
27                 row_list = []
28                 for col in range(1, worksheet.max_column + 1):
29                     row_list.append(worksheet.cell(row=row, column=col). \
30                     value)
31                 csvWriter.writerow(row_list)
32
33 print('Save. OK~')
```

코드 설명

2~4행	관련 라이브러리를 포함시켰다.
7행	지정된 폴더의 *.xlsx 파일의 목록을 구한다. 리스트에는 ['경로\파일명', '경로\파일명' …] 식으로 저장된다.
8행	첫 번째 엑셀 파일의 첫 번째 워크시트의 헤더만 통합 CSV 파일에 기록하고, 나머지 워크시트의 헤더는 넘어가기 위해서 준비한 변수다. 19행에서 사용한다.
11~31행	폴더에 들어 있는 엑셀 파일의 개수만큼 반복한다.
12~13행	차례대로 엑셀 파일 1개를 읽기용으로 열고, 엑셀 파일 내의 워크시트의 목록을 구한다.
14~28행	워크시트의 내용을 통합 CSV 파일에 기록한다.
15행	워크시트를 추출한다.
16~17행	통합 CSV 파일을 쓰기 모드로 연다. "a"는 추가 모드로 파일을 다시 열면 기존의 내용에 계속 이어서 쓰인다.
18행	CSV 라이브러리를 활용해서 CSV 전용으로 라이터(Writer)를 준비했다.
19~25행	첫 번째 엑셀 파일의 첫 번째 워크시트인 경우에만 헤더를 기록한다. 그리고, 더 이상 기록되지 않도록 firstYN 변수를 False로 변경한다.
26~31행	나머지 워크시트의 모든 데이터 행을 쓰기 파일에 기록한다. 26행에서는 헤더 행을 제외하기 위해서 2부터 시작했다.

응용예제 02 GIF 이미지를 영상 변환하여 엑셀 파일로 저장하기

난이도★★★☆☆

예제 설명 GIF 이미지를 엑셀에 저장한 후 엑셀에서 영상 변환을 해보자. 컬러를 그레이 스케일 이미지로 변환한 후 다시 흑백 이미지로 변환하자. 워크시트는 Color, GrayScale, BlackWhite 3개를 생성한다. 이번 예제는 xlsxwriter 라이브러리를 사용한다.

실행 결과

코드

```
from tkinter import *
import xlsxwriter

window = Tk()
photo = PhotoImage(file = 'C:/CookAnalysis/GIF2/picture08.gif')
h = photo.height()
w = photo.width()

photoR=[ [0 for _ in range(h)] for _ in range(w)]
photoG=[ [0 for _ in range(h)] for _ in range(w)]
photoB=[ [0 for _ in range(h)] for _ in range(w)]

for i in range(w) :
```

```
    for k in range(h) :
        r, g, b =  photo.get(i,k)
        photoR[i][k] = r
        photoG[i][k] = g
        photoB[i][k] = b

workSheetNames = ['Color', 'GrayScale', 'BlackWhite']
workbook = xlsxwriter.Workbook('C:/CookAnalysis/Excel/picture08_art.xlsx')
workSheetList = []
for workSheetName in workSheetNames :
    workSheetList.append(workbook.add_worksheet(workSheetName))

for worksheet in workSheetList :
    worksheet.set_column(0, w - 1, 1.0)    # 약 0.34
    for i in  range(h):
        worksheet.set_row(i, 9.5)          # 약 0.35

worksheet = workSheetList[0]
for i in range(w) :
    for k in range(h) :
      ~~~ Code07-13.py의 28~47행과 동일 ~~~
...

worksheet = workSheetList[1]
for i in range(w) :
    for k in range(h) :
        hexGray = hex(int((photoR[i][k] + photoG[i][k] + photoB[i][k]) / 3))
        hexStr = '#'
        if len(hexGray[2:]) < 2:
            hexStr += ('0' + hexGray[2:]) * 3
        else:
            hexStr += hexGray[2:]*3

        cell_format = workbook.add_format()
        cell_format.set_bg_color(hexStr)
        worksheet.write(k, i, '', cell_format)

worksheet = workSheetList[2]
for i in range(w) :
    for k in range(h) :
        if int((photoR[i][k] + photoG[i][k] + photoB[i][k]) / 3) < 128 :
            hexStr = '#000000'
        else :
            hexStr = '#FFFFFF'

```

```
77         cell_format = workbook.add_format()
78         cell_format.set_bg_color(hexStr)
79         worksheet.write(k, i, '', cell_format)
80
81 workbook.close()
82 print('Save. OK~')
```

코드 설명

20행	생성할 워크시트의 이름을 리스트에 미리 저장했다.
22~24행	워크시트 개체를 만들어서 workSheetList에 저장했다.
26~29행	셀의 행 높이와 열 너비를 최소로 지정했다. for문으로 모든 워크시트에 동일하게 적용했다.
31~53행	컬러용 워크시트에 셀을 컬러로 만들었다. Code07-13.py와 동일하다.
55~67행	그레이 스케일 워크시트에 셀을 회색 영상으로 만들었다. 58행에서 R, G, B 값을 합한 후 3으로 나누었다. 회색 영상은 R, G, B의 값이 동일하므로 61행 또는 63행에서 *3을 통해서 문자열을 반복했다. 예로 '0A'라면 '#0A0A0A'로 만든다.
69~79행	흑백용 워크시트에 셀을 흑백으로 만들었다. 72~73행에서 회색 영상의 값이 128 미만이면 검정을 의미하는 '#000000'으로, 그 외는 흰색을 의미하는 '#FFFFFF'로 설정했다.

CHAPTER 08

데이터베이스

학습목표

- 데이터베이스의 개념을 익힌다.
- SQLite의 사용법과 SQL 문을 익힌다.
- 데이터베이스를 연동하는 프로그램을 만든다.

SECTION 01

이 장에서 만들 프로그램

데이터베이스에서 다루는 내용은 분량이 상당한데, 반복 학습을 많이 해야 어느 정도 활용이 가능하다. 따라서 이 책에서 데이터베이스 전체를 다루기는 어렵다. 이번 장에서는 데이터베이스의 기본 개념과 작동 방법, 파이썬에서 데이터베이스를 활용하는 방법 위주로 살펴본다.

1 [프로그램 1] 데이터베이스 운영

첫 번째는 SQLite에서 데이터베이스를 조회하는 프로그램이다. 아직은 SQLite나 데이터베이스가 무엇인지 잘 모르겠지만, 이후 실습을 진행하면서 좀 더 자세히 살펴보자.

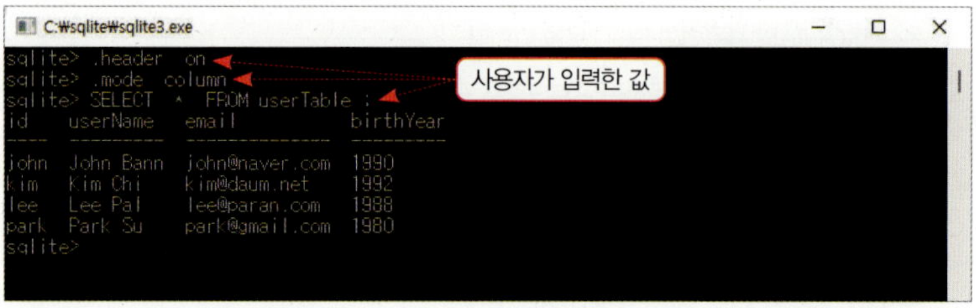

2 [프로그램 2] SQLite 활용

두 번째는 파이썬에서 데이터베이스를 입력하고 조회하는 프로그램이다. 다음과 같이 윈도창이 있는 GUI를 활용하여 작성한다.

SECTION 02

데이터베이스 기본

1 데이터베이스의 개념

그동안 컴퓨터에 별로 관심이 없었다고 해도 데이터베이스(Database)라는 말은 뉴스, 인터넷, SNS 등을 통해 종종 접했을 것이다. 데이터베이스는 모바일, 서버 컴퓨터, 인터넷 환경에 없어서는 안 될 요소이다.

지금까지 여러 가지 파이썬 프로그램을 작성해 보았다. 데이터의 입력이 필요한 프로그램에서는 처음 실행할 때 키보드로 입력했고, 다시 실행하면 데이터를 재입력해야 했다. 즉 데이터가 저장되지 않았다. 이를 해결하기 위해 이전 장에서 파일 처리를 학습했다. 파일에 데이터를 입력해 놓으면 다음에 재입력하지 않아도 파일의 내용을 불러와 사용하는 방법도 배웠다.

파일 처리는 데이터를 저장하기 좋은 방법으로, 데이터양이 적을 때 적합한 형태이다. 대량의 데이터가 발생하는 현대 사회에서 파일 처리로는 한계가 있는데, 이를 보완하는 방법이 바로 데이터베이스이다. 데이터베이스를 사용한다면 수천수만 건의 데이터를 저장할 수 있을 뿐만 아니라 무리 없이 운영할 수도 있다. 그런데 문제는 이 데이터베이스를 사용하는 방법만 배우는 데도 상당한 시간이 필요하다는 것이다. 이 책보다 훨씬 두꺼운 책을 여러 권 공부해야 데이터베이스를 어느 정도 이해할 수 있을 것이다. 그러므로 여기서는 데이터베이스의 모든 것을 다루기보다는 데이터베이스의 핵심 개념을 이해하고 활용하는 방법을 배운다.

그림 8-1 DBMS 제품 종류

파이썬 프로그래밍을 익히기 위해 파이썬 소프트웨어를 설치하고 살펴보았듯이, 데이터베이스를 익히려면 데이터베이스 소프트웨어를 설치해야 한다. 데이터베이스 소프트웨어를 DBMS(DataBase

Management System 또는 DataBase Management Software)라고 한다. DBMS 제품의 종류는 다양하다. 대표적으로 [그림 8-1]과 같이 오라클(Oracle), SQL 서버(SQL Server), MySQL, 액세스(Access), SQLite 등이 있다. 이 중에서 가볍고 활용하기 쉬운 데이터베이스 툴인 SQLite 제품을 사용해 보자.

SQLite를 이해하려면 적어도 데이터베이스, 특히 관계형 데이터베이스의 기본 개념과 용어는 파악하고 있어야 한다. 즉 SQLite를 운영하기 위한 최소한의 내용 정도는 알아 두어야 한다.

데이터베이스 용어는 모든 분야에서 널리 사용한다. 현대 정보화 사회에서 대부분의 생활과 업무는 데이터베이스와 직간접적으로 연관되어 있다고 해도 과언이 아니다. 예를 들어 SNS 메시지, 지하철이나 버스에서 사용하는 교통카드, 편의점에서 산 바나나맛 우유 등의 정보도 모두 데이터베이스에 저장된다. 이렇게 지속적이고 대량으로 발생하는 다양한 형태의 정보를 보관하려면 5장에서 배운 파일 입출력 같은 기존 파일 시스템으로는 한계가 있다. 그래서 고안된 것이 바로 데이터를 보관하고 관리하는 데이터베이스 시스템이다.

데이터베이스는 대량의 데이터를 체계적으로 저장해 놓은 것으로 간단히 정의할 수 있다. 또 데이터베이스는 여러 사용자나 시스템이 공유할 수 있다. 데이터베이스 관리 시스템(DBMS)은 이 데이터베이스를 관리해 주는 시스템 또는 소프트웨어이다.

2 데이터베이스의 종류

DBMS는 크게 계층형(Hierarchical), 망형(Network), 관계형(Relational), 객체지향형(Object-Oriented), 객체관계형(Object-Relational) 등으로 나뉜다. 일반적으로 관계형 DBMS를 가장 많이 사용하며, 일부 멀티미디어 분야에서는 객체지향형이나 객체관계형 DBMS를 활용하는 추세이다. 앞에서 잠깐 소개한 오라클, SQL 서버, 액세스, MySQL 등은 모두 관계형 DBMS, 즉 RDBMS라고 할 수 있다. 또한 이 책에서 다루는 SQLite도 RDBMS에 속한다.

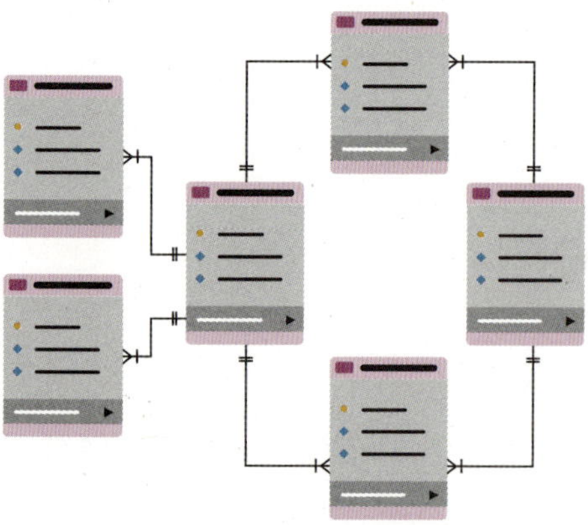

그림 8-2 RDBMS

RDBMS의 가장 큰 단점은 시스템 자원을 많이 차지하여 전반적으로 속도가 느리다는 것이다. 그러나 최근 하드웨어가 급속하게 발전하면서 많이 보완되었다. 이 책에서 사용하는 SQLite도 다른 RDBMS처럼 표준 SQL이나 개념 등은 동일하게 적용되면서도 그보다는 훨씬 가볍게 작동하기 때문에 컴퓨터 성능에 거의 영향을 받지 않는다.

3 데이터베이스 관련 용어

건물을 지으려면 먼저 설계도를 그려야 하듯이 데이터베이스를 구축하려면 데이터베이스 모델링이라는 작업이 필요하다. 데이터베이스 모델링은 현실에서 사용되는 데이터를 DBMS 안에 어떻게 옮겨 놓을지 결정하는 과정이다.

네이버나 카카오 등 포털사이트의 회원가입 절차를 생각해 보자. 포털사이트에는 회원이 필요하며, 사람들이 회원으로 가입한다. 그렇다면 이 '회원'을 어떻게 DBMS에 넣을 것인가를 고민해야 한다. 회원인 사람의 몸을 컴퓨터에 넣을 수는 없으므로, 회원을 나타낼 수 있는 특성 또는 속성을 추출해서 그 특성을 DBMS에 데이터로 넣어야 한다. 즉 회원의 신분을 나타내는 정보 중 이름, 생년월일, 이메일, 주소, 연락처 등 정보를 DBMS에 저장한다. 이런 정보를 단편적으로 저장하는 것이 아니라 테이블(Table)이라는 표 형태의 틀에 맞추어서 넣어야 한다.

[그림 8-3]은 지금까지 설명한 회원 정보를 테이블에 구현한 것이다. 관련 용어도 함께 살펴보자.

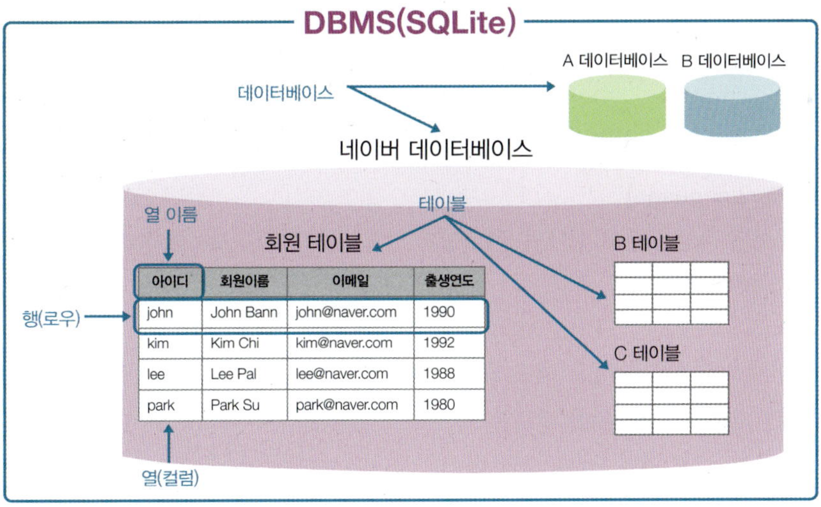

그림 8-3 DBMS 구성도

- **데이터**

  john, lee@naver.com, 1980 등 단편적인 정보를 의미한다.

- **테이블**

  데이터가 표 형태로 표현된 것이다. 지금은 네이버 데이터베이스를 구현하기 위해 회원 정보를 보관할 '회원 테이블'을 만들었다.

- **데이터베이스(DB)**

  테이블이 저장되는 저장소로, 주로 원통 모양으로 표현한다. [그림 8-3]에는 네이버 데이터베이스, A 데이터베이스, B 데이터베이스 총 3개가 있다. 각 데이터베이스에는 고유한 이름이 있어야 한다. 여기서 사용 또는 생성하는 데이터베이스의 이름은 네이버 데이터베이스이다.

- **DBMS(DataBase Management System)**

  데이터베이스를 관리하는 시스템 또는 소프트웨어를 의미한다. SQLite 소프트웨어가 이에 해당한다.

- **열(Column, Field)**

  각 테이블은 1개 이상의 열로 구성된다. 회원 테이블은 아이디, 회원이름, 이메일, 출생연도 등 열 4개로 구성되어 있다.

- **열 이름**

  각 열을 구분하는 이름이다. 열 이름은 각 테이블 안에서 중복되지 않아야 한다.

- **데이터 형식**

  열의 데이터 형식으로 테이블을 생성할 때 열 이름과 함께 지정해야 한다. 회원 테이블의 회원이름 열은 당연히 숫자 형식이 아닌 문자 형식이어야 한다. 또한 출생연도는 숫자(특히 정수) 형식이어야 할 것이다. 출생연도에는 '빠른88' 같은 글자를 입력하면 안 되기 때문이다.

- **행(Row)**

  실질적인 데이터로, 'john/John Bann/john@naver.com/1990'은 하나의 행 데이터이다.

- **SQL(Structured Query Language)**

  DBMS(SQLite)에서 어떤 작업을 하고 싶다면 DBMS가 알아듣는 언어로 지시해야 한다. SQL은 사용자와 DBMS가 소통하는 언어이다.

일부 용어는 SQL 관련 내용만 학습한다고 해도 책 한 권으로는 부족하다. SQLite를 사용하려면 기본적으로 DBMS의 기본 개념과 용어 정도는 숙지하고 있어야 한다. 이제 SQL 문법과 사용 방법을 알아보자.

SECTION 03
데이터베이스 구축

데이터베이스 관련 용어와 기본 개념을 익혔다면 이제 [그림 8-4]와 같은 과정에 따라 데이터베이스를 SQLite에서 구축해 보자. 이는 SQLite에만 적용되는 사항이 아니라 일반적인 RDBMS에 공통으로 적용되는 사항이다.

그런데 파이썬에는 SQLite가 내장되어 있으므로 따로 설치할 필요가 없다. 여기서는 단지 데이터베이스 환경을 구축하고, 데이터베이스 언어인 SQL 문을 연습하기 위해 PC용 SQLite를 설치하는 것이다.

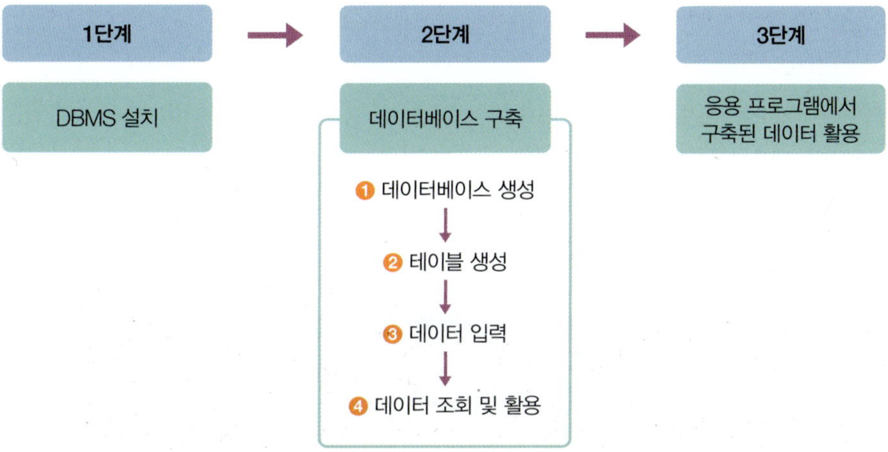

그림 8-4 데이터베이스 구축 및 운영 과정

1 DBMS 설치와 실행

데이터베이스를 구축하려면 먼저 SQLite를 설치해야 한다. [그림 8-5]의 (a)와 같이 SQLite 설치 페이지(https://www.sqlite.org/download.html)에 접속한다. 'Precompiled Binaries for Windows' 항목에서 sqlite-tools-win32-x86-버전.zip 파일을 클릭해 다운로드한다.

[그림 8-5]의 (b)와 같이 다운로드한 파일의 압축을 풀고, 폴더명을 sqlite로 변경한다. 필자는 C:\sqlite\ 폴더로 옮겨 이름을 변경했다. C:\sqlite\ 폴더 아래에 파일이 3개 있으면 된다.

TIP • MySQL로 실습을 진행하는 방법은 이번 장의 마지막에 수록된 [여기서 잠깐]에 설명해놓았다. 먼저 SQLite로 실습을 진행하고 필요하다면 추가로 MySQL로 학습하면 된다.

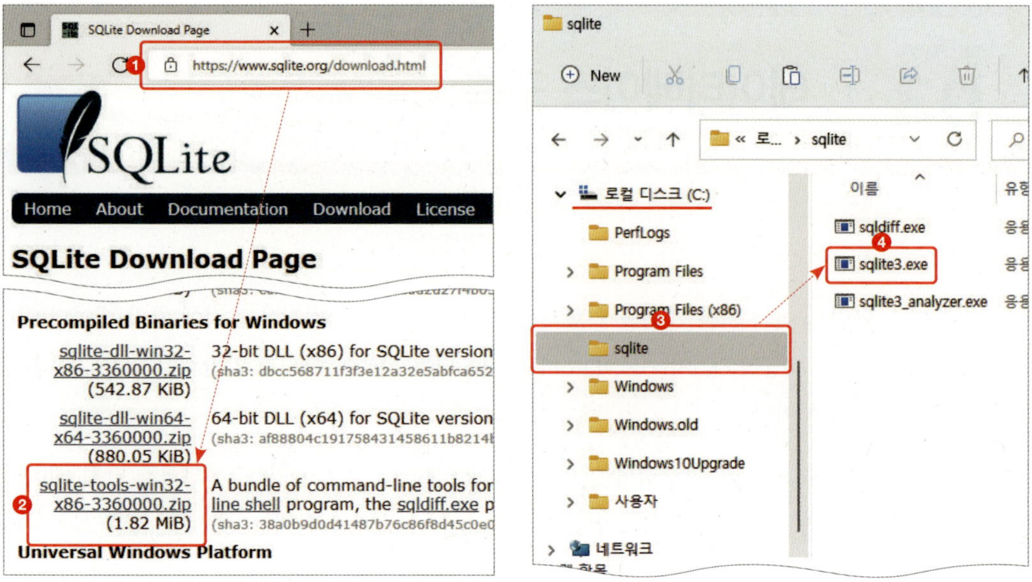

(a) SQLite 다운로드 (b) SQLite 폴더

그림 8-5 DBMS 설치

데이터베이스를 구축하려면 먼저 SQLite에 접속해야 한다. 파일 탐색기에서 sqlite3.exe 파일을 더블클릭해 실행하면 명령 프롬프트창이 열리면서 sqlite>로 표시된다.

TIP • 만약 [Windows의 PC 보호] 창이 나오면 〈추가정보〉 → 〈실행〉을 클릭한다.

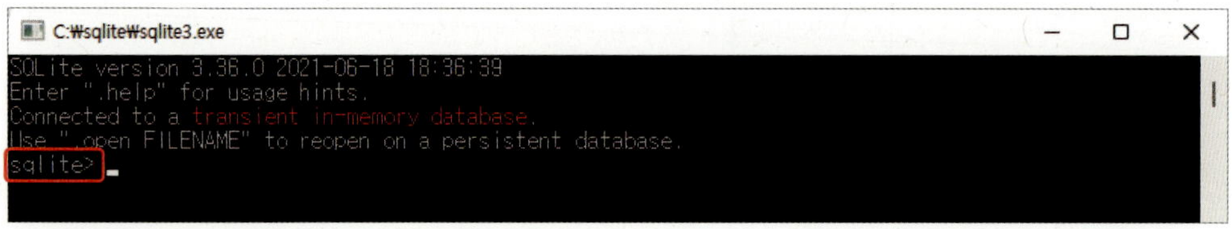

그림 8-6 SQLite 실행 화면

SQLite가 실행되었으므로 이제 DBMS가 이해하는 SQL 언어를 사용할 수 있다.

2 [프로그램 1] 완성

[프로그램 1]은 파이썬 코드를 작성하는 것이 아니라, SQLite에서 다음 데이터베이스를 완성하는 것이다. [그림 8-4]의 2단계를 차례로 진행하면 완성된다.

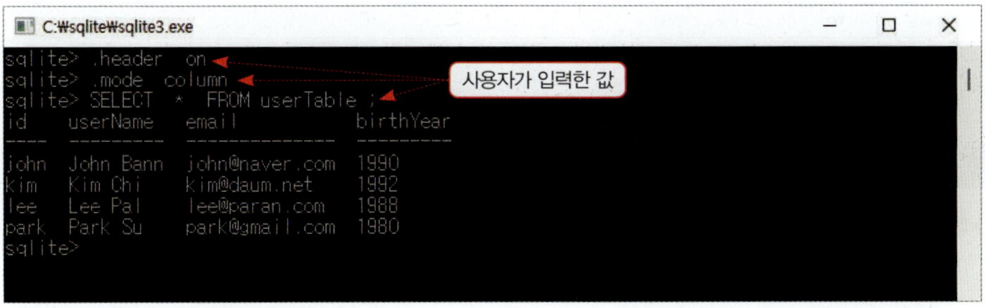

그림 8-7 완성된 데이터베이스 결과 확인

❶ 데이터베이스 생성

데이터베이스를 생성하거나 열려면 '.open 데이터베이스이름' 명령어를 실행한다. 이 명령어는 데이터베이스가 있다면 열어 주고, 없다면 새로 생성한다. 다음 명령어를 실행하면 [그림 8-3]의 네이버 데이터베이스(naverDB)가 생성된다. 물론 내부는 아직 비어 있다.

그림 8-8 비어 있는 naverDB 내부

TIP • 자주 사용하는 SQLite 명령어

SQL 문은 대·소문자를 구분하지 않는다. 또한 모든 SQL 문의 끝에는 세미콜론(;)을 붙여야 한다. 예외적으로 SQLite 자체 명령어는 소문자로 써야 하며, 시작에는 '.'을 붙이고 끝에는 세미콜론을 붙이지 않아도 된다. 자주 사용하는 SQLite 명령어는 다음과 같다.

- .table : 현재 데이터베이스의 테이블 목록을 보여 준다.
- .schema 테이블이름 : 테이블의 열 및 데이터 형식 등 정보를 보여 준다.
- .header on : SELECT 문으로 출력할 때 헤더를 보여 준다.
- .mode column : SELECT 문으로 출력할 때 컬럼 모드로 출력한다.
- .quit : SQLite를 종료한다.

일반적으로 SELECT 문을 사용하기 전에 '.header on'과 '.mode column'을 설정하면 결과 화면이 가독성 좋게 출력된다.

❷ 테이블 생성

naverDB 안에 테이블을 생성해 보자. 테이블을 생성하는 SQL 문의 형식은 다음과 같다.

```
CREATE TABLE 테이블이름(열이름1 데이터형식, 열이름2 데이터형식, …);
```

앞서 계획한 [그림 8-3]의 회원 테이블을 생성하고 확인하는 코드는 다음과 같다.

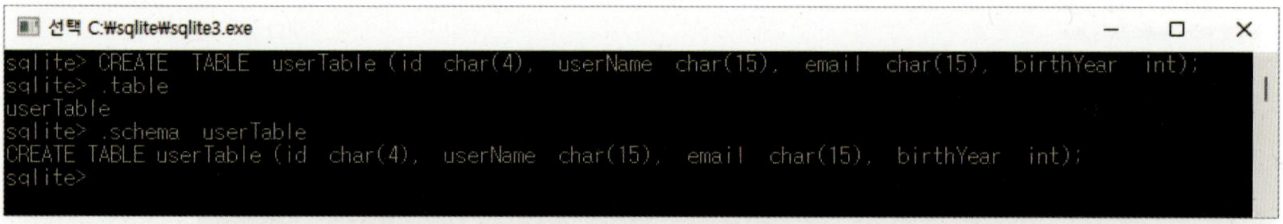

그림 8-9 테이블 생성

TIP • 생성된 테이블을 삭제하려면 'DROP TABLE 테이블이름;' 형식을 사용한다.

❸ 데이터 입력

이제는 생성한 회원 테이블(userTable)에 행 데이터를 입력할 차례이다. 행 데이터를 입력하는 SQL 문의 형식은 다음과 같다.

```
INSERT INTO 테이블이름 VALUES(값1, 값2, …);
```

앞서 계획한 [그림 8-3]의 회원 테이블에 행 4개를 입력하는 SQL 문은 다음과 같다.

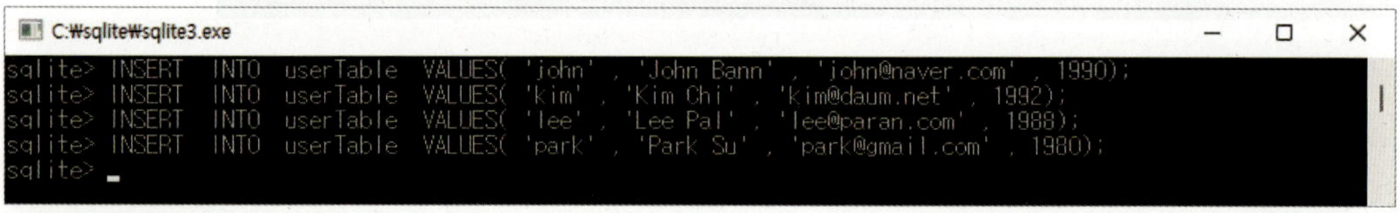

그림 8-10 데이터 입력

TIP • 행 데이터를 삭제하려면 'DELETE FROM 테이블이름 WHERE 열이름=값;' 형식을 사용한다. 예를 들어 park 사용자의 행 데이터를 삭제 하려면 'DELETE FROM userTable WHERE id='park';'을 실행한다. 또한, 행 데이터의 값을 수정하려면 'UPDATE 테이블이름 SET 열이름=새값 WHERE 열이름=값;' 형식을 사용한다. 예를 들어 park 사용자의 출생연도를 1981로 수정하려면 'UPDATE userTable SET birthYear=1981 WHERE id='park';'을 실행한다.

❹ 데이터 조회 및 활용

데이터를 조회 및 활용하는 SQL 문은 SELECT로 일반적인 형식은 다음과 같다.

```
SELECT * FROM 테이블이름;
```

결과로 데이터가 4건 확인되었으므로 [프로그램 1]을 성공적으로 마친 것이다. 앞서 입력한 [그림 8-10]의 데이터를 조회해 보자.

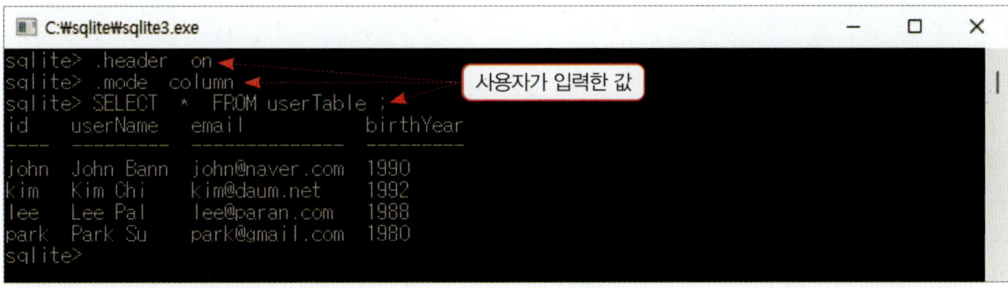

그림 8-11 데이터 조회

SELECT 문을 WHERE 조건과 함께 사용할 수도 있다. 형식은 다음과 같다.

```
SELECT 열이름1, 열이름2, … FROM 테이블이름 WHERE 조건;
```

❶은 1990년 이전에 태어난 사람의 아이디와 출생연도를 확인한다. ❷는 아이디가 'park'인 사람의 모든 정보를 조회하는데, 여기서 *는 모든 열을 의미한다. ❸은 조회한 결과를 정렬하기 위해 ORDER BY 문을 사용한다. 전체 테이블을 출생연도가 작은 순서(오름차순)로 정렬하려면 다음과 같이 조회할 수 있다. 반대로 큰 순서(내림차순)부터 조회하려면 맨 뒤에 DESC를 붙인다. ❹는 작업이 모두 끝나 SQLite를 종료한다.

```
sqlite> SELECT id, birthYear FROM userTable WHERE birthYear<=1990; ❶
john|1990
lee|1988
park|1980
sqlite> SELECT * FROM userTable WHERE id = 'park'; ❷
park|Park Su|park@gmail.com|1980
sqlite> SELECT * FROM userTable ORDER BY birthYear; ❸
park|Park Su|park@gmail.com|1980
lee|Lee Pal|lee@paran.com|1988
john|John Bann|john@naver.com|1990
kim|Kim Chi|kim@daum.net|1992
sqlite>.quit ❹
```

SELF STUDY 8-1

SQLite에 다시 접속해서 naverDB에 다음 테이블(productTable)을 구축해 보자.

제품코드(pCode)	제품명(pName)	가격(price)	재고수량(amount)
p0001	노트북	110	5
p0002	마우스	3	22
p0003	키보드	2	11

힌트 제품코드와 제품명은 char형으로 지정하고, 가격과 재고수량은 int형으로 지정한다.

실행 결과

```
pCode   pName   price   amount
----------------------------------
p0001   노트북  110     5
p0002   마우스  3       22
p0003   키보드  2       11
```

SECTION
04 데이터 입력과 조회

앞서 데이터베이스 개념과 명령 프롬프트에서 SQLite에 접속해 사용하는 방법을 배웠다. 이번에는 직접 파이썬 코드에서 SQLite를 활용해 데이터를 입력하고 조회하는 방법을 살펴본다.

1 데이터 입력 순서

파이썬에서 데이터를 입력하려면 [그림 8-12]와 같은 절차를 거쳐야 한다. 다소 복잡해 보이지만 거의 고정으로 사용하므로 여러 번 보다 보면 금세 익숙해질 것이다.

그림 8-12 SQLite의 데이터 입력 순서

[그림 8-12]의 순서대로 [프로그램 1]에서 진행한 네이버 데이터베이스를 동일하게 구축해 보자.

❶ 데이터베이스 연결

SQLite를 사용하려면 먼저 관련 모듈인 sqlite3를 임포트한 후 sqlite3.connect("DB이름")으로 데이터베이스와 연결해야 한다. 'DB이름'이 기존에 있다면 DB에 연결되고, 없다면 새로 생성한 후 연결된다. 연결에 성공하면 아무런 메시지도 표시하지 않는다. 필자는 con이라는 변수를 데이터베이스와 연결된 연결자로 사용했다.

```
import sqlite3
con = sqlite3.connect("C:/CookAnalysis/naverDB")     # 소스 코드가 저장된 폴더에 생성
```

TIP • 혼란스러울 수 있어서 다시 설명하자면, 지금 사용하는 파이썬 내부의 SQLite는 앞에서 다운로드해서 설치한 SQLite와는 별개이다. 그러므로 [프로그램 1]에서 실습했던 naverDB는 파이썬 내부의 SQLite에는 없으므로 파이썬 내부에 naverDB가 새로 만들어진다.

❷ 커서 생성

커서(Cursor)는 데이터베이스에 SQL 문을 실행하거나 실행된 결과를 돌려받는 통로라고 생각하면 된다. ❶에서 연결한 연결자에 커서를 만들어야 한다. 필자는 cur라는 변수를 커서로 사용했다.

```
cur = con.cursor()
```

❸ 테이블 만들기

❶에서 데이터베이스를 처음 만들었다면 당연히 테이블도 없으므로 이번 단계를 실행해야 한다. 하지만 ❶에서 기존 데이터베이스에 만든 테이블에 다시 값을 입력한다면 이번 단계는 생략할 수 있다. 테이블을 만드는 SQL 문을 커서이름.execute() 함수의 매개변수로 넘겨주면 SQL 문이 데이터베이스에 실행된다.

```
cur.execute("CREATE TABLE userTable (id char(4), userName char(15), email char(20),
birthYear int)")
```

실행 결과

```
<sqlite3.Cursor object at 개체번호>
```

❹ 데이터 입력

데이터는 필요한 만큼 반복해서 입력한다. 데이터 입력도 SQL 문을 사용해야 하므로 커서이름.execute() 함수를 이용한다.

```
cur.execute("INSERT INTO userTable VALUES('john', 'John Bann', 'john@naver.com', 1990)")
cur.execute("INSERT INTO userTable VALUES('kim', 'Kim Chi', 'kim@daum.net', 1992)")
cur.execute("INSERT INTO userTable VALUES('lee', 'Lee Pal', 'lee@paran.com', 1988)")
cur.execute("INSERT INTO userTable VALUES('park', 'Park Su', 'park@gmail.com', 1980)")
```

실행 결과

```
<sqlite3.Cursor object at 개체번호>가 각각 4회 출력됨
```

❺ 입력한 데이터 저장

❹에서 입력한 데이터 4건은 아직 데이터베이스에 완전히 저장한 것이 아닌 임시로 저장된 상태이다. 이를 확실하게 저장하는 것을 커밋(Commit)이라고 한다.

```
con.commit()
```

❻ 데이터베이스 닫기

데이터베이스를 모두 사용했다면 ❶에서 연결한 데이터베이스를 닫아야 한다.

```
con.close()
```

2 데이터 입력 프로그램 구현

이번에는 사용자가 반복해서 데이터를 입력하는 코드를 작성해 보자. 앞서 생성한 naverDB의 userTable에 Enter 를 입력하기 전까지 반복해서 한 행씩 데이터를 입력해 보자.

Code08-01.py

```python
import sqlite3

## 변수 선언 부분 ##
con, cur = None, None
data1, data2, data3, data4 = "", "", "", ""
sql = ""

## 메인 코드 부분 ##
con = sqlite3.connect("C:/CookAnalysis/naverDB")  # DB가 저장된 폴더까지 지정
cur = con.cursor()

while (True) :
    data1 = input("사용자ID ==> ")
    if data1 == "" :
        break
    data2 = input("사용자이름 ==> ")
```

```
17        data3 = input("이메일 ==> ")
18        data4 = input("출생연도 ==> ")
19        sql = "INSERT INTO userTable VALUES('" + data1 + "','" + data2 + \
20             "','" + data3 + "', " + data4 + ")"
21        cur.execute(sql)
22    con.commit()
23    con.close()
```

실행 결과

```
사용자ID ==> su
사용자이름 ==> Su Ji
이메일 ==> suji@naver.com
출생연도 ==> 1994
… 반복해서 입력 …
사용자 ID ==> Enter ← 종료됨
```

4~6행 사용할 변수를 선언한다. data1부터 data4는 입력할 사용자ID, 사용자이름, 이메일, 출생연도를 입력받을 변수이다. sql 변수는 'INSERT INTO~' 문을 입력한 data 값과 함께 문자열로 생성할 것이다.

9~10행 데이터베이스를 연결하고 커서를 준비한다. 테이블은 이미 생성되어 있으므로 'CREATE TABLE~' 문은 생략한다.

12~21행 무한 반복하면서 data1부터 data4까지를 입력받는다. data1에서는 아무것도 입력하지 않고 Enter를 누르면 while 문을 빠져나간다.

19~20행 입력한 데이터를 INSERT 문으로 sql 변수에 문자열로 만든다. 주의할 점은 data1부터 data3은 작은따옴표로 묶어야 하고, 마지막 data4는 정수이므로 작은따옴표로 묶으면 안 된다는 것이다.

21행 생성한 문자열을 실행해서 데이터를 입력한다.

22~23행 입력한 데이터를 저장하고, 연결된 데이터베이스를 닫는다.

SELF STUDY 8-2

Code08-01.py를 수정해서 [SELF STUDY 8-1]에서 생성한 productTable이 입력되도록 하자.

힌트 테이블을 생성해야 하므로 11행에서 cur.execute("CREATE TABLE 문")도 수행해야 한다.

3 데이터 조회 순서

파이썬에서 데이터를 조회하려면 [그림 8-13]과 같은 단계를 거쳐야 한다.

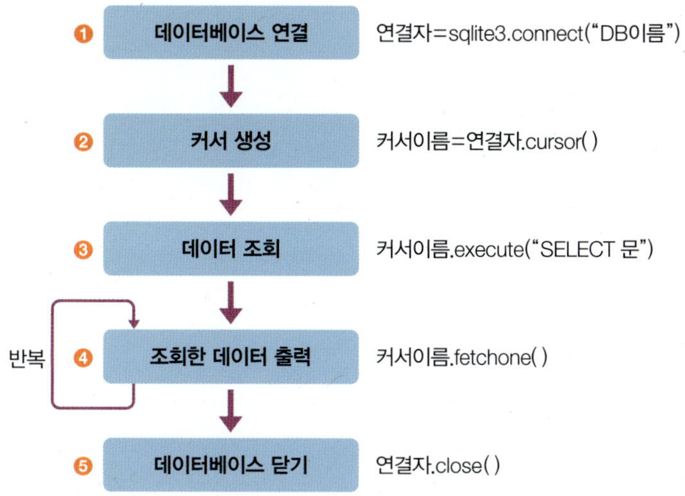

그림 8-13 SQLite의 데이터 조회 순서

데이터를 조회하는 순서는 [그림 8-12]의 데이터 입력 순서와 거의 동일하며 ❸, ❹만 다르다. ❸에서는 커서에 SELECT 문으로 조회한 결과를 한꺼번에 저장해 놓는다. 그리고 ❹에서 조회한 데이터를 한 행씩 fetchone() 함수로 접근한 후 출력한다. 조회하는 것은 데이터를 입력하거나 변경하는 것이 아니므로 굳이 커밋할 필요가 없다.

4 데이터 조회 프로그램 구현

Code08-02.py는 [프로그램 1]과 비슷한 결과를 출력할 것이다. [프로그램 1]에서는 직접 SQLite에서 SQL 문을 입력했지만, 이번에는 파이썬 코드에서 생성할 것이다. [그림 8-4]의 3단계인 '응용 프로그램에서 구축된 데이터 활용'을 진행해 보자.

Code08-02.py

```
import sqlite3

## 변수 선언 부분 ##
con, cur = None, None
data1, data2, data3, data4 = "", "", "", ""
row = None

## 메인 코드 부분 ##
con = sqlite3.connect("C:/CookPython/naverDB")
cur = con.cursor()

cur.execute("SELECT * FROM userTable")
```

```
13
14 print("사용자ID    사용자이름    이메일    출생연도")
15 print("----------------------------------------------")
16
17 while (True) :
18     row = cur.fetchone()
19     if row == None :
20         break
21     data1 = row[0]
22     data2 = row[1]
23     data3 = row[2]
24     data4 = row[3]
25 print("%5s   %15s   %20s   %d" % (data1, data2, data3, data4))
26
27 con.close()
```

실행 결과

```
사용자ID        사용자이름        이메일                출생연도
----------------------------------------------------------------------
john            John Bann         john@naver.com        1990
kim             Kim Chi           kim@daum.net          1992
lee             Lee Pal           lee@paran.com         1988
park            Park Su           park@gmail.com        1980
su              Su Ji             suji@naver.com        1994
```

Code08-01.py를 수행하면서 데이터를 추가로 입력했다면 해당 데이터도 표시될 것이다. 대부분은 Code08-01.py와 비슷한데, 다른 점 몇 가지는 다음과 같다.

12행 SELECT 문으로 테이블을 조회한다. 조회한 결과는 cur 변수에 들어간다고 생각하면 된다.

18행 12행에서 조회환 결과를 fetchone() 함수로 한 행씩 추출한다. while 문 안에 있으므로 무한 반복된다. 즉 조회한 결과의 모든 행을 추출한다. fetchone() 함수로 조회된 결과가 저장된 row 변수는 튜플 형식으로 각 행 데이터를 저장한다. 예를 들어 첫 번째 행은 ("john", "John Bann", "john@naver.com", 1990) 형식으로 저장되어 있다. 그래서 첫 번째는 data1, 두 번째는 data2, … 방식으로 추출해 25행에서 한 줄로 출력한 것이다.

19~20행 12행에서 조회한 결과가 없으면 None값을 반환하므로 while 문을 빠져나온다. 12행의 결과는 cur에 내부적으로 전체 행이 저장된다. 12행 이후에 rows=cur.fetchall()을 수행하면 각 행은 튜플 형태로 저장되는데, rows에는 다음 형태로 저장될 것이다.

```
[("john", "John Bann", "john@naver.com", 1990), ('kim', 'Kim Chi', 'kim@daum.net', 1992), …]
```

SELF STUDY 8-3

Code08-02.py를 수정해서 [SELF STUDY 8-2]에서 입력한 productTable의 내용이 출력되도록 해 보자.

실행 결과

```
제품코드      제품명      가격      재고수량
--------------------------------------------
p0001         노트북      110       5
p0002         마우스      3         22
p0003         키보드      2         11
```

5 [프로그램 2] 완성

[프로그램 2]는 GUI 화면에서 데이터를 입력하고 수정할 수 있도록 한다. 앞서 배운 내용과 비슷하므로 어렵지 않게 코드를 이해할 수 있을 것이다.

그림 8-14 GUI 화면에 데이터 입력 및 수정

Code08-03.py

```
import sqlite3
from tkinter import *
from tkinter import messagebox

## 함수 선언 부분 ##
def insertData() :
    con, cur = None, None
    data1, data2, data3, data4 = "", "", "", ""
    sql = ""

con = sqlite3.connect("C:/CookAnalysis/naverDB")      # DB가 저장된 폴더까지 지정
```

```
cur = con.cursor()

    data1 = edt1.get(); data2 = edt2.get(); data3 = edt3.get(); data4 = edt4.get()
    try :
        sql = "INSERT INTO userTable VALUES('" + data1 + "','" + data2 + \
            "','" + data3 + "'," + data4 + ")"
        cur.execute(sql)
    except :
        messagebox.showerror('오류', '데이터 입력 오류가 발생함')
    else :
        messagebox.showinfo('성공', '데이터 입력 성공')
    con.commit()
    con.close()

def selectData() :
    strData1, strData2, strData3, strData4 = [], [], [], []
    con = sqlite3.connect("C:/CookAnalysis/naverDB") # DB가 저장된 폴더까지 지정
    cur = con.cursor()
    cur.execute("SELECT * FROM userTable")
    strData1.append("사용자ID"); strData2.append("사용자이름")
    strData3.append("이메일"); strData4.append("출생연도")
    strData1.append("-----------"); strData2.append("-----------")
    strData3.append("-----------"); strData4.append("-----------")
    while (True) :
        row = cur.fetchone()
        if row == None :
            break
        strData1.append(row[0]); strData2.append(row[1])
        strData3.append(row[2]); strData4.append(row[3])

    listData1.delete(0, listData1.size() - 1); listData2.delete(0, listData2.size() - 1)
    listData3.delete(0, listData3.size() - 1); listData4.delete(0, listData4.size() - 1)
    for item1, item2, item3, item4 in zip(strData1, strData2, strData3, strData4) :
        listData1.insert(END, item1); listData2.insert(END, item2)
        listData3.insert(END, item3); listData4.insert(END, item4)
    con.close()

## 메인 코드 부분 ##
window = Tk()
window.geometry("600x300")
window.title("GUI 데이터 입력")

edtFrame = Frame(window);
edtFrame.pack()
```

```
56 listFrame = Frame(window)56  listFrame.pack(side = BOTTOM, fill = BOTH, expand = 1)
57
58 edt1 = Entry(edtFrame, width = 10); edt1.pack(side = LEFT, padx = 10, pady = 10)
59 edt2 = Entry(edtFrame, width = 10); edt2.pack(side = LEFT, padx = 10, pady = 10)
60 edt3 = Entry(edtFrame, width = 10); edt3.pack(side = LEFT, padx = 10, pady = 10)
61 edt4 = Entry(edtFrame, width = 10); edt4.pack(side = LEFT, padx = 10, pady = 10)
62
63 btnInsert = Button(edtFrame, text = "입력", command = insertData)
64 btnInsert.pack(side = LEFT, padx = 10, pady = 10)
65 btnSelect = Button(edtFrame, text = "조회", command = selectData)
66 btnSelect.pack(side = LEFT, padx = 10, pady = 10)
67
68 listData1 = Listbox(listFrame, bg = 'yellow');
69 listData1.pack(side = LEFT, fill = BOTH, expand = 1)
70 listData2 = Listbox(listFrame, bg = 'yellow')
71 listData2.pack(side = LEFT, fill = BOTH, expand = 1)
72 listData3 = Listbox(listFrame, bg = 'yellow')
73 listData3.pack(side = LEFT, fill = BOTH, expand = 1)
74 listData4 = Listbox(listFrame, bg = 'yellow')
75 listData4.pack(side = LEFT, fill = BOTH, expand = 1)
76
77 window.mainloop()
```

6~24행 [입력] 버튼을 누를 때 실행되는 함수로 데이터를 입력하는 기능을 한다.

14행 화면에 있는 텍스트박스 4개에서 값을 가져온다.

15~22행 SQL 문을 만들어 실행하는데, 18행에서 오류가 발생해도 프로그램이 중지되지 않도록 try 문을 활용한다.

26~47행 [조회] 버튼을 누를 때 실행되는 데이터를 조회하는 함수이다.

27행 strData1은 '사용자ID' 열의 결과를 리스트박스에 출력하는 리스트이다.

31, 33행 제목을 리스트에 추가한 후 39행에서 모든 사용자ID를 추가한다. 결국 strData1에는 ["사용자ID", "사용자ID", "사용자ID", …] 형식으로 값이 저장된다. strData2~4도 마찬가지로 "사용자 이름", "이메일", "출생연도"에 해당하는 데이터가 저장된다.

42, 43행 화면에 있는 리스트박스 4개를 모두 비운다.

44~46행 각 리스트박스에 앞에서 준비한 strData1~4의 값을 다시 채운다. 결국 화면의 리스트박스에는 모든 데이터가 조회된다.

54~56행 화면을 분할하려고 프레임을 2개 준비한다.

58~66행 텍스트박스(Entry) 4개와 버튼 2개를 edtFrame에 배치한다.

68~75행 리스트박스(Listbox) 4개를 listFrame에 배치한다.

요약

1 데이터베이스는 대량의 데이터를 체계적으로 저장해 놓은 것이다.

2 데이터베이스 관리 시스템(DBMS, DataBase Management System 또는 DataBase Management Software)은 데이터베이스를 관리해 주는 시스템 또는 소프트웨어를 의미한다.

3 DBMS의 구성도는 다음과 같다.

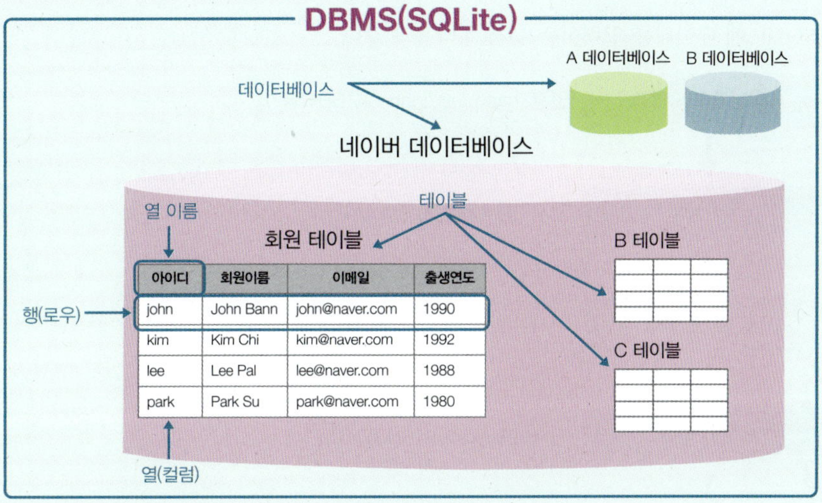

4 데이터베이스를 구축하고 운영하는 과정은 다음과 같다.

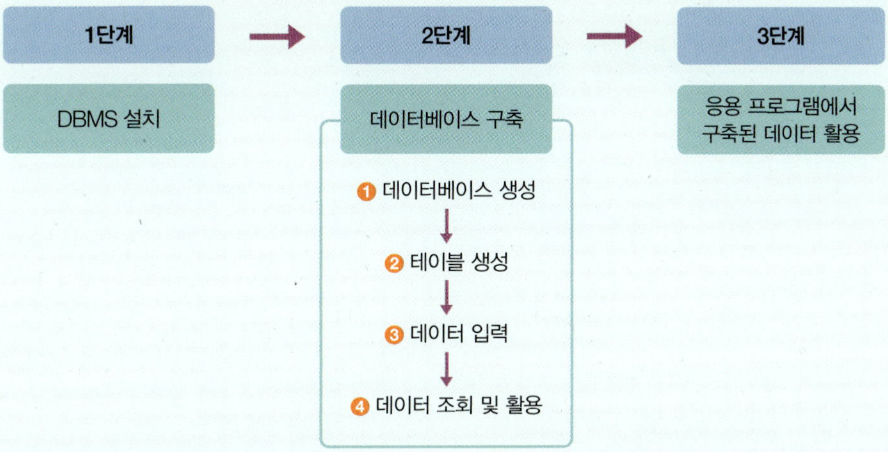

요약

5 SQLite에서 데이터베이스를 구축하고 운영하는 SQL 문은 다음 순서를 따른다.

```
.open 데이터베이스이름  → 데이터베이스 생성 또는 열기
CREATE TABLE 테이블이름(열이름1 데이터형식, 열이름2 데이터형식, …);  → 테이블 생성 INSERT
INTO 테이블이름 VALUES(값1, 값2, …);  → 데이터 입력
SELECT * FROM 테이블이름;  → 데이터 조회
```

6 파이썬에서 SQLite에 데이터를 입력하는 순서는 다음과 같다.

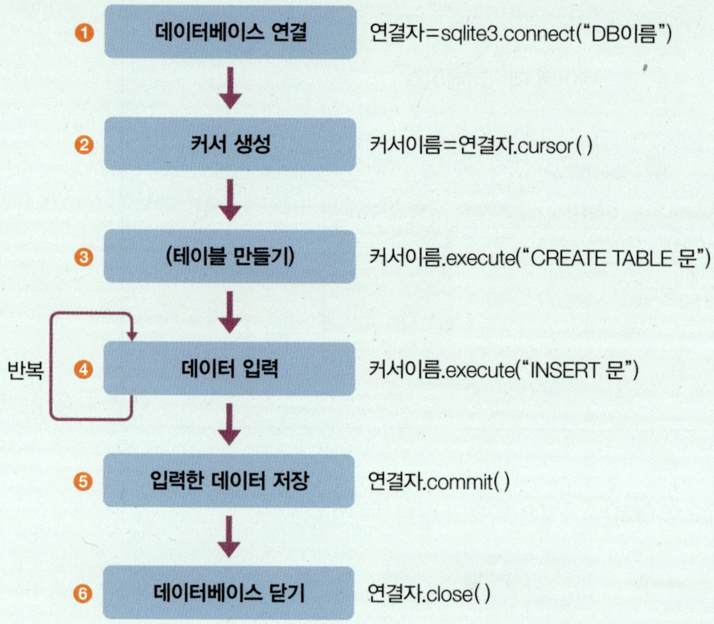

7 파이썬에서 SQLite의 데이터를 조회하는 순서는 다음과 같다.

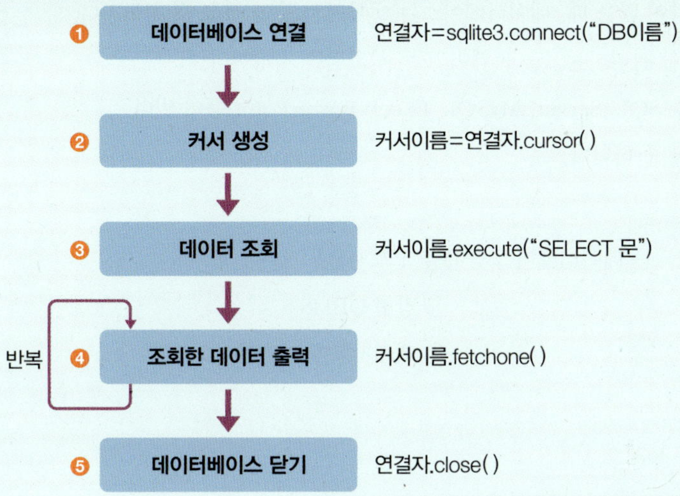

연습문제

1 다음 데이터베이스와 관련된 설명 중 옳지 않은 것을 고르시오.

① 파일 처리는 데이터의 양이 많을 때, 데이터베이스는 데이터의 양이 적을 때 적합하다.

② DBMS는 데이터베이스를 관리하는 소프트웨어 또는 시스템을 지칭한다.

③ DBMS 제품에는 오라클, SQL Server, MySQL, Excel, PowerPoint 등이 있다.

④ SQLite는 가벼운 DBMS 중 하나다.

2 MySQL, SQLite 등이 포함되는 데이터베이스 종류를 고르시오.

① 계층형 DBMS ② 망형 DBMS

③ 관계형 DBMS ④ 객체지향형 DBMS

3 다음 설명에 알맞은 용어를 쓰시오.

(1) 데이터가 표 형태로 표현된 것을 말한다.

(2) 테이블이 저장되는 저장소를 말한다.

(3) 사용자와 DBMS가 소통하기 위한 언어를 말한다.

(4) 회원테이블의 회원이름 열은 문자 형식, 출생년도는 숫자 형식으로 지정하는 것을 말한다.

4 데이터베이스의 구축 과정을 차례대로 나열하시오.

A. 응용 프로그램에서 활용 B. 데이터 조회

C. 데이터 입력 D. 테이블 생성

E. 데이터베이스 생성 F. DBMS 설치

5 SQLite의 데이터 입력 과정을 차례대로 나열하시오.

A. 테이블 만들기 B. 커서 생성

C. 데이터베이스 연결 D. 데이터베이스 닫기

E. 입력한 데이터 저장 F. 데이터 입력

6 파이썬에서 데이터를 입력하는 코드의 빈칸을 채우시오.

```
import sqlite3

con = sqlite3.connect("C:/CookAnalysis/naverDB")
cur = [   ❶   ]

while (True) :
    data1 = input("사용자ID ==> ")
    if data1 == "" :
        break;
    data2 = input("사용자이름 ==> ")
    sql = "INSERT INTO userTable VALUES('" + data1 + "','" + data2 + "')"
    [   ❷   ]

[   ❸   ]
con.close()
```

7 파이썬에서 데이터를 조회하는 코드의 빈칸을 채우시오.

```
import sqlite3
con = sqlite3.connect("naverDB")
cur = [   ❶   ]
sql = "SELECT * FROM userTable"
[   ❷   ]

print("사용자ID  사용자이름 ")
print("--------------------")

while (True) :
    row = [   ❸   ]
    if row == None :
        break
    data1 = row[0]
    data2 = row[1]
    print("%5s   %15s" % (data1, data2))

con.close()
```

8 설명을 읽고 빈칸에 들어갈 적합한 단어를 채우시오.

[❶]은/는 대량의 데이터를 체계적으로 저장해 놓은 것 정도로 간단히 정의할 수 있다. 또 [❶]은/는 여러 사용자나 시스템이 서로 공유가 가능해야 한다. 그리고 [❷]은/는 이런 데이터베이스를 관리해 주는 시스템 또는 소프트웨어를 의미한다.

9 데이터베이스의 종류가 아닌 것을 고르시오.

① 망형 DBMS ② 관리형 DBMS

③ 객체지향형 DBMS ④ 객체관계형 DBMS

10 각 항목에서 설명하는 내용을 보기 중에서 고르시오.

데이터	테이블	데이터베이스	DBMS	열 이름	데이터 형식	행	SQL

(1) 사용자와 DBMS가 소통하는 언어를 의미한다.

(2) 회원 테이블의 회원이름 열은 문자 형식, 출생연도는 숫자 형식으로 지정하는 것을 의미한다.

(3) 데이터가 표 형태로 표현된 것을 의미한다.

11 naverDB를 구축하고 활용하는 4단계를 SQL 문으로 차례대로 나열했을 때, 다음 빈칸을 채우시오.

```
.open naverDB
[ ❶ ] userTable(id char(4), userName char(15), email char(15), birthYear int);
[ ❷ ] userTable VALUES('john', 'John Bann', 'john@naver.com', 1990);
[ ❸ ] * FROM userTable;
```

응용예제 01 문자 발생 빈도를 DB에 저장하기

난이도★★★☆☆

예제 설명 긴 문장에서 각 문자의 발생 빈도수를 DB에 기록해 놓은 후 출력하는 프로그램을 작성하자.

실행 결과

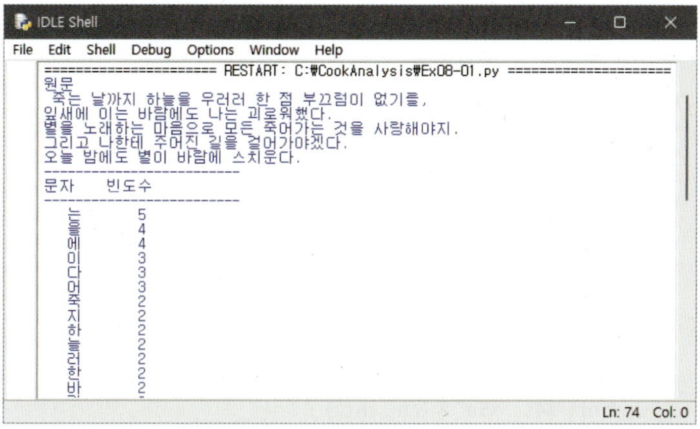

코드

```
import sqlite3

## 전역 변수 선언 부분 ##
inStr = '''죽는 날까지 하늘을 우러러 한 점 부끄럼이 없기를,
잎새에 이는 바람에도 나는 괴로워했다.
별을 노래하는 마음으로 모든 죽어가는 것을 사랑해야지.
그리고 나한테 주어진 길을 걸어가야겠다.
오늘 밤에도 별이 바람에 스치운다.'''
con, cur = None, None

## 메인 코드 부분 ##
if __name__ == "__main__" :
    con = sqlite3.connect("C:/CookAnalysis/countDB")
    cur = con.cursor()
    cur.execute("DROP TABLE IF EXISTS countTable")
    cur.execute("CREATE TABLE countTable(onechar TEXT, count INT)") # 문자, 개수

    for ch in inStr :
        if 'ㄱ' <= ch <= '힣' :
            cur.execute("SELECT * FROM countTable WHERE onechar = '" + ch + "'")
            row = cur.fetchone()
            if row == None :
```

```
23              cur.execute("INSERT INTO countTable VALUES('" + ch + "'," + \
24              str(1) + ")")
25          else :
26              cnt = row[1]
27              cur.execute( " UPDATE countTable SET count =" + str(cnt + 1) \
28                          + " WHERE onechar = '" + ch + "'")
29
30  con.commit()
31
32  cur.execute("SELECT * FROM countTable order by count DESC")
33  print('원문\n', inStr)
34  print('------------------------')
35  print('문자\t빈도수')
36  print('------------------------')
37  while (True) :
38      row = cur.fetchone()
39      if row == None :
40          break
41      ch = row[0]
42      cnt = row[1]
43      print("%4s   %5d" % (ch, cnt))
44
45  con.close()
```

코드 설명

4~8행	긴 문자열을 준비한다.
14~16행	countTable 테이블을 초기화한다. 즉 테이블이 기존에 있으면 삭제하고 다시 만든다.
18~28행	전체 문자에서 한 글자씩 카운트해 테이블에 입력한다.
19~28행	한글에서만 처리한다. 20~21행에서 추출한 한 글자가 테이블에 있는지 조회한다. 22~24행에서 테이블에 해당 글자가 없다면 새로운 글자로 처리해서 글자와 1을 입력한다. 테이블에 이미 글자가 있다면 24~28행에서 글자의 개수를 가져와 1을 더해서 값을 수정(UPDATE)한다. UPDATE 문의 형식은 'UPDATE 테이블이름 SET 열이름=새값 WHERE 조건'으로 사용된다.
30행	새로 입력하거나 업데이트된 내용을 적용한다.
32행	countTable을 전부 조회하는데, 글자 수(count)가 큰 것부터 정렬해서 조회한다.
37~43행	조회한 글자와 숫자를 하나씩 접근해서 화면에 출력한다.

응용예제 02

흑백 사진을 DB에 저장하기

난이도★★★★☆

예제 설명 5장에서 만든 [프로그램 2]는 RAW 파일을 읽어 바로 화면에 출력하는 프로그램이다. 이 프로그램을 RAW 파일 → 데이터베이스 → 화면 출력으로 수정하자. 결과는 동일한데, 이 예제는 다음과 같이 내부적으로 데이터베이스에 저장된 내용을 화면에 출력한다. [그림 5-11]의 과정이 실행 결과와 같이 변경된다.

실행 결과

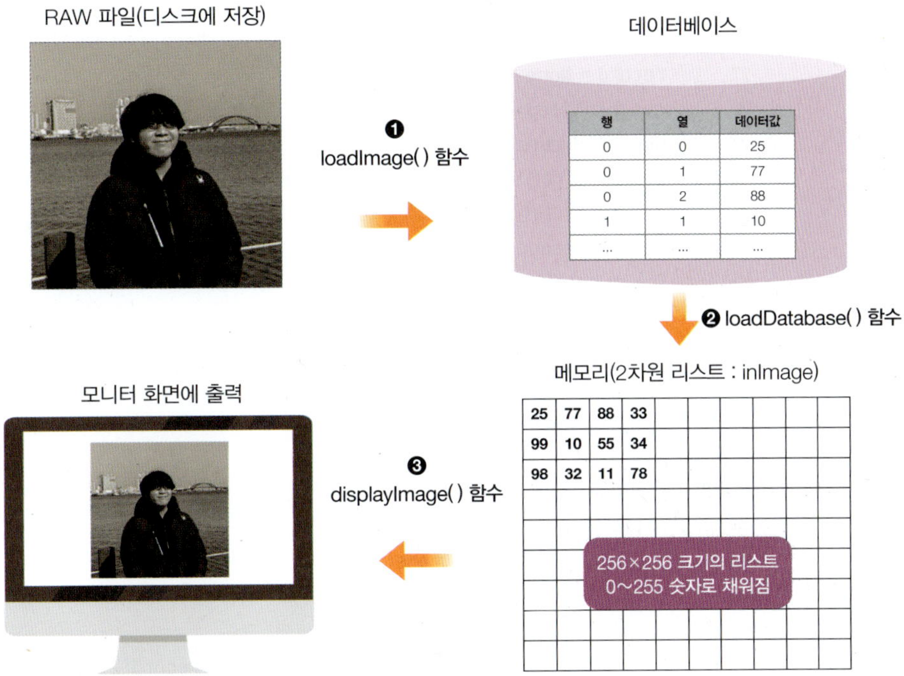

코드

```
from tkinter import *
import sqlite3

## 함수 선언 부분 ##
def loadImage(fname) : # raw --> DB
    global inImage, XSIZE, YSIZE
    con, cur = None, None
    row, col, data, sql = 0, 0, 0, ''
    con = sqlite3.connect("C:/CookAnalysis/rawDB") # DB가 저장된 폴더까지 지정
    cur = con.cursor()
    fp = open(fname, 'rb')
    for row in range(0, XSIZE) :
```

```
        for col in range(0, YSIZE) :
            data = int(ord(fp.read(1)))
            sql = "INSERT INTO rawTable VALUES(" + str(row) + "," + \
                  str(col) + "," + str(data) + ")"
            cur.execute(sql)

    fp.close()
    con.commit()
    con.close()

def loadDatabase() :   # DB --> 메모리
    global inImage, XSIZE, YSIZE
    con, cur = None, None
    row, col, data = 0, 0, 0
    record = None      # 테이블에서 읽어 온 한 행
    con = sqlite3.connect("C:/CookAnalysis/rawDB")
    cur = con.cursor()
    cur.execute("SELECT * FROM rawTable")
    # 빈 inImage 생성
    for i in range(0, XSIZE) :
        tmpList = [ ]
        for k in range(0, YSIZE) :
            data = 0
            tmpList.append(data)
        inImage.append(tmpList)

    # 테이블 --> inImage
    while (True) :
        record = cur.fetchone()
        if record == None :
            break
        row = record[0]; col = record[1]; data = record[2]
        inImage[row][col] = data

    con.close()

def displayImage(image) :
    global XSIZE, YSIZE
    rgbString = ""
    for i in range(0, XSIZE) :
        tmpString = ""
        for k in range(0, YSIZE) :
            data = image[i][k]
            tmpString += "#%02x%02x%02x " % (data, data, data) # x 뒤에 한 칸 공백
        rgbString += "{" + tmpString + "} " # } 뒤에 한 칸 공백
```

```
58     paper.put(rgbString)
59
60 ## 전역 변수 선언 부분 ##
61 window, canvas, XSIZE, YSIZE = None, None, 256, 256
62 inImage = [] # 2차원 리스트(메모리)
63
64 ## 메인 코드 부분 ##
65 if __name__ == "__main__" :
66     window = Tk()
67     window.title("RAW-->DB")
68     canvas = Canvas(window, height = XSIZE, width = YSIZE)
69     paper = PhotoImage(width = XSIZE, height = YSIZE)
70     canvas.create_image((XSIZE / 2, YSIZE / 2), image = paper, state = "normal")
71
72     # 테이블 초기화
73     # 소스 코드가 저장된 폴더에 생성
74     con = sqlite3.connect("C:/CookAnalysis/rawDB")
75     cur = con.cursor()
76     cur.execute("DROP TABLE IF EXISTS rawTable")
77     # 행, 열, 픽셀값
78     cur.execute("CREATE TABLE rawTable(row int, col int, data int)")
79     con.commit()
80     con.close()
81
82     filename = 'RAW/tree.raw'  # C:/CookAnalysis/RAW/tree.raw
83     loadImage(filename)        # 파일 --> 데이터베이스
84     loadDatabase()             # 데이터베이스 --> 메모리
85     displayImage(inImage)      # 메모리 --> 화면
86
87     canvas.pack()
88     window.mainloop()
```

코드 설명

5~21행	RAW 파일을 DB에 저장한다. 12~17행은 RAW 파일을 256×256번 반복해서 읽은 후 테이블에 행, 열의 값 3개를 Insert한다.
23~47행	테이블의 내용을 inImage 메모리로 불러들이는 과정이다. 30행에서 테이블의 전체를 읽은 후 40~45행에서 한 행씩 접근한다. 그런 다음 행(row), 열(col), 픽셀값(data)을 추출하고 inImage[행][열] 위치에 픽셀값(data)을 대입한다. 32~37행은 비어 있는 inImage 2차원 리스트를 미리 생성한다.
49~58행	displayImage( ) 함수는 5장의 Code05-25.py와 동일하다.
74~80행	프로그램을 실행하면 rawTable을 초기화하는 코드이다. 즉 rawTable이 있으면 삭제하고 다시 만든다.
82~85행	실행 결과와 같이 함수를 차례대로 호출한다.

여기서 잠깐

MySQL 데이터베이스와 연동

실무에서 많이 사용되는 MySQL 데이터베이스를 연동하는 방법도 SQLite와 크게 다르지 않다. 데이터베이스 연결을 위한 코드만 다소 복잡할 뿐이다. 다음 과정을 따르면 이 장의 코드를 MySQL에서도 사용할 수 있다.

❶ MySQL 설치 페이지(https://dev.mysql.com/downloads/windows/installer/8.0.html)에 접속하여 MySQL 8.0을 다운로드한다. 'No thanks, just start my download.'를 클릭하면 별도의 회원가입이나 로그인 없이 다운로드가 가능하다.

❷ 설치 프로그램을 실행하여 다음 과정을 따른다.
- [License Agreement] 화면에서 〈Agree〉 선택 (이 화면은 나오지 않을 수도 있음)
- [Choosing a Setup type]에서 〈Custom〉 선택 후 〈Next〉 클릭
- [Select Products and Features]에서 'MySQL Server 8.0.xx -X64'만 선택하여 오른쪽 화살표를 누른 후 〈Next〉 클릭
- [Check Requirements]에서 추가로 설치할 것이 있으면 〈Execute〉를 클릭하여 설치 후 진행
- [Installation], [Product Configuration]에서 〈Execute〉를 클릭하여 진행
- [High Availability], [Type and Networking]에서 기본값을 유지하여 진행
- [Authentication Method]에서 'Use legacy Authentication Method'를 선택하고 진행
- [Accounts and Roles]에서 Root의 비밀번호를 1234로 지정하고 진행
- [Windows Service]에서 기본값을 유지하여 진행
- [Apply Configuration]에서 〈Execute〉를 클릭한 후 모든 항목이 초록색으로 체크되면 완료
- 〈Finish〉나 〈Next〉를 클릭하여 설치 종료

❸ PowerShell 또는 명령 프롬프트에서 다음 명령을 실행하여 pymysql 라이브러리를 설치한다.

```
pip install pymysql
```

❹ 데이터베이스를 다음 순서로 미리 생성한다.
- Windows [시작]–[M]–[MySQL]–[MySQL 8.0 Command Line Client]를 실행하여 암호(1234)를 입력한 후 접속

```
CREATE DATABASE naverDB;    # naverDB를 생성
SHOW DATABASES;             # 데이터베이스 확인
EXIT;                       # 종료
```

❺ 이 장의 모든 코드에서 다음 두 부분만 수정하면 MySQL에서도 동일하게 작동한다.

```
(1)
import sqlite3
    ↓
import pymysql
```

```
(2)
con = sqlite3.connect("C:/CookAnalysis/naverDB")
    ↓
con = pymysql.connect(host='127.0.0.1', user='root',
password='1234', database='naverDB', charset='utf8')
```

CHAPTER 09

웹 크롤링

학습목표

- 웹 크롤링의 개념을 이해한다.
- HTML 코드와 속성을 이해한다.
- urllib, beautifulsoup 라이브러리의 용도와 활용법을 익힌다.
- 실제 웹 사이트를 크롤링하여 실전 감각을 익힌다.

SECTION 01

이 장에서 만들 프로그램

이 책의 주제인 '데이터 분석'을 위해서는 당연히 '데이터'가 필요하다. 6~8장과 같이 데이터를 직접 입력해서 만드는 방법도 있지만, 시간과 비용이 많이 들 수밖에 없다. 이런 경우 데이터가 자동으로 수집된다면 더 효율적일 것이다. 이번 장은 웹상에 공개된 데이터를 수집하여 데이터 분석에 사용하는 방법을 학습한다.

1 [프로그램 1] HTML 데이터 추출

첫 번째로 만들 프로그램은 HTML에 표현된 여러 건의 데이터를 추출하는 프로그램이다. 간단한 코드지만, urllib 라이브러리를 사용해서 HTML 파일에 접근하는 방법과 beautifulsoup의 기본적인 사용 방법을 이해하는 중요한 과정이다.

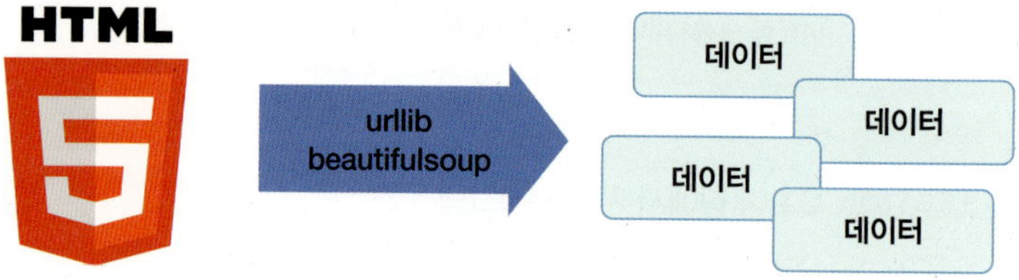

2 [프로그램 2] YES24에서 소설책 정보 크롤링

두 번째로 만들 프로그램은 YES24에서 소설책 정보를 수집하는 프로그램이다. 이 프로그램은 웹 페이지에서 필요한 정보를 어떻게 취하는지 알 수 있어 실전에서도 응용할 수 있다.

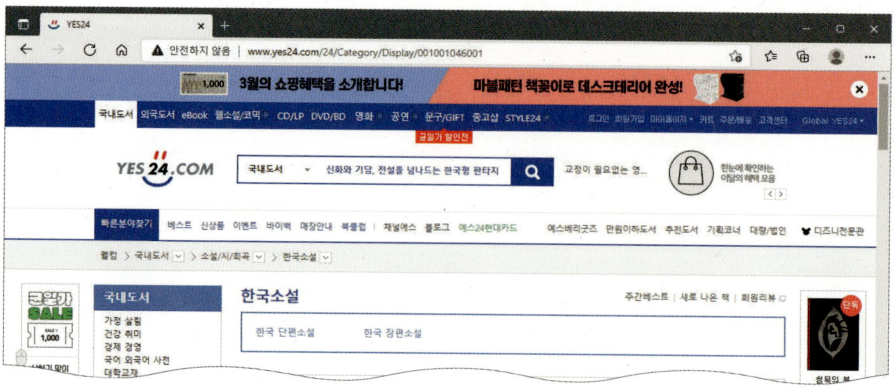

SECTION 02

웹 크롤링 기본

1 웹 크롤링과 웹 크롤러

데이터 분석을 위해 필요한 데이터를 생성하는 방법은 다양하다. 6~8장처럼 CSV, Excel, 데이터베이스 등에 데이터를 입력하고 사용하면 된다. 하지만 직접 데이터를 입력할 경우 몇 건밖에 되지 않는 데이터를 입력한다고 해도 상당한 시간이 걸린다. 따라서 기존에 배포된 데이터가 있다면 훨씬 유용하다. 만약 기존에 배포된 데이터가 없다면, 인터넷에 공개된 데이터를 가져와 필요한 형식으로 변환하는 것이 데이터를 수집하는 가장 빠른 방법이다.

크롤링(Crawling)은 웹상에 공개된 내용에서 데이터를 추출하는 것이다. 그래서 크롤링을 '웹 크롤링'이라고 하며, 다른 용어로는 스크래핑(Scraping)도 있다. 이렇게 웹 크롤링 작업을 하는 프로그램을 크롤러(Crawler)라고 부른다. 이번 장에서 우리가 만드는 것이 크롤러이며 '웹 크롤러'로도 부른다.

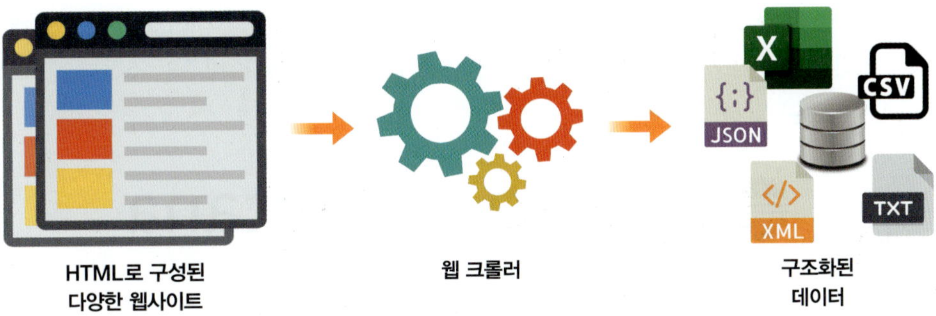

그림 9-1 웹 크롤링의 개념

크롤링은 웹에서 데이터를 수집하는 것이기 때문에 기본적으로 웹을 구성하는 HTML에 대한 이해가 필요하다. HTML 자체도 별도의 책으로 구성할 수 있을 만큼 그 내용이 많지만, 여기서는 크롤러를 만들기 위한 최소한의 기본 개념 정도만 파악하고 넘어가도록 하자.

2 HTML 문법

웹 사이트를 구축하기 위해서는 프로그래밍 언어가 필요하다. 그 중 대표적인 것이 HTML이다. HTML은 HyperText Markup Language의 약자로 웹 페이지를 만들기 위한 대표적인 마크업 언어다. HTML을 알아야 하는 이유는 잠시 후에 배울 웹 크롤링을 하기 위함이므로 미리 그 문법을 확인해 보자.

TIP • HTML도 버전이 계속 업데이트되었다. 현재 일반적인 HTML란 주로 HTML 4.0 표준을 의미하며, 이 책에서 취급하는 HTML도 HTML 4.0을 기준으로 한다. 최근에는 HTML 5도 많이 사용되는데 HTML 5는 비디오, 오디오 등의 다양한 추가 기능과 멀티미디어를 별도의 추가 프로그램의 설치 없이도 웹 브라우저에서 바로 실행하기 위한 용도로 많이 사용된다.

HTML을 문법 중 부등호(〈〉) 안에 들어 있는 구문을 태그(Tag)라고 부르는데, 먼저 HTML 태그에 대한 몇 가지 공통적인 특징을 기억하자.

- HTML 파일의 확장자는 *.htm 또는 *.html이다.
- HTML 파일은 텍스트 파일이므로 메모장 등에서 작성하면 된다. 단, 웹 브라우저에서 한글이 깨져 보일 수 있으므로 인코딩 방식은 UTF-8로 저장한다.
- HTML의 태그는 대부분 부등호(〈〉) 안에 쓴다.
- HTML은 대문자와 소문자를 구분하지 않는다.
- HTML 파일은 〈HTML〉 태그로 시작해서 〈/HTML〉 태그로 종료한다.

HTML 편집기

HTML은 일반 텍스트 파일과 동일하게 메모장에서 편집이 가능하지만, 색상 표시나 들여쓰기 등이 지원되지 않기에 다소 불편하다. 전용 HTML 편집기로는 노트패드++(Notepad++), 이클립스(Eclipse), 앱타나 스튜디오(Aptana Studio), 에디트플러스(EditPlus), 비주얼 스튜디오 코드(Visual Studio Code) 등 다양하다.

그림 9-2 HTML 편집기 종류

그중에서도 가벼우면서 무료인 노트패드++를 권장한다. 노트패드++ 설치 페이지(https://www.notepad-plus-plus.org/)에서 다운로드 및 실행하여 'Hyper Text Markup Language File' 형식으로 저장한 후 HTML 코드를 입력하는 것이 편리하다. 학습자 스스로 설치해서 사용해 보자. 이 책에서는 노트패드++를 사용했지만, 메모장을 사용해서 입력해도 상관없다.

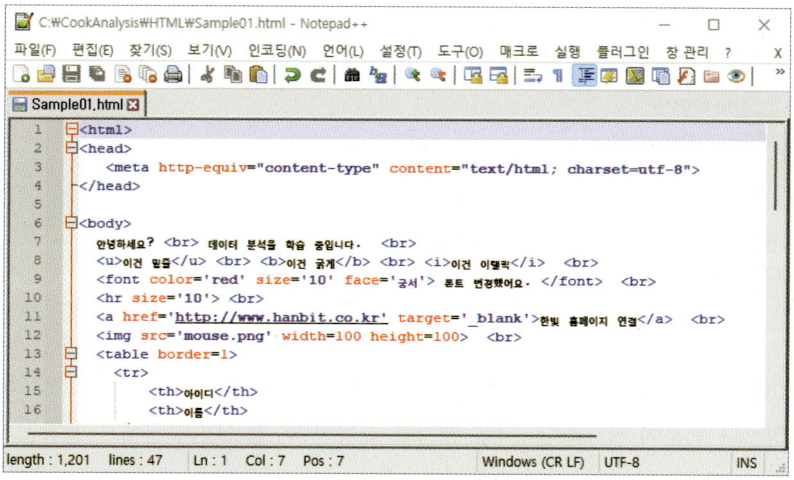

그림 9-3 노트패드++ 실행 화면

HTML 구조

HTML 파일은 다음과 같은 형식으로 구성된다.

```
<html>
<head>
    화면에 표시되지 않는 정보(타이틀, 인코딩 정보 등을 표현)
</head>

<body>
    화면에 표시되는 본체(주로 태그를 표현)
</body>
</html>
```

- **〈html〉~〈/html〉**
  전체 코드를 감싼다.

- **〈head〉~〈/head〉**
  타이틀, 인코딩 정보 등 화면에 표시되지 않는 정보를 포함한다.

- **〈body〉~〈/body〉**
  주로 화면에 표시되는 본체 및 태그를 포함한다. 필요하다면 태그에 속성을 표시할 수 있다. 예를 들어 전체 페이지의 배경색을 초록색으로 변경하려면 다음과 같이 입력한다.

```
<body bgcolor='green'>
```

만약 배경에 그림을 넣고자 한다면 다음과 같이 입력한다.

```
<body background='그림파일명'>
```

■ **〈title〉~〈/title〉**

주로 〈head〉 속에서 웹 브라우저의 타이틀 바에 표시되는 웹 페이지의 제목을 표시한다.

HTML 태그

이 책에서 사용되는 HTML 태그에 대해 몇 가지 살펴보자. 단독으로 나오는 태그도 있고, 끝을 표시해줘야 하는 태그가 있으니 구분이 필요하다. 다음 예시를 코딩한 후 웹 브라우저에서 열면 [그림 9-4]와 같은 화면이 출력된다.

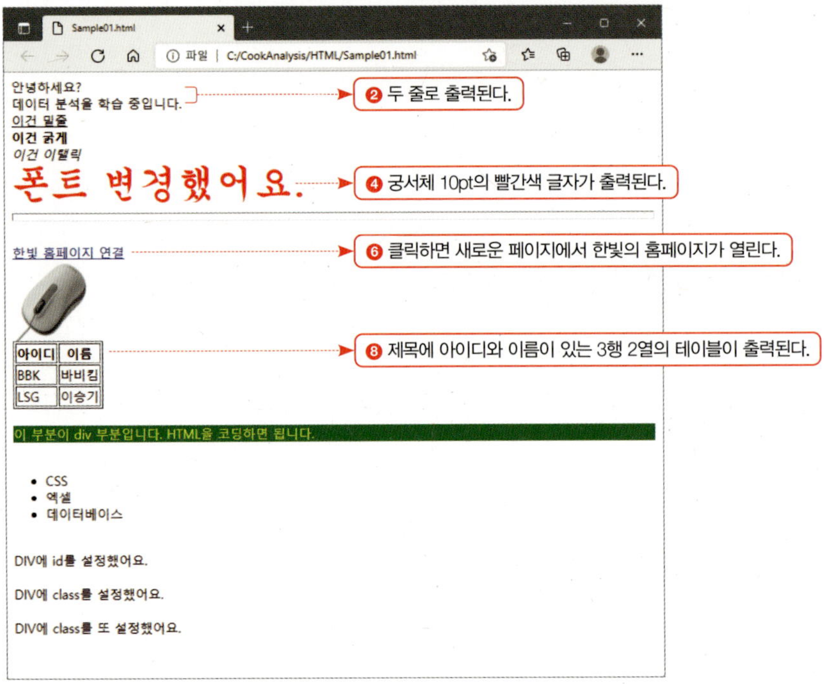

그림 9-4 간단한 HTML 파일의 예

❶ 〈meta〉

웹 페이지의 정보를 설정한다. 검색 엔진에서 문서의 내용을 요약해 주기도 하며, 언어의 설정에도 사용된다. 〈meta〉 태그는 〈head〉 영역에 표현된다. 웹 페이지의 문자 코딩을 UTF-8로 인식되게 한다.

```
<meta http-equiv="content-type" content="text/html; charset=utf-8">
```

❷ 〈br〉

행을 바꿔 준다.

```
안녕하세요? <br> 데이터 분석을 학습 중입니다.
```

❸ 〈u〉~〈/u〉, 〈b〉~〈/b〉, 〈i〉~〈/i〉

각각 밑줄, 볼드체, 이탤릭체를 지정한다.

```
<u>이건 밑줄</u> <br> <b>이건 굵게</b> <br> <i>이건 이탤릭</i>
```

❹ 〈font〉~〈/font〉

글자의 크기나 색상을 지정한다.

```
<font color='red' size='10' face='궁서'> 폰트 변경했어요. </font>
```

❺ 〈hr〉

수평선을 그어준다. 〈hr size='픽셀수'〉는 픽셀수의 폭으로 선을 그어준다.

```
<hr size='10'>
```

❻ 〈a〉~〈/a〉

클릭하면 다른 페이지가 연결되는 링크를 설정한다. 주로 href 속성으로 연결된 홈페이지를 지정한다. target 속성을 지정하지 않으면 현재 페이지에서 열린다.

```
<a href='https://www.hanbit.co.kr' target='_blank'>한빛 홈페이지 연결</a>
```

❼ 〈img〉

이미지 파일을 화면에 표시한다. mouse.png 파일이 화면에 100×100 픽셀 크기로 출력된다. width와 height를 생략하면 그림의 원본 크기로 출력된다.

```
<img src='mouse.png' width=100 height=100>
```

❽ 〈table〉~〈/table〉, 〈tr〉~〈/tr〉, 〈th〉~〈/th〉, 〈td〉~〈/td〉

표를 만드는 태그들이다. 〈table〉~〈/table〉 태그 안에 행은 〈tr〉~〈/tr〉로 구성되고, 행 안에 열이 〈th〉~〈/th〉 또는 〈td〉~〈/td〉로 구성한다. 〈th〉는 제목 열을 표현해서 볼드체로 보이며 〈td〉는 일반 열로 표현된다.

```
<table border=1>
<tr>
      <th>아이디</th>
      <th>이름</th>
</tr>
<tr>
      <td>BBK</td>
      <td>바비킴</td>
</tr>
<tr>
      <td>LSG</td>
      <td>이승기</td>
</tr>
</table>
```

❾ <div>~</div>

<div> 태그는 Division의 약자이며, 웹 페이지에서 레이아웃을 만들 때 사용된다. 필요한 부분을 묶어주는 역할을 하고, style을 지정해서 해당 부분을 표현할 수 있다. 전체 HTML 중에서 div 태그에 접근할 필요가 있는데, 특히 이번 장에서 이런 방식을 사용한다. div 태그가 여러 개인 경우 id 또는 class의 이름으로 찾는 경우가 대부분인데, 잠시 후 실습에서 확인해 보겠다.

```
<div style="color:yellow; background-color:green;">
  이 부분이 div 부분입니다.
  그냥 줄바꿈이 됩니다.
</div>
```

❿ <ul>~</ul>, <li>~<li>

<ul>은 Unordered List의 약자로 순서가 필요 없는 목록을 만들 때 사용한다. 그리고 <li>는 List의 약자로 실제 목록을 만든다. 대부분 <ul>로 바깥을 묶어 준 후에, <li>로 세부적인 항목을 표현한다. 주로 id 및 class와 함께 사용된다.

```
<ul>
   <li> CSS </li>
   <li> 엑셀 </li>
   <li> 데이터베이스 </li>
</ul>
```

⓫ <strong>~</strong>, <em>~</em>

글자를 강조할 때 사용한다.

⑫ <p>~</p>, <span>~</span>

<p>는 Paragraph의 약자로, 하나의 문단을 만들 때 쓰인다. 모두 <div>와 용도가 비슷하다. <span>은 한 줄 단위를 지정할 때 주로 사용하고, <div>는 블록 단위를 지정할 때 주로 사용한다.

⑬ id 속성과 class 속성

id 속성은 HTML 문서 중에서 유일한 값으로 하나의 태그에만 지정할 수 있다. class 속성은 여러 개의 태그에 지정할 수 있다. 잠시 후 파이썬에서 HTML 문서 안의 태그를 찾을 때 주로 id 및 class 값을 기준으로 접근한다.

```
<div id = "myid" >
      div에 id를 설정했어요.
</div>
<div class = "myclass" >
      div에 class를 설정했어요.
</div>
<div class = "myclass" >
      div에 class를 또 설정했어요.
</div>
```

TIP • id나 class는 CSS(Cascading Style Sheets)와 관련이 깊다. CSS는 HTML 문서의 스타일을 꾸밀 때 사용된다. HTML이 웹 문서의 구조를 표현한다면, CSS는 웹 문서의 서식(글꼴, 색상, 크기, 위치) 등을 지정한다. CSS와 관련해서는 이 책에서 다루기에 적합하지 않으므로 언급하지 않겠다.

3 라이브러리 활용

파이썬에서는 크롤링을 위해 urllib.request 라이브러리를 제공한다. 기본적으로 내장되어 있어 별도로 설치할 필요는 없다. urllib.request는 HTML 코드를 가져올 수 있지만, 가져온 HTML에서 필요한 내용을 추출하는 기능은 beautifulsoup 라이브러리를 사용해야 한다. beautifulsoup은 외부 라이브러리이므로 명령 프롬프트에서 다음과 같이 설치한다. beautifulsoup 버전 4의 의미로 설치할 패키지 이름은 bs4로 되어 있다.

```
pip install bs4
```

크롤링할 페이지를 먼저 확인해 보자. 네이트(https://www.nate.com) 첫 페이지의 HTML에 접근해 보자. 마이크로소프트 엣지(Microsoft Edge) 웹 브라우저에서 네이트에 접속한 후, 본문 빈 곳에서 마우스 오른쪽 버튼을 클릭하고 [페이지 원본 보기]를 선택한다.

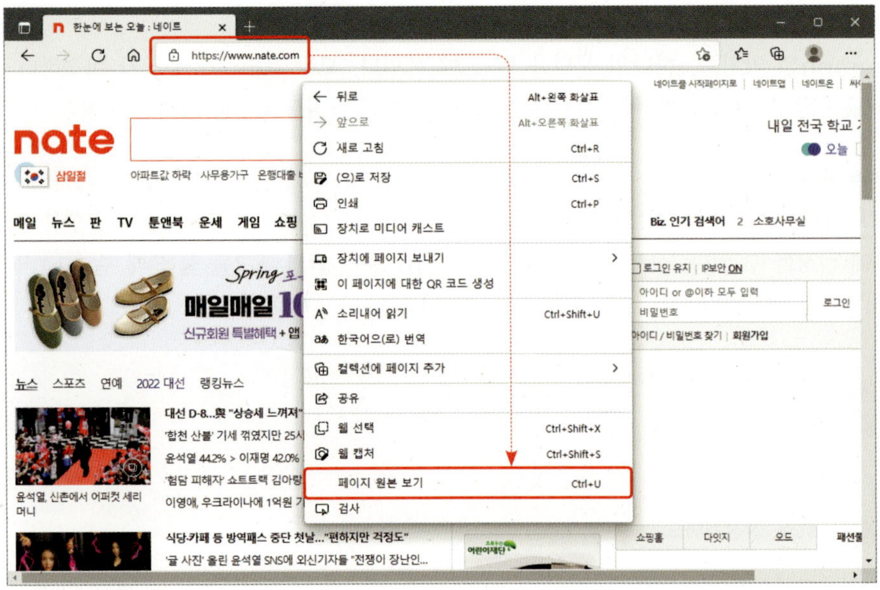

그림 9-5 HTML 소스코드 보기 1

페이지의 HTML 소스코드가 보인다. 행 번호가 1000이 넘어갈 정도로 상당히 많은 분량의 HTML 코드로 작성되어 있는 것을 확인할 수 있다.

```
자동 줄 바꿈 ☐


<!DOCTYPE html>
<html lang="ko">
<head>

<meta http-equiv="X-UA-Compatible" content="IE=Edge" />
<meta name="msapplication-starturl" content="//www.nate.com/" />
<meta http-equiv="Content-Type" content="text/html; charset=utf-8" />
<meta name="nate:title" content="" />
<meta name="nate:description" content="네이트 이슈UP" />
<meta name="nate:site_name" content="네이트 홈" />
<meta name="nate:url" content="https://www.nate.com/" />
<meta name="nate:image" content="" />
<meta name="description" content="새로워진 nate에서 당신의 오늘을 만나보세요"/>
<meta property="og:title" content="한눈에 보는 오늘 : 네이트" />
<meta property="og:url" content="https://www.nate.com/" />
<meta property="og:image" content="https://main.nateimg.co.kr/img/v7/OpenGraphTag_nate_240x240.png" />
<meta property="og:description" content="새로워진 nate에서 당신의 오늘을 만나보세요" />





<title>한눈에 보는 오늘 : 네이트</title>

<link rel="stylesheet" href="/css/common.min.css?v=202202221437_01" type="text/css">
<link href="//main.nateimg.co.kr/img/v7/favicon_32.ico" type="image/x-icon" rel="shortcut icon" />

<script type="text/javascript" src="/js/common/jquery-1.9.1.min.js"></script>

<script type="text/javascript" >
    var isSvc = true; var isInfoAjax = true;
    var make = 't';
    var isMakeLogin = '';
    var host = 'www.nate.com';

    var isNateLogin = (isMakeLogin == "Y") ? true : false;
    var myId = "";
    var iSvcSeq  ='2';
    var iSvcSeqB ='5';
    var iSvcSeqC ='1';
    var currentWeatherIndex = [0,11,8];
```

그림 9-6 HTML 소스코드 보기 2

이러한 방식으로 HTML 코드에 접근하는 기능을 urllib.request가 제공한다. 간단한 코드로 확인해 보자.

Code09-01.py

```
1 import urllib.request
2
3 nateUrl = "https://www.nate.com"
4 htmlObject = urllib.request.urlopen(nateUrl)
5 html = htmlObject.read()
6
7 print(html)
```

실행 결과

```
b'\r\n\r\n<!DOCTYPE html>\r\n<html lang="ko">\r\n<head>\r\n\t\r\n<meta http-equiv="X-UA-Compatible" content="IE=Edge" />\r\n<meta name="msapplication-starturl" content="//www.nate.com/" />\r\n<meta http-equiv="Content-Type" content="text/html; charset=utf-8" />\r\n<meta name="nate:title" content="" />\r\n<meta name="nate:description" content="\xeb\x84\xa4\xec\x9d\xb4\xed\x8a\xb8 \xec\x9d\xb4\xec\x8a

~~~ 생략 ~~~
```

1행 urllib.request 라이브러리를 포함했다.

3~4행 네이트의 URL을 준비하고 urlopen(주소) 함수를 사용하여 해당 주소의 HTML을 접근했다. 결과는 객체 형태이다.

5행 read( ) 함수를 사용하여 일반 HTML 코드로 읽어 들였다.

7행 결과를 출력했다.

그런데 결과를 보면 우리의 예상과 다르다. 내용에 오류가 있는 것은 아니지만, 우리가 알아볼 수 있는 형태로 변경해주고 더불어 필요한 내용들을 추출하기 위해서는 beautifulsoup을 사용해야 한다. Code09-02.py와 같이 변경해 보자.

Code09-02.py

```
import urllib.request
import bs4

nateUrl = "https://www.nate.com"
htmlObject = urllib.request.urlopen(nateUrl)
bsObject = bs4.BeautifulSoup(htmlObject, 'html.parser')

print(bsObject)
```

실행 결과

```
<!DOCTYPE html>

<html lang="ko">
<head>
<meta content="IE=Edge" http-equiv="X-UA-Compatible"/>
<meta content="//www.nate.com/" name="msapplication-starturl"/>
<meta content="text/html; charset=utf-8" http-equiv="Content-Type"/>
<meta content="" name="nate:title"/>
<meta content="네이트 이슈UP" name="nate:description"/>
<meta content="네이트 홈" name="nate:site_name"/>
~~~ 이하 생략 ~~~
```

2행 bs4를 포함했다.

6행 bs4.BeautifulSoup(htmlObject, 'html.parser')는 htmlObject를 일반 html 형식으로 변경한다.

8행 beautifulsoup 객체를 출력했다.

[그림 9-6]에서 확인한 HTML 코드와 동일한 결과가 출력된다.

4 beautifulsoup 사용 방법

beautifulsoup은 HTML 코드에서 필요한 부분을 추출하는 기능을 한다. 앞서 출력한 HTML 코드는 너무 길고 비정형적 형태이기 때문에 데이터 분석을 위한 데이터로 사용하기에는 적합하지 않다. 따라서 긴 HTML 코드에서 필요한 부분을 추출하여 사용할 필요가 있다.

HTML 코드 접근

먼저 연습을 위한 HTML 코드를 C:\CookAnalysis\HTML\ 폴더에 준비해 놓자.

Sample02.html

```
<html>
        <head>
        </head>
        <body>
                <div> 요기를 클릭하세요 </div>
                <ul>
                        <li> 한빛출판네트워크 </li>
                        <li> 비기너 </li>
                        <li> 데이터 분석 </li>
```

```
            </ul>
        </body>
</html>
```

다음으로 HTML 파일을 읽어서 beautifulsoup를 통해 출력해 보자.

Code09-03.py

```
1  import bs4
2
3  webPage = open('C:/CookAnalysis/HTML/Sample02.html', 'rt', encoding='utf-8').read()
4  bsObject = bs4.BeautifulSoup(webPage, 'html.parser')
5
6  print(bsObject)
```

실행 결과

```
<html>
<head>
</head>
<body>
<div> 요기를 클릭하세요 </div>
<ul>
<li> 한빛출판네트워크 </li>
<li> 비기너 </li>
<li> 데이터 분석 </li>
</ul>
</body>
```

3행 HTML 파일을 읽어 들였다. webPage는 텍스트 형태로 Sample02.html 그대로 로딩된다.

4행 문자열 형식의 webPage를 beautifulsoup 객체 형식으로 변환했다. 같은 HTML이기는 하지만, 일괄적인 소문자 전환 등 beautifulsoup에서 처리할 수 있는 형태로 변경된 것을 확인할 수 있다.

이제는 beautifulsoup의 목적인 필요한 내용을 추출한 후 〈div〉 태그의 내용을 찾아서 간단히 추출하자.

Code09-04.py

```
import bs4

webPage = open('C:/CookAnalysis/HTML/Sample02.html', 'rt', encoding='utf-8').read()
bsObject = bs4.BeautifulSoup(webPage, 'html.parser')
```

```
5
6 tag_div = bsObject.find('div')
7 print(tag_div)
```

실행 결과

```
<div> 요기를 클릭하세요 </div>
```

6행 beautifulsoup 객체인 bsObject 변수에서 find('태그명') 함수로 해당 태그를 찾아서 반환했다. 결과를 보면 〈div〉 태그와 그 내용이 출력되었다.

7행 만약 〈div〉 태그 없이 그 내용만 필요하다면 결과에 .text를 붙여주면 된다. 즉 tag_div.text를 출력하면 '요기를 클릭하세요'만 출력된다.

여러 건의 데이터 추출

여러 건의 데이터가 들어있는 〈ul〉 태그의 모든 내용을 추출하는 방법을 살펴보자.

Code09-05.py

```
import bs4

webPage = open('C:/CookAnalysis/HTML/Sample02.html', 'rt', encoding='utf-8').read()
bsObject = bs4.BeautifulSoup(webPage, 'html.parser')

tag_ul= bsObject.find('ul')
print(tag_ul)
print()

tag_li= bsObject.find('li')
print(tag_li)
print()

tag_li_all= bsObject.findAll('li')
print(tag_li_all)
```

실행 결과

```
<ul>
<li> 한빛출판네트워크 </li>
<li> 비기너 </li>
<li> 데이터 분석 </li>
</ul>

<li> 한빛출판네트워크 </li>

[<li> 한빛출판네트워크 </li>, <li> 비기너 </li>, <li> 데이터 분석 </li>]
```

6~7행 〈ul〉 태그와 관련된 전체를 추출한 후 출력했다.

10~11행 〈li〉 태그를 추출했는데, 〈li〉 태그가 연속으로 있을 경우에는 첫 번째 〈li〉 태그만 추출된다.

14~15행 findAll('태그명')으로 HTML 문서 내에서 태그명에 해당하는 모든 것을 추출하여 리스트로 반환했다.

특정 태그 추출

앞서 beautifulsoup에서 태그를 추출하는 방법을 살펴봤다. 하지만 코드가 긴 HTML에는 같은 태그가 중복된 경우도 많을 것이다. 예로 〈div〉 태그의 경우 많게는 한 페이지에 수백 개가 나오기도 한다. 이렇게 많은 태그 중 원하는 정보가 들어 있는 특정 태그를 추출하기 위해 지정된 속성으로 추출할 수 있다. 주로 정보가 표현된 〈div〉, 〈ul〉, 〈li〉, 〈span〉, 〈p〉 태그에는 id나 class 등이 설정되어 있는 경우가 많다. 그래서 id나 class를 지정해서 특정한 태그만 추출하는 방식을 사용할 수 있다. find() 또는 findAll()을 다음과 같은 형식으로 사용한다.

```
bsObject.find('태그명' , {'속성명' : '속성값'})
bsObject.findAll('태그명' , {'속성명' : '속성값'})
```

Sample03.html과 같은 HTML을 준비하자. 이번에는 각 태그에 id나 class를 설정했다. id나 class의 값은 임의로 지정하면 된다. 또한 〈a〉 태그를 3개 정도 준비했다.

Sample03.html

```
<html>
        <head>
        </head>
        <body>
                <div id='myId1'> 아기공룡 </div>
                <div class='myClass1'> 내 친구 </div>
                <ul class='myClass2'>
                        <li> 한빛아카데미 </li>
                        <li> 한빛미디어 </li>
                </ul>
                <a href="www.daum.net"> 다음 바로가기 </a>
                <div class='myClass1'> 둘리 </div>
                <ul>
                        <li  class='myClass3'> 비기너 </li>
                        <li  class='myClass3'> 시리즈 </li>
                </ul>
```

```
            <a href="www.nate.com"> 네이트 바로가기 </a>
            <a href="www.naver.com"> 네이버 바로가기 </a>
    </body>
</html>
```

id 및 class로 데이터를 추출하는 연습을 해보자.

Code09-06.py

```
import bs4

webPage = open('C:/CookAnalysis/HTML/Sample03.html', 'rt', encoding='utf-8').read()
bsObject = bs4.BeautifulSoup(webPage, 'html.parser')

tag = bsObject.find('div', {'id':'myId1'})
print(tag)

tag = bsObject.find('div', {'class':'myClass1'})
print(tag)

tag = bsObject.findAll('div', {'class':'myClass1'})
print(tag)
```

실행 결과

```
<div id="myId1"> 아기공룡 </div>
<div class="myClass1"> 내 친구 </div>
[<div class="myClass1"> 내 친구 </div>, <div class="myClass1"> 둘리 </div>]
```

실행 결과에 따르면 find() 함수로는 id든 class든 1개씩만 추출되고, findAll()은 모든 해당 클래스를 모두 추출해서 리스트로 반환하는 것을 확인할 수 있다.

SELF STUDY 9-1

Code09-06.py를 수정해서 결과가 다음과 같이 값만 출력되도록 하자.

실행 결과

```
아기공룡
내 친구
내 친구
둘리
```

class 값으로 〈ul〉 및 〈li〉의 값을 추출하고 출력해 보자.

Code09-07.py

```
1  import bs4
2
3  webPage = open('C:/CookAnalysis/HTML/Sample03.html', 'rt', encoding='utf-8').read()
4  bsObject = bs4.BeautifulSoup(webPage, 'html.parser')
5
6  ul_value = bsObject.find('ul', {'class':'myClass2'})
7  print(ul_value)
8  print()
9  li_list = bsObject.findAll('li', {'class':'myClass3'})
10 print(li_list)
```

실행 결과

```
<ul class="myClass2">
<li> 한빛아카데미 </li>
<li> 한빛미디어 </li>
</ul>

[<li class="myClass3"> 비기너 </li>, <li class="myClass3"> 시리즈 </li>]
```

6~7행 〈ul〉의 클래스 myClass2를 찾아서 추출했다. 결과는 긴 문자열이 반환된다.

9~10행 〈li〉의 클래스 myClass3가 들어 있는 모든 태그를 추출해서 리스트로 생성했다.

찾은 태그의 속성을 추출하는 경우도 종종 있다. 〈a〉를 모두 추출한 후 〈a〉의 href 속성값인 URL을 모두 출력해 보자.

Code09-08.py

```
1  import bs4
2
3  webPage = open('C:/CookAnalysis/HTML/Sample03.html', 'rt', encoding='utf-8').read()
4  bsObject = bs4.BeautifulSoup(webPage, 'html.parser')
5
6  a_list = bsObject.findAll('a')
7  for aTag in a_list :
8      print( aTag['href'] )
```

실행 결과

```
www.daum.net
www.nate.com
www.naver.com
```

6행 모든 〈a〉 태그를 리스트로 추출했다.

7~8행 모든 리스트에서 〈a〉 태그의 href 속성을 출력한다. 특히 7행에서 태그['속성'] 형식으로 접근했다. 실행 결과 모든 URL이 추출되었다.

5 [프로그램 1] 완성

Sample02.html에는 〈li〉 태그가 3개 있으므로 3개 항목만 추출되었다. tag_li_all은 리스트이므로 항목을 하나씩 추출해서 사용하는 경우가 많다. 주로 Code09-09.py와 같이 사용된다.

Code09-09.py

```
1  import bs4
2
3  webPage = open('C:/CookAnalysis/HTML/Sample02.html', 'rt', encoding='utf-8').read()
4  bsObject = bs4.BeautifulSoup(webPage, 'html.parser')
5
6  tag_li_all= bsObject.findAll('li')
7  for tag_li in tag_li_all :
8     print(tag_li.text)
9  print()
10 for i in range(len(tag_li_all)) :
11     print(tag_li_all[i].text)
```

실행 결과

```
한빛출판네트워크
비기너
데이터 분석

한빛출판네트워크
비기너
데이터 분석
```

7~8, 10~11행 동일한 결과를 출력한다. 리스트를 조작하기 위해서 7~8행처럼 사용해도 되고, 10~11행처럼 첨자를 사용해도 된다.

SECTION 03

웹 크롤링 활용

1 웹 사이트 정보 추출

앞선 실습에서는 Sample02~03.html을 임의로 생성한 후 필요한 정보를 추출하는 방법을 알아봤다. 이번에는 실제 웹 사이트에서 정보를 추출하는 방법을 살펴보겠다. 그러기 위해서는 먼저 웹 사이트의 페이지가 어떻게 구성되어 있는지 이해해야 한다. 그리고 추출하고자 하는 정보의 id 및 class 값이 어떤 태그에 적용되어 있는지 알아낸 후 beautifulsoup 함수를 사용하면 된다.

웹 페이지 기본 정보 알아내기

엣지 브라우저를 실행해서 네이트에 접속하자. 오른쪽 위 [···] 모양의 '설정 및 기타' 아이콘을 클릭해서 확장한 후 [기타]–[개발자 도구]를 선택한다.

TIP • 엣지(Microsoft Edge) 브라우저와 크롬(Chrome) 브라우저는 같은 오픈 소스를 기반으로 한다. 그래서 기능이 거의 비슷하다. 실습을 위해서 엣지 브라우저 대신에 크롬 브라우저를 사용해도 된다.

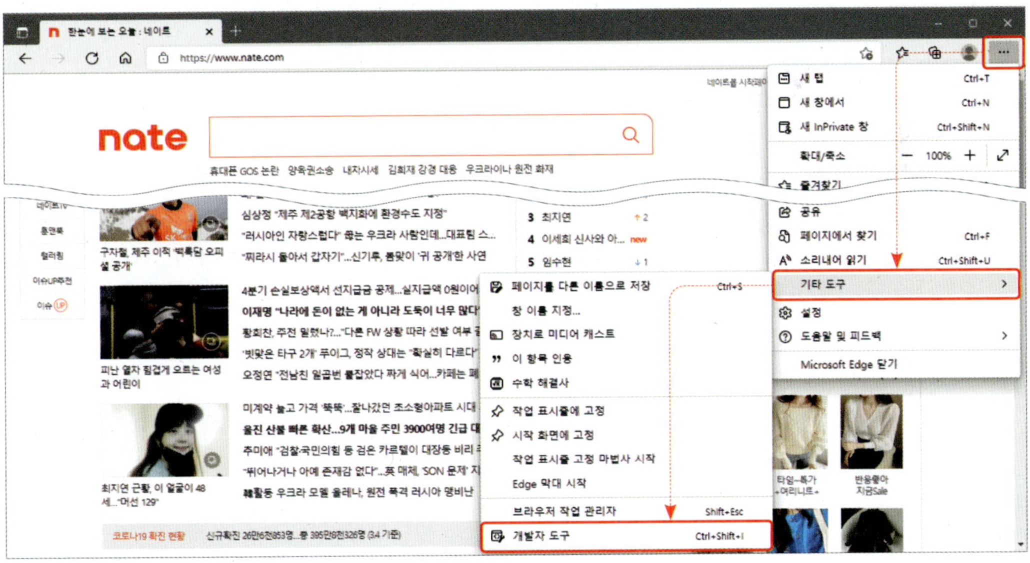

그림 9-7 개발자 도구 사용 1

오른쪽에 현재 페이지의 소스코드가 나온다. 이제 왼쪽 화면에 표현된 항목이 소스코드의 어느 부분인지를 알아낼 차례다. [검사할 페이지 요소를 선택하세요] 아이콘을 클릭하고 왼쪽 화면에서 찾고자 하는 부분을 클릭하면 오른쪽에 해당 부분의 소스가 표시된다. 또한 왼쪽 화면에는 풍선 도움말로 선택한 부분의 정보도 나온다.

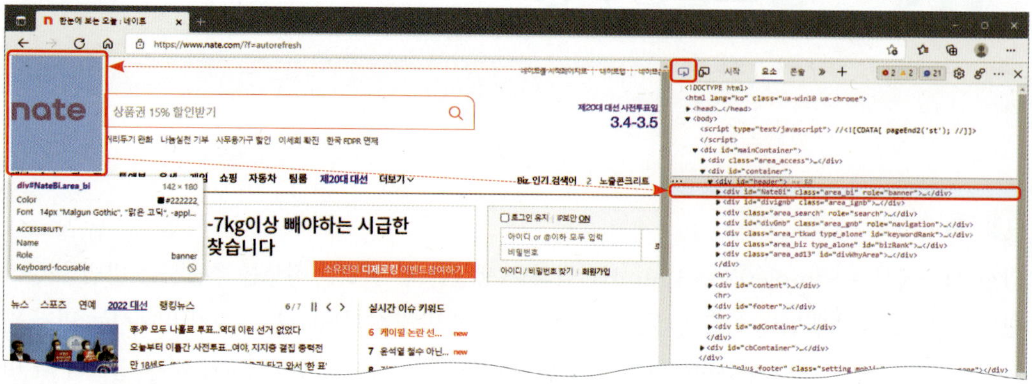

그림 9-8 개발자 도구 사용 2

[그림 9-8]에서는 네이트 홈페이지의 로고가 부분이 표시되었다. 이제 오른쪽 〈div〉 부분을 확장하면 해당 부분의 소스 위치를 찾을 수 있다. 이 예시에서는 id가 "NateBi"인 것을 알아냈다.

TIP • 이 책을 집필하는 시점에서 네이트 홈페이지 로고의 id는 "NateBi"지만, 네이트에서 홈페이지를 개편하거나 코드를 변경한다면 이 값이 변경되거나, 아예 홈페이지 로고가 없을 수도 있다. 그런 경우에는 다른 값을 선택하고, id나 class도 그에 종속된 것을 사용하여 실습을 진행하자.

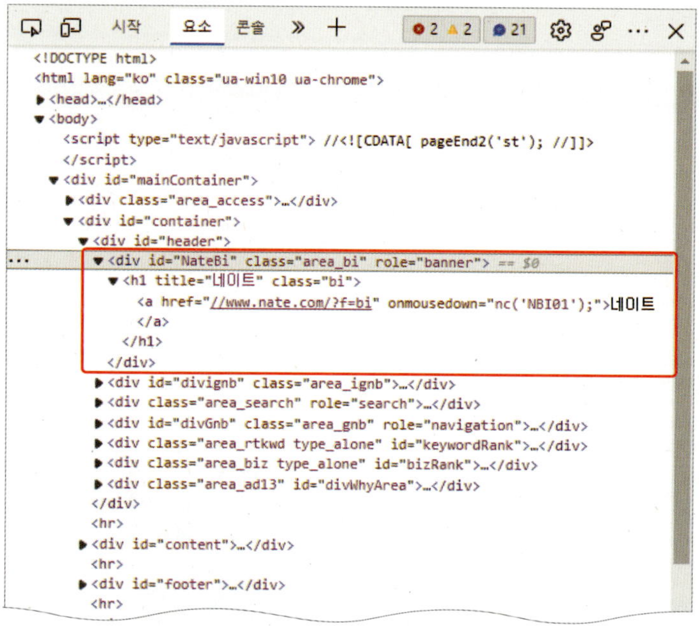

그림 9-9 개발자 도구 사용 3

이제 Code09-10.py를 통해 네이트 사이트의 로고를 클릭할 때 연결되는 주소 및 로고에 지정된 글자를 추출하자.

Code09-10.py

```
1 import bs4
2 import urllib.request
3
4 nateUrl = "https://www.nate.com"
5 htmlObject = urllib.request.urlopen(nateUrl)
6 webPage = htmlObject.read()
7 bsObject = bs4.BeautifulSoup(webPage, 'html.parser')
8
9 tag = bsObject.find('div', {'id':'NateBi'})
10 print(tag , '\n')
11
12 a_tag = tag.find("a")
13 print(a_tag , '\n')
14
15 href = a_tag['href']
16 print( href , '\n')
17
18 text = a_tag.text
19 print(text)
```

실행 결과

```
<div class="area_bi" id="NateBi" role="banner">
<h1 class="bi" title="네이트"><a href="//www.nate.com/?f=bi" onmousedown="nc('NBI01');">네이
트</a></h1>
</div>

<a href="//www.nate.com/?f=bi" onmousedown="nc('NBI01');">네이트</a>

//www.nate.com/?f=bi

네이트
```

4~6행 네이트 초기 화면의 HTML 페이지를 읽어서 webPage 변수에 넣었다.

7행 웹 페이지를 beautifulsoup 객체 형식으로 변경했다.

9~10행 〈div〉 태그 중 아이디가 'NateBi'인 것을 찾고 출력했다. [그림 9-7]의 개발자 도구를 통해서 알아낸 id를 사용했다.

12~13행 찾은 내용 중 〈a〉 태그의 내용을 찾고 출력했다.

15~16행 〈a〉 태그 중 URL인 href 속성을 출력했다.

18~19행 〈a〉 태그의 텍스트를 출력했다.

간단한 예시지만, 앞으로 처리할 훨씬 복잡한 구조도 이러한 방식을 활용하면 된다.

웹 페이지 메뉴 알아내기

앞서 엣지 브라우저의 개발자 도구를 이용하여 id 또는 class를 파악한 후에 beautifulsoup로 필요한 내용을 추출하는 방법을 알아 보았다. 이번에는 네이트 뉴스(https://news.nate.com)의 메뉴를 추출해 보자. 네이트 뉴스에 접속한 후 개발자 도구로 다음 그림과 같이 메뉴 부분을 클릭해서 코드를 확인하자.

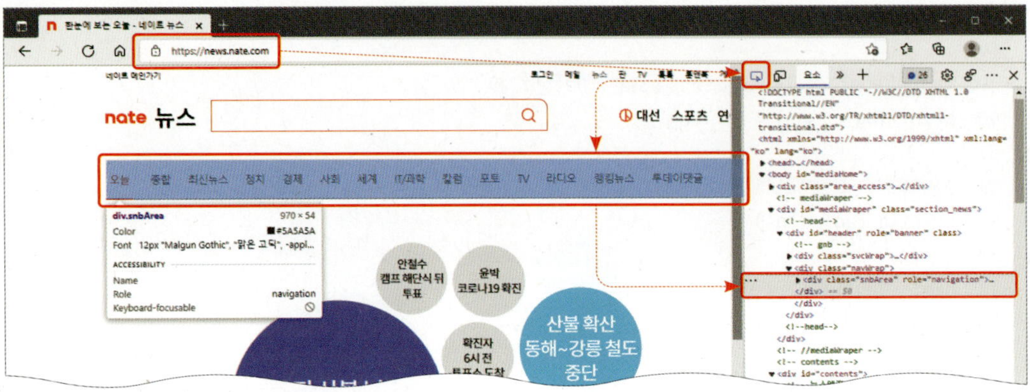

그림 9-10 네이트 뉴스의 메뉴 추출 1

오른쪽 HTML 코드에서 〈div class="snbArea" ~~〉 를 찾았다. 이 부분을 확장하면 해당 메뉴의 목록을 확인할 수 있다.

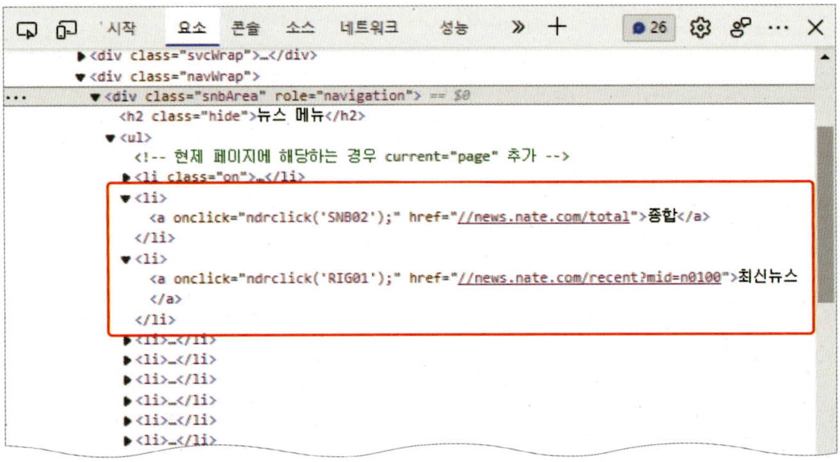

그림 9-11 네이트 뉴스의 메뉴 추출 2

[그림 9-11]을 보면 〈div class="snbArea" ~~〉 안에 〈ul〉이, 그리고 그 안에 〈li〉 목록이 반복적으로 있다. 그리고 각 〈li〉 안에 뉴스의 메뉴가 구성되어 있다. 최종적으로 〈div〉 태그의 "snbArea" 클래스를 추출한 후에, 그 안의 〈li〉 태그의 텍스트를 추출하면 뉴스 메뉴의 목록이 된다. 코드를 작성해 보자.

Code09-11.py

```
1   ~~ Code09-10.py의 1~7행과 동일. 단 주소는 "https://news.nate.com" ~~
...
8
9   tag = bsObject.find('div', {'class':'snbArea'})
10
11  print('## 네이트 뉴스의 메뉴 목록 ##')
12  li_list = tag.findAll('li')
13  for <li> in li_list :
14      print(li.text, end='  ' )
```

실행 결과

```
## 네이트 뉴스의 메뉴 목록 ##
오늘  종합  최신뉴스  정치  경제  사회  세계  IT/과학  칼럼  포토  TV  라디오  랭킹뉴스  투데이댓글
```

9행 〈div〉 태그의 'snbArea' 클래스를 추출했다.

12행 추출된 〈div〉 태그 안에서 다시 〈li〉 태그를 모두 추출했다.

13~14행 각 〈li〉 태그마다 텍스트를 출력했다. 실행 결과 메뉴의 목록이 출력되었다.

SELF STUDY 9-2

Code09-11.py을 참조해서 한빛출판네트워크(https://www.hanbit.co.kr)의 초기 화면의 메뉴 목록을 출력해 보자. (한빛출판네트워크가 아니라 다른 사이트의 메뉴도 상관없다.)

실행 결과

```
## 한빛출판네트워크의 메뉴 목록 ##
HOME  한빛미디어  한빛아카데미  한빛비즈  한빛라이프  한빛에듀  리얼타임  한빛정보교과서  한빛대관서비스  로그인  회원가입  마이한빛
```

2 시간 간격 크롤러

시간 간격을 두고 작동하는 크롤러를 작성해 보자. 시간에 따라 변경되는 웹 데이터로는 실시간 검색어, 현재 날씨, 인기 뉴스 목록 등이 있다. 네이트에서 제공하는 날씨 중 온도, 습도, 강수량, 풍향을 1시간마다 CSV 파일로 저장해 보자.

먼저 1시간마다 CSV 파일을 열어서 날짜와 시간을 기록하는 코드를 작성해 보자. 테스트를 위해서 1시간은 너무 길기 때문에 3초 간격으로 10회 반복하도록 작성하자.

TIP • CSV 파일의 쓰기 방법은 6장에서 다뤘다.

Code09-12.py

```
1  import csv
2  import time
3  import datetime
4
5  csvName =  'C:/CookAnalysis/CSV/datetime.csv'
6  with open(csvName, 'w', newline='') as csvFp:
7      csvWriter = csv.writer(csvFp)
8      csvWriter.writerow(['연월일', '시분초'])
9
10 count = 10
11 while count > 0 :
12     count -= 1
13
14     now = datetime.datetime.now()
15     yymmdd = now.strftime('%Y-%m-%d')
16     hhmmss = now.strftime('%H:%M:%S')
17     time_list = [yymmdd, hhmmss]
18     print(time_list)
19
20     with open(csvName, 'a', newline='') as csvFp:
21         csvWriter = csv.writer(csvFp)
22         csvWriter.writerow(time_list)
23
24     time.sleep(3)
```

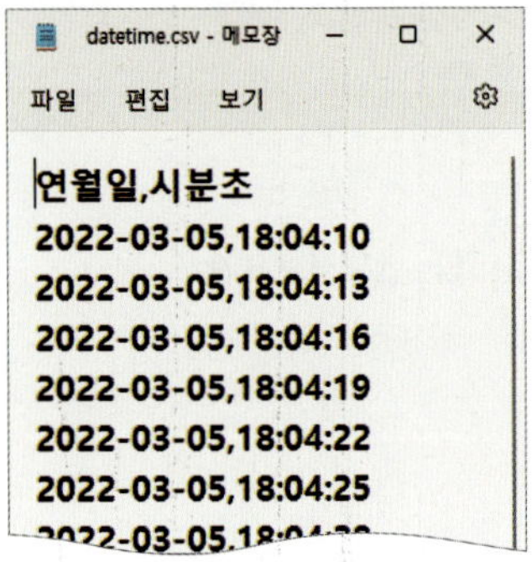

5~8행 CSV 파일을 쓰기 모드로 열고 헤더를 기록했다.

11~24행 총 10회 반복했다.

14~17행 현재 시간을 추출한 후 15행에서는 '연-월-일'을, 16행에서는 '시:분:초'을 만들고 리스트로 구성했다.

20~22행 CSV을 추가모드로 열고 연월일, 시분초 리스트를 기록했다.

24행 time.sleep(초)는 지정된 초 동안 작동이 멈춘다.

3 속초 날씨 크롤러

엣지 브라우저에서 네이트 날씨(https://news.nate.com/weather)에 접속하자. 지역을 [강원영동]-[속초]로 변경한 후 [이동]을 클릭하자. 그리고 주소창에 변경된 URL을 복사해 놓자. 이 URL이 강원도 속초의 날씨 정보를 알려주는 URL이다.

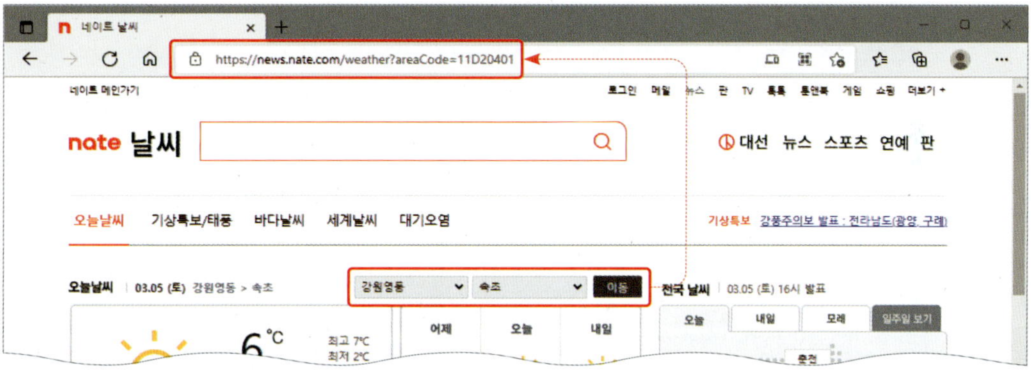

그림 9-12 네이트 날씨에서 속초 지역의 날씨 확인

개발자 도구로 날씨 부분을 클릭해서 코드를 확인해 보자.

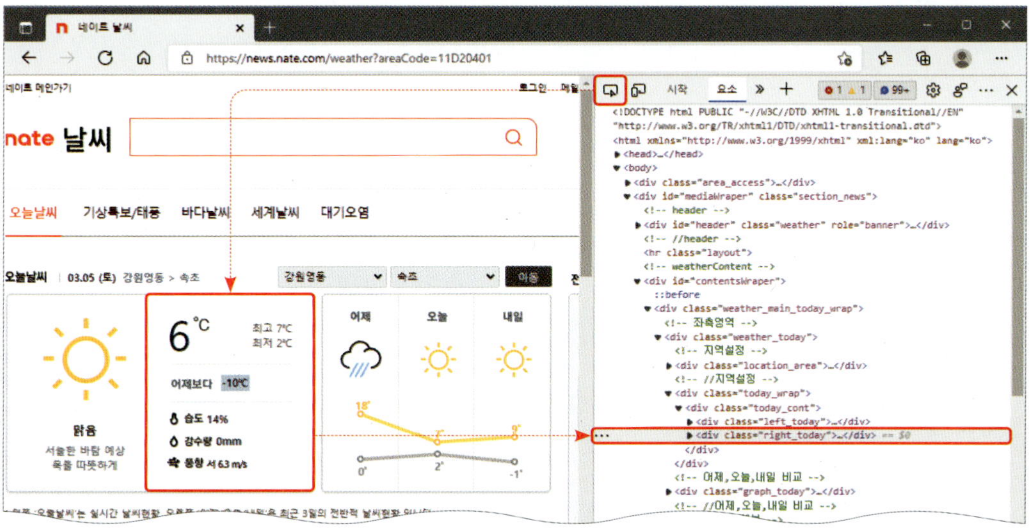

그림 9-13 속초 지역의 날씨 키워드 추출 1

오른쪽의 〈div class=‘“right_today”〉 부분을 확장하여 [표 9-1]과 같이 관련 정보의 태그 및 클래스를 확인할 수 있다.

표 9-1 확인할 정보와 클래스

정보	태그 및 클래스
기온	〈p class=‘“celsius〉
습도	〈p class=“humidity”〉
강수량	〈p class=“rainfall”〉
풍속	〈p class=“wind”〉

그림 9-14 속초 지역의 날씨 키워드 추출 2

이제 속초의 날씨를 주기적으로 추출해서 CSV 파일로 저장하는 완전한 버전의 크롤러를 만들어보자. 속초의 날씨 데이터를 1시간 간격으로 수집하는 크롤러를 기존에 학습한 코드를 통합하여 작성해 보겠다.

Code09-13.py

```python
import csv
import time
import datetime
import bs4
import urllib.request

csvName = 'C:/CookAnalysis/CSV/sokcho_weather.csv'
with open(csvName, 'w', newline='') as csvFp:
    csvWriter = csv.writer(csvFp)
    csvWriter.writerow(['연월일', '시분초', '온도', '습도', '강수량', '풍향'])

nateUrl = "https://news.nate.com/weather?areaCode=11D20401"
while True :
    htmlObject = urllib.request.urlopen(nateUrl)
    webPage = htmlObject.read()
    bsObject = bs4.BeautifulSoup(webPage, 'html.parser')
    tag = bsObject.find('div', {'class': 'right_today'})
    temper = tag.find('p', {'class': 'celsius'}).text
    humi = tag.find('p', {'class': 'humidity'}).text
    rain = tag.find('p', {'class': 'rainfall'}).text
    wind = tag.find('p', {'class': 'wind'}).text

    now = datetime.datetime.now()
    yymmdd = now.strftime('%Y-%m-%d')
    hhmmss = now.strftime('%H:%M:%S')

    weather_list = [yymmdd, hhmmss, temper, humi, rain, wind]
    with open(csvName, 'a', newline='') as csvFp:
        csvWriter = csv.writer(csvFp)
        csvWriter.writerow(weather_list)

    time.sleep(3600)
```

sokcho_weather_sample.csv - 메모장

파일 편집 보기

```
연월일,시분초,온도,습도,강수량,풍향
2022-03-05,18:31:09,6℃,습도14%,강수량0mm,풍향 서 6.3 m/s
2022-03-05,19:31:12,5℃,습도15%,강수량0mm,풍향 서 4.7 m/s
2022-03-05,20:31:15,5℃,습도15%,강수량0mm,풍향 서 4.2 m/s
2022-03-05,21:31:18,4℃,습도16%,강수량0mm,풍향 서 4.2 m/s
2022-03-05,22:31:21,3℃,습도16%,강수량0mm,풍향 서 5.1 m/s
2022-03-05,23:31:24,3℃,습도19%,강수량0mm,풍향 서 5.3 m/s
2022-03-06,00:31:28,2℃,습도19%,강수량0mm,풍향 서 6.1 m/s
2022-03-06,01:31:31,2℃,습도20%,강수량0mm,풍향 서 5.9 m/s
2022-03-06,02:31:34,2℃,습도21%,강수량0mm,풍향 서 5.9 m/s
```

7행 기록할 CSV 파일명을 지정했다.

8~10행 헤더를 기록했다.

12행 URL을 속초 날씨 페이지로 지정했다.

13~32행 무한 반복한다. 기록을 멈추려면 프로그램을 종료하거나 Ctrl+C를 누르면 된다.

17행 날씨 관련 〈div〉 태그를 추출했다.

18~21행 온도, 습도, 강수량, 풍속 등을 각각 추출했다.

27행 CSV에 기록할 리스트를 생성한다.

28~30행 CSV 파일에 기록했다.

32행 1시간(3,600초)으로 설정했다. 실습 중에는 1시간을 기다리기 어려우므로 이 숫자를 10 정도로 줄여서 진행하자.

SECTION 04 웹 크롤링 실전

1 한국소설 순위별 정보 추출

이번에는 국내 대형 온라인 서점 중 하나인 YES24(https://www.yes24.com)에서 한국소설의 도서명, 가격, 저자를 순위대로 추출하여 저장하는 코드를 작성해 보자. 이를 위해서는 먼저 YES24의 한국소설을 순위별로 보여주는 URL을 알아내야 한다.

도서 정보 확인

YES24에 접속해서 [국내도서]-[소설/시]-[한국소설]을 클릭하자. 그리고 '판매량순'을 클릭하면 현재 판매량이 가장 높은 책의 순서대로 출력된다.

TIP • 향후 YES24의 사이트가 변경되거나, HTML 코드가 수정될 수도 있다. 그러한 경우 그 시점에 맞는 비슷한 메뉴를 사용하도록 하자.

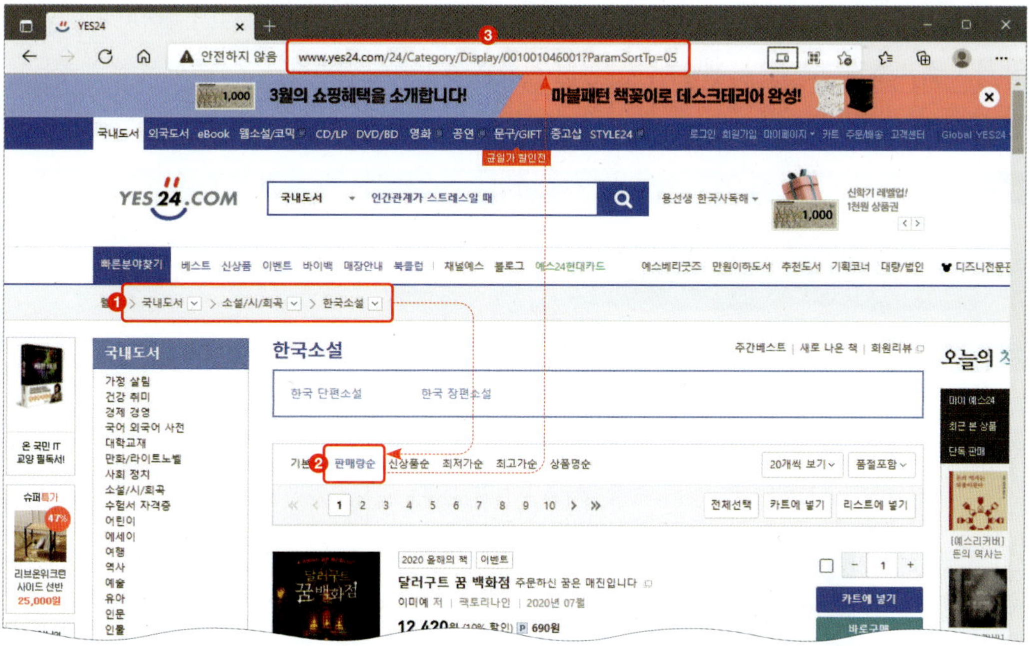

그림 9-15 YES24 홈페이지의 한국소설 판매량순 정렬

그런데 한국소설은 한두 권이 아니므로 여러 페이지로 분리되어 화면에 출력된다. 두 번째 페이지를 클릭해 보자.

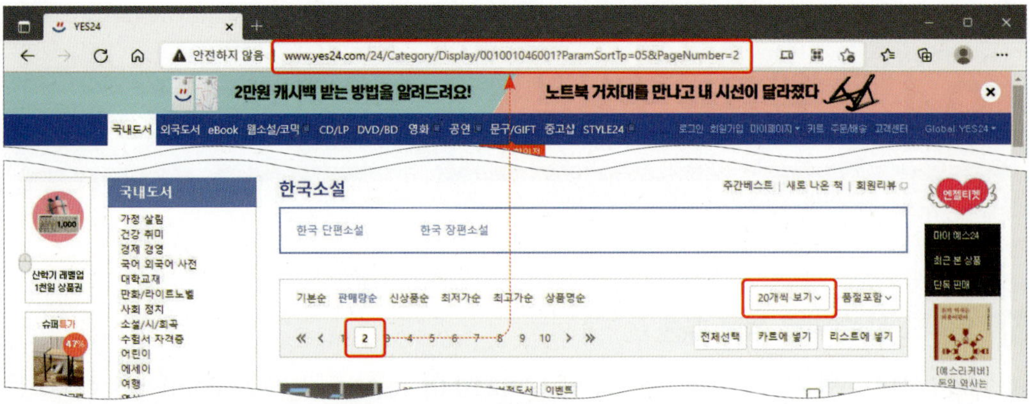

그림 9-16 YES24 홈페이지의 한국소설 판매량순 정렬(두 번째 페이지)

URL을 확인해 보면 제일 뒤에 '&PageNumber=페이지번호'가 추가된 것을 확인할 수 있다. 또한 한 페이지에는 소설 20권의 목록이 나오는 것도 확인된다. 먼저 URL을 복사해 놓자. 이 책을 집필하는 시점 다음 URL이 한국소설을 판매량 순으로 나열해주는 한 페이지의 URL이다.

```
http://www.yes24.com/24/Category/Display/001001046001?ParamSortTp=05&PageNumber=페이지번호
```

페이지 번호는 1, 2, 3, … 순으로 진행된다. 다시 1페이지를 클릭하자. 그리고 1페이지에 나온 책의 목록 정보를 추출해 본다. 개발자 도구에서 책의 목록 부분을 클릭하면 오른쪽에서 책의 목록에 해당하는 부분이 확인된다. 〈ul〉 과 20개의 〈li〉로 이루어져 있다.

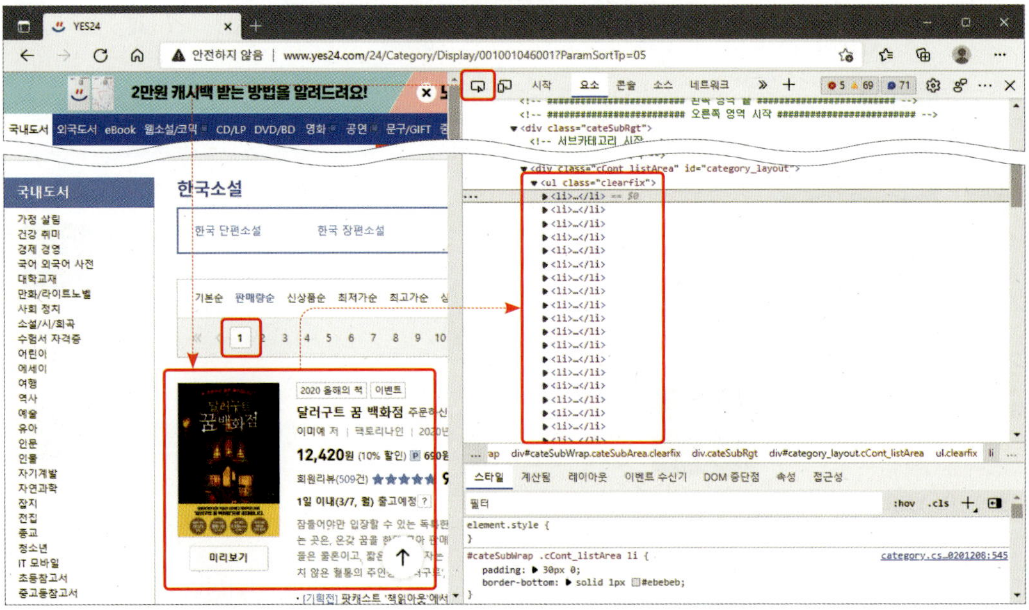

그림 9-17 소설책 순위에 따른 키워드 추출 1

[그림 9-17]에 따르면 <ul class="clearfix">에 20개의 <li> 목록이 확인된다. 이번에는 각 소설의 세부 정보를 접근해 보자. 개발자 도구에서 하나의 소설 상세 부분을 클릭해서 확인하자.

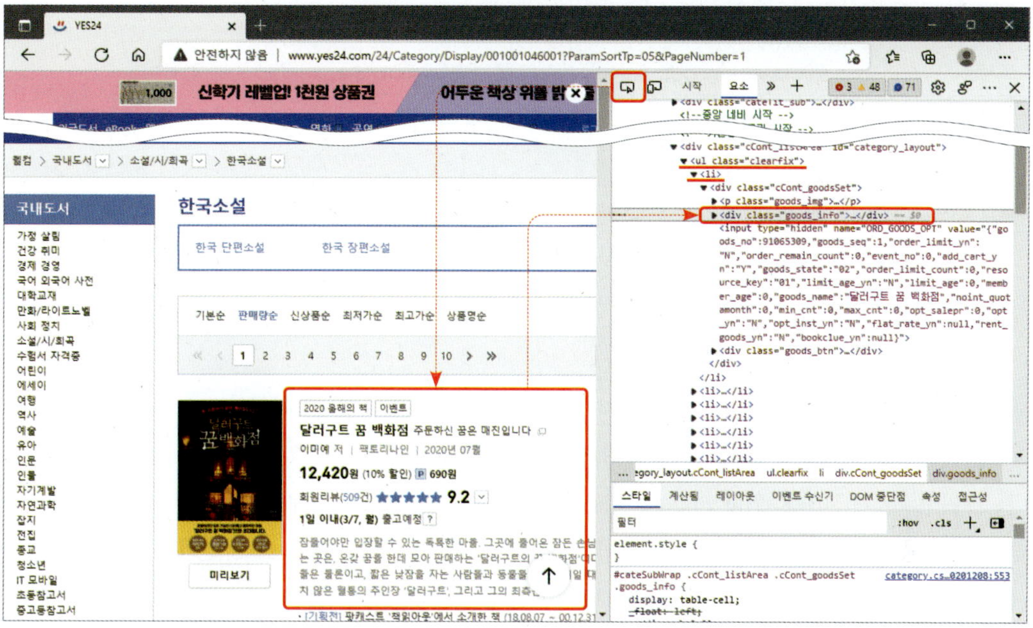

그림 9-18 소설책 순위에 따른 키워드 추출 2

앞서 확인한 20개의 <li> 태그 속 <div class="goods_info"> 부분에 책 상품에 대한 정보가 들어 있다. 확장해서 자세히 살펴보자.

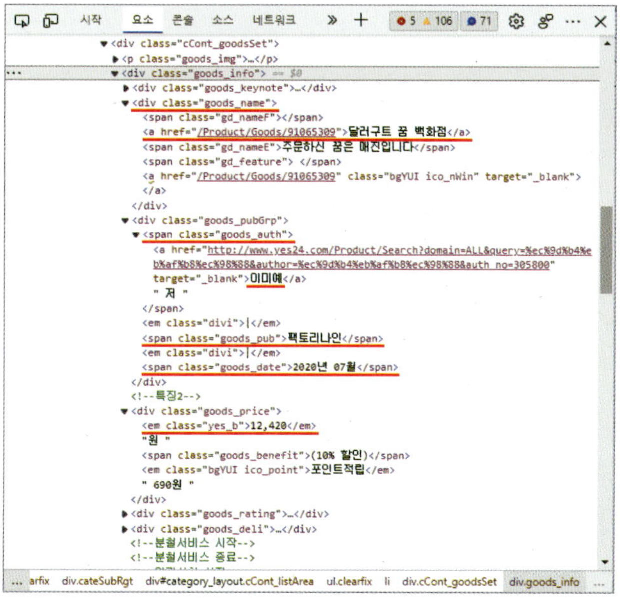

그림 9-19 소설책 순위에 따른 키워드 추출 3

이 중에서 도서명, 저자, 출판사, 출간일, 가격을 추출해 보자.

표 9-2 추출할 키워드와 태그 위치

추출할 키워드	태그 위치
도서명	〈div class="goods_name"〉 아래의 첫 번째 〈a〉 태그
저자	〈span class="goods_auth"〉 아래 첫 번째 〈a〉 태그
출판사	〈span class="goods_pub"〉
출간일	〈span class="goods_date"〉
가격	〈em class="yes_b"〉

페이지별 정보 추출

먼저 데이터에 접근하는 순서를 확인하자. 한 페이지에는 책이 총 20권이다. 따라서 〈ul class="clearfix"〉에 20개의 〈li〉 목록이 들어 있으므로 먼저 〈ul class="clearfix"〉를 추출해야 한다. 그리고 각 〈li〉마다 〈div class="goods_info"〉 부분에 각 책에 대한 정보가 들어 있으므로 이 부분을 20번 반복해서 추출하면 된다. 이번 코드에서는 한 권의 책 정보가 들어 있는 〈div class="goods_info"〉의 내용을 통째로 넘겨받아서 도서명, 저자, 출판사, 출간일, 가격을 반환하는 함수를 작성해 보겠다.

Code09-14.py

```
import bs4
import urllib.request

## 함수 선언 부분 ##
def getBookInfo(book_tag) :
    names = book_tag.find("div", {"class": "goods_name"})
    bookName = names.find("a").text
    auths = book_tag.find("span", {"class": "goods_auth"})
    bookAuth = auths.find("a").text
    bookPub = book_tag.find("span", {"class": "goods_pub"}).text
    bookDate = book_tag.find("span", {"class": "goods_date"}).text
    bookPrice = book_tag.find("em", {"class": "yes_b"}).text
    return [bookName, bookAuth, bookPub, bookDate, bookPrice]

## 전역 변수 부분 ##
bookUrl = \
"http://www.yes24.com/24/Category/Display/001001046001?ParamSortTp=05&PageNumber=1"

## 메인 코드 부분 ##
htmlObject = urllib.request.urlopen(bookUrl)
```

```
21 webPage = htmlObject.read()
22 bsObject = bs4.BeautifulSoup(webPage, 'html.parser')
23 tag = bsObject.find('ul', {'class': 'clearfix'})
24 all_books = tag.findAll('div', {'class': 'goods_info'})
25
26 for book in all_books :
27     print(getBookInfo(book))
```

실행 결과

```
['달러구트 꿈 백화점', '이미예', '팩토리나인', '2020년 07월', '12,420']
['불편한 편의점', '김호연', '나무옆의자', '2021년 04월', '12,600']
['달러구트 꿈 백화점 2', '이미예', '팩토리나인', '2021년 07월', '12,420']
['완전한 행복', '정유정', '은행나무', '2021년 06월', '14,220']
 ~~~ 총 20건 출력 (이하 생략) ~~~
```

5~13행 책 한 권에 대한 정보를 한 덩어리로 넘겨받아서 도서명/저자/출판사/출간일/가격을 반환하는 함수다.

6~7행 도서명을 추출한다.

8~9행 저자명을 추출한다.

10~12행 각각 출판사, 출간일, 가격을 추출한다.

16~17행 작업할 HTML 페이지의 URL이다. 소설의 판매량 순으로 정렬된 첫 번째 페이지다.

23행 20개의 〈li〉를 포함하는 〈ul〉을 한 번에 추출한다.

24행 각 책의 정보가 포함된 〈div class="goods_info"〉를 리스트로 출력했다. 즉 all_books는 책 20권의 정보가 들어 있는 리스트다.

26~27행 책 한 권씩 함수를 호출하여 정보를 추출하고 출력했다.

SELF STUDY 9-3

Code09-14.py을 참고해서 조회된 20권을 모두 구매하려면 총 얼마가 필요한지 추가로 출력해보자.

실행 결과

```
['달러구트 꿈 백화점', '이미예', '팩토리나인', '2020년 07월', '12,420']
['불편한 편의점', '김호연', '나무옆의자', '2021년 04월', '12,600']
['달러구트 꿈 백화점 2', '이미예', '팩토리나인', '2021년 07월', '12,420']
['완전한 행복', '정유정', '은행나무', '2021년 06월', '14,220']
 ~~~ 총 20건 출력 (이하 생략) ~~~
** 총 가격 ==> 248760 원
```

2 [프로그램 2] 완성

Code09-14.py는 소설 목록의 첫 페이지만 출력되었다. 이번에는 소설 목록의 첫 페이지부터 마지막 페이지까지 모든 내용을 출력하려 한다. 그러기 위해서는 URL의 끝에 포함된 페이지 번호를 1, 2, 3… 으로 변경하면서 정보를 추출해야 한다. 문제는 소설 정보가 몇 페이지로 구성되었는지 알 수가 없다는 점이다. 페이지 번호를 표시하는 부분의 '〉〉' 아이콘을 클릭하여 제일 끝 페이지로 이동한다.

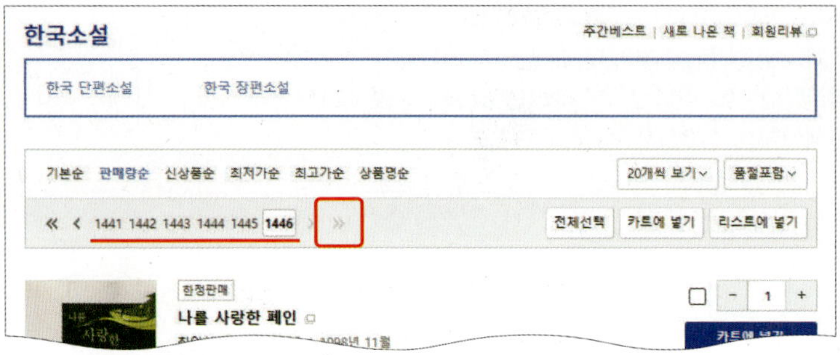

그림 9-20 제일 끝 페이지로 이동

1,446페이지가 마지막 페이지다. 하지만 이것은 조회하는 시간이나 상황에 따라서 달라질 수 있다. 그래서 페이지를 1, 2, 3, … 순으로 무한 증가시키도록 하고, 만약 다음 페이지가 없는 오류가 발생할 경우 페이지 반복을 중단시키는 try~except 문법을 사용하겠다.

간단히 try~except 문법의 예를 살펴보자.

```
try :
    num1 = 100 + 100
    num2 = 100 / 0
except :
    print("0으로 나누기 오류")
```

위 코드에서 실제로 필요한 부분은 2행과 3행이다. 2, 3행만 코딩한 후 아무 문제가 없으면 그 부분만 실행되고 프로그램을 마친다. 하지만 실행하면 3행에서 'Divide By Zero' 오류가 발생하여 오류 메시지와 함께 프로그램이 비정상적으로 종료된다. 그래서 코드를 실행하되 문제가 발생하면 메시지와 함께 정상적인 종료를 시키기 위해서 try 문으로 2, 3행을 묶어주고, 마지막 except 문 이후에는 오류가 발생하는 경우에 실행되는 코드를 적어 놓으면 된다. 결국 2, 3행이 정상적으로 작동한다면 except 부분은 사용되지 않고, 2, 3행에 오류가 발생하면 자동으로 except 부분이 실행된다.

이제 소설 부분의 모든 페이지가 출력되도록 Code09-14.py를 수정해 보자.

Code09-15.py

```
import bs4
import urllib.request

## 함수 선언 부분 ##
def getBookInfo(book_tag) :
    names = book_tag.find("div", {"class": "goods_name"})
    bookName = names.find("a").text
    auths = book_tag.find("span", {"class": "goods_auth"})
    bookAuth = auths.find("a").text
    bookPub = book_tag.find("span", {"class": "goods_pub"}).text
    bookDate = book_tag.find("span", {"class": "goods_date"}).text
    bookPrice = book_tag.find("em", {"class": "yes_b"}).text
    return [bookName, bookAuth, bookPub, bookDate, bookPrice]

## 전역 변수 부분 ##
url = \
"http://www.yes24.com/24/Category/Display/001001046001?ParamSortTp=05&PageNumber="
pageNumber = 1

## 메인 코드 부분 ##
while True :
    try :
        bookUrl = url + str(pageNumber)
        pageNumber += 1

        htmlObject = urllib.request.urlopen(bookUrl)
        webPage = htmlObject.read()
        bsObject = bs4.BeautifulSoup(webPage, 'html.parser')
        tag = bsObject.find('ul', {'class': 'clearfix'})
        all_books = tag.findAll('div', {'class': 'goods_info'})

        for book in all_books:
            print(getBookInfo(book))

    except :
        break
```

실행 결과

```
['달러구트 꿈 백화점', '이미예', '팩토리나인', '2020년 07월', '12,420']
['불편한 편의점', '김호연', '나무옆의자', '2021년 04월', '12,600']
['달러구트 꿈 백화점 2', '이미예', '팩토리나인', '2021년 07월', '12,420']
['완전한 행복', '정유정', '은행나무', '2021년 06월', '14,220']
 ~~~ 계속 반복됨 (생략) ~~~
```

16~18행 url로 변수명을 변경하고 제일 뒤의 페이지는 비워 뒀다. pageNumber는 1, 2, 3, … 식으로 증가시킬 것이다.

21행 총 몇 페이지인지 알 수 없으므로 무한 반복한다.

23~24행 1페이지부터 bookUrl을 새로 만들고 페이지 번호를 증가시킨다.

35~36행 22~33행 사이에 오류가 발생할 경우 실행되어 무한반복을 종료한다.

IT@COOKBOOK

요약

1 크롤링(Crawling)은 웹상에 공개된 내용에서 데이터를 추출하는 것을 의미한다.

2 HTML은 HyperText Markup Language의 약자로 웹 페이지를 만들기 위한 대표적인 마크업 언어다.

3 HTML을 문법 중 부등호(〈〉) 안에 들어 있는 구문을 태그(Tag)라고 부른다.

4 HTML 파일은 다음과 같은 형식으로 구성된다.

```
<html>
<head>
   화면에 표시되지 않는 정보 (타이틀, 인코딩 정보 등)
</head>

<body>
   화면에 보이는 본체(주로 태그들을 표현)
</body>
</html>
```

5 HTML 태그 중 다음 3가지는 웹 크롤링에서 자주 사용된다.

- 〈div〉~〈/div〉 : 웹 페이지에서 레이아웃을 만들 때 사용된다.
- 〈ul〉, 〈li〉 : ul은 순서가 필요 없는 목록을 만들 때 사용한다. li는 실제 목록을 만든다.
- id 속성과 class 속성 : id는 하나의 태그에만 지정하고, class는 여러 개의 태그에 지정한다.

6 urllib.request는 HTML 코드를 가져올 때 사용하고, 가져온 HTML에서 필요한 내용을 추출하는 기능은 beautifulsoup 라이브러리를 사용한다.

7 urllib.request 및 beautifulsoup을 사용해 HTML 코드에 접근하는 표준 코드는 다음과 같다.

```
import urllib.request
import bs4

nateUrl = "https://www.nate.com"
htmlObject = urllib.request.urlopen(nateUrl)
bsObject = bs4.BeautifulSoup(htmlObject, 'html.parser')

print(bsObject)
```

요약

IT@COOKBOOK

8 beautifulsoup은 HTML 코드에서 필요로 하는 부분을 추출하는 기능을 한다.

9 여러 건의 정보가 표현된 〈li〉 태그에 접근하기 위해서는 주로 다음과 같은 코드가 사용된다.

```
tag_li_all= bsObject.findAll('li')
for tag_li in tag_li_all :
    print(tag_li.text)
```

10 주로 정보가 표현된 〈div〉, 〈ul〉, 〈li〉, 〈span〉, 〈p〉 태그에는 id나 class 등이 설정되어 있는 경우가 많다. 그래서 id나 class를 지정하여 필요한 특정 태그만 추출하는 방식을 사용할 수 있다. find() 또는 findAll()을 다음과 같은 형식으로 사용한다.

```
bsObject.find('태그명' , {'속성명' : '속성값'})
bsObject.findAll('태그명' , {'속성명' : '속성값'})
```

11 〈a〉 태그를 찾을 후에 href 속성 값을 추출하는 예는 다음과 같다.

```
a_list = bsObject.findAll('a')
for aTag in a_list :
    print( aTag['href'] )
```

12 엣지 브라우저의 개발자 도구를 사용하면 웹 페이지의 소스코드 정보를 확인할 수 있다.

13 실시간 검색어, 현재 날씨, 인기 뉴스 목록 등 시간에 따라 변경되는 웹 데이터를 수집하는 크롤러도 종종 사용된다.

14 YES24 등과 같은 사이트에서 개발자 도구를 이용하여 제공되는 태그의 정보를 확인한 후 크롤러를 코딩할 수 있다.

15 여러 페이지로 구성된 웹 사이트는 코드에서 페이지 번호를 변경해 가면서 크롤링을 진행해야 한다.

연습문제

1 다음 빈칸에 들어갈 용어를 채우시오.

[ ]은 웹상에 공개된 내용에서 데이터를 추출하는 것을 의미한다. 다른 용어로는 스크래핑(Scraping)이라고도 한다.

2 다음 HTML에 대한 설명 중 옳지 않은 것을 고르시오.

① HTML 파일의 확장자는 *.htm 또는 *.html로 된다.

② HTML 파일은 텍스트 파일이므로 메모장 등에서 작성할 수 있다.

③ HTML의 태그는 대부분 부등호(<>) 안에 쓴다.

④ HTML 파일은 <START> 태그로 시작해서 </END> 태그로 종료한다.

3 다음 빈칸에 들어갈 것을 보기에서 고르시오.

<ul>~</ul>	<head>~</head>	<li>~<li>	<div>~</div>
<p>~</p>	<html>~</html>	<body>~</body>	<title>

전체 코드는 [❶]로 감싸져 있어야 한다. 그리고 화면에 표시되지 않는 [❷] 태그 안에 표현하고, 화면에 표시되는 정보는 [❸] 안에 표시한다.

4 HTML 태그에 대한 설명 중 옳은 것을 보기에서 고르시오.

<meta>	 	<u>~</u>	<b>~</b>	<font>~</font>
<i>~</i>	<hr>	<a>~</a>	<img>	<table>~</table>
<tr>~</tr>	<th>~</th>	<td>~</td>	<div>~</div>	<strong>~</strong>
<ul>~</ul>	<li>~<li>	<em>~</em>	<p>~</p>	<span>~</span>

(1) 블록 또는 문단 또는 한 줄을 범위를 묶어 줄 때 사용하는 태그 (3개)

(2) 순서가 필요없는 목록을 만들 때 사용하고, 실제 목록을 만드는 태그 (2개)

(3) 클릭하면 다른 페이지가 연결되는 링크를 설정하는 태그 (1개)

(4) 웹 페이지의 정보를 설정할 때 검색 엔진에서 문서의 내용을 요약하는 태그 (1개)

연습문제

5 다음 설명에 알맞은 라이브러리의 이름을 쓰시오.

(1) HTML 코드를 가져오는 기능을 하는 내부 라이브러리

(2) HTML에서 필요한 내용을 추출하는 기능을 하는 외부 라이브러리

6 HTML에 접근해서 그 소스를 출력하는 코드의 빈칸에 들어갈 함수를 보기에서 고르시오.

open	urlopen	openurl	BeautifulSoup	bs4	close
read	readurl	readline	write	writeline	find
search	index	writeurl	save	saveurl	

```
import urllib.request

nateUrl = "https://www.nate.com"
htmlObject = urllib.request.[ ❶ ](nateUrl)
html = htmlObject.[ ❷ ]()

print(html)
```

7 HTML 파일에서 <div> 태그의 내용을 찾는 코드의 빈칸에 들어갈 함수를 보기에서 고르시오.

open	urlopen	openurl	BeautifulSoup	bs4	close
read	readurl	readline	write	writeline	find
search	index	writeurl	save	saveurl	

```
webPage = open('HTML파일', 'rt', encoding='utf-8').read()
bsObject = bs4.[ ❶ ]webPage, 'html.parser')
tag_div = bsObject.[ ❷ ]('div')
print(tag_div)
```

8 HTML 파일에서 클래스 이름이 'myClass'인 〈div〉 태그를 찾는 코드의 빈칸에 들어갈 내용을 채우시오.

```
webPage = open('C:/CookAnalysis/HTML/Sample03.html', 'rt', encoding='utf-8').read()
bsObject = bs4.BeautifulSoup(webPage, 'html.parser')
tag = bsObject.find([          ])
print(tag)
```

9 현재 시간을 연월일과 시분초로 분리하는 코드의 빈칸에 들어갈 함수를 보기에서 고르시오.

current	time	date	datetime	now	this
string	format	strftime	strfdate	strfyear	strfmonth

```
current = datetime.datetime.[    ❶    ]()
yymmdd = current.[    ❷    ]('%Y-%m-%d')
hhmmss = current.[    ❷    ]('%H:%M:%S')
```

응용예제 01

실시간 뉴스 속보 추출하기

난이도★★★☆☆

예제 설명 네이트 뉴스 속보를 출력하는 코드를 작성하자. 기사 제목/뉴스 링크/언론사/출간일시를 2분 간격으로 반복해서 출력하자.

뉴스 정보 웹 크롤러 뉴스 속보 출력

실행 결과

```
###### 실시간 뉴스 속보 #######
( 1 ) 이재명-윤석열, TV토론 승자는[데이터로 본 정치민심]
 https://news.nate.com/view/20220306n07936?mid=n0100 서울경제 03-06 12:03
( 2 ) "세노바메이트 매출 2배 기대···3상 끝나면 성장 기폭제 될것"
 https://news.nate.com/view/20220306n04683?mid=n0100 서울경제 03-06 12:03
( 3 ) 가상병실·차명병원으로 보험금 빼먹는 의료계…보험사기 뿌리뽑는다
 https://news.nate.com/view/20220306n07933?mid=n0100 헤럴드경제 03-06 12:03
( 4 ) 美 여자농구스타, 러시아서 인질로 잡혔다? 마약 혐의로 구금
 https://news.nate.com/view/20220306n07932?mid=n0100 중앙일보 03-06 12:03

  ~~~ 생략 (2분 후) ~~~

###### 실시간 뉴스 속보 #######
( 1 ) 미, 우크라에 전투기 제공 추진…소련제 '미그기' 원하는 조종사들, 왜
 https://news.nate.com/view/20220306n06725?mid=n0100 한겨레 03-06 12:05
( 2 ) 변협 "확진자 사전투표 방식, 직접 투표 위배…선관위 책임 물어야"
 https://news.nate.com/view/20220306n07682?mid=n0100 조선일보 03-06 12:05
( 3 ) 사전투표 대혼란에…선관위 "관리 미흡 송구, 절대 부정소지 없어"
 https://news.nate.com/view/20220306n04350?mid=n0100 조선일보 03-06 12:05
( 4 ) 물적분할 때 소액주주 보호대책 마련해 공시해야
 https://news.nate.com/view/20220306n07984?mid=n0100 한겨레 03-06 12:05

 ~~~ 생략 (2분 후) ~~~
```

코드

```
1 import time
2 import bs4
3 import urllib.request
4
5 nateUrl = "https://news.nate.com/recent?mid=n0100"
6 while True :
7     htmlObject = urllib.request.urlopen(nateUrl)
8     webPage = htmlObject.read()
9     bsObject = bs4.BeautifulSoup(webPage, 'html.parser')
10    tag_list = bsObject.findAll('div', {'class': 'mlt01'})
11
12    print('###### 실시간 뉴스 속보 #######')
13    num = 1
14    for tag in tag_list :
15
16        subject = tag.find('strong', {'class': 'tit'}).text
17        link = tag.find('a', {'class': 'lt1'})['href']
18        pressAndDate = tag.find('span', {'class': 'medium'}).text
19        pressAndDate.replace('\t',' ')
20        pressAndDate.replace('\n', '')
21
22        if len(pressAndDate.split()) == 3 :
23            press, pDate, pTime = pressAndDate.split()
24        elif len(pressAndDate.split()) == 4 :
25            press1,press2, pDate, pTime = pressAndDate.split()
26            press = press1+press2
27        else :
28            continue
29
30        print('(' , num, ')', subject)
31        print('\t https:'+link, press, pDate, pTime)
32        num += 1
33
34    time.sleep(120)
```

코드 설명

5행	URL을 네이트 실시간 뉴스의 주소로 사용했다.
10행	개발자 도구를 사용하여 <div class='mlt01'> 부분에 20개씩 뉴스 정보가 포함된다는 것을 확인했다.
13행	뉴스 속보의 번호를 부여하기 위해서 사용한다.

14~32행	조회된 뉴스 속보(20개)에서 제목/뉴스 링크/언론사/출간일자/출간시간을 추출해서 출력한다.
16~17행	뉴스 제목은 〈strong class='tit'〉로 구성되어 있다. 뉴스의 링크는 〈a class='lt1'〉으로 구성되어 있다.
18~20행	언론사와 날짜는 중간에 탭(\t) 및 개행문자(\n)이 섞여 있어서 이를 제거했다.
22~28행	언론사의 이름이 띄어쓰기 된 경우(예 MBN TV)가 있어서 붙여쓰기로 처리했다. 띄어쓰기가 2개 이상 들어간 언론사는 처리하지 않았다.
30~32행	뉴스 번호와 제목, 링크, 언론사, 출간일시를 출력한다.

응용예제 02 책 정보를 크롤링하여 CSV에 저장하기

난이도★★★★☆

예제 설명 YES24에서 파이썬과 관련된 책을 순위대로 CSV에 저장하자. URL은 YES24에서 [국내도서]–[IT 모바일]–[프로그래밍 언어]–[파이썬]을 클릭한 결과 URL을 사용하자. 그 외의 태그 정보는 Code09-14.py와 동일하다.

실행 결과

```
책이름, 저자, 출판사, 출간일, 가격
Do it! 점프 투 파이썬, 박응용, 이지스퍼블리싱, 2019년 06월, "16,920"
혼자 공부하는 파이썬, 윤인성, 한빛미디어, 2019년 06월, "16,200"
혼자 공부하는 머신러닝+딥러닝, 박해선, 한빛미디어, 2020년 12월, "23,400"
비전공자도 이해할 수 있는 AI 지식, 박상길, 반니, 2022년 03월, "17,820"

 ~~~ 생략 ~~~
```

코드

```python
import bs4
import urllib.request
import csv

## 함수 선언 부분 ##
def getBookInfo(book_tag) :
    names = book_tag.find("div", {"class": "goods_name"})
    bookName = names.find("a").text
    auths = book_tag.find("span", {"class": "goods_auth"})
    bookAuth = auths.find("a").text
    bookPub = book_tag.find("span", {"class": "goods_pub"}).text
    bookDate = book_tag.find("span", {"class": "goods_date"}).text
    bookPrice = book_tag.find("em", {"class": "yes_b"}).text
    return [bookName, bookAuth, bookPub, bookDate, bookPrice]

## 전역 변수 부분 ##
url = \
"http://www.yes24.com/24/Category/Display/001001003022004?ParamSortTp=05&"
```

```
19 url += "PageNumber="
20 pageNumber = 1
21
22 ## 메인 코드 부분 ##
23 csvName =  'c:/CookAnalysis/CSV/pythonBook.csv'
24 with open(csvName, 'w', newline='') as csvFp:
25     csvWriter = csv.writer(csvFp)
26     csvWriter.writerow(['책이름', '저자', '출판사', '출간일', '가격'])
27
28 while True :
29     try :
30         bookUrl = url + str(pageNumber)
31         pageNumber += 1
32
33         htmlObject = urllib.request.urlopen(bookUrl)
34         webPage = htmlObject.read()
35         bsObject = bs4.BeautifulSoup(webPage, 'html.parser')
36         tag = bsObject.find('ul', {'class': 'clearfix'})
37         all_books = tag.findAll('div', {'class': 'goods_info'})
38
39         for book in all_books:
40             info_list = getBookInfo(book)
41             with open(csvName, 'a', newline='') as csvFp:
42                 csvWriter = csv.writer(csvFp)
43                 csvWriter.writerow(info_list)
44
45     except :
46         break
47
48 print('Save. OK~')
```

코드 설명

1~3행	관련된 라이브러리를 포함시켰다.
6~14행	책과 관련된 정보를 받은 후에 도서명/저자/출판사/출간일/가격 리스트를 반환하는 함수다.
17~20행	yes24.com의 파이썬 책의 목록이 조회되는 URL이다. 페이지번호는 1번부터 시작하기 위해서 변수로 설정했다.
23행	저장할 CSV 파일을 지정했다.
24~46행	YES24의 마지막 페이지까지 반복해서 진행한다.
29~30행	URL을 페이지 번호로 새로 작성한다.
33~37행	HTML 페이지에서 beautifulsoup 개체를 추출하고, 현 페이지의 20권의 책 정보를 한 번에 추출한다.
39~43행	20권의 책 리스트에서 한 권씩 책을 추출해서 리스트로 작성한 후 CSV 파일에 기록한다.

CHAPTER 10

넘파이

학습목표

- 넘파이 배열과 파이썬 리스트의 차이를 이해한다.
- 넘파이 배열의 장점과 간편성을 학습한다.
- 넘파이의 데이터 형식과 함수들의 사용법을 익힌다.
- 넘파이를 활용한 다양한 프로그램을 작성한다.

SECTION 01 이 장에서 만들 프로그램

파이썬에서 기본적으로 제공되는 리스트를 사용해도 대용량 데이터를 충분히 처리할 수 있으며, 앞서 이미 그런 방식으로 처리를 진행해 왔다. 이번 장에서 배울 넘파이(NumPy)는 파이썬의 리스트와 동일한 결과를 낼 수 있지만, 훨씬 빠른 처리와 다양한 기능을 통한 간단한 프로그래밍이 가능하다. 넘파이는 단독으로도 사용되지만, 다른 유용한 라이브러리의 필수 요소로 사용되는 경우도 많다. 따라서 넘파이에 대한 이해와 사용법을 익히는 것은 데이터 분석을 위해 반드시 필요한 과정 중 하나이다.

1 [프로그램 1] 부분집합 추출

첫 번째 프로그램은 파이썬 리스트와 비교하여 넘파이 배열의 장점을 파악하는 예제다. 파이썬 리스트에서 부분집합을 추출하기 위해서는 다소 복잡한 과정을 거치지만, 넘파이 배열을 사용하면 간단하고 빠르게 추출이 가능하다.

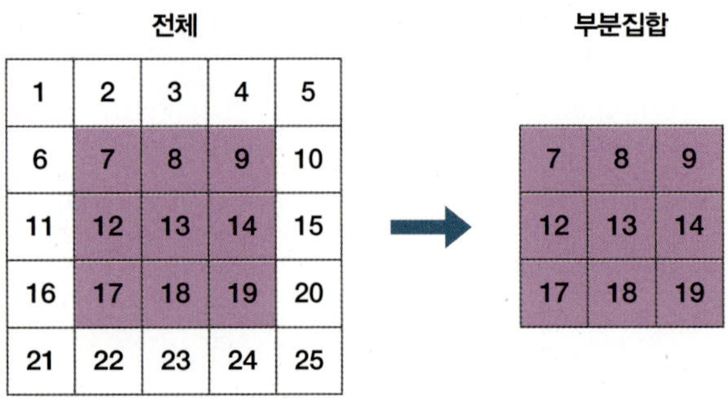

2 [프로그램 2] 파일 입출력

두 번째로 만들 프로그램에서는 넘파이 파일 처리와 함께 Ctrl+Z를 누르면 이전 작업으로 되돌리는 개념을 학습한다. 넘파이 배열은 다양한 함수와 기능으로 빠른 파일 처리가 가능하며 고급 효과 또한 제공한다.

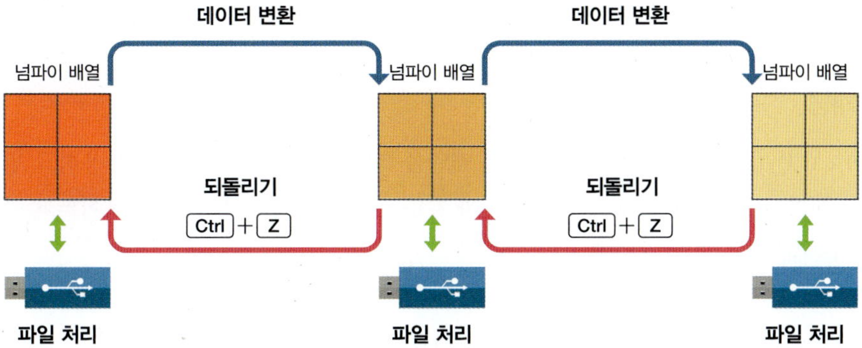

SECTION
02 넘파이 기초

1 넘파이의 개념

넘파이는 Numerical Python의 약자로 파이썬에서 배열을 처리할 때 널리 사용되는 유용하고 필수적인 라이브러리이다. 이름 그대로 수식 계산을 위한 용도로 많이 사용된다. 특히 넘파이는 배열 계산에 최적화된 방식과 빠른 처리 속도를 자랑한다.

그림 10-1 넘파이 로고

넘파이는 배열(Array) 자료구조를 사용하는데, 배열이라는 개념은 파이썬에 존재하지 않는다. 파이썬은 배열 대신 리스트(List) 자료구조를 통해 배열보다 더 유연하게 사용할 수 있었다. 넘파이의 특징은 다음과 같다.

- 처리 속도가 빠르다. 특히 대용량의 다차원 배열에서는 파이썬의 리스트보다 월등히 빠르다.
- 유연한 연산을 제공한다. 파이썬에서 반복문으로 처리해야하는 연산을 브로드캐스팅 기능으로 반복문 없이 단숨에 처리한다.
- 배열의 내용을 한번에 디스크에 저장하고, 다시 불러오는 기능을 제공한다.
- C, C++로 작성한 코드와 연결이 수월하다.
- 판다스, OpenCV 등 유명한 라이브러리들이 넘파이를 기반으로 사용한다.

넘파이를 사용하지 않고 파이썬 리스트만으로 충분히 프로그램을 작성할 수 있지만, 넘파이를 사용하면 속도가 더 빠르며 연산 작업도 더 쉽게 진행할 수 있다. 특히 파이썬은 리스트에 데이터 형식을 지정하는 게 아니라 입력하는 값 자체가 데이터 형식이 되었다. 예로 정수를 저장하기 위해 5×5 크기의 랜덤값으로 초기화된 2차원 리스트를 만들고, 리스트의 모든 값에 100을 더하는 코드를 생각해 보자.

Code10-01.py

```
1  import random
2  
3  ## 파이썬 2차원 리스트 생성
4  SIZE = 5
5  pythonList = [ [random.randint(0,255) for _ in range(SIZE)] for _ in range(SIZE)]
6  
7  ## 리스트를 출력하기
8  for i in range(SIZE) :
9      for k in range(SIZE) :
10         print("%3d" % pythonList[i][k], end=' ')
11     print()
12 print()
13 
14 ## 리스트에 100을 더하기
15 for i in range(SIZE) :
16     for k in range(SIZE) :
17         pythonList[i][k] += 100
18 
19 ## 리스트를 출력하기
20 for i in range(SIZE) :
21     for k in range(SIZE) :
22         print("%3d" % pythonList[i][k], end=' ')
23     print()
```

실행 결과

```
  0 110  66 111  65
172  13 253  19  54
 16 248  16   8 159
231 125 131 171 135
182  14 251  88 175

100 210 166 211 165
272 113 353 119 154
116 348 116 108 259
331 225 231 271 235
282 114 351 188 275
```

4행 리스트의 크기를 정했다.

5행 리스트 컴프리헨션 방식으로 5×5 크기의 랜덤한 2차원 리스트를 만들었다. 5행은 다음과 같이 이중 반복문을 사용하는 것과 동일하다.

```
pythonList = []
for _ in range(SIZE) :
    tmpAry = []
    for _ in range(SIZE) :
        tmpAry.append(random.randint(0,255))
    pythonList.append(tmpAry)
```

8~11, 20~23행 2차원 리스트를 출력한 코드다.

15~17행 2차원 리스트에 값을 더하기 위해서 이중 반복문을 통해서 처리했다.

이번에는 동일한 결과를 내기 위해서 넘파이를 사용해 보자. 먼저 넘파이 라이브러리를 사용하려면 외부 라이브러리를 설치해야 한다. 설치할 패키지 이름은 numpy다.

```
pip install numpy
```

TIP • 외부 라이브러리를 설치하는 자세한 방법은 7장에서 다뤘다.

이제 Code10−01.py와 동일한 결과를 넘파이를 사용해서 작성해 보자.

Code10-02.py

```
import numpy as np

## 넘파이 2차원 배열 생성
SIZE = 5
numpyAry = np.random.randint(0, 255, size=(SIZE, SIZE))

## 배열을 출력하기
print(numpyAry)
print()

## 배열에 100을 더하기
numpyAry += 100

## 배열을 출력하기
print(numpyAry)
```

실행 결과

```
[[  6  31 220 170 241]
 [  5 121 200  42 109]
 [ 50  82 228 215 185]
```

```
 [222 104  69  47  73]
 [148 192  80  95 241]]

[[106 131 320 270 341]
 [105 221 300 142 209]
 [150 182 328 315 285]
 [322 204 169 147 173]
 [248 292 180 195 341]]
```

1행 numpy를 임포트했다. as np는 numpy를 약자 np로 간편하게 사용하기 위해서 붙였다. 실무에서도 numpy를 사용할 때는 대부분 1행과 같은 방식을 사용한다.

5행 np.random.randint(시작, 끝, size=(행, 열)) 방식으로 5×5 크기 배열에 0부터 255 사이의 값을 무작위로 대입해서 생성했다.

12행 5×5 크기의 넘파이 배열에 일괄적으로 100을 더한다. 이는 넘파이의 큰 장점 중 하나인 브로드캐스팅 방식이다. 즉 배열에 값 하나를 더하면 아무리 큰 넘파이 배열에도 동일하게 값이 더해지는 방식이다. 리스트에서는 이런 방식이 불가하므로 Code10-01.py에서 이중 반복문을 통해서 100을 더했었다.

8, 15행 넘파이 배열을 출력했다. 2차원 배열에 print()를 사용하면 2차원 배열의 형태 그대로 출력이 된다.

간단한 예로 살펴봤듯이 넘파이는 파이썬 리스트보다 간편하게 처리할 수 있다. 또한 반복문을 생략함으로써 리스트보다 훨씬 빠른 연산 속도를 자랑한다.

SELF STUDY 10-1

Code10-02.py을 참고하여 3×3 크기의 넘파이 배열을 생성하자. 그리고 배열의 모든 값을 2배로 증가시킨 후 평균값을 계산하자. 단, 평균값은 파이썬 리스트처럼 for 문을 사용해서 계산한다.

실행 결과

```
[[211 113 162]
 [138 215  77]
 [215 122  34]]

[[422 226 324]
 [276 430 154]
 [430 244  68]]

평균 값 --> 286.0
```

2 넘파이 배열

넘파이는 주로 1차원, 2차원, 3차원 등의 배열을 처리하기 위한 용도로 만들어진 라이브러리다. 이를 n차원 배열이라고 부르며 정확한 내부용어는 ndarray(N-Dimensional Array)라고 부른다. 이번 장에서는 ndarray를 '넘파이 배열' 또는 줄여서 '배열'로 지칭하겠다.

넘파이 배열을 생성하는 방식은 다양하다. 이미 Code10-02.py에서 np.random.randint() 함수를 사용하여 넘파이 배열을 생성해 보았다. 이외에도 주로 넘파이 배열을 생성할 때는 [표 10-1]과 같은 함수들을 많이 사용한다.

표 10-1 자주 사용되는 넘파이 배열 생성 함수

넘파이 함수명	설명
np.array()	파이썬 리스트를 넘파이 배열로 변환한다. 변환 시 데이터형을 지정할 수 있다.
np.arange()	파이썬의 range() 함수와 유사하지만 넘파이 배열용으로 주로 사용된다.
np.ones()	모두 1이 채워진 넘파이 배열을 생성한다.
np.zeros()	모두 0이 채워진 넘파이 배열을 생성한다.
np.empty()	np.ones()나 np.zeros()처럼 배열을 생성하지만 초기화하지 않는다. 즉 쓰레기 값이 들어 있을 수 있다.
np.full()	배열을 생성하면서 파라미터로 넘겨받은 값으로 초기화한다.
np.identity()	대각선은 1로, 나머지는 0으로 채워진 2차원 넘파이 배열을 생성한다. 이를 '단위 행렬'이라 부른다.
np.random.randint()	지정한 범위의 정수 중 임의의 값을 채운 넘파이 배열을 생성한다.
np.random.rand()	0부터 0.9999 범위의 임의의 값을 채운 넘파이 배열을 생성한다.

[표 10-1]의 함수들을 사용해서 넘파이 배열을 생성해 보자.

Code10-03.py

```
import numpy as np
import random

pythonList = [ random.randint(0,255) for _ in range(5)]
print('* 파이썬 리스트 --> ', pythonList)

numpyAry1 = np.array(pythonList)
print('* array(pythonList) --> ', numpyAry1)

numpyAry2 = np.arange(5)
print('* arange(5) --> ', numpyAry2)
numpyAry3 = np.arange(3, 8)
```

```python
print('* arange(3, 8) --> ', numpyAry3)
numpyAry3 = np.arange(0, 100, 20)
print('* arange(0, 100, 20) --> ', numpyAry3)

numpyAry4 = np.ones(5)
print('* ones(5) --> \n', numpyAry4)
numpyAry5 = np.ones((3,4))
print('* ones((3,4)) )--> \n', numpyAry5)

numpyAry6 = np.zeros(5)
print('* zeros(5)--> ', numpyAry6)

numpyAry7 = np.empty(6)
print('* empty(6)--> ', numpyAry7)

numpyAry8 = np.full(5, 33)
print('* full(5, 33) --> ', numpyAry8)

numpyAry9 = np.identity(5)
print('* identity(5)--> \n', numpyAry9)
```

실행 결과

```
* 파이썬 리스트 --> [249, 68, 184, 169, 231]
* array(pythonList) --> [249  68 184 169 231]
* arange(5) --> [0 1 2 3 4]
* arange(3, 8) --> [3 4 5 6 7]
* arange(0, 100, 20) --> [ 0 20 40 60 80]
* ones(5) -->
 [1. 1. 1. 1. 1.]
* ones((3,4)) )-->
 [[1. 1. 1. 1.]
 [1. 1. 1. 1.]
 [1. 1. 1. 1.]]
* zeros(5)--> [0. 0. 0. 0. 0.]
* empty(6)--> [6.23042070e-307 3.56043053e-307 1.37961641e-306 2.22518251e-306
 1.33511969e-306 6.23036978e-307]
* full(5, 33) --> [33 33 33 33 33]
* identity(5)-->
 [[1. 0. 0. 0. 0.]
 [0. 1. 0. 0. 0.]
 [0. 0. 1. 0. 0.]
 [0. 0. 0. 1. 0.]
 [0. 0. 0. 0. 1.]]
```

4행 5개짜리 1차원 리스트를 생성하고 출력했다.

7행 리스트를 넘파이 배열로 변환했다.

10행 [0 1 2 3 4]의 1차원 넘파이 배열을 생성했다.

12행 3부터 시작해서 7까지 증가하는 1차원 넘파이 배열을 생성했다.

14행 0부터 100까지 20씩 증가하는 1차원 넘파이 배열을 생성했다.

17행 모두 1로 초기화된 5개짜리 넘파이 배열을 생성했다.

19행 모두 1로 초기화된 3×4 크기의 2차원 넘파이 배열을 생성했다.

22행 모두 0으로 초기화된 5개짜리 넘파이 배열을 생성했다.

25행 쓰레기 값으로 초기화된 6개짜리 넘파이 배열을 생성했다.

28행 모두 33으로 초기화된 5개짜리 넘파이 배열을 생성했다.

31행 대각선만 1로 설정된 5×5 크기의 2차원 배열(단위 행렬)을 생성했다.

3 넘파이 데이터 형식

파이썬의 리스트는 별도로 데이터 형식을 지정하지 않지만, 넘파이 배열은 데이터 형식을 지정한다. 넘파이의 데이터 형식을 dtype으로 표현하는데, 정수, 실수, 불리언, 복소수, 문자열 등 다양한 형식이 지원된다.

TIP • 넘파이 배열은 C, C++ 등의 컴파일러 언어와 비슷하게 데이터 형식을 지정해서 사용한다. 그래서 dtype 덕분에 더 성능이 빠르며 다른 언어와의 호환성도 좋다.

또한 정수형도 8bit, 16bit, 32bit, 64bit 등을 지원하는데, int8, int16, int32, int64 등으로 부른다. 부호가 없는 정수형도 지원하는데, 앞에 u를 붙이면 된다. 예로 8bit 부호가 없는 정수형은 uint8로 부른다.

많이 사용되는 넘파이의 데이터 형식을 정리하면 [표 10-2]와 같다.

표 10-2 주로 사용되는 넘파이 데이터 형식

데이터 형식(dtype)	설명
int8, int16, int32, int64	부호있는 정수형(Signed Integer). 8bit, 16bit, 32bit, 64bit의 크기를 갖는다. 차례대로 범위는 −128~127, −32678~32767, 약 −21억~21억, 약 −900경~900경의 범위를 갖는다.
uint8, uint16, uint32, uint64	부호없는 정수형(Unsigned Integer). 8bit, 16bit, 32bit, 64bit의 크기를 갖는다. 차례대로 범위는 0~255, 0~65535, 약 0~42억, 약 0~1800경의 범위를 갖는다.
float16, float32, float64, float128	부동 소수점. 16bit, 32bit, 64bit, 128bit의 크기를 갖는다. 소수점 아래 정밀도에 따른 구분으로, float32는 C언어의 float형과, float64는 C언어의 double형과 같다.
bool	True 또는 False를 갖는다.

string_	영문을 기준으로 문자열을 표현한다.
unicode_	한글 등을 기준으로 문자열을 표현한다.

넘파이 배열을 생성하면서 데이터 형식(dtype)을 지정할 수 있으며, 이미 지정된 데이터 형식을 astype() 함수로 변경할 수도 있다. Code10-04.py로 확인해 보자.

Code10-04.py

```
import numpy as np
import random

pList1 = [10, 20, 30, 40]
pList2 = [10, 20, 30, 40.0]

numpyAry1 = np.array(pList1)
print(numpyAry1, numpyAry1.dtype)

numpyAry1 = np.array(pList2)
print(numpyAry1, numpyAry1.dtype)

numpyAry2 = np.array(pList1, dtype=np.float32)
print(numpyAry2, numpyAry2.dtype)

numpyAry3 = np.arange(5)
print(numpyAry3, numpyAry3.dtype)

numpyAry4 = np.ones(5)
print(numpyAry4, numpyAry4.dtype)

numpyAry5 = np.ones(5, dtype=np.uint8)
print(numpyAry5, numpyAry5.dtype)

numpyAry6 = numpyAry5.astype(np.float16)
print(numpyAry6, numpyAry6.dtype)
```

실행 결과

```
[10 20 30 40] int32
[10. 20. 30. 40.] float64
[10. 20. 30. 40.] float32
[0 1 2 3 4] int32
[1. 1. 1. 1. 1.] float64
[1 1 1 1 1] uint8
[1. 1. 1. 1. 1.] float16
```

4~5행 파이썬 리스트를 준비했다. 4행은 모두 정수형으로, 5행은 마지막 1개만 실수형으로 지정했다.

7~8행 정수형 파이썬 리스트를 넘파이 배열로 변경했더니, 데이터 형식이 정수형인 int32로 변경된 것을 확인할 수 있다. 즉 데이터 형식이 모두 정수인 리스트는 정수형 배열로 변경된다.

10~11행 실수가 포함된 파이썬 리스트를 넘파이 배열로 변경했더니, 데이터 형식이 실수인 float64로 변경된 것을 확인할 수 있다. 즉 데이터 형식 중 하나라도 실수가 있는 리스트는 실수형 배열로 변경된다.

13~14행 리스트를 배열로 변환하면서 직접 데이터 형식을 지정할 수 있다. 여기서는 실수형인 float32로 지정해서 변환했다.

16~17, 19~20행 arange() 또는 ones()로 생성한 배열은 int32로 생성되는 것이 확인된다.

22~23행 ones()로 배열을 생성하면서 데이터 형을 직접 지정했다.

25~26행 배열의 타입을 astype() 함수로 변경이 가능한 것이 확인된다.

4 넘파이 배열 사용 방법

넘파이 배열의 기본적인 사용 방법을 연습해 보자. 이번에는 파이썬 IDLE에서 바로 결과를 확인하면서 학습하자.

배열 크기와 데이터 형식

먼저 2×3 크기의 배열을 만들자. 배열의 값은 0부터 255 사이의 임의의 값으로 하자.

```
import numpy as np
ary = np.random.randint(0, 255, size=(2,3))
ary
```

실행 결과

```
array([[ 57, 210, 207],
       [208, 143, 116]])
```

배열의 데이터 형식은 dtype 속성으로 알 수 있다. 또한 배열의 차원은 ndim 속성으로, 배열의 크기는 shape 속성으로 확인할 수 있다.

```
import numpy as np
ary = np.random.randint(0, 255, size=(2,3))
ary.dtype
ary.ndim
ary.shape
```

실행 결과

```
int32
2
(2, 3)
```

산술 연산과 브로드캐스팅

배열에 산술 연산을 해보자.

```
import numpy as np
ary = np.random.randint(0, 255, size=(2,3))
ary = ary - 100
ary
ary = ary + ary
ary
```

실행 결과

```
array([[-43, 110, 107],
       [108,  43,  16]])
array([[-86, 220, 214],
       [216,  86,  32]])
```

실행 결과에 따르면 배열에 숫자 100을 빼자 모든 배열 항목 하나하나에 100을 뺀 효과가 나타난다. 그리고 배열끼리 더하면 각 자릿수끼리 더해진다. 이를 브로드캐스팅(Broadcasting)이라고 부른다.

또다른 예시로 모든 값에 10을 더하는 브로드캐스팅을 연습해 보자.

```
import numpy as np
ary1 = np.array( [[1, 2], [3, 4]] )
ary1 + 10
```

실행 결과

```
array([[11, 12],
       [13, 14]])
```

원래 배열과 숫자는 연산이 될 수 없지만, 넘파이가 다음과 같이 숫자를 동일한 크기의 배열로 만든 후에 연산을 한다.

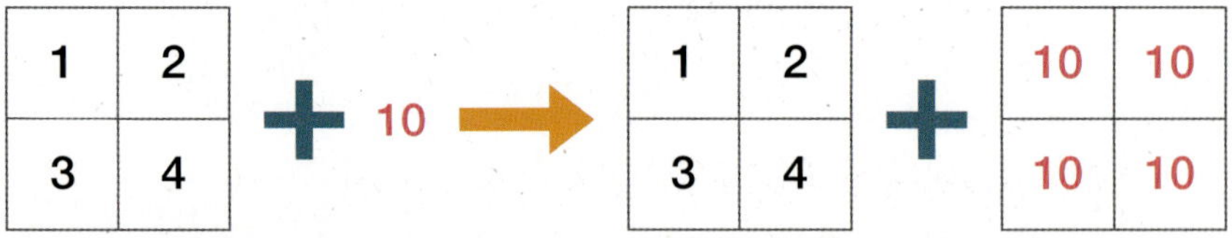

그림 10-2 숫자의 브로드캐스팅

이번에는 배열의 크기가 다른 경우의 연산을 해보자.

```
import numpy as np
ary1 = np.array( [[1, 2], [3, 4]] )
ary2 = np.array( [ 100, 200] )
ary1 + ary2
```

실행 결과

```
array([[101, 202],
       [103, 204]])
```

앞 배열의 크기 2×2에 맞춰서 뒤쪽 배열도 2×2 크기로 확장된 후 연산을 진행한다.

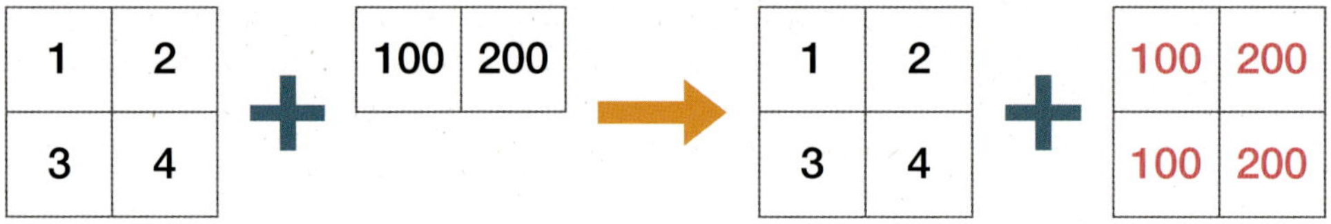

그림 10-3 배열의 브로드캐스팅

배열을 숫자와 나누거나 제곱해도 된다.

```
import numpy as np
ary = np.random.randint(0, 255, size=(2,3))
ary = 1/ary
ary
ary = ary ** 5
ary
```

실행 결과

```
array([[-0.01162791,  0.00454545,  0.0046729 ],
       [ 0.00462963,  0.01162791,  0.03125   ]])
```

```
array([[-2.12572825e-10, 1.94037913e-12, 2.22808181e-12],
       [ 2.12682249e-12, 2.12572825e-10, 2.98023224e-08]])
```

첨자와 슬라이싱

넘파이 배열도 파이썬의 리스트와 마찬가지로 인덱스를 통해서 처리할 수 있다.

```
import numpy as np
ary = np.arange(10)
ary
ary[0] = 100
ary
```

실행 결과

```
array([0, 1, 2, 3, 4, 5, 6, 7, 8, 9])
array([100,   1,   2,   3,   4,   5,   6,   7,   8,   9])
```

배열명[첨자]를 사용하여 값에 접근할 수 있다. 배열의 부분집합은 배열명[시작:끝+1] 형식으로 파이썬 리스트와 마찬가지로 조작하면 된다. 첨자를 -1, −2, … 방식으로 사용하면 마지막 위치부터 접근한다. 또 배열명[:]은 배열 자체를 의미한다.

```
import numpy as np
ary = np.arange(10)
ary[0] = 100
ary[2:5]
ary[-1]
ary[-2]
ary[:]
```

실행 결과

```
array([2, 3, 4])
9
8
array([100,   1,   2,   3,   4,   5,   6,   7,   8,   9]
```

슬라이싱 방식으로 부분집합을 먼저 추출한 후 그 값을 변경해 보자. '배열명[:]=값'은 배열의 모든 내용을 값으로 변경하라는 의미이다.

```
import numpy as np
ary = np.arange(10)
ary[0] = 100
ary
ary_sub1 = ary[3:7]
ary_sub1
ary_sub1[:] = 77
ary_sub1
ary
```

실행 결과

```
array([100,   1,   2,   3,   4,   5,   6,   7,   8,   9])
array([3, 4, 5, 6])
array([77, 77, 77, 77])
array([100,   1,   2,  77,  77,  77,  77,   7,   8,   9])
```

실행 결과에 따르면 배열의 부분집합을 추출했을 때 부분집합에 새로운 값이 복사되는 것이 아니라, 부분집합이 원래 배열과 메모리를 공유하는 것을 알 수 있다. 그래서 부분집합의 값을 변경하나 원래 배열의 값이 변경되었다. [그림 10-4]를 통해서 이해해 보자.

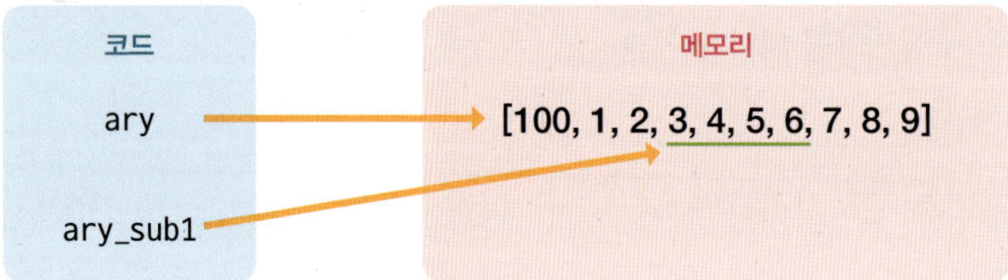

그림 10-4 원래 배열을 공유하는 부분집합 1

ary_sub1을 모두 77로 변경하면 [그림 10-5]와 같이 변경되기 때문에 ary를 출력하면 77이 보이는 것이다.

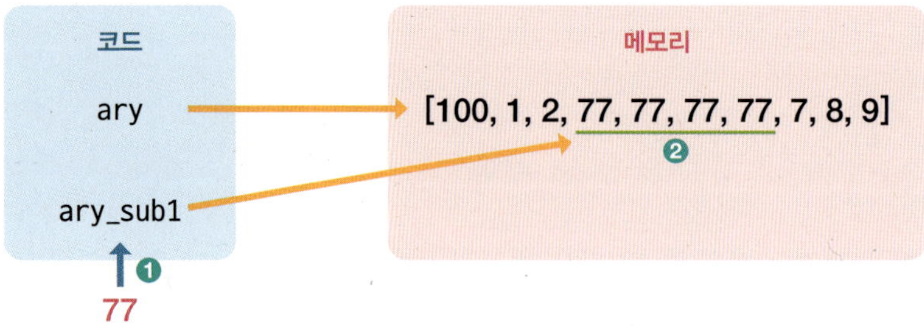

그림 10-5 원래 배열을 공유하는 부분집합 2

만약 완전히 분리된 부분집합을 만들고 싶다면 다음과 같이 부분집합을 만들 때 복사하는 방식을 사용해야 한다.

```
import numpy as np
ary = np.arange(10)
ary_sub2 = ary[3:7].copy()
ary_sub2
ary_sub2[:] = 88
ary_sub2
ary
```

실행 결과

```
array([3, 4, 5, 6])
array([88, 88, 88, 88])
array([0, 1, 2, 3, 4, 5, 6, 7, 8, 9])
```

세 번째 행은 [그림 10-6]과 같이 새로운 공간에 복사되어 ary_sub2가 만들어진다.

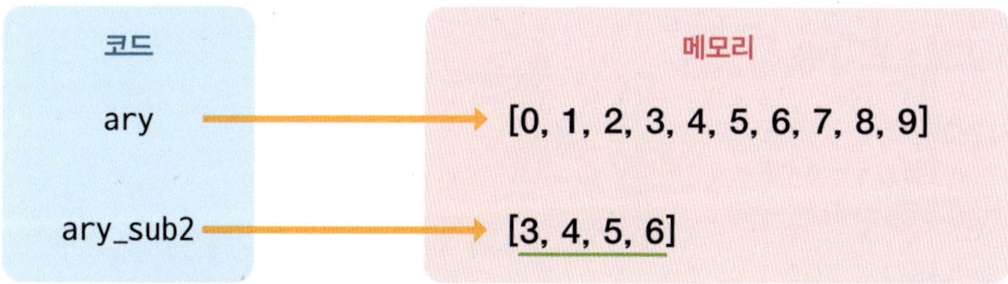

그림 10-6 부분집합을 복사해서 만든 경우 1

따라서 [그림 10-7]과 같이 ary_sub2를 변경해도 원 배열인 ary는 변경되지 않았다.

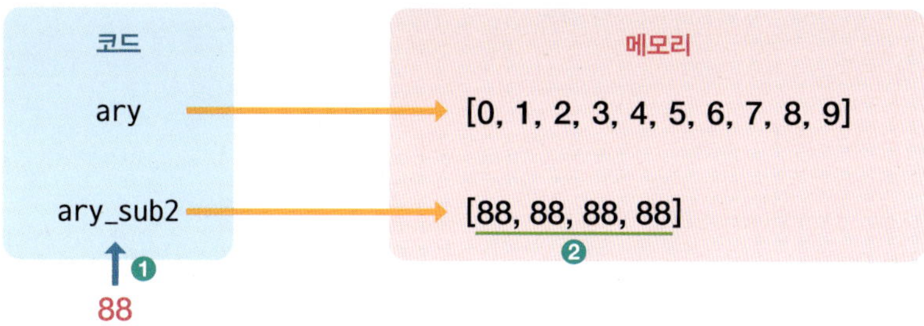

그림 10-7 부분집합을 복사해서 만든 경우 2

파이썬 리스트와 넘파이 배열의 슬라이싱 비교

2차원 넘파이 배열의 슬라이싱은 상당히 강력한 기능을 갖는다. 파이썬 리스트에서 2차원 배열 일부를 추출하기 위해서는 다소 복잡한 과정을 거친다. [그림 10-8]과 같이 2차원 리스트 일부를 추출하는 코드를 작성해보자.

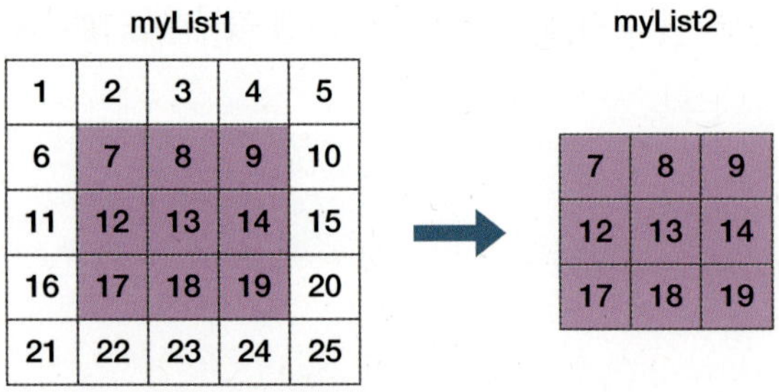

그림 10-8 2차원 리스트 추출

Code10-05.py

```
import random
SIZE = 5                         # 원본 크기
startRow,startCol = 1, 1         # 새로운 리스트의 시작 위치
nSIZE = 3                        # 새로운 리스트의 크기

## 파이썬 2차원 리스트 생성
value = 1
myList1 = []
for _ in range(SIZE) :
    tmpList= []
    for _ in range(SIZE) :
        tmpList.append(value)
        value += 1
    myList1.append(tmpList)

## 파이썬 2차원 리스트의 출력
for i in range(SIZE) :
    [ print("%3d" % myList1[i][k], end=' ') for k in range(SIZE) ]
    print()
print()

## 파이썬 2차원 리스트의 슬라이싱
myList2 = []
for i in range(startRow, startRow+nSIZE) :
    tmpList = []
    for k in range(startCol, startCol+nSIZE) :
        tmpList.append(myList1[i][k])
    myList2.append(tmpList)

## 파이썬 2차원 리스트의 출력
for i in range(nSIZE) :
    [ print("%3d" % myList2[i][k], end=' ') for k in range(nSIZE) ]
    print()
print()
```

실행 결과

```
 1   2   3   4   5
 6   7   8   9  10
11  12  13  14  15
16  17  18  19  20
21  22  23  24  25

 7   8   9
12  13  14
17  18  19
```

2행 원본 크기를 5×5로 지정했다.

3행 새 리스트의 시작위치를 (1,1)로 설정했다.

4행 새로운 크기는 3×3으로 지정했다.

7~14행 원본 리스트를 [그림 10-8]과 동일하게 생성했다.

17~20, 31~34행 원본 및 새 리스트를 출력했다.

23~28행 [그림 10-8]의 오른쪽과 같이 3×3 크기로 추출하는 코드다. 이중 반복문을 통해서 하나하나 추출해서 새로운 리스트를 만들었다.

이번에는 [그림 10-8]과 동일한 결과를 얻기 위해서 넘파이 배열을 사용해 보자. 넘파이 배열의 슬라이싱 기능을 사용하면 훨씬 간단해진다.

먼저 1차원 배열을 2차원 배열로 만드는 reshape()의 기능을 확인해 보자.

```
import numpy as np
ary1 = np.arange(1,26,1)
ary2 = ary1.reshape(5,5)
ary2
```

실행 결과

```
array([[ 1,  2,  3,  4,  5],
       [ 6,  7,  8,  9, 10],
       [11, 12, 13, 14, 15],
       [16, 17, 18, 19, 20],
       [21, 22, 23, 24, 25]])
```

'1차원배열.reshape(행, 열)'을 사용하면 1차원 배열이 간단히 2차원 배열로 변경된다. 반대로 2차원 배열도 '2차원배열.reshape(크기)'를 사용하면 1차원 배열로 변경된다.

```
import numpy as np
ary1 = np.arange(1,26,1)
ary2 = ary1.reshape(5,5)
ary3 = ary2.reshape(25)
ary3
```

실행 결과

```
array([ 1,  2,  3,  4,  5,  6,  7,  8,  9, 10, 11, 12, 13, 14, 15, 16, 17, 18, 19, 20, 21, 22, 23,
24, 25])
```

2차원 넘파이 배열의 슬라이싱

넘파이 배열의 슬라이싱에 대해서는 어느 정도 파악했다. 몇 가지 예제를 더 연습하여 다양한 슬라이싱 방법을 이해하자. [그림 10-9]를 통해 2차원 배열의 슬라이싱을 먼저 확인하자.

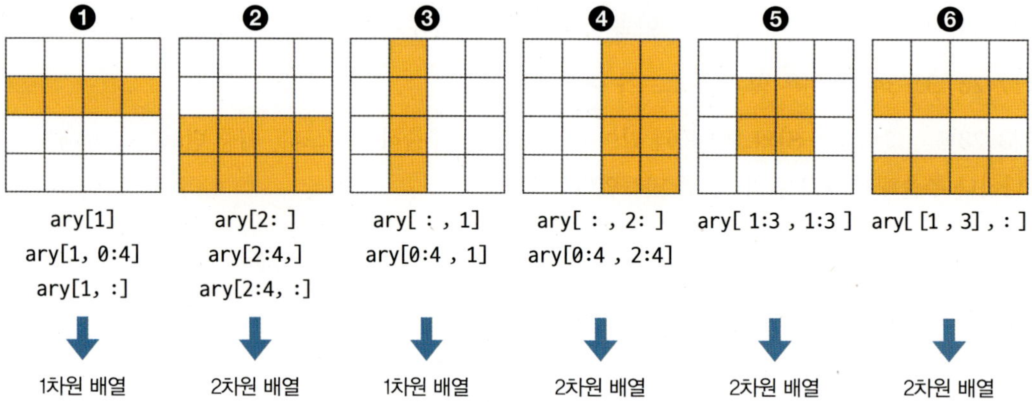

그림 10-9 2차원 넘파이 배열의 슬라이싱

[그림 10-9]의 4×4 크기의 2차원 배열에서 행을 추출하는 다양한 방법을 연습해 보자. 먼저 간단히 4×4 크기의 배열을 준비하자.

```
import numpy as np
ary = np.arange(1,17)
ary = ary.reshape(4,4)
ary
```

실행 결과

```
array([[ 1,  2,  3,  4],
       [ 5,  6,  7,  8],
       [ 9, 10, 11, 12],
       [13, 14, 15, 16]])
```

❶ 한 개 행을 추출하는 경우

2차원 넘파이 배열에서 슬라이싱을 할 때는 원칙적으로 [행, 열] 형식을 사용해야 하지만, 행만 표시한다면 열은 모든 열인 ':' 또는 '0:열개수'를 생략한 것으로 간주한다. 다음은 모두 첫 번째 행을 추출한다. 그리고 2차원 배열에서 행 1개만 추출했으므로 결과는 1차원 배열이 된다.

```
import numpy as np
ary = np.arange(1,17)
ary = ary.reshape(4,4)
ary[1]
ary[1, 0:4]
ary[1, :]
```

실행 결과

```
array([5, 6, 7, 8])
array([5, 6, 7, 8])
array([5, 6, 7, 8])
```

❷ 인접한 여러 개 행을 추출하는 경우

여러 개 행을 추출할 때는 행의 범위를 설정하면 된다. 열 부분은 생략하거나 모든 열로 지정할 수 있다. 결과는 2차원 배열이 된다.

```
import numpy as np
ary = np.arange(1,17)
ary = ary.reshape(4,4)
ary[2: ]
ary[2:4,]
ary[2:4, :]
```

실행 결과

```
array([[ 9, 10, 11, 12],
       [13, 14, 15, 16]])
array([[ 9, 10, 11, 12],
       [13, 14, 15, 16]])
array([[ 9, 10, 11, 12],
       [13, 14, 15, 16]])
```

❸ 한 개 열을 추출하는 경우

한 개 열을 추출할 때는 [행, 열]에서 행 부분은 ':' 또는 '0:행개수'로 지정하면 된다. 단 [, 열] 방식으로 앞부분을 비워 놓으면 오류가 발생한다. 결과는 1차원 배열이 된다.

```
import numpy as np
ary = np.arange(1,17)
ary = ary.reshape(4,4)
ary[ : , 1]
ary[ 0:4 , 1]
ary [ , 1]     # 오류
```

실행 결과

```
array([ 2,  6, 10, 14])
array([ 2,  6, 10, 14])
```

❹ 인접한 여러 개 열을 추출하는 경우

여러 개 열을 추출할 때는 열의 범위를 설정하면 된다. 행 부분은 모든 열로 지정하면 된다. 결과는 2차원 배열이 된다.

```
import numpy as np
ary = np.arange(1,17)
ary = ary.reshape(4,4)
ary[ : , 2:]
ary[0:4, 2:4]
```

실행 결과

```
array([[ 3,  4],
       [ 7,  8],
       [11, 12],
       [15, 16]])
array([[ 3,  4],
       [ 7,  8],
       [11, 12],
       [15, 16]])
```

❺ 중간 부분을 추출하는 경우

행 및 열의 범위를 설정하면 된다. 결과는 2차원 배열이 된다.

```
import numpy as np
ary = np.arange(1,17)
ary = ary.reshape(4,4)
ary [ 1:3 , 1:3]
```

실행 결과

```
array([[ 6,  7],
       [10, 11]])
```

❻ 인접하지 않은 행 또는 열을 추출하는 경우

[[행, 열]] 방식으로 추출하면 된다. 행 및 열을 1개씩만 써도 되고, 범위를 지정해도 된다.

```
import numpy as np
ary = np.arange(1,17)
ary = ary.reshape(4,4)
ary[ [ 1 , 3], : ]
ary[ : , [1, 3] ]
```

실행 결과

```
array([[ 5,  6,  7,  8],
       [13, 14, 15, 16]])
array([[ 2,  4],
       [ 6,  8],
       [10, 12],
       [14, 16]])
```

2차원 넘파이 배열 연결 및 축 전환

2차원 넘파이 배열을 연결할 때는 np.concatenate((배열1, 배열2)) 함수를 사용하면 된다. 옵션 axis를 통해서 0은 세로로, 1을 가로로 연결한다.

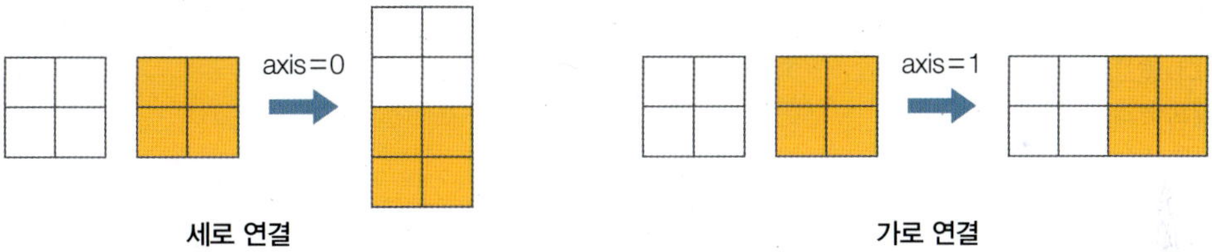

그림 10-10 넘파이 배열의 연결

```
ary1 = np.zeros( (2, 2), dtype=np.int8)
ary2 = np.ones( (2, 2), dtype=np.int8)
ary1
ary2
np.concatenate( (ary1, ary2 ) , axis = 0)
np.concatenate( (ary1, ary2 ) , axis = 1)
```

실행 결과

```
array([[0, 0],
       [0, 0]], dtype=int8)
array([[1, 1],
       [1, 1]], dtype=int8)
array([[0, 0],
```

```
       [0, 0],
       [1, 1],
       [1, 1]], dtype=int8)
array([[0, 0, 1, 1],
       [0, 0, 1, 1]], dtype=int8)
```

넘파이 배열의 행과 열을 바꾸려면 transpose(1, 0) 또는 T 속성을 사용한다. transpose (1, 0)에서 1은 1번 축을, 0은 0번 축을 가리키는데, 두 축을 바꾸기 때문에 행과 열이 바뀐다. transpose(0, 1)은 축이 바뀌지 않으므로 그대로 출력된다.

```
import numpy as np
ary = np.array( [ [ 1, 2, 3] , [ 4, 5, 6 ] ] )
ary
ary.transpose (1, 0)
ary.T
ary.transpose (0, 1)
```

실행 결과

```
array([[1, 2, 3],
       [4, 5, 6]])
array([[1, 4],
       [2, 5],
       [3, 6]])
array([[1, 4],
       [2, 5],
       [3, 6]])
array([[1, 2, 3],
       [4, 5, 6]])
```

5 [프로그램 1] 완성

넘파이 배열로 Code10-05.py와 동일한 결과를 내보자.

Code10-06.py

```
import numpy as np
SIZE = 5                          # 원본 크기
startRow,startCol = 1, 1          # 새로운 리스트의 시작 위치
nSIZE = 3                         # 새로운 리스트의 크기

## 넘파이 2차원 배열 생성
```

```
 7  value = 1
 8  myAry1 = np.arange(value, value+(SIZE*SIZE), 1)
 9  myAry1 = myAry1.reshape(SIZE, SIZE)
10
11  ## 넘파이 2차원 배열 리스트의 출력
... ~~ Code10-05.py의 17~20행과 동일. 단 myAry1을 출력. ~~
16
17  ## 넘파이 2차원 배열의 슬라이싱
18  myAry2 = myAry1[startRow:startRow+nSIZE, startCol: startCol+nSIZE].copy()
19
20  ## 넘파이 2차원 배열의 출력
... ~~ Code10-05.py의 31~34행과 동일. 단 myAry2를 출력. ~~
```

실행 결과

```
~~ Code10-05.py의 결과와 동일 ~~
```

8행 np.arange(시작, 끝+1, 증가값)으로 1부터 25까지 채워진 1차원 배열을 생성했다.

9행 1차원 배열을 5×5크기의 2차원 배열로 재구성했다.

18행 2차원 배열의 슬라이싱을 했는데, '배열명[행시작:행끝+1, 열시작:열끝+1]'로 추출했다. 그리고 메모리를 공유하지 않으려고 copy() 함수를 붙여서 새로운 메모리에 myAry2를 생성했다.

SELF STUDY 10-2

Code10-06.py을 참고하여 2차원 배열의 크기가 8×8, 12×12, 16×16, 20×20 중 하나가 랜덤하게 선택된 후, 중앙부터 절반 크기의 배열로 만들자. 예로 8×8은 4×4(행4~7, 열4~7)로 생성한다.

힌트 SIZE = np.random.choice([8, 12, 16, 20])으로 크기를 랜덤하게 구한다.

실행 결과

```
 1  2  3  4  5  6  7  8
 9 10 11 12 13 14 15 16
17 18 19 20 21 22 23 24
25 26 27 28 29 30 31 32
33 34 35 36 37 38 39 40
41 42 43 44 45 46 47 48
49 50 51 52 53 54 55 56
57 58 59 60 61 62 63 64

37 38 39 40
45 46 47 48
53 54 55 56
61 62 63 64
```

SECTION 03

넘파이 활용

1 수식 계산 함수

넘파이를 사용하다 보면 수식을 계산하는 경우가 많이 생기는데, 넘파이는 다양한 함수를 제공하기 때문에 간단하게 수식을 계산할 수 있다.

단항 수식 함수

넘파이 배열 1개를 연산한다. 절대값(abs), 부호구분(sign), 루트값(sqrt) 등을 살펴보자.

```
import numpy as np
ary = np.array( [ [ -1, -2 ] , [ 3, 4 ] ] )
ary
np.abs(ary)
np.sign(ary)
np.sqrt(ary)    # 경고 발생
```

실행 결과

```
array([[-1, -2],
       [ 3,  4]])
array([[1, 2],
       [3, 4]])
array([[-1, -1],
       [ 1,  1]])
array([[        nan,        nan],
       [1.73205081, 2.        ]])
```

np.abs()는 모두 양수를 반환하고, sign()의 경우 양수는 0을, 음수는 1을 반환한다. np.sqrt()는 루트값을 반환하는데, 음수의 루트값은 nan(Not a Number)로 표시된다. 이외의 단항 수식 함수는 [표 10-3]과 같다.

표 10-3 주로 사용되는 단항 수식 함수

넘파이 함수이름	설명
np.square( )	각 항목의 제곱값을 계산한다.
np.log( ), np.log2( ), np.log10( )	각 항목의 로그값을 계산한다.
np.ceil( ), np.floor( )	각 항목의 소수를 올림, 내림한다.
np.rint( )	각 항목을 반올림한다.
np.cos( ), np.sin( ), np.tan( )	삼각함수를 계산한다.
np.logical_not( )	각 항목의 부정(not) 값을 계산한다.

이항 수식 함수

넘파이 배열 2개를 연산한다. 더하기(add), 빼기(subtract), 곱하기(multiply) 등이 가능하다.

```
import numpy as np
ary1 = np.array( [ [ 1, 2 ] , [ 3, 4 ] ] )
ary2 = np.array( [ [ 5, 6 ] , [ 7, 8 ] ] )
np.add(ary1, ary2)
ary1 + ary2
```

실행 결과

```
array([[ 6,  8],
       [10, 12]])
```

np.add(배열1, 배열2)는 배열1+배열2와 결과가 동일하다. 그러므로 함수를 사용하는 것과 직접 연산자를 사용하는 것은 차이가 없다. np.maximum(배열1, 배열2)는 두 배열 중 큰 값만 추출해서 새 배열을 반환한다.

```
import numpy as np
ary1 = np.random.randint(0, 255, size=(3, 3))
ary1
ary2= np.random.randint(0, 255, size=(3, 3))
ary2
np.maximum(ary1, ary2)
```

실행 결과

```
array([[244, 211, 138],
       [ 29, 237, 104],
       [ 73, 238,  68]])
array([[  5, 203, 179],
```

```
        [ 85, 250,  90],
        [175, 181, 192]])
array([[244, 211, 179],
        [ 85, 250, 104],
        [175, 238, 192]])
```

np.greater(배열1, 배열2)는 '배열1 > 배열2'이 경우엔 True, 그렇지 않으면 False로 구성된 새 배열을 반환한다. '배열1 > 배열2'와 동일하다.

```
import numpy as np
ary1 = np.random.randint(0, 255, size=(3, 3))
ary2= np.random.randint(0, 255, size=(3, 3))
np.greater(ary1, ary2)
```

실행 결과

```
array([[ True,  True, False],
        [False, False,  True],
        [False,  True, False]])
```

이외의 이항 수식 함수는 [표 10-4]와 같다.

표 10-4 주로 사용되는 이항 수식 함수

함수이름	설명
np.subtract(배열1, 배열2)	배열1에서 배열2를 뺀다. '배열1−배열2'와 동일하다.
np.multiply(배열1, 배열2)	두 배열을 곱한다. '배열1*배열2'와 동일하다.
np.divide(배열1, 배열2)	배열1을 배열2로 나눈다. '배열1/배열2'와 동일하다.
np.power(배열1, 배열2)	배열1을 배열2로 제곱한다. '배열1**배열2'와 동일하다.
np.minimum(배열1, 배열2)	두 배열 중 작은 값만 추출해서 새 배열을 구한다.
np.mod(배열1, 배열2)	배열1을 배열2로 나눈 나머지 값을 구한다.
np.copysign(배열1, 배열2)	배열1의 부호를 배열2의 부호로 바꾼다.
np.greater_equal, np.less, np.less_equal, np.equal, np.not_equal(배열1, 배열2)	배열1과 배열2를 비교한다. >=, <, <=, ==, !=과 동일하다.

2 기타 넘파이 기능

조건식 표현

넘파이는 파이썬의 if문처럼 배열을 통째로 조건식으로 표현할 수 있다. np.where(조건, 참일때,

거짓일때) 함수가 대표적인데 그 사용법을 예시와 함께 익혀보자.

```
import numpy as np
ary1 = np.random.randint(0, 255, size=(3, 3))
ary1
ary2= np.random.randint(0, 255, size=(3, 3))
ary2
condAry = np.random.choice([True, False], size=(3, 3))
condAry
np.where(condAry, ary1, ary2)
```

실행 결과

```
array([[212,  19, 121],
       [178, 154,  30],
       [129, 189,  23]])
array([[185, 168, 127],
       [217,  93, 145],
       [231, 189, 183]])
array([[ True, False, False],
       [ True,  True, False],
       [ True,  True, False]])
array([[212, 168, 127],
       [178, 154, 145],
       [129, 189, 183]])
```

np.where(condAry, ary1, ary2)는 조건 배열인 conAry의 값이 True라면 ary1 값이, False라면 ary2 값이 반환되었다. condAry 대신에 하나의 조건식만 사용할 수도 있다.

다음 예시의 np.where(배열<0, 0, 배열)은 배열 항목의 값이 음수라면 0으로, 그렇지 않으면 원래 값을 반환한다.

```
import numpy as np
ary = np.random.randint(-128, 127, size=(3, 3))
ary
np.where(ary < 0, 0, ary)
```

실행 결과

```
array([[  71, -127,  -65],
       [  20,  -94,   42],
       [-122,   39,  -17]])
array([[71,  0,  0],
       [20,  0, 42],
       [ 0, 39,  0]])
```

통계 함수

전체 배열의 합(sum), 평균(mean)의 통계치도 간단히 사용할 수 있다. 다음은 1차원 배열의 합과 평균을 구하는 간단한 예시이다.

```
import numpy as np
ary1 = np.random.randint(0, 255, size=10)
ary1
ary1.sum()
ary1.mean()
```

실행 결과

```
array([243,   5, 162, 192, 114, 254, 228, 130,   1, 203])
1532
153.2
```

2차원 배열은 전체의 평균 및 합도 연산할 수 있으며 가로 또는 세로별 평균 및 덧셈 연산도 가능하다. 다음 예시에서 axis=0은 세로의 합을, axis=1은 가로의 합을 구한다.

```
import numpy as np
ary2 = np.random.randint(0, 255, size=(3, 3))
ary2
ary2.sum()
ary2.sum(axis=0)
ary2.sum(axis=1)
```

실행 결과

```
array([[176, 155,  85],
       [ 77,  14,  47],
       [  8,  57,  81]])
700
array([261, 226, 213])
array([416, 138, 146])
```

합이나 평균을 구할 때 조건식을 함께 사용할 수 있다. 다음 예시는 128 이상인 항목의 개수를 세는 코드다.

```
import numpy as np
ary2 = np.random.randint(0, 255, size=(3, 3))
ary2
(ary2 > 128).sum()
```

실행 결과

```
array([[176, 155,  85],
       [ 77,  14,  47],
       [  8,  57,  81]])
2
```

이외에도 배열에서 min()으로 최솟값을, max()로 최댓값을 찾을 수 있다.

```
import numpy as np
ary2 = np.random.randint(0, 255, size=(3, 3))
ary2
ary2.min()
ary2.max()
```

실행 결과

```
array([[176, 155,  85],
       [ 77,  14,  47],
       [  8,  57,  81]])
8
176
```

정렬

np.sort() 함수는 배열을 정렬한다. 기본적으로 오름차순으로 정렬하는데, 내림차순으로 정렬하려면 정렬결과에 [::-1]을 붙이면 된다.

```
import numpy as np
ary = np.random.randint(0, 255, size=10)
ary
np.sort(ary)
np.sort(ary)[::-1]
```

실행 결과

```
array([ 97, 172, 132,  63, 153, 111, 197,  60, 130,  84])
array([ 60,  63,  84,  97, 111, 130, 132, 153, 172, 197])
array([197, 172, 153, 132, 130, 111,  97,  84,  63,  60])
```

중복값 제거와 공통값 추출

중복된 값을 제거하고 하나씩만 남기려면 np.unique() 함수를 사용한다. 중복이 제거된 항목들이 정렬되어 반환된다.

```
import numpy as np
ary = np.random.randint(0, 9, size=10)
ary
np.unique(ary)
```

실행 결과

```
array([3, 7, 8, 4, 5, 8, 7, 7, 4, 3])
array([3, 4, 5, 7, 8])
```

두 배열 중에서 공통된 항목만 추출하려면 np.intersect1d(배열1, 배열2) 함수를 사용한다. 공통된 항목들이 정렬되어 반환된다.

```
import numpy as np
ary1 = np.random.randint(0, 9, size=10)
ary1
ary2 = np.random.randint(0, 9, size=10)
ary2
np.intersect1d(ary1,ary2)
```

실행 결과

```
array([4, 0, 0, 7, 3, 4, 1, 8, 3, 5])
array([8, 5, 0, 1, 5, 3, 4, 8, 5, 3])
array([0, 1, 3, 4, 5, 8])
```

3 [프로그램 2] 완성

넘파이 배열을 통째로 파일로 출력하거나 다시 불러올 수 있다. np.save(파일명, 배열)은 저장을, np.load(파일명)은 불러오기를 진행한다. 저장되는 파일의 확장명은 *.npy가 되며, 이진 파일이기 때문에 메모장에서는 내용이 확인되지 않는다. 만약 압축할 필요가 있다면 np.savez(파일명, 배열) 또는 np.savez_compressed(파일명, 배열)로 압축하면 된다. 확장명은 *.npz이다.

[그림 10-11]과 같이 배열을 처리한 후에 다시 되돌리는 과정을 코드로 구현해 보겠다. 이 프로그램은 대부분의 소프트웨어에서 작업을 진행하다가, Ctrl+Z를 누르면 직전 값으로 되돌리는 과정을 단순화해서 구현한 프로그램이다. 포토샵 프로그램에서 그림을 밝게 → 흑백 → 반전 처리한 후에 Ctrl+Z를 누르면 이전 화면으로 돌아가는 것과 마찬가지다.

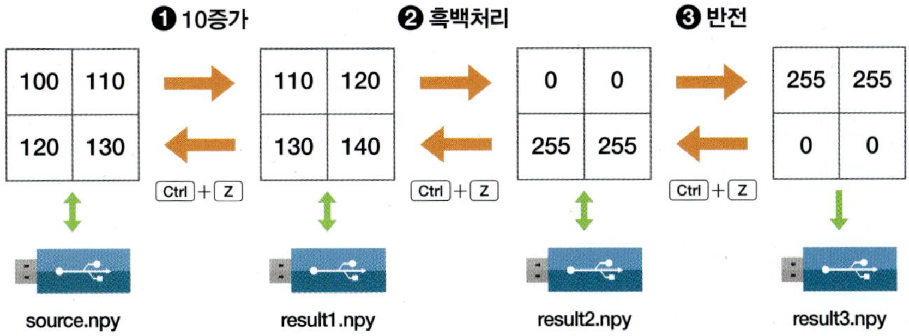

그림 10-11 파일 입출력 흐름도

TIP • 배열을 이미지라고 가정하면 값을 0 및 255로 변경하는 것은 이미지를 흑백으로 처리하는 효과이며, 값을 255 → 0, 0 → 255로 변환하는 것은 이미지를 반전 처리하는 효과이다.

먼저 0부터 255 사이의 값이 무작위로 들어 있는 5×5 크기의 원본 배열을 만들고 source.npy로 저장한다. 그리고 10 증가 후 result1.npy로 저장, 흑백 처리 후 result2.로 저장, 반전 처리 후 result3.npy로 저장한다. 그리고 다시 result2.npy를 불러와서 반전 이전을 출력하고, result1.npy을 불러와서 흑백 처리 이전을 출력하고, 마지막으로 source.npy를 불러와서 원본을 출력해 보자.

Code10-07.py

```
import numpy as np
SIZE = 5  # 원본 크기

## 넘파이 2차원 배열 생성
imageAry = np.random.randint(0, 255, size=(SIZE, SIZE))
print('### 1. 원본 ###')
print(imageAry)
np.save('source', imageAry)

## (1) 10 증가후 저장
imageAry += 10
print('### 2. 10 증가 ###')
print(imageAry)
np.save('result1', imageAry)

## (2) 흑백 처리후 저장
imageAry = np.where( imageAry<128, 0, 255)
print('### 3. 흑백 처리 ###')
print(imageAry)
np.save('result2', imageAry)

```

```
22 ## (3) 반전 처리후 저장
23 imageAry = 255 - imageAry
24 print('### 4. 반전 처리 ###')
25 print(imageAry)
26 np.save('result3', imageAry)
27
28 ## 복구1 ##
29 imageAry = np.load('result2.npy')
30 print('### 복구1 : result2.npy ###')
31 print(imageAry)
32
33 ## 복구2 ##
34 imageAry = np.load('result1.npy')
35 print('### 복구2 : result1.npy ###')
36 print(imageAry)
37
38 ## 복구3 ##
39 imageAry = np.load('source.npy')
40 print('### 복구3(원본) : source.npy ###')
41 print(imageAry)
```

실행 결과

```
### 1. 원본 ###
[[106  11 207 101  20]
 [ 30   4 166 251  29]
 [205  56 141 116  72]
 [ 59  87 227 167 175]
 [ 24 237  54 194  57]]

### 2. 10 증가 ###
[[116  21 217 111  30]
 [ 40  14 176 261  39]
 [215  66 151 126  82]
 [ 69  97 237 177 185]
 [ 34 247  64 204  67]]

### 3. 흑백 처리 ###
[[  0   0 255   0   0]
 [  0   0 255 255   0]
 [255   0 255   0   0]
 [  0   0 255 255 255]
 [  0 255   0 255   0]]

### 4. 반전 처리 ###
[[255 255   0 255 255]
 [255 255   0   0 255]
 [  0 255   0 255 255]
 [255 255   0   0   0]
 [255   0 255   0 255]]

### 복구1 : result2.npy ###
[[  0   0 255   0   0]
 [  0   0 255 255   0]
 [255   0 255   0   0]
 [  0   0 255 255 255]
 [  0 255   0 255   0]]

### 복구2 : result1.npy ###
[[116  21 217 111  30]
 [ 40  14 176 261  39]
 [215  66 151 126  82]
 [ 69  97 237 177 185]
 [ 34 247  64 204  67]]

### 복구3(원본) : source.npy ###
[[106  11 207 101  20]
 [ 30   4 166 251  29]
 [205  56 141 116  72]
 [ 59  87 227 167 175]
 [ 24 237  54 194  57]]
```

5행 5×5 크기의 이미지 배열(0부터 255 범위)을 임의로 생성했다.

7~8행 7행에서 출력한 후 8행에서 source.npy로 저장했다. 8행에서 별도의 확장명을 지정하지 않으면 자동으로 *.npy 확장명이 붙는다.

11행 배열에 10을 증가시켰다.

14행 result1.npy로 저장했다.

17행 128 미만은 0으로, 그 외는 255로 변경시켰다. 흑백 이미지로 변경한 효과이다.

20행 result2.npy로 저장했다.

23행 255에서 배열의 값을 뺐다. 이미지를 반전시키는 효과이다.

26행 result3.npy로 저장했다.

29행 처리를 모두 마치고 Ctrl+Z를 눌렀다고 가정하고 기존에 저장한 result2.npy를 불러왔다. np.load('result2.npy')에서는 확장명까지 붙여줘야 한다.

31행 result1.npy를 불러들였다.

39행 source.npy를 불러들였다.

[그림 10-11]의 차례대로 처리가 완료되었다.

SELF STUDY 10-3

0부터 255 사이의 값을 갖는 5,000×5,000 크기의 임의의 넘파이 배열을 생성하자. 그리고 np.save(), np.savez(), np.savez_compressed() 등 3가지 저장 파일의 크기를 비교해 보자.

힌트 파일의 크기는 os.path.getsize(파일명)으로 구한다.

실행 결과

```
### 1. np.save()로 저장한 파일 크기 --> 100000128
### 2. np.savez()로 저장한 파일 크기 --> 100000264
### 3. np.savez_compressed()로 저장한 파일 크기 --> 38328301
```

요약

1 넘파이(NumPy)는 Numerical Python의 약자로, 수식 계산을 위해 많이 사용된다.

2 넘파이의 특징은 다음과 같다.

- 넘파이 배열은 처리 속도가 빠르다.
- 브로드캐스팅(Broadcasting) 기능으로 반복문 없이 단숨에 처리된다.
- 배열의 내용을 한번에 디스크에 저장하고 다시 불러오는 기능을 제공한다.
- 유용한 라이브러리들이 넘파이를 기반으로 사용한다.

3 다음은 랜덤한 크기의 2차원 배열을 생성하는 파이썬과 넘파이의 비교다.

- 파이썬

```
pythonList = [ [random.randint(0,255) for _ in range(SIZE)] for _ in range(SIZE)]
```

- 넘파이

```
numpyAry = np.random.randint(0, 255, size=(SIZE, SIZE))
```

4 넘파이는 주로 1차원, 2차원, 3차원 등의 배열을 처리하기 위한 용도로 만들어진 라이브러리이다. 이를 N차원 배열이라고 부르며, 정확한 내부용어는 ndarray(N-Dimensional Array)이다.

5 넘파이 배열을 생성하는 함수의 종류는 다음과 같다.

```
np.array(), np.arange(), np.ones(), np.zeros(), np.empty(), np.full(), np.identity()
```

6 많이 사용되는 넘파이 배열의 데이터 형식과 설명은 다음과 같다.

데이터 형식(dtype)	설명
int8, int16, int32, int64	부호있는 정수형(Signed Integer). 8bit, 16bit, 32bit, 64bit의 크기를 갖는다. 차례대로 범위는 −128~127, -32678~32767, 약 −21억~21억, 약 −900경~900경의 범위를 갖는다.
uint8, uint16, uint32, uint64	부호없는 정수형(Unsigned Integer). 8비트, 16비트, 32비트, 64비트의 크기를 갖는다. 차례대로 범위는 0~255, 0~65535, 약 0~42억, 약 0~1800경의 범위를 갖는다.
float16, float32, float64, float128	부동 소수점. 16비트, 32비트, 64비트, 128비트의 크기를 갖는다. 소수점 아래 정밀도에 따른 구분으로, float32는 C언어의 float형과, float64는 C언어의 double형과 같다.
bool	True 또는 False를 갖는다.

7 넘파이 배열의 데이터 형식은 dtype 속성으로, 배열의 차원은 ndim 속성으로, 배열의 크기는 shape 속성으로 확인할 수 있다.

8 넘파이 배열에 숫자를 연산하면 모든 배열 항목 하나하나에 숫자를 연산한 효과가 나타난다. 이를 브로드캐스팅(Broadcasting)이라고 부른다.

9 배열의 부분집합은 배열명[시작:끝+1]으로 조작하면 된다. 첨자를 -1, −2, … 방식으로 사용하면 마지막 위치부터 접근한다. 배열명[:]은 배열 자체를 모두 의미한다.

10 2차원 넘파이 배열의 슬라이싱은 다음과 같다.

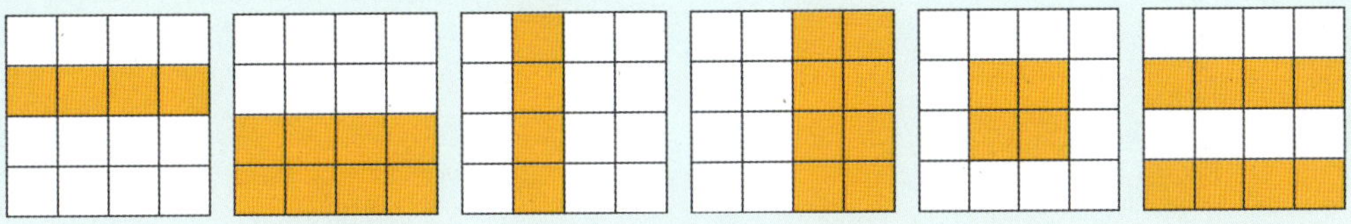

ary[1]	ary[2:]	ary[: , 1]	ary[: , 2:]	ary[1:3 , 1:3]	ary[[1 , 3] , :]
ary[1, 0:4]	ary[2:4,]	ary[0:4 , 1]	ary[0:4 , 2:4]		
ary[1, :]	ary[2:4, :]				

11 2차원 넘파이 배열을 연결할 때는 np.concatenate((배열1, 배열2)) 함수를 사용한다. axis 옵션을 통해서 0은 세로로, 1은 가로로 연결한다.

12 넘파이 배열의 행과 열을 바꾸려면 np.transpose(1, 0) 혹은 T 속성을 사용한다.

13 넘파이 단일 수식 함수의 종류는 다음과 같다. (np. 접두사는 생략했다.)

```
abs(), sign(), sqrt(), square(), log(), ceil(), floor(), rint(), cos(), sin(), tan(),
logical_not()
```

14 넘파이 이항 수식 함수의 종류는 다음과 같다. (np. 접두사는 생략했다.)

```
add(), subtract(), multiply(), divide(), maximum(), minimum(), greater(), power(),
mod()
```

요약

IT@COOKBOOK

15 np.where(조건, 참일때, 거짓일때) 함수는 넘파이의 조건식 표현이다.

16 전체 배열의 합(sum), 평균(mean)의 통계치도 사용할 수 있다. sort( ) 함수는 배열을 정렬한다.

17 np.save(파일명, 배열)은 저장을, np.load(파일명)은 불러오기를 진행한다.

연습문제

1 다음 넘파이의 설명 중 옳지 않은 것을 고르시오.

① 배열을 처리할 때 상당히 유용하다.

② 파이썬에서 기본 제공하는 내부 라이브러리다.

③ 파이썬 리스트보다 넘파이 배열이 속도가 더 빠르다.

④ 주로 반복문을 사용해서 처리한다.

2 다음 중 0부터 255 사이의 값이 무작위로 들어 있는 5×5 크기의 2차원 넘파이 배열을 생성하는 구문을 고르시오.

① np.random.randint(0, 255, size=(5, 5))

② np.random.random(0, 255, size=5)

③ np.random.randint(0, 255, size=5)

④ np.random.random(0, 255, size=(5, 5))

3 넘파이 배열을 생성하는 함수에 대한 각 항목이 설명하는 것을 보기에서 고르시오.

```
np.array()          np.arange()         np.ones()           np.zeros()
np.empty()          np.full()           np.identity()
```

(1) 파이썬의 range() 함수와 유사하지만 넘파이 배열용으로 주로 사용된다.

(2) 배열을 생성하지만 초기화하지 않는다. 즉, 쓰레기 값이 들어 있을 수 있다.

(3) 대각선은 1로, 나머지는 0으로 채워진 2차원 넘파이 배열을 생성한다.

(4) 파이썬 리스트를 넘파이 배열로 변환한다.

4 다음 중 넘파이의 데이터 형식이 아닌 것을 모두 고르시오.

① float16

② double32

③ bool

④ char

연습문제

5 다음 빈칸에 들어갈 넘파이의 속성을 쓰시오.

> 배열의 데이터 형식은 [❶] 속성으로, 배열의 차원은 [❷] 속성으로, 배열의 크기는 [❸] 속성으로 확인할 수 있다.

6 다음 코드를 실행하면 출력되는 넘파이 배열을 고르시오.

(1)

```
ary = np.array( [[ 1, 1 ] , [ 2 , 2 ] ])
ary += ary
ary += 10
ary
```

① array([[1, 1],
[2, 2]])

② array([[12, 12],
[12, 12]])

③ array([[11, 11],
[12, 12]])

④ array([[12, 12],
[14, 14]])

(2)

```
ary1 = np.array( [[ 1, 1 ] , [ 2 , 2 ] ])
ary2 = np.array( [ 10, 20 ] )
ary2-ary1
```

① Out of Index 오류 발생!

② array([[9, 19],
[8, 18]])

③ array([[9, 19],
[2, 2]])

④ array([[1, 1],
[8, 18]])

7 다음 코드를 실행하면 출력되는 넘파이 배열을 쓰시오.

```
ary = np.array( [ 0 , 1, 2 , 3, 4 ] )
ary2 = ary[0:2]
ary2[:] = 88
ary
```

8 다음과 같은 2차원 넘파이 배열을 각 문항으로 슬라이싱한 결과가 몇 차원인지 쓰고, 슬라이싱한 배열의 내용을 쓰시오. 만약 오류가 발생하면 '오류'라고 쓰시오.

```
array([[ 1,  2,  3,  4],
       [ 5,  6,  7,  8],
       [ 9, 10, 11, 12],
       [13, 14, 15, 16]])
```

(1) ary[2]

(2) ary[0:2, :]

(3) ary[, 2]

(4) ary[2:4 , 2: 4]

9 다음 함수 중 이항 수식 함수(파라미터에 배열 2개가 필요한 함수)를 모두 고르시오.

```
abs()        add()        sign()     sqrt()       multiply()    divide()
square()     maximum()    log()      ceil()       floor()       subtract()
rint()       cos()        sin()      minimum()    tan()         logical_not()
```

10 다음 각 항목이 설명하는 함수를 보기에서 고르시오.

```
np.unique()           np.divide()     np.sort()     mean()       min()
np.intersect1d()      np.log()        np.ceil()     np.sin()
```

(1) 배열의 평균을 구함

(2) 배열에서 최솟값을 찾음

(3) 배열을 정렬함

(4) 배열에서 중복된 값을 제거함

응용예제 01

파이썬 리스트와 넘파이 배열의 속도 비교하기

난이도★★☆☆☆

예제 설명 파이썬 리스트와 넘파이 배열을 모두 1만×1만 크기로 생성한 후 각 항목에 반전 처리를 해 본다. 반전은 '255−원래 값'으로 처리한다. 그리고 처리되는 시간을 측정하여 성능 차이를 확인해 본다.

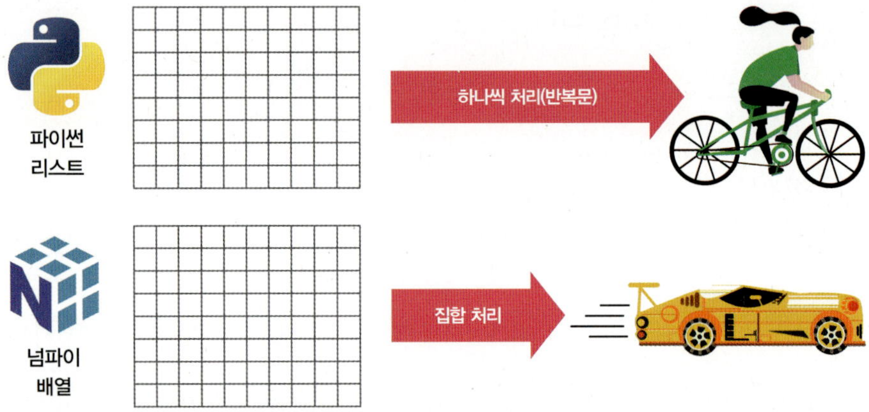

실행 결과

```
## 리스트 처리 시간 :      11.95 초
## 넘파이 처리 시간 :       0.11 초
```

코드

```
import numpy as np
import random
import time

SIZE = 10000  # 원본 크기
pythonList = [ [ random.randint(0,255) for _ in range(SIZE) ] for _ in range(SIZE) ]
numpyAry = np.random.randint(0, 255, size=(SIZE, SIZE))

## 리스트 처리
start = time.time()
for i in range(SIZE) :
    for k in range(SIZE) :
        pythonList[i][k] = 255 - pythonList[i][k]
end = time.time()
print('## 리스트 처리 시간 : %10.2f 초' % (end-start))

```

```
17 ## 넘파이 배열 처리
18 start = time.time()
19 numpyAry = 255 - numpyAry
20 end = time.time()
21 print('## 넘파이 처리 시간 : %10.2f 초' % (end-start))
```

코드 설명

3행	시간 측정을 위해서 time을 임포트했다.
5~7행	크기를 10000으로 설정하고 6행은 파이썬 리스트를, 7행은 넘파이 배열을 생성했다. 이 부분이 시간이 오래 걸린다.
10, 14, 15, 18, 20, 21행	시작 시간과 종료 시간을 측정해서 시간차를 초단위 소수점 아래 2자리까지 출력했다.
11~13행	리스트는 반복문으로 처리해야 한다. 시간이 상당히 오래 걸린다.
19행	넘파이 배열은 집합으로 처리된다. 짧은 시간에 처리된다.

응용예제 02

넘파이를 활용하여 영상 변환하기

난이도★★★★☆

예제 설명 GIF 파일을 읽어서 R, G, B를 3차원 넘파이 배열에 저장한 후 몇 가지 처리를 진행해 본다. 넘파이 배열의 집합 처리 후에는 화면에 단계별로 출력한다.

실행 결과

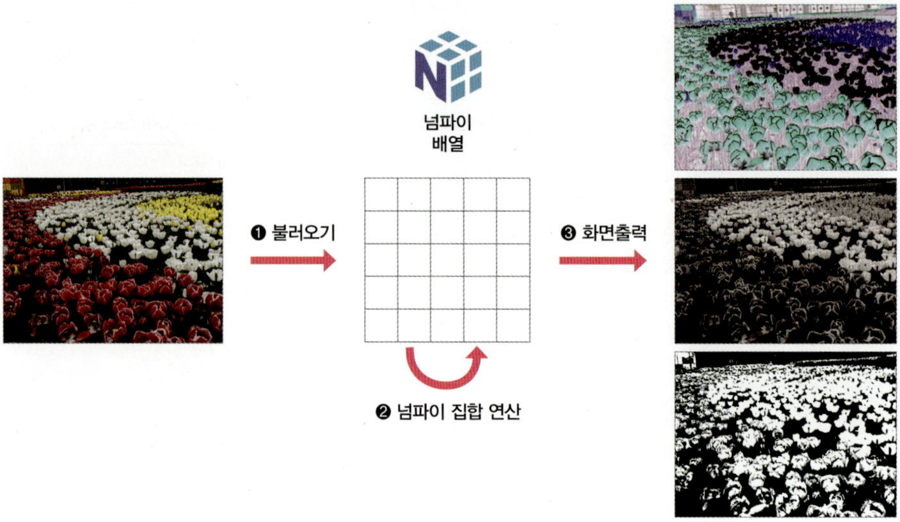

코드

```
import numpy as np
from tkinter import *

## 함수 선언 부분 ##
def displayImage(imageR, imageG, imageB) :
    rgbString = ""
    for i in range(0, h) :
        tmpString = ""
        for k in range(0, w) :
            dataR = imageR[k][i]
            dataG = imageG[k][i]
            dataB = imageB[k][i]
            tmpString += "#%02x%02x%02x " % (dataR, dataG, dataB) # x 뒤 공백
        rgbString += "{" + tmpString + "} "  # } 뒤 공백
    paper.put(rgbString)

## 전역 변수 부분 ##
window = None
```

```
canvas = None
w, h = 0, 0
photoR, photoG, photoB = None, None, None  # 2차원 넘파이 배열

## 메인 코드 부분 ##
window = Tk()
photo = PhotoImage(file = 'C:/CookAnalysis/GIF2/picture24.gif')
h = photo.height()
w = photo.width()

window.title("GIF 사진 처리")
canvas = Canvas(window, height = h, width = w)
paper = PhotoImage(height = h, width = w)
canvas.create_image((w/2, h/2), image = paper, state = "normal")

photoR=np.empty((w, h), dtype=np.uint8)
photoG=np.empty((w, h), dtype=np.uint8)
photoB=np.empty((w, h), dtype=np.uint8)

## (1) 원본 추출 및 출력
for i in range(w) :
    for k in range(h) :
        r, g, b = photo.get(i,k)
        photoR[i][k] = r
        photoG[i][k] = g
        photoB[i][k] = b
displayImage(photoR, photoG, photoB)

## (2) 반전 처리 및 출력
photoR = 255 - photoR
photoG = 255 - photoG
photoB = 255 - photoB
displayImage(photoR, photoG, photoB)

## (3) 회색영상 처리 및 출력
photoRGB = (photoR.astype(np.uint16) + photoG.astype(np.uint16) + photoB. \
            astype(np.uint16) )
photoRGB =  photoRGB / 3
photoRGB = photoRGB.astype(np.uint8)
photoR = photoG = photoB = photoRGB
displayImage(photoR, photoG, photoB)

## (4) 흑백 처리 및 출력
photoR = np.where(photoR < 128, 0, 255)
photoG = np.where(photoR < 128, 0, 255)
```

```
64 photoB = np.where(photoR < 128, 0, 255)
65 displayImage(photoR, photoG, photoB)
66
67 canvas.pack()
68 window.mainloop()
```

코드 설명

1~2행	관련 라이브러리를 포함시켰다.
5~15행	2차원 넘파이 배열을 빨강(imageR), 초록(imageG), 파랑(imageB)을 넘겨받은 후 화면에 컬러 이미지를 출력한다. 5장의 마지막 부분에 설명한 것과 거의 동일하지만, 대신 10~13행에서 R, G, B를 사용해서 컬러로 출력하는 점만 다르다.
18~21행	전역 변수를 선언했다. 20행은 읽어온 이미지의 폭과 높이를 저장할 변수다.
25행	이미지 파일은 GIF를 사용했다. 적당한 파일이 없다면 책의 자료실에서 제공하는 파일을 사용하면 된다.
26~27행	GIF 파일의 높이와 폭을 구한다.
34~36행	이미지 파일의 크기만큼 Red, Green, Blue를 저장할 2차원 넘파이 배열을 준비했다. 0부터 255 사이의 값이 저장되므로 np.uint8로 데이터 형식을 지정했다.
39~45행	GIF 파일에서 값을 읽어서 넘파이 배열에 저장한다. 45행에서 화면에 출력한다. 원본이 출력되는데, 원본을 먼저 보려면 이후 47~65행을 주석 처리한 후 실행해야 한다.
47~51행	영상을 반전 처리한 후 출력한다. 255에서 원래 값을 빼면 색상이 반전 처리된다. 반전 처리된 결과를 보려면 53~65행을 주석 처리한 후 실행해야 한다.
54~59행	영상을 회색 영상으로 변환한 후 출력한다. R, G, B 값을 더한 후 3으로 나누면 평균값이 되는데, 이를 다시 R, G, B에 동일하게 대입하면 회색 영상이 된다. 54행에서 3개 픽셀을 더한 값은 255가 넘을 수 있으므로 데이터형을 unit16으로 변환한 후 처리했다. 회색 영상으로 변환된 결과를 보려면 62~65행을 주석 처리한 후 실행해야 한다.
62~65행	영상을 흑백으로 변환한 후 출력한다. 128 미만은 0으로, 그 외는 255로 처리한다. (원래는 R, G, B를 더해서 3으로 나눈 결과를 0 또는 255로 처리해야 하는데, 코드를 간편히 하려고 R, G, B 각각을 0 또는 255로 처리했다.)

CHAPTER 11

판다스와 맷플롯립

학습목표

- 판다스의 개념과 사용법을 익힌다.
- 엑셀 없이 엑셀의 기능을 사용하는 방법을 학습한다.
- 그래프 출력을 위한 맷플롯립의 사용법을 익힌다.
- 판다스 및 맷플롯립을 활용한 앱을 작성한다.

SECTION 01 이 장에서 만들 프로그램

판다스는 엑셀이 없어도 엑셀의 기능을 파이썬에서 사용할 수 있도록 도와주는 라이브러리다. 애초에 판다스 개발자가 판다스를 만들 때의 목적도 엑셀 기능을 파이썬에서 그대로 구현하는 것이었다. 맷플롯립은 그래프를 쉽고 다양하게 표현하는 라이브러리다. 판다스와 맷플롯립을 잘 활용하면 다양한 엑셀 기능을 파이썬에서 간편하게 구현하고 사용할 수 있다.

1 [프로그램 1] 데이터프레임의 연산

판다스의 핵심 자료 형태가 바로 데이터프레임이다. 첫 번째 프로그램으로 데이터프레임을 처리하기 위한 기본적인 방법을 익힌다.

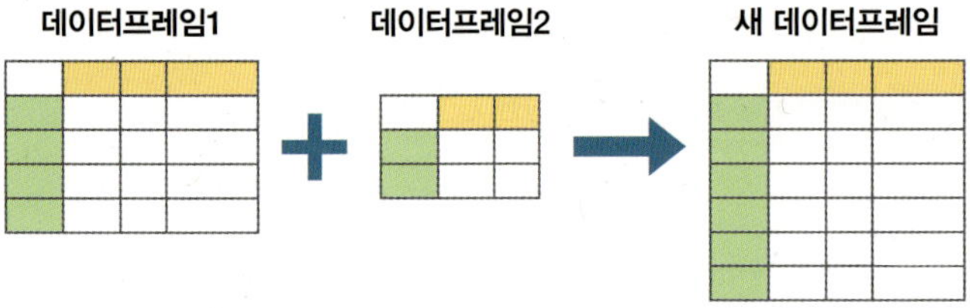

2 [프로그램 2] 엑셀 파일 처리와 출력

두 번째로 만들 프로그램은 엑셀 파일을 판다스에서 처리하고 그 결과를 맷플롯립을 통해 그래프로 출력하는 프로그램이다. 이번 장에서 학습하는 내용이 전반적으로 들어간다.

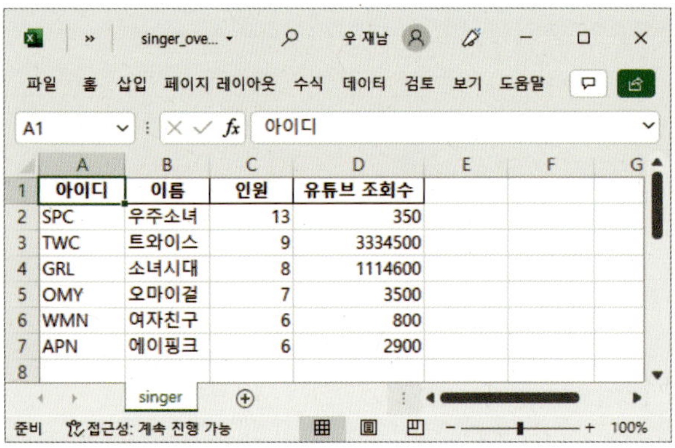

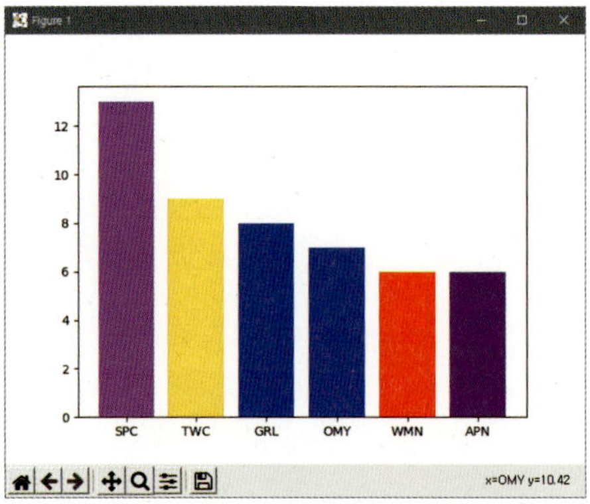

SECTION 02

판다스와 맷플롯립 기초

판다스(Pandas)는 파이썬에서 쉽고 빠르게 데이터를 분석할 수 있도록 도와주는 강력한 기능의 라이브러리다. 판다스는 2010년에 공개되었으며 판다스를 만든 가장 큰 목적은 엑셀과 같은 기능을 파이썬에서 구현하는 것이다. 판다스라는 이름은 Panel Datas의 약자로, 패널 자료를 처리한다는 뜻이다. 패널은 엑셀의 워크시트 형태를 말하는데, 엑셀의 워크시트를 처리하듯이 패널을 처리하는 기능이 통합된 라이브러리로 볼 수 있다. 단독으로 사용되기 보다는 대개 넘파이 및 맷플롯립(Matplotlib)과 함께 사용된다.

TIP • Pandas를 Python Data Analysis Library의 약자로 얘기하기도 한다. 또한, 판다스와 함께 많이 사용되는 것으로 SciPy, startmodels, scikit-learn 등이 있지만, 이 책에서는 별도로 언급하지 않겠다.

그림 11-1 엑셀과 같은 기능을 구현할 수 있는 판다스

1 판다스 데이터프레임

판다스는 넘파이를 기반으로 작동하기 때문에 넘파이가 반드시 설치되어 있어야 한다. 넘파이는 동일한 데이터 형식의 배열을 사용하지만, 판다스는 엑셀의 워크시트처럼 다양한 데이터 형식을 배열로 사용할 수 있다. 그래서 판다스에서는 배열(Array)이라는 용어 대신에 데이터프레임(DataFrame)이라는 용어를 사용한다.

넘파이 배열

1	2	3	4	5
6	7	8	9	10
11	12	13	14	15
16	17	18	19	20
21	22	23	24	25

판다스 데이터프레임

	이름	나이	생일
1번	유정	30	5월 2일
2번	유나	28	4월 6일
3번	민영	31	9월 12일
4번	은지	29	7월 19일

그림 11-2 넘파이 배열과 판다스 데이터프레임 비교

[그림 11-2]에 따르면 넘파이 배열은 동일한 데이터 형식만 저장할 수 있다. 반면 판다스 데이터프레임은 엑셀에서 일반적으로 사용하는 표 형태를 그대로 표현할 수 있다. 즉 열마다 문자열, 정수, 날짜형 등을 별도로 지정할 수 있다. 데이터프레임은 8장에서 학습한 데이터베이스의 테이블과도 비슷한 개념이다.

데이터프레임 핵심 용어

본격적으로 판다스 실습을 진행하기 전에 [그림 11-3]을 참고하여 데이터프레임의 핵심 용어를 확인하고 넘어가자.

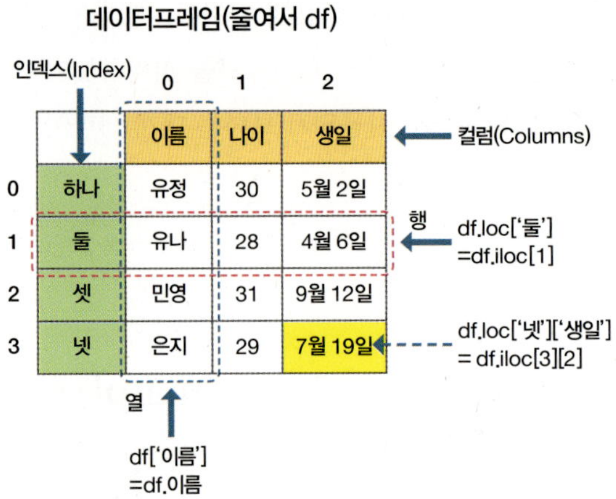

그림 11-3 데이터프레임 핵심 용어

[그림 11-3]의 표 자체를 데이터프레임이라고 부른다. 주로 df라는 약자를 많이 사용한다. 왼쪽의 하나, 둘, 셋, 넷을 인덱스(Index)로 부른다. 열을 가리키는 이름을 컬럼(Column) 또는 컬럼 이름(열이름)으로 부른다.

행, 열, 셀의 접근 방식은 다음과 같다.

- 행 하나에 접근: df.loc[인덱스이름] 또는 df.iloc[행번호]
- 열 하나에 접근: df[열이름] 또는 df.열이름
- 셀 하나에 접근: df.loc[인덱스이름, 열이름] 또는 df.iloc[행번호][열번호]

시리즈

판다스에서 중요하게 사용되는 또 다른 개념으로 시리즈(Series)가 있다. 시리즈는 행 또는 열 하나만 추출한 것인데, 인덱스와 데이터로 이루어져 있다. [그림 11-3]에서 df.loc['둘'] 및 df['이름']으로 추출된 결과는 [그림 11-4]와 같이 시리즈가 된다.

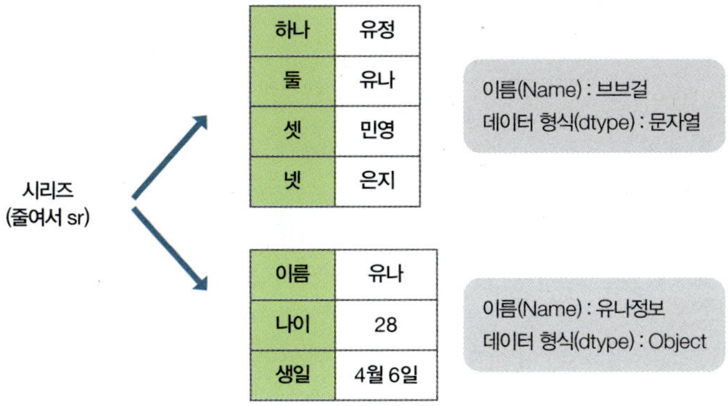

그림 11-4 시리즈 핵심 개념

시리즈의 값은 열 하나만 있으므로 열이름이 없지만, 별도로 이름을 부여할 수 있으며 이를 생략하는 것도 가능하다. 데이터 형식은 문자열, 정수, 날짜형 등으로 지정된다. 만약 [그림 11-4]의 아래쪽 표처럼 여러 형식이 섞여 있다면 Object 형식이라고 표기된다. 잠시 후 실습을 통해서 자세히 다루겠다.

2 판다스 사용 방법

판다스를 사용하려면 외부 라이브러리를 설치해야 한다. 설치할 패키지 이름은 pandas이며, 관련된 여러 가지 패키지가 함께 설치된다.

```
pip install pandas
```

데이터프레임 만들기

판다스의 기본 사용법을 익혀 보자. 먼저 [그림 11-3]의 데이터프레임을 그대로 구현해 보자. 결과를 하나씩 확인하기 위해 파이썬 IDLE에서 실행하자.

```
import pandas as pd
data = { '이름' : ['유정', '유나', '민영', '은지'],
         '나이' : [30, 28, 31, 29],
         '생일' : ['1991.5.2', '1993.4.6', '1990.9.12', '1992.7.19'] }
df1 = pd.DataFrame(data)
df1
```

실행 결과

```
   이름  나이  생일
0  유정  30   1991.5.2
```

```
1  유나  28    1993.4.6
2  민영  31    1990.9.12
3  은지  29    1992.7.19
```

첫 행에서 pandas를 임포트했다. as pd는 pandas를 간편하게 약자 pd로 사용하기 위해 as를 붙였다. pandas를 사용할 때는 대부분 이와 같은 방식을 사용한다.

data 변수는 딕셔너리를 활용해서 만들었다. [그림 11-3]의 각 열을 딕셔너리 항목 1개로 설정했다. 예로 '이름' 열은 딕셔너리의 키를 '이름'으로, 딕셔너리의 값을 4건의 리스트 ['유정', '유나', '민영', '은지']로 준비했다.

pd.DataFrame(딕셔너리)는 딕셔너리를 판다스 데이터프레임으로 변환해 준다. 결국 [그림 11-3]처럼 데이터프레임이 만들어졌다. 그런데 결과를 보면 인덱스가 0, 1, 2, 3으로 자동으로 지정되었다. 데이터프레임을 생성할 때 index 옵션으로 인덱스를 별도로 지정할 수 있다.

인덱스를 별도 지정하자 [그림 11-3]과 동일한 결과가 나왔다.

```
df2 = pd.DataFrame(data, index =['하나', '둘', '셋', '넷'])
df2
```

실행 결과

```
      이름  나이  생일
하나  유정  30    1991.5.2
둘    유나  28    1993.4.6
셋    민영  31    1990.9.12
넷    은지  29    1992.7.19
```

결과 행의 추출

[그림 11-3]의 나머지 내용 중 먼저 df2에서 인덱스 및 컬럼을 확인해 보자.

```
df2.index
df2.columns
```

실행 결과

```
Index(['하나', '둘', '셋', '넷'], dtype='object')
Index(['이름', '나이', '생일'], dtype='object')
```

다음으로 이름 열을 추출하자.

```
sr_name = df2['이름']
sr_name
type(sr_name)
```

실행 결과

```
하나  유정
둘    유나
셋    민영
넷    은지
Name: 이름, dtype: object

<class 'pandas.core.series.Series'>
```

df2[열이름]의 결과는 시리즈인 것이 확인된다. 그런데 시리즈의 name을 별도로 지정하지 않으니 추출한 열 이름으로 지정되었다. 이를 [그림 11-4]의 위쪽처럼 '브브걸'로 변경해 보자.

```
sr_name.name = '브브걸'
sr_name
```

실행 결과

```
하나  유정
둘    유나
셋    민영
넷    은지
Name: 브브걸, dtype: object
```

이번에는 인덱스가 '둘'인 행을 추출해보자.

```
sr_two = df2.loc['둘']
type(sr_two)
sr_two
```

실행 결과

```
<class 'pandas.core.series.Series'>

이름   유나
나이   28
생일   1993.4.6
Name: 둘, dtype: object
```

실행 결과에 따르면 행을 추출해도 역시 시리즈가 된다. 즉 [그림 11-4]의 아래쪽 표가 되었다. 출력했을 때 행을 추출하면 컬럼이 인덱스가 된 것이 확인된다. 행의 인덱스인 '둘'이 시리즈의 이름으로 설정된 것 또한 확인된다.

하나의 값 추출

[그림 11-3]의 '7월 19일'이라는 값 하나만 추출해 보자. 값 하나를 추출하려면 다음과 같이 입력하면 된다.

- df2.loc[인덱스이름][컬럼이름] 또는 df2.loc[인덱스이름, 컬럼이름]
- df2.iloc[행번호][열번호] 또는 df2.iloc[행번호, 열번호]

```
df2.loc['넷']['생일']
df2.loc['넷', '생일']
df2.iloc[3][2]
df2.iloc[3,2]
```

실행 결과

```
'1992.7.19.'
'1992.7.19.'
'1992.7.19.'
'1992.7.19'
```

열 추가

df2에 각 멤버의 키를 나타내는 열을 추가해 보자. 다음과 같이 간단하게 입력하면 된다.

- df[새 열이름] = [값1, 값2 …]

```
df2['키'] = [163, 165, 168, 166]
```

실행 결과

```
     이름  나이  생일        키
하나  유정  30    1991.5.2    163
둘    유나  28    1993.4.6    165
셋    민영  31    1990.9.12   168
넷    은지  29    1992.7.19   166
```

그런데 순서를 다르게 지정하고 싶거나, 데이터의 일부만 있는 경우가 있다. 그럴 때는 다음과 같이 시리즈를 생성한 후 열로 추가하면 된다.

• pd.Series([값…], index = [인덱스….])

예로 인덱스가 하나(유정), 셋(민영), 넷(은지)의 시력만 입력해보자. 순서도 셋, 하나, 넷으로 변경하여 입력하자.

```
sr_vision = pd.Series( [1.8 , 0.9 , 1.2], index =['셋', '하나', '넷'] )
df2['시력'] = sr_vision
df2
```

실행 결과

	이름	나이	생일	키	시력
하나	유정	30	1991.5.2	163	0.9
둘	유나	28	1993.4.6	165	NaN
셋	민영	31	1990.9.12	168	1.8
넷	은지	29	1992.7.19	166	1.2

시리즈를 만들 때는 인덱스를 함께 지정해야 한다. 실행 결과에 따르면 index에 지정한 차례대로 시력 1.8은 셋(민영) 행에, 시력 0.9는 하나(유정) 행에, 시력 1.2는 넷(은지) 행에 추가되었다. 그리고 둘(유나) 행은 sr_vision 시리즈에 없기 때문에 NaN이 입력되었다. NaN은 Not a Number의 약자로 판다스에서 누락된 값을 표시할 때 자동으로 표기된다.

TIP • NaN은 파이썬의 None이나 다른 프로그래밍 언어의 Null 등과 비슷한 개념이다.

만약 열을 제일 뒤쪽이 아닌 중간에 삽입하고 싶다면 다음과 같이 입력하면 된다.

• df.insert(위치, 열이름, [값1, 값2…])

예로 나이 열 앞에 꽃 열을 입력해 보자.

```
df2.insert(1, '꽃', [ '장미', '백합', '튤립', '데이지'])
df2
```

실행 결과

	이름	꽃	나이	생일	키	시력
하나	유정	장미	30	1991.5.2	163	0.9
둘	유나	백합	28	1993.4.6	165	NaN
셋	민영	튤립	31	1990.9.12	168	1.8
넷	은지	데이지	29	1992.7.19	166	1.2

열의 중간에 삽입하면서 동시에 순서까지 지정하려면 먼저 시리즈를 생성한 후 다음과 같이 입력하면 된다.

• df.insert(위치, 시리즈)

이외에도 df.assign(열이름=[값1, 값2…]) 방식을 사용해서 제일 뒤에 열을 삽입할 수도 있다.

행 추가

판다스의 행 추가를 위한 간단한 방법으로 다음과 같이 사용할 수 있다.

• df.loc[새인덱스이름] = ([값1, 값2 …])

```
df2.loc['다섯'] = ['재남', '들꽃', 33, '1988.8.8', 177, 1.1]
df2
```

실행 결과

```
     이름  꽃      나이  생일        키    시력
하나  유정  장미    30   1991.5.2   163   0.9
둘    유나  백합    28   1993.4.6   165   NaN
셋    민영  튤립    31   1990.9.12  168   1.8
넷    은지  데이지  29   1992.7.19  166   1.2
다섯  재남  들꽃    33   1988.8.8   177   1.1
```

딕셔너리를 사용하여 {열이름1:값1, 열이름2:값2 …} 방식으로 행을 추가할 때, 필요한 열에만 삽입할 수도 있다. 생략된 값은 역시 NaN이 들어간다.

```
df2.loc['여섯'] = { '이름':'보라', '꽃':'민들레', '키': 163, '나이':34}
df2
```

실행 결과

```
     이름  꽃      나이  생일        키    시력
하나  유정  장미    30   1991.5.2   163   0.9
둘    유나  백합    28   1993.4.6   165   NaN
셋    민영  튤립    31   1990.9.12  168   1.8
넷    은지  데이지  29   1992.7.19  166   1.2
다섯  재남  들꽃    33   1988.8.8   177   1.1
여섯  보라  민들레  34   NaN        163   NaN
```

여러 행을 한 번에 추가하려면, 추가할 행들을 데이터프레임으로 만든 후에 다음과 같은 방식을 사용할 수 있다.

• pd.concat([old_df, new_df])

```
new_data = { '이름' : ['리사', '제니'] , '나이' : [23, 22] }
new_df = pd.DataFrame(new_data, index =['블핑', '블핑'])
new_df
df2 = pd.concat( [ df2, new_df] )
```

실행 결과

```
     이름  나이
블핑  리사  23
블핑  제니  22

     이름   꽃       나이   생일         키      시력
하나  유정   장미     30    1991.5.2    163.0  0.9
둘    유나   백합     28    1993.4.6    165.0  NaN
셋    민영   튤립     31    1990.9.12   168.0  1.8
넷    은지   데이지   29    1992.7.19   166.0  1.2
다섯  재남   들꽃     33    1988.8.8    177.0  1.1
여섯  보라   민들레   34    NaN         163.0  NaN
블핑  리사   NaN      23    NaN         NaN    NaN
블핑  제니   NaN      22    NaN         NaN    NaN
```

실행 결과에서 알 수 있듯이 행의 인덱스는 중복될 수 있다. '블핑'은 동일한 인덱스가 2개 있다.

열과 행 삭제

이번에는 키 열과 셋 행을 삭제해 보자. 행, 열의 삭제 방법은 다음과 같다. axis의 1은 열을, 0은 행을 의미한다.

- 열 삭제: df.drop([열이름], axis=1)
- 행 삭제: df.drop([인덱스이름], axis=0)

```
df2 = df2.drop(['키'], axis=1)
df2 = df2.drop(['셋'], axis=0)
df2
```

실행 결과

```
     이름   꽃       나이   생일         시력
하나  유정   장미     30    1991.5.2    0.9
둘    유나   백합     28    1993.4.6    NaN
넷    은지   데이지   29    1992.7.19   1.2
다섯  재남   들꽃     33    1988.8.8    1.1
여섯  보라   민들레   34    NaN         NaN
블핑  리사   NaN      23    NaN         NaN
블핑  제니   NaN      22    NaN         NaN
```

콤마를 사용하여 여러 열 또는 행을 한꺼번에 삭제할 수 있다. axis=1 또는 axis='columns'를 지정하면 열이 삭제되고, axis를 생략하면 0이 기준이 되어 행이 제거된다.

```
df2 = df2.drop( ['꽃', '시력'], axis=1 )
df2
df2 = df2.drop( ['블핑', '하나'] )
df2
```

실행 결과

```
     이름  꽃     나이  생일        시력
하나  유정  장미    30   1991.5.2   0.9
둘   유나  백합    28   1993.4.6   NaN
넷   은지  데이지  29   1992.7.19  1.2
다섯  재남  들꽃    33   1988.8.8   1.1
여섯  보라  민들레  34   NaN        NaN
블핑  리사  NaN    23   NaN        NaN
블핑  제니  NaN    22   NaN        NaN

     이름  나이  생일
둘   유나  28   1993.4.6
넷   은지  29   1992.7.19
다섯  재남  33   1988.8.8
여섯  보라  34   NaN
```

SELF STUDY 11-1

다음 표를 데이터프레임으로 생성하고 열과 행을 추가 및 삭제해 보자.

	이름	인원	데뷔 일자
WMN	여자친구	6	2015.01.15
GRL	소녀시대	8	2007.08.02
RED	레드벨벳	4	2014.08.01
APN	에이핑크	6	2011.02.10
MMU	마마무	4	2014.06.19

↓

	인원	데뷔 일자
WMN	6	2015.01.15
MMU	4	2014.06.19
ABC	*1*	*2023.03.03*

시리즈 연산

두 시리즈의 인덱스가 동일한 경우에는 그냥 연산하면 되지만, 두 시리즈의 인덱스가 다를 때는 주의가 필요하다.

Code11-01.py

```
1  import pandas as pd
2
3  sr1 = pd.Series( [ 10, 20, 30, 40], index = [ '다현', '정연', '쯔위', '사나' ] )
4  sr2 = pd.Series( [ 50, 60, 70, 80], index = [ '다현', '정연', '쯔위', '사나' ] )
5  sr3 = pd.Series( [ 11, 22, 33, 44], index = [ '다현', '사나', '모모', '재남' ] )
6
7  sr12 = sr1 + sr2
8  print(sr12, '\n')
9
10 sr13 = sr1 + sr3
11 print(sr13)
```

실행 결과

```
다현     60
정연     80
쯔위    100
사나    120
dtype: int64
```

```
다현    21.0
모모     NaN
사나    62.0
재남     NaN
정연     NaN
쯔위     NaN
dtype: float64
```

3~4행 sr1과 sr2 인덱스가 동일하다.

5행 sr3은 sr1, sr2 인덱스 중 '다현', '사나'만 동일하다.

7행 인덱스가 동일한 sr1, sr2를 연산하여 같은 인덱스끼리 연산된 결과가 나온다.

10행 인덱스가 다른 sr1과 sr3를 더하니 인덱스가 공통된 '다현'과 '모모'만 결과가 더해지고 나머지는 NaN으로 출력된다. 또한, 결과가 NaN과 섞인 경우에는 정수의 연산도 실수로 변경된 것이 확인된다.

3 맷플롯립 그래프

맷플롯립(Matplotlib)은 그래프나 차트를 생성할 때 사용하는 라이브러리다. 이런 라이브러리를 흔히 '데이터 시각화'를 위한 라이브러리라 부르기도 한다. 맷플롯립은 막대 그래프, 선 그래프, 원 그래프, 히스토그램, 산점도 등 통계 그래프 및 지도를 그릴 때 편리하다. 맷플롯립은 파이썬의 리스트를 표현할 수도 있지만, 단독으로 사용하기 보다는 넘파이나 판다스에서 처리된 결과를 시각적으로 표현할 때 추가로 사용하는 라이브러리라고 보면 된다. 판다스와 맷플롯립을 함께 사용하면 엑셀의 계산 결과를 그래프로 표현하는 것과 비슷한 효과를 낼 수 있다.

TIP • 데이터 시각화를 위한 도구로 맷플롯립 외에도 시본(seaborn)도 많이 사용된다. 이 책에서는 사용하지 않는다.

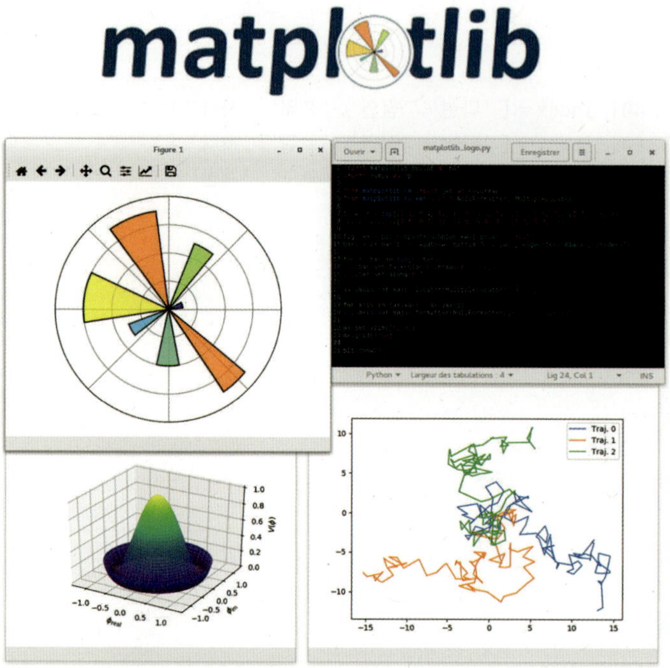

그림 11-5 맷플롯립 로고와 시각화한 그래프(출처 : 위키피디아)

4 맷플롯립 사용 방법

맷플롯립은 파이썬 리스트, 넘파이 배열, 판다스 데이터프레임 또는 시리즈를 그래프로 시각화한다. 맷플롯립 라이브러리를 사용하려면 외부 라이브러리를 설치해야 한다. 설치할 패키지 이름은 matplotlib이다.

```
pip install matplotlib
```

예시로 그래프를 출력하는 간단한 코드를 확인해 보자.

```
import matplotlib.pyplot as plt
data = [100, 250, 140, 300, 500]
plt.plot(data)
plt.show()
```

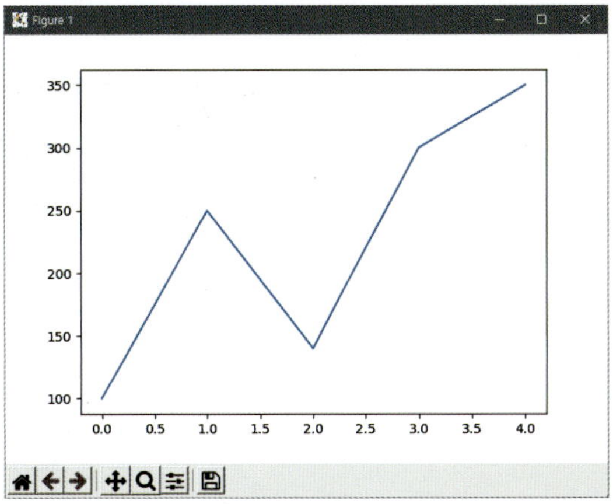

data 값이 y축에 출력되었다. x축은 별도로 지정하지 않아서 data 리스트의 인덱스인 0~4가 사용되었는데, 소수점이 들어간 0.0, 1.0, … 식으로 표현되었다.

X축과 Y축의 값을 지정해서 출력

거리에 따른 택시비가 [표 11-1]과 같다고 가정하고 거리를 x축, 택시비를 y축으로 지정하여 그래프를 그려보자.

표 11-1 거리에 따른 택시비

거리	10km	20km	30km	40km	50km
택시비	10000	15000	33000	34000	60000

```
x_data = [ 10, 20, 30, 40, 50 ]
y_data = [10000, 15000, 33000, 34000, 60000]
plt.plot( x_data, y_data )
plt.show()
```

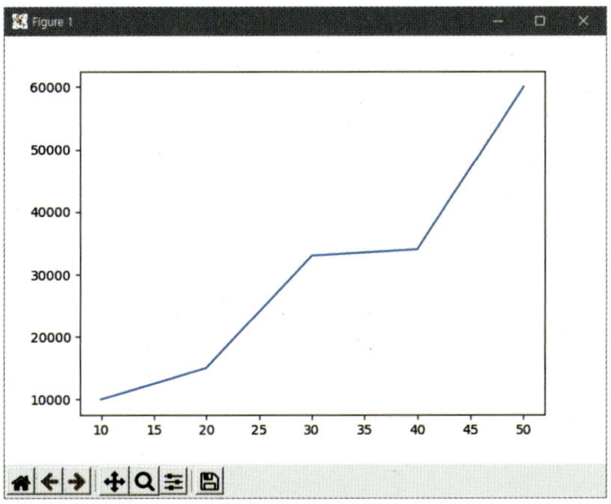

그래프 스타일 지정

그래프는 기본적으로 실선에 파란색으로 출력된다. 필요하다면 스타일을 지정할 수 있다. 선 색상을 초록색으로 변경하고, 선 모양을 점선으로 변경해 보자. 그리고 선과 선 사이에 원 표시를 넣어서 값이 명확하게 보이도록 해보자.

```
plt.plot( x_data, y_data, color='green', linestyle=':', marker='o')
plt.show()
```

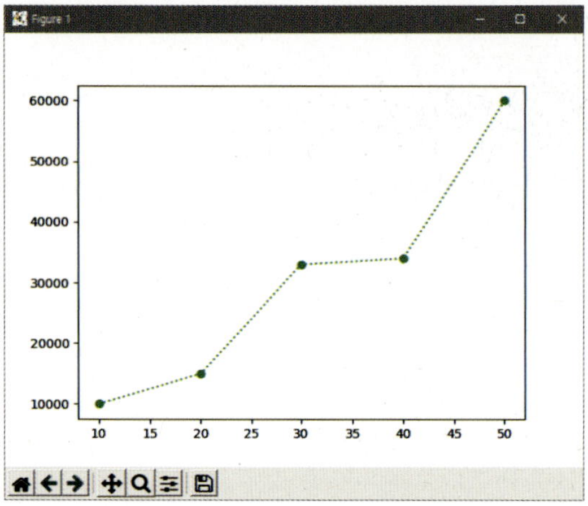

plt.plot() 함수의 color는 색상을 지정한다. red, green, blue, brown, gold, lime, aqua, magenta, purple 등 다양한 색상을 지정할 수 있다. 또는 '#RRGGBB' 형식의 16진수로 설정해도 된다. 가령 '#FF0000'은 빨간색인데, 이런 방식으로 약 1,600만 개의 색상을 지정할 수 있다. 기타 매개변수의 지정 방법은 [표 11-2]와 같다.

표 11-2 매개변수 지정 방법

(a) linestyle

종류	지정 방법
실선(Solid)	'–'
대쉬선(Dashed)	'––'
점선(Dotted)	':'
대쉬점선(Dash-dot)	'–.'

(b) marker

종류	지정 방법
o	'o'
x	'x'
+	'+'
사각형	's'
오각형	'p'
마름모	'd'
영문자	'$영문자$'

필요하다면 그래프 스타일을 간단하게 지정할 수도 있다. 예로 plt.plot(x_data, y_data, 'g:o')를 사용하면 앞과 동일한 결과가 나오는데, 3번째 파라미터 g는 색상 Green, 콜론(:)은 선 스타일, o는 원형 마커를 의미한다.

만약 선을 표시하고 싶지 않다면 'go'로 사용해도 된다. 다음은 선 없이 빨간색으로 사각형 마커를 사용한 예이다. r은 Red, s는 Square를 의미한다.

```
plt.plot( x_data, y_data, 'rs')
plt.show()
```

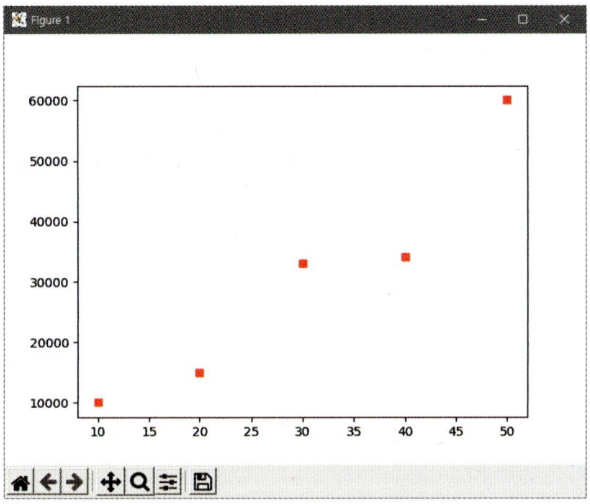

여러 개의 선 그리기

여러 개의 선을 동시에 그릴 수도 있다. 학생 3명의 5회 시험 성적을 나타낸 [표 11-3]을 그래프로 표현해 보자.

표 11-3 시험회차에 따른 3명의 성적

시험회차	1st	2nd	3rd	4th	5th
다현	90	82	75	58	78
정연	80	80	50	40	90
모모	40	50	90	90	60

```
x_data = ['1st', '2nd', '3rd', '4th', '5th' ]
y1_data = [ 90, 28, 75, 58, 78]
y2_data = [ 80, 80, 50, 40, 90]
y3_data = [ 40, 50, 90, 90, 60]
plt.plot( x_data, y1_data, 'r-o', x_data, y2_data, 'g:x', x_data, y3_data, 'b--p')
plt.show()
```

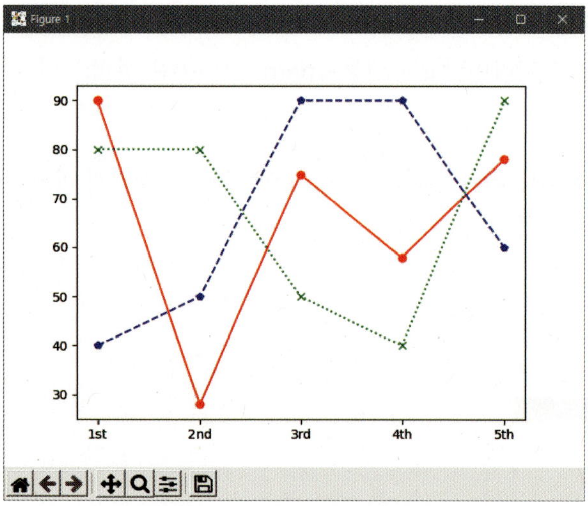

막대 그래프 그리기

맷플롯립은 다양한 모양의 그래프를 지원한다. 막대 그래프는 plt.bar()를 사용한다. [표 11-3]의 데이터 중 x_data와 y1_data, 즉 다현의 성적을 이용하여 그래프를 그려보자.

```
plt.bar(x_data, y1_data)
plt.show()
```

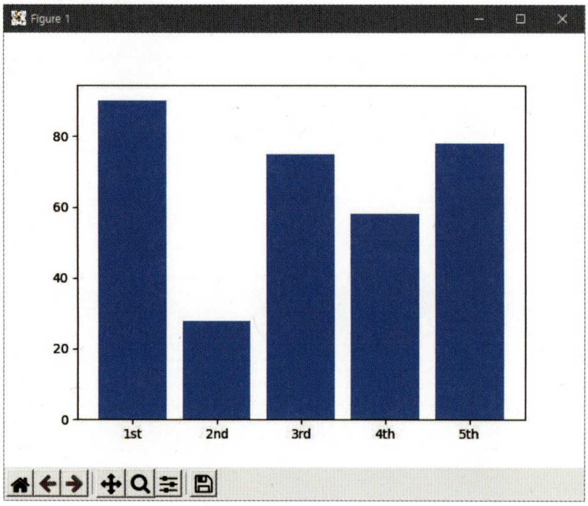

여러 개의 막대 그래프 그리기

여러 개의 막대 그래프를 그리기 위해서는 다소 복잡한 과정이 필요하다. x축의 데이터가 숫자여야 처리하기 편하다. 또한, 파이썬 리스트보다는 넘파이 배열을 사용해야 코드가 단순해진다.

넘파이 배열로 데이터를 만들고, [표 11-3]을 3개의 막대 그래프로 함께 생성하자. 이때 x 값에 간격을 약간 두도록 하고, 폭도 1 이하로 조절해야 한다. 앞서 다루지 않은 내용이 나오지만 이번 예제를 통해서 익히자.

Code11-02.py

```
1  import numpy as np
2  import matplotlib.pyplot as plt
3
4  x_data = ['1st', '2nd', '3rd', '4th', '5th' ]
5  x_value = np.array([1, 2, 3, 4, 5])
6  y1_data = np.array([ 90, 28, 75, 58, 78])
7  y2_data = np.array([ 80, 80, 50, 40, 90])
8  y3_data = np.array([ 40, 50, 90, 90, 60])
9
10 plt.bar( x_value, y1_data, color='red', width=0.1, label='DaHyun')
11 plt.bar( x_value+0.2, y2_data, color='green', width=0.1, label='JungYoun')
12 plt.bar( x_value+0.4, y3_data, color='blue', width=0.1, label='MoMo')
13 plt.xticks(x_value+0.2, x_data)
14 plt.legend(loc='upper right')
15 plt.show()
```

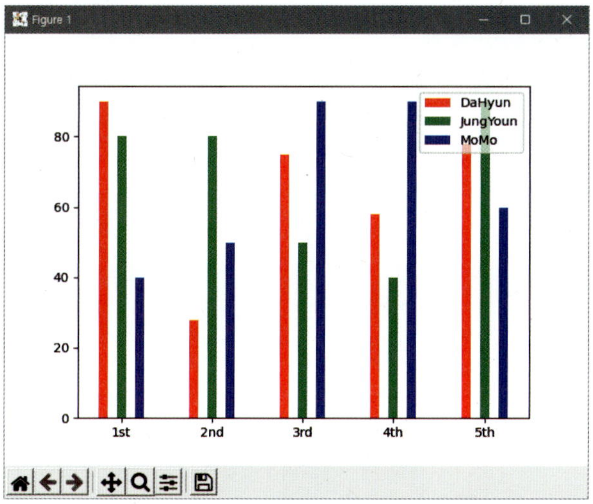

1~2행 넘파이와 맷플롯립을 임포트했다.

4행 x_data는 x축에 표시할 문자열이다.

5행 x축에 표시할 1회차, 2회차 등을 숫자형 넘파이 배열로 준비했다. 잠시 후 막대 그래프의 위치를 조절하기 위해서는 숫자로 지정해야 한다.

6~8행 3명의 시험 성적을 넘파이 배열로 준비했다.

10행 다현의 성적을 출력했다. 첫 번째 x_value는 1, 2, 3, … 위치에 다현의 성적을 막대 그래프로 5개 그리는 것을 말한다. width 옵션은 막대 그래프의 폭을 설정하고, label은 범례로 지정하기 위한 글자를 써주면 된다.

11행 정연의 막대 그래프는 10행과 약 0.2 정도 오른쪽의 간격을 두고 출력한다. 그래서 x_value+0.2로 표현했다. x_value는 넘파이 배열이므로 0.2를 더하면 브로드캐스팅 되어 모든 항목에 0.2가 더해진다. 즉, 1.2, 2.2, 3.2, … 위치에 정연의 막대 그래프가 출력된다.

12행 동일한 방식으로 0.4만큼 떨어져서 모모의 막대 그래프를 출력한다.

13행 x축에 출력되는 것을 숫자로 표현된 x_value 대신에 문자로 표현된 x_data를 출력하라는 의미다. 위치를 3개 막대 그래프 중 가운데에 표시하려고 x_value에 0.2를 더했다.

14행 범례를 출력하는데, loc 옵션은 위치를 선정한다. 'upper right'는 오른쪽 위에 범례를 출력하라는 의미다. loc 옵션에는 'upper left', 'lower right', 'center' 'right', 'center', 'best'등의 문자열을 지정할 수 있다.

SELF STUDY 11-2

Code 11-02.py를 참조해서 가로로 막대 그래프를 그려보자.

힌트 plt.barh()를 사용하고 옵션은 width를 사용한다. 또 plt.xticks() 대신에 plt.yticks()를 사용한다.

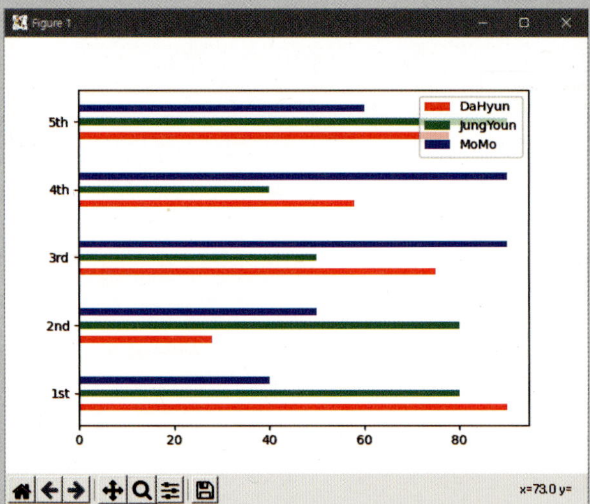

산점도 그리기

산점도는 plt.scatter()를 이용하여 여러 개의 원을 그리는 그래프이다. Code11-03.py를 살펴보자.

Code11-03.py

```
1  import numpy as np
2  import matplotlib.pyplot as plt
3
4  SIZE = 30
5  x_value = np.random.rand(SIZE)
6  y_value= np.random.rand(SIZE)
7  sizeAry = (50 * np.random.rand(SIZE))**2
8  colorAry = np.random.rand(SIZE)
9
10 plt.scatter(x_value, y_value, s=sizeAry, c=colorAry, alpha = 0.5, cmap='spring')
11 plt.colorbar()
12 plt.show()
```

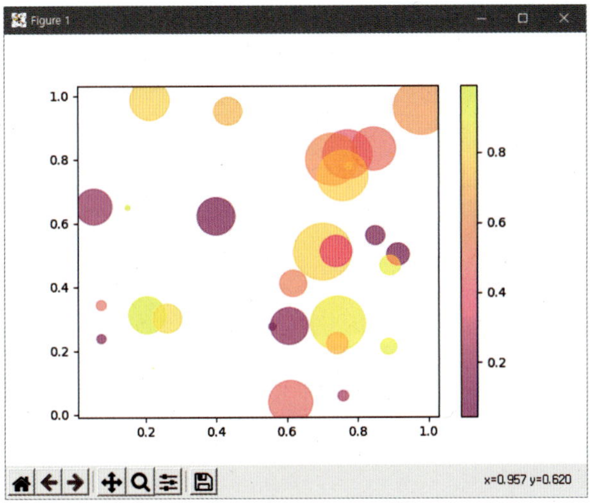

4행 산점도로 그릴 데이터 개수를 30개로 지정했다.

5~6행 x축과 y축 데이터를 무작위로 30개씩 생성했다.

7행 표현할 원의 크기를 30개 지정했다. 0부터 9,999의 숫자 중에서 적당한 크기인 50을 곱한 후 다시 제곱했다. 원의 크기를 조절하려면 이 값을 변경해도 된다.

8행 색상값을 무작위로 추출했다.

10행 산점도를 그리는 코드인데, 기본인 x_value, y_value만 사용하면 동일한 크기의 작은 원만 표시한다. s는 원의 크기를, c는 원의 색상을 지정하는 옵션이다. alpha 옵션은 투명도인데, 0은 완전 투명, 1은 완전 불투명이며 기본값은 1이다. cmap 옵션은 색상의 분위기를 나타내는 문자열인데, 지정할 수 있는 문자열로는 spring, summer, autumn, winter, ocean, cool, Spectral 등 수십 가지가 있다.

5 [프로그램 1] 완성

데이터프레임의 연산은 시리즈와 비슷하다. 인덱스 및 열이 공통되는 부분만 연산이 되고, 나머지는 NaN이 된다. Code11-04.py에서 확인해 보자.

Code11-04.py

```
1  import pandas as pd
2  import numpy as np
3
4  data1 = np.arange(9).reshape((3,3))
5  data2 = np.arange(12).reshape((4,3))
6  df1 = pd.DataFrame(data1, columns=list('가나다'), index=['서울', '부산', '광주'])
7  df2 = pd.DataFrame(data2, columns=list('가다라'), index=['고양', '서울', '광주', '대전'])
8  print(df1, '\n')
9  print(df2, '\n')
10
11 newDf = df1 + df2
12 print(newDf)
```

실행 결과

```
     가    나    다
서울  0    1    2
부산  3    4    5
광주  6    7    8

     가    다    라
고양  0    1    2
서울  3    4    5
광주  6    7    8
대전  9    10   11

     가     나    다     라
고양  NaN   NaN  NaN   NaN
광주  12.0  NaN  15.0  NaN
대전  NaN   NaN  NaN   NaN
부산  NaN   NaN  NaN   NaN
서울  3.0   NaN  6.0   NaN
```

4~5행 각각 3×3과 4×3 넘파이 배열을 준비했다.

6~7행 데이터프레임을 생성했다.

11행 두 데이터프레임을 연산했다. 연산된 결과를 보면 열과 인덱스가 모두 일치하는 항목만 연산이 된 것이 확인된다.

SECTION 03

판다스와 맷플롯립 활용

판다스는 CSV 및 엑셀 파일을 입출력하기 위한 강력한 기능이 있다. 판다스에서 사용될 데이터를 직접 입력하는 경우보다는 엑셀, CSV, 데이터베이스 등에서 읽어 와서 처리하는 경우가 대부분이다.

1 CSV와 엑셀 데이터 처리

판다스에서 CSV 파일을 데이터프레임으로 읽어서 데이터를 정렬한 후 출력하는 코드를 작성해 보자. CSV 데이터는 6장에서 사용한 singer2.csv를 사용한다.

TIP • 사용하는 모든 데이터 파일은 책의 자료실(http://www.hanbit.co.kr/src/4612)에 등록되어 있다.

표 11-4 singer2.csv 데이터

아이디	이름	인원	주소	평균 키	데뷔 일자	유튜브 조회수
TWC	트와이스	9	서울	167	2015.10.19	3,334,500
BLK	블랙핑크	4	경남	163	2016.08.08	443,700
WMN	여자친구	6	경기	166	2015.01.15	800
OMY	오마이걸	7	서울	160	2015.04.21	3,500
GRL	소녀시대	8	서울	168	2007.08.02	1,114,600
ITZ	있지	5	경남	167	2019.02.12	21,300
RED	레드벨벳	4	경북	161	2014.08.01	44,500
APN	에이핑크	6	경기	164	2011.02.10	2,900
SPC	우주소녀	13	서울	162	2016.02.25	350
MMU	마마무	4	전남	165	2014.06.19	6,900

Code11-05.py

```python
import pandas as pd

filename = 'C:/CookAnalysis/CSV/singer2.csv'
df = pd.read_csv(filename, index_col=None, encoding='CP949')

df_sort1 = df.sort_values(by=['평균 키'], axis=0)
print(df_sort1)
```

실행 결과

```
  아이디  이름      인원  주소   평균 키  데뷔 일자     유튜브 조회수
3 OMY    오마이걸   7     서울   160     2015.04.21   3,500
6 RED    레드벨벳   4     경북   161     2014.08.01   44,500
8 SPC    우주소녀   13    서울   162     2016.02.25   350
1 BLK    블랙핑크   4     경남   163     2016.08.08   443,700
7 APN    에이핑크   6     경기   164     2011.02.10   2,900
9 MMU    마마무     4     전남   165     2014.06.19   6,900
2 WMN    여자친구   6     경기   166     2015.01.15   800
0 TWC    트와이스   9     서울   167     2015.10.19   3,334,500
5 ITZ    있지       5     경남   167     2019.02.12   21,300
4 GRL    소녀시대   8     서울   168     2007.08.02   1,114,600
```

4행 pd.read_csv() 함수로 CSV 파일을 데이터프레임으로 읽었다. index_col 옵션은 인덱스로 사용할 열을 지정하는데, CSV 파일은 대개 인덱스가 없으므로 None을 지정했다. 한글이 문제가 생길 수 있어서 encoding 옵션을 사용했다.

6행 df.sort_values(by=[열이름], axis=0)은 열이름으로 정렬한다. axis=1은 행을 기준으로 정렬하는데, 행 단위 정렬은 일반적으로 사용하지 않는다.

2 [프로그램 2] 완성

이번에는 엑셀 파일을 읽어서 처리해 보자. 엑셀 파일의 워크시트 여러 개를 읽어서 하나의 데이터프레임으로 읽는 코드를 작성하겠다. 엑셀 파일은 7장에서 사용한 singer.xlsx 파일을 사용한다. 이 파일은 senior와 junior 워크시트로 구성되어 있다.

표 11-5 singer.xlsx 파일의 워크시트 2개

(a) senior

아이디	이름	인원	주소	평균 키	데뷔 일자	유튜브 조회수
WMN	여자친구	6	경기	166	2015.01.15	800
GRL	소녀시대	8	서울	168	2007.08.02	1,114,600
RED	레드벨벳	4	경북	161	2014.08.01	44,500
APN	에이핑크	6	경기	164	2011.02.10	2,900
MMU	마마무	4	전남	165	2014.06.19	6,900

(b) junior

아이디	이름	인원	주소	평균 키	데뷔 일자	유튜브 조회수
TWC	트와이스	9	서울	167	2015.10.19	3,334,500
BLK	블랙핑크	4	경남	163	2016.08.08	443,700

OMY	오마이걸	7	서울	160	2015.04.21	3,500
ITZ	있지	5	경남	167	2019.02.12	21,300
SPC	우주소녀	13	서울	162	2016.02.25	350

singer.xlsx 파일의 인원 열이 6명 이상인 가수 그룹의 아이디, 이름, 인원, 유튜브 조회수 열만 추출해서 인원의 많은 순서대로 정렬한 후, singer_over6.xlsx로 저장 해보자. 추가로 각 아이디의 인원수를 막대 그래프로 출력해보자.

Code11-06.py

```python
import pandas as pd
import numpy as np
import matplotlib.pyplot as plt

inFilename = 'C:/CookAnalysis/Excel/singer.xlsx'
outFilename = 'C:/CookAnalysis/Excel/singer_over6.xlsx'

df_seniro = pd.read_excel(inFilename, 'senior', index_col=None)
df_junior = pd.read_excel(inFilename, 'junior', index_col=None)

df_singer = pd.concat( [df_seniro, df_junior] )
df_singer_over6 = df_singer[df_singer['인원'] >= 6]
df_singer_over6 = df_singer_over6.sort_values(by=['인원'], axis=0, ascending=False)

df_singer_over6 = df_singer_over6.loc[:, ['아이디', '이름', '인원', '유튜브 조회수']]

x_data = df_singer_over6['아이디']
y_data = df_singer_over6['인원']
colorAry = [ np.random.choice(['red', 'green', 'blue', 'brown', 'gold', 'lime', \
                              'aqua', 'magenta', 'purple']) for _ in range(len(x_data))]
plt.bar(x_data, y_data, color=colorAry)
plt.show()

writer = pd.ExcelWriter(outFilename)
df_singer_over6.to_excel(writer, sheet_name='singer', index=False)
writer.save()
print('Save. OK~')
```

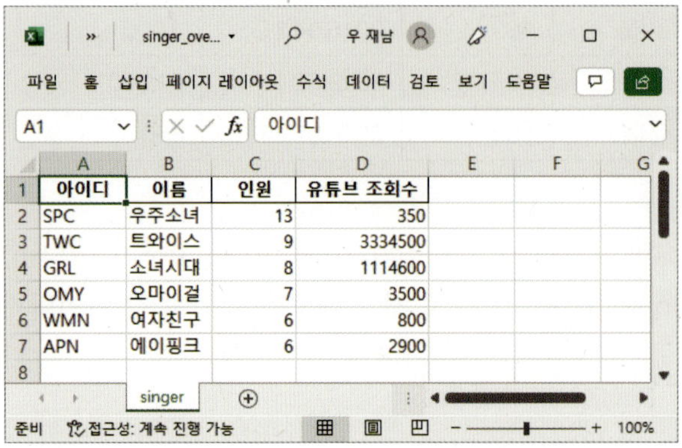

	A	B	C	D
1	아이디	이름	인원	유튜브 조회수
2	SPC	우주소녀	13	350
3	TWC	트와이스	9	3334500
4	GRL	소녀시대	8	1114600
5	OMY	오마이걸	7	3500
6	WMN	여자친구	6	800
7	APN	에이핑크	6	2900

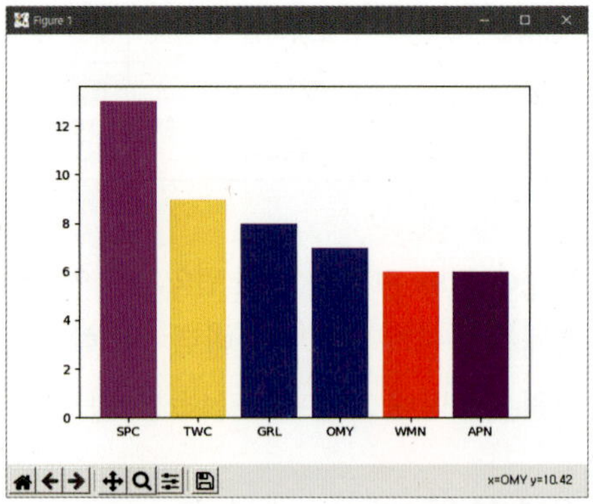

5~6행 각각 읽을 파일명, 저장할 파일명을 준비했다.

8~9행 singer.xlsx에서 senior 워크시트를 읽어 데이터프레임으로 만든 후 junior 워크시트를 읽었다.

11행 읽은 2개의 데이터프레임을 합쳤다.

12행 인원이 6명 이상인 행을 추출하여 df_singer_over6 데이터프레임으로 지정했다.

13행 인원이 많은 순서대로 정렬했다. ascending 옵션을 False로 하면 내림차순(Descending)으로 정렬된다.

15행 아이디, 이름, 인원, 유튜브 조회수 등 4개열만 추출했다.

17~22행 막대 그래프를 출력했는데, 17행에서 x축을 아이디로, 18행에서 y축을 인원으로 지정했다.

19~20행 컬러를 데이터의 개수만큼 무작위로 추출했다.

21~22행 막대 그래프에 색상을 지정해서 출력했다.

24~25행 빈 엑셀파일을 준비한 후 엑셀파일에 singer라는 이름의 워크시트를 생성해서 데이터프레임의 내용을 추가했다.

26행 엑셀파일을 저장했다.

SELF STUDY 11-3

Code11-06.py를 참고하여 유튜브 조회수가 높은 가수별로 정렬한 결과를 출력한 후 산점도로 그려보자. 산점도의 원의 크기는 유튜브 조회수를 제곱근해서 처리하자.

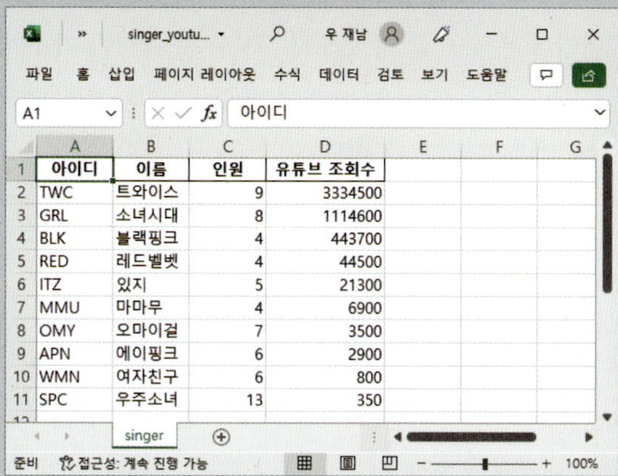

아이디	이름	인원	유튜브 조회수
TWC	트와이스	9	3334500
GRL	소녀시대	8	1114600
BLK	블랙핑크	4	443700
RED	레드벨벳	4	44500
ITZ	있지	5	21300
MMU	마마무	4	6900
OMY	오마이걸	7	3500
APN	에이핑크	6	2900
WMN	여자친구	6	800
SPC	우주소녀	13	350

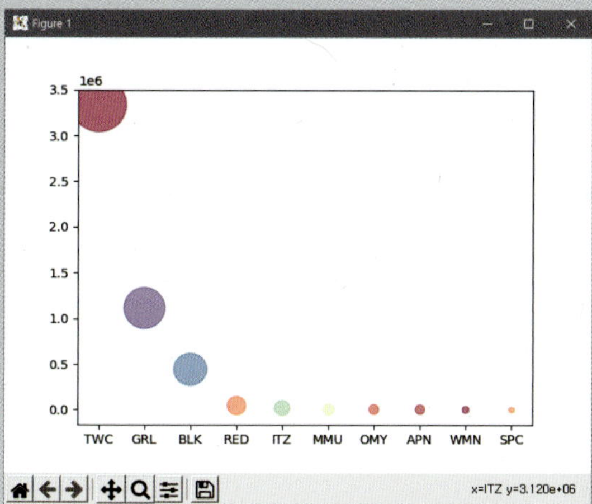

요약

1 판다스(Pandas)는 파이썬에서 쉽고 빠르게 데이터 분석을 할 수 있도록 도와주는 강력한 기능의 라이브러리다.

2 넘파이는 동일한 데이터 형식의 배열을 사용하지만, 판다스는 엑셀의 워크시트처럼 다양한 데이터 형식을 배열로 사용할 수 있다.

3 넘파이 배열은 동일한 데이터 형식만 저장할 수 있다. 반면 판다스 데이터프레임은 엑셀 등에서 일반적으로 사용되는 표 형태를 그대로 표현할 수 있다.

4 판다스의 핵심용어는 다음과 같다.

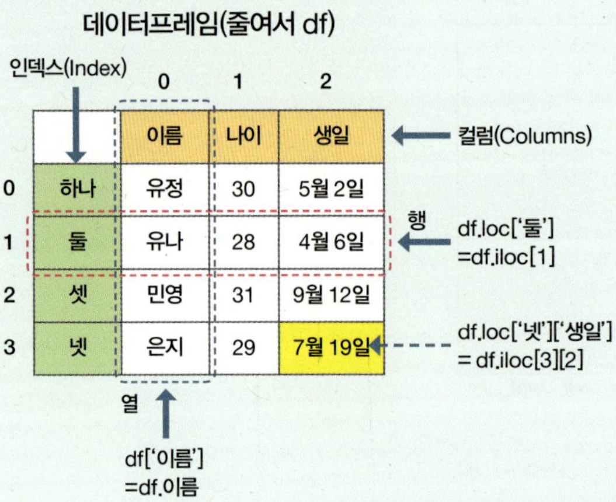

5 시리즈는 하나의 행 또는 열만 추출한 것인데, 인덱스와 데이터로 이루어져 있다.

6 맷플롯립(Matplotlib)은 그래프나 차트를 생성하는데 사용되는 라이브러리다. 막대 그래프, 선 그래프, 원 그래프, 히스토그램, 산점도 등 통계 그래프 및 지도를 그릴 때 편리하다.

7 데이터프레임을 생성하는 기본적인 방식은 다음과 같다.

```
data = { '이름' : ['유정', '유나', '민영', '은지'],
         '나이' : [30, 28, 31, 29],
         '생일' : ['1991.5.2', '1993.4.6', '1990.9.12', '1992.7.19'] }
df = pd.DataFrame(data, index =['하나', '둘', '셋', '넷'])
```

8 열을 추출하는 df[열이름]과 행을 추출하는 df.loc[인덱스]의 결과는 모두 시리즈다.

9 값 하나를 추출하는 방법은 다음과 같다.

- df.loc[인덱스이름][컬럼이름]
- df.iloc[행번호][열번호]

10 열과 행을 추가하는 방법은 다음과 같다.

- 열 추가: df[새 열이름] = [값1, 값2 …]
- 행 추가: df.loc[새인덱스이름] = ([값1, 값2 …])

11 열과 행을 삭제하는 방법은 다음과 같다.

- 열 삭제: df.drop([열이름], axis=1)
- 행 삭제: df.drop([인덱스이름], axis=0)

12 맷플롯립으로 그래프를 생성하는 가장 기본적인 코드의 예는 다음과 같다.

```
x_data = [ 10, 20, 30, 40, 50 ]
y_data = [10000, 15000, 33000, 34000, 60000]
plt.plot( x_data, y_data )
plt.show()
```

13 막대 그래프는 plt.bar()를 이용하여 그린다. 막대 그래프를 여러 개 그릴 수도 있다.

14 산점도는 plt.scatter()를 이용하여 그린다. 산점도를 그리는 예는 다음과 같다.

```
plt.scatter(x_value, y_value, s=sizeAry, c=colorAry, alpha = 0.5, cmap='spring')
plt.colorbar()
plt.show()
```

15 판다스에서 CSV 파일을 읽으려면 pd.read_csv() 함수를 사용하고, 엑셀 파일을 읽으려면 pd.read_excel() 함수를 사용한다.

연습문제

1 판다스의 설명 중 옳지 않은 것을 모두 고르시오.

① 데이터 분석 전문 라이브러리다.

② 파이썬에서 기본적으로 제공하는 내부 라이브러리다.

③ 넘파이 및 맷플롯립과 함께 사용되는 경우가 많다.

④ 엑셀의 워크시트와 같은 것을 시리즈라고 부른다.

2 데이터프레임에 대한 설명 중 옳지 않은 것을 고르시오.

① 넘파이 배열과 달리 다양한 데이터 형식을 열마다 다르게 지정할 수 있다.

② 2차원 구조를 갖는다.

③ 엑셀의 워크시트와 개념이 비슷하다.

④ 1차원 및 2차원을 모두 데이터프레임이라고 부른다.

3 각 설명 중 올바른 것을 보기에서 고르시오.

> 데이터프레임 　인덱스 　df['열이름'] 　df.iloc[행][열] 　df.loc['인덱스이름'] 　컬럼 　시리즈

(1) 행 또는 열을 한 줄만 추출한 결과로 별도의 컬럼은 없는 1차원 구조

(2) 하나의 행을 추출하는 방법

(3) 하나의 열을 추출하는 방법

(4) 데이터프레임의 가장 첫 번째 열이며, 각 행의 이름을 의미

4 맷플롯립에 대한 설명 중 옳지 않은 것을 고르시오.

① 그래프나 차트를 생성하는데 사용되는 라이브러리다.

② 맷플롯립은 막대 그래프, 선 그래프, 원 그래프, 히스토그램, 산점도 등을 지원한다.

③ 주로 판다스나 넘파이와는 관계없이 독립적으로 사용된다.

④ 엑셀의 계산 결과를 그래프로 표현하는 효과를 낼 수 있다.

5 데이터프레임을 생성하는 코드의 빈칸을 채우시오. 단, 표현된 변수(data, inde_data)는 모두 사용하시오.

```
data = { '이름' : ['유정', '유나', '민영', '은지'],
         '나이' : [30, 28, 31, 29],
         '생일' : ['1991.5.2', '1993.4.6', '1990.9.12', '1992.7.19'] }
index_data = ['하나', '둘', '셋', '넷']
df = [          ]
df
```

실행 결과

```
     이름  나이  생일
하나  유정  30   1991.5.2
둘    유나  28   1993.4.6
셋    민영  31   1990.9.12
넷    은지  29   1992.7.19
```

6 다음과 같은 그래프를 출력하기 위한 코드를 고르시오.

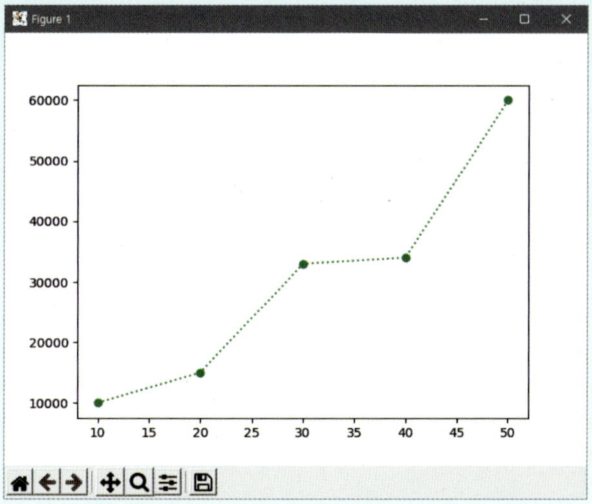

① plt.plot(x_data, y_data, linecolor='green', linestyle=':', dottype='o')

② plt.plot(x_data, y_data, color='green', continue=':', marker='o')

③ plt.plot(x_data, y_data, color='green', linestyle=':', marker='o')

④ plt.plot(x_data, y_data, color='green', continue=':', dottype ='o')

연습문제

7 데이터프레임의 결과가 다음과 같을 때, '민영'을 추출하는 코드가 아닌 것을 고르시오.

실행 결과

```
     이름 나이 생일
하나 유정 30   1991.5.2
둘   유나 28   1993.4.6
셋   민영 31   1990.9.12
넷   은지 29   1992.7.19
```

① df.loc['셋', '이름']

② df.iloc['셋', '이름']

③ df.loc['셋'] ['이름']

④ df2.iloc[2,0]

8 다음 코드의 의미를 가장 잘 표현한 것을 고르시오.

(1)

```
df['키'] = [163, 165, 166, 168]
```

① 데이터프레임에 한 개 행을 추가했다.

② 데이터프레임에 한 개 열을 추가했다.

③ 데이터프레임에 값을 변경했다.

④ 데이터프레임에서 키를 크기 순으로 정렬했다.

(2)

```
df.loc['여섯'] = { '이름':'보라', '꽃':'민들레', '키': 163, '나이':34}
```

① 데이터프레임에 한 개 행을 추가했다.

② 데이터프레임에 한 개 열을 추가했다.

③ 데이터프레임에 '여섯' 행의 값을 변경했다.

④ 데이터프레임에서 딕셔너리 값을 추출했다.

9 x축과 y축을 그래프로 출력하는 코드의 빈칸을 채우시오.

```
x_data = 리스트 또는 넘파이배열
y_data = 리스트 또는 넘파이배열
[                    ]
plt.show()
```

응용예제 01 판다스 데이터프레임을 GUI로 출력하기

난이도★★★★☆

예제 설명 판다스에서 엑셀 파일을 읽어서 데이터프레임으로 만든 후 GUI로 표현하자. 또한, 엑셀 파일의 내용은 워크시트 단위로 별도 탭으로 분리해서 출력하여 엑셀과 비슷한 화면으로 구성해 보자. 아직은 초보적인 수준이지만, 이에 기능을 추가하면서 확장해가면 실제 엑셀 프로그램과 비슷한 기능까지 구현할 수 있을 것이다.

엑셀 파일 데이터프레임 GUI 화면 출력

실행 결과

아이디	이름	인원	주소	평균 키	데뷔 일자	유튜브 조회수
WMN	여자친구	6	경기	166	2015.01.15	800
GRL	소녀시대	8	서울	168	2007.08.02	1114600
RED	레드벨벳	4	경북	161	2014.08.01	44500
APN	에이핑크	6	경기	164	2011.02.10	2900
MMU	마마무	4	전남	165	2014.06.19	6900

아이디	이름	인원	주소	평균 키	데뷔 일자	유튜브 조회수
TWC	트와이스	9	서울	167	2015.10.19	3334500
BLK	블랙핑크	4	경남	163	2016.08.08	443700
OMY	오마이걸	7	서울	160	2015.04.21	3500
ITZ	있지	5	경남	167	2019.02.12	21300
SPC	우주소녀	13	서울	162	2016.02.25	350

코드

```
from tkinter import *
from tkinter import ttk
import pandas as pd

## 함수 선언 부분 ##
def makeEmptySheet(tabName, r, w, backcolor) :
    retList = []
    for i in range(0, r):
        tmpList = []
        for k in range(0, w):
            if (i==0) :
```

```
                ent = Entry(tabName, text='', width=10, background = backcolor )
            else :
                ent = Entry(tabName, text='', width=10,)
            ent.grid(row=i, column=k)
            tmpList.append(ent)
        retList.append(tmpList)
    return retList

## 전역 변수 부분 ##
inFilename = 'C:/CookAnalysis/Excel/singer.xlsx'
df1, df2 = None, None
workSheet1, workSheet2 = [], []
window, baseTab, tab1, tab2 = None, None, None, None

## 엑셀 --> 데이터프레임
xlsx = pd.ExcelFile(inFilename)

sheetName1 = xlsx.sheet_names[0]
sheetName2 = xlsx.sheet_names[1]

df1 = pd.read_excel(inFilename, sheetName1, index_col=None)
df2 = pd.read_excel(inFilename, sheetName2, index_col=None)

window = Tk()
window.geometry('550x150')
window.iconbitmap('excel.ico')

style = ttk.Style(window)
style.configure('TNotebook', tabposition='sw') # nwse
baseTab = ttk.Notebook(window, style='TNotebook')

tab1 = ttk.Frame(baseTab)
baseTab.add(tab1, text=sheetName1)
tab2 = ttk.Frame(baseTab)
baseTab.add(tab2, text=sheetName2)

baseTab.pack(expand=1, fill="both")

workSheet1 = makeEmptySheet(tab1, df1.shape[0]+1, df1.shape[1], 'yellow')
workSheet2 = makeEmptySheet(tab2, df2.shape[0]+1, df2.shape[1], 'aqua')

for i in range(len(df1.columns)) : # 열 이름
    workSheet1[0][i].insert(0, df1.columns[i])
for i in range(len(df2.columns)):  # 열 이름
    workSheet2[0][i].insert(0, df2.columns[i])
```

```
57
58 for i in range(0, df1.shape[0]) :
59     for k in range(0, len(df1.columns)) :
60         workSheet1[i+1][k].insert(0, df1.iloc[i][k])
61 for i in range(0, df2.shape[0]) :
62     for k in range(0, len(df2.columns)) :
63         workSheet2[i+1][k].insert(0, df2.iloc[i][k])
64
65 window.mainloop()
```

코드 설명

6~18행	탭 이름, 행 개수, 열 개수, 색상을 넘겨 받아 빈 시트를 만들어서 반환하는 함수다. 8~17행에서 행과 열만큼 이중 반복을 진행한다. 9행은 한 개 행을 저장하는 임시 리스트 변수다. 10~16행은 열의 개수만큼 한 줄을 만든다. 11~14행의 Entry()는 빈 한 칸의 셀을 만든다. 셀의 첫 행은 배경색을 지정했다. width 옵션은 셀의 폭을, background 옵션은 배경색을 지정한다. 그리고 15행에서 i행, k열의 위치에 빈 셀을 배치하고, 16행에서 임시 리스트에 추가한다. 17행에서 임시로 생성한 한 줄을 retList에 추가한다. 18행에서는 생성한 2차원 시트를 반환한다. 결국 행×열 개수의 2차원의 엑셀과 비슷한 모양의 워크시트를 반환한다.
21~24행	전역변수를 준비했다. 21행에서 singer.xlsx를 사용했는데, 이 파일에는 2개의 워크시트가 있다. 이 프로그램도 총 2개의 워크시트를 처리하도록 제한했다. 22행은 2개의 워크시트를 읽어올 데이터프레임 변수다. 23행은 실제 워크시트와 동일한 형태를 위한 변수다. 24행의 baseTab은 탭을 표현하기 위한 틀이며, 실제 탭은 tab1, tab2 변수로 처리한다.
27~30행	엑셀 파일에 접근하여 시트 이름을 알아낸다. singer.xlsx에서 2개의 워크시트는 senior, junior이다.
32~33행	워크시트의 내용을 데이터프레임으로 읽는다.
35~37행	윈도창을 생성한다. 36행에서 적당한 크기로 지정하고, 37행에서는 아이콘도 변경했다. excel.ico 파일이 소스코드의 폴더에 있어야 한다. 37행은 생략해도 무방하다.
39~41행	탭 버튼을 좌측 아래(South West)에 표시하기 위해서 스타일을 준비하고, 41행에서 탭을 생성했다. 스타일 이름은 'TNotebook'을 고정해서 사용해야 한다.
43~48행	2개의 탭을 생성하고, 각 탭에 워크시트 이름을 표시했다. 그리고 48행에서 탭을 화면에 나타나도록 했다.
50~51행	함수를 호출해서 워크시트 2개를 생성했다. df.shape는 행과 열을 가지고 있는 속성인데, 컬럼(열 이름)이 표현된 행은 제외하므로, 컬럼까지 탭에 표현하기 위해서 행에는 1을 더해줬다.
53~56행	각 탭의 워크시트의 첫 행에 열 이름을 표현했다.
58~63행	각 탭의 워크시트의 나머지 셀에 데이터프레임의 값을 채운다.

응용예제 02

영상 파일의 막대 그래프 그리기

난이도★★★☆☆

예제 설명 RAW 이미지 파일은 N×N 개수의 픽셀로 표현되고, 각 픽셀은 0부터 255 사이의 값을 갖는다. 각 픽셀의 값에 대한 개수를 카운트해서 맷플롯립 막대 그래프로 표현해 보자. 막대 그래프를 통해서 영상의 대략적 명암 분포 등을 파악할 수 있다.

실행 결과

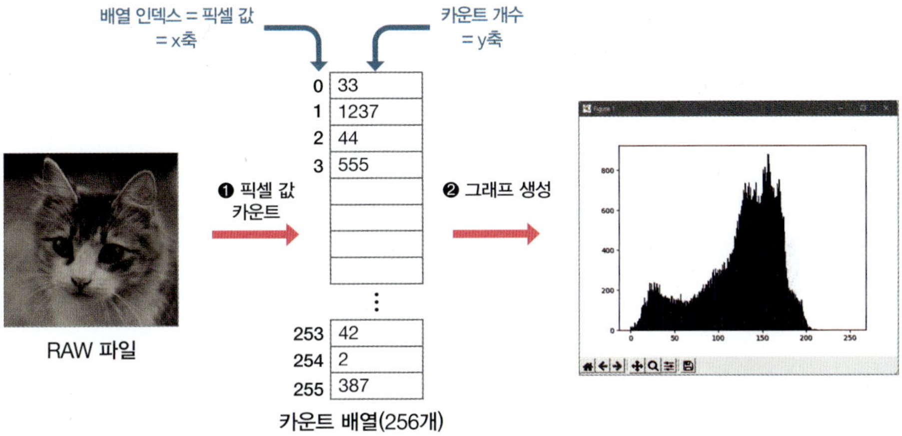

코드

```python
import numpy as np
import matplotlib.pyplot as plt

## 전역 변수 부분 ##
XSIZE, YSIZE = 256, 256
rawFileName = 'C:/CookAnalysis/RAW/cat256.raw'
countArray = np.zeros(256, dtype=np.int32)

## 메인 코드 부분 ##
fp = open(rawFileName, 'rb')
for i in range(0, XSIZE):
    tmpList = []
    for k in range(0, YSIZE):
        data = int(ord(fp.read(1)))
        countArray[data] += 1
fp.close()

x_data = np.arange(256, dtype=np.uint8)
plt.bar( x_data, countArray, color='black')
plt.show()
```

코드 설명

5행	이미지의 크기는 256×256으로 지정했다.
6행	RAW 이미지 파일을 지정했다.
7행	픽셀을 카운트할 배열을 준비했다. 0으로 초기화하고 데이터 형식을 정수 32bit 형으로 했다.
10~16행	RAW 파일을 열고 한 픽셀씩 읽어 15행에서 픽셀값에 해당하는 카운트 배열에 개수를 증가시켰다.
18~20행	18행에서 x축을 0부터 255까지 지정했다. 19행에서 막대 그래프를 그렸다. y축은 카운트 배열의 값으로 지정했다.

12

CHAPTER

미니 프로젝트

학습목표

- 베스트셀러 데이터가 자동으로 수집되는 웹 크롤러를 만든다.
- 넘파이를 활용하여 포토샵과 같은 영상 처리 소프트웨어를 제작한다.

SECTION

01 베스트셀러 목록

정해진 시간에 따라서 YES24의 서적 관련 정보가 자동으로 수집되는 웹 크롤러를 작성한다. YES24의 IT 서적 순위를 일자별로 크롤링하도록 설정하자. 크롤링된 엑셀 파일을 날짜별로 별도 저장하도록 한다.

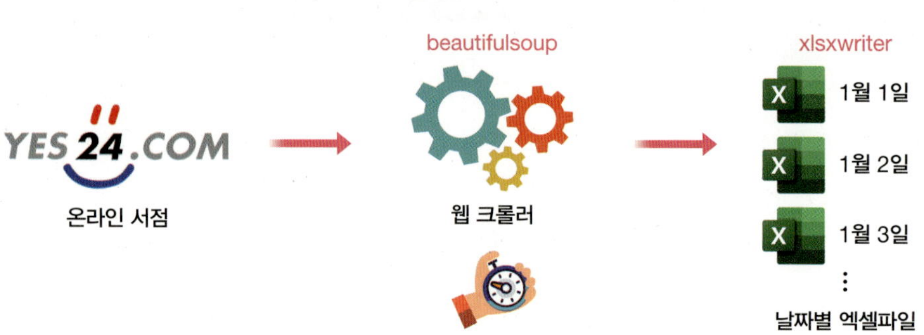

그림 12-1 정해진 시간 간격으로 웹 크롤링이 작동하는 구성도

1 도서 데이터 추출

[IT 모바일] 분야의 주간베스트 도서의 페이지 주소를 알아내자. 엣지 브라우저로 YES24(https://www.yes24.com)에 접속하여 [국내도서]-[IT 모바일]을 클릭한 후, 오른쪽 위 [주간베스트]를 클릭하자.

TIP • 이 책을 집필하는 시점의 YES24 세부 웹 페이지 주소와 독자가 실습하는 시점의 웹 페이지 주소가 다를 수 있다. 이 책과 웹 페이지 주소가 다르다면 실습하는 시점에 독자가 확인한 웹 페이지 주소를 사용하자. 또한, 꼭 YES24가 아닌 다른 웹 사이트의 정보를 추출해서 실습해도 된다.

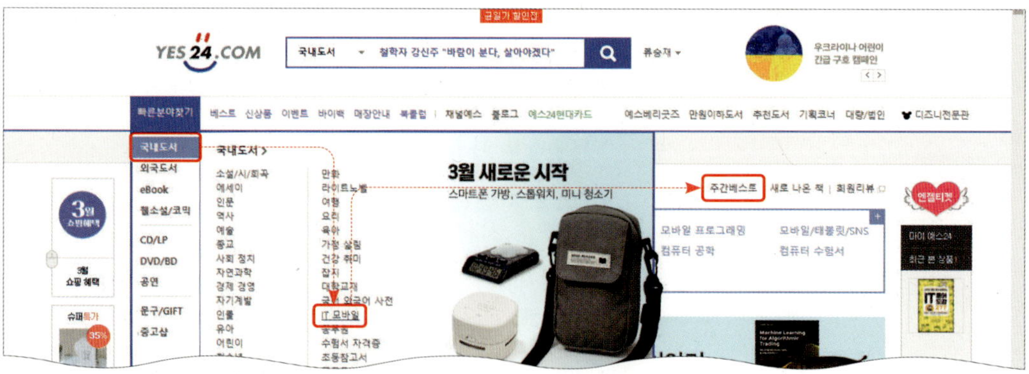

그림 12-2 크롤링할 주소 선정 1

[주간베스트] 화면에서 페이지 번호를 클릭하면 전체 주소가 나온다. 주소 맨 끝 페이지 번호를 제외한 것이 크롤링할 웹 페이지 주소다. 이 책의 집필 시점의 주소는 다음과 같다.

```
http://www.yes24.com/24/Category/More/001001003?ElemNo=104&ElemSeq=7&PageNumber=페이지
```

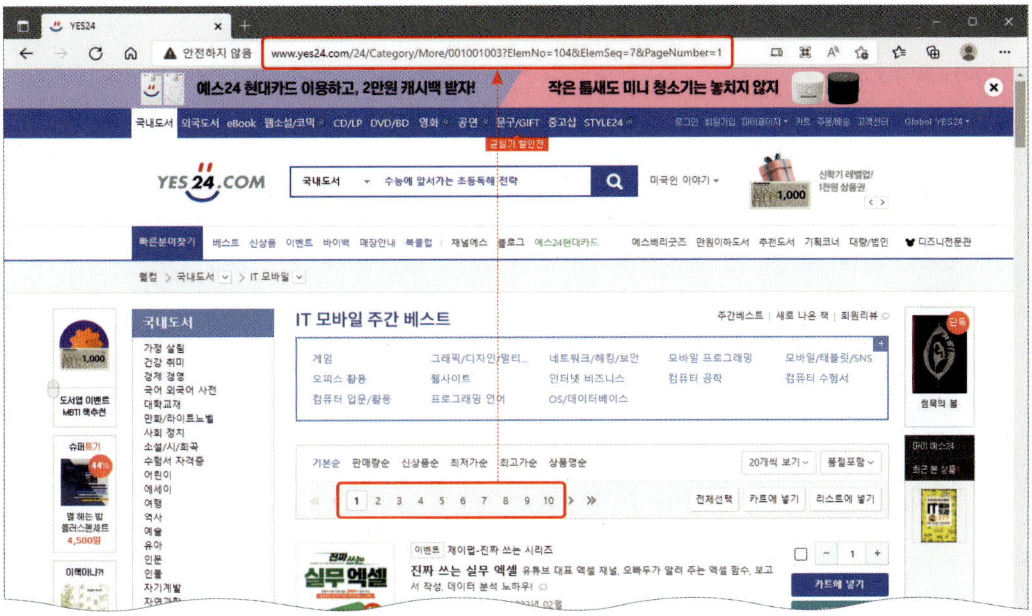

그림 12-3 크롤링할 주소 선정 2

엣지 브라우저의 [개발자 도구]를 사용하여 크롤링할 페이지의 정보를 추출할 차례다. 이에 대해서는 9장의 [그림 9-16]부터 [그림 9-18]에서 알아낸 것과 동일하다. 즉, Code09-14.py의 getBookInfo( ) 함수를 사용할 것이다. 함수의 내용은 다음과 같다.

```
def getBookInfo(book_tag) :
    names = book_tag.find("div", {"class": "goods_name"})
    bookName = names.find("a").text
    auths = book_tag.find("span", {"class": "goods_auth"})
    bookAuth = auths.find("a").text
    bookPub = book_tag.find("span", {"class": "goods_pub"}).text
    bookDate = book_tag.find("span", {"class": "goods_date"}).text
    bookPrice = book_tag.find("em", {"class": "yes_b"}).text
    return [bookName, bookAuth, bookPub, bookDate, bookPrice]
```

책 이름, 저자, 출판사, 출간일, 가격 총 5가지 정보를 각 페이지에서 추출할 것이며, 추출되는 순서가 책의 [주간베스트] 순위이므로 엑셀 파일에는 책의 순위까지 기록할 것이다.

2 크롤링 코드 작성

이제 코드를 작성해 보자. 우선 정보를 하루 간격으로 크롤링하도록 코드의 틀을 작성한다. 파일은 C:\CookAnalysis\yes24\ 폴더에 파일명은 yes24_연월일시분초.xlsx로 저장되도록 하겠다. 먼저 C:\CookAnalysis\yes24\ 폴더가 없다면 생성해 놓자. 실제로 엑셀 저장은 잠시 후에 추가하고, 우선은 파일명 및 크롤링한 정보가 화면에 출력되도록 한다.

Code12-01.py

```
import bs4
import urllib.request
import xlsxwriter
import time
import datetime
import random

## 함수 선언 부분 ##
def getBookInfo(book_tag) :
    names = book_tag.find("div", {"class": "goods_name"})
    bookName = names.find("a").text
    auths = book_tag.find("span", {"class": "goods_auth"})
    bookAuth = auths.find("a").text
    bookPub = book_tag.find("span", {"class": "goods_pub"}).text
    bookDate = book_tag.find("span", {"class": "goods_date"}).text
    bookPrice = book_tag.find("em", {"class": "yes_b"}).text
    return [bookName, bookAuth, bookPub, bookDate, bookPrice]

## 전역 변수 부분 ##
url = \
"http://www.yes24.com/24/Category/More/001001003?ElemNo=104&ElemSeq=7&PageNumber="
folderName = 'C:/CookAnalysis/yes24/'
wsName = 'IT 서적 순위'
header = ['순위', '책이름', '저자', '출판사', '출간일', '가격']

## 메인 코드 부분 ##
while True :
    print()
    print("--------------------")
    now = datetime.datetime.now()
    print('Yes24.com IT 서적 순위 크롤링 --> ', now.strftime('%Y-%m-%d %H:%M:%S'), )
    filename = folderName + 'yes24_' + now.strftime('(%Y년%m월%d일%H시%M분%S초)')+'.xlsx'

    pageNumber = 1
    rowNum = 1
    while True :
```

```
37         try :
38             bookUrl = url + str(pageNumber)
39             pageNumber += 1
40 
41             htmlObject = urllib.request.urlopen(bookUrl)
42             webPage = htmlObject.read()
43             bsObject = bs4.BeautifulSoup(webPage, 'html.parser')
44             tag = bsObject.find('ul', {'class': 'clearfix'})
45             all_books = tag.findAll('div', {'class': 'goods_info'})
46 
47             for book in all_books:
48                 info_list = getBookInfo(book)
49                 print(rowNum, info_list)
50                 rowNum += 1
51 
52         except :
53             break
54 
55     print(filename, '으로 저장됨.')
56     print("--------------------")
57     time.sleep(60*60*24)    # 1일에 해당하는 초(60초*60분*24시)
```

실행 결과

```
--------------------
Yes24.com IT 서적 순위 크롤링 --> 2022-03-18 14:56:44

1 ['진짜 쓰는 실무 엑셀', '전진권', '제이펍', '2022년 02월', '18,900']
2 ['Do it! 점프 투 파이썬', '박응용', '이지스퍼블리싱', '2019년 06월', '16,920']
~~~ 중간 생략 ~~~
198 ['리액트를 다루는 기술', '김민준', '길벗', '2019년 08월', '37,800']
199 ['최신 컴퓨터 구조', '임석구', '한빛아카데미', '2019년 08월', '28,000']

C:/CookAnalysis/Excel/yes24_(2022년03월18일14시57분54초).xlsx 으로 저장됨.
--------------------
```

9~17행 Code09-14.py에서 사용한 함수와 동일하게 beautifulsoup 형식의 태그에서 [책 이름, 저자, 출판사, 출간일, 가격] 정보를 추출해서 반환한다.

20~21행 [IT 모바일] 분야의 [주간베스트]의 URL을 지정했다.

22행 엑셀 파일이 저장될 폴더이다.

23행 다음 코드에서 생성할 엑셀 파일의 워크시트 이름이다.

24행 엑셀의 첫 행에 쓸 헤더 이름 6개를 미리 준비했다.

27~57행 하루 단위로 무한 반복한다.

30~31행 현재 크롤링하는 날짜와 시간을 출력한다.

32행 파일명을 'yes24_연월일시분초.xlsx'로 지정한다.

34~35행 페이지 번호를 35행은 전체 행번호(책 순위 번호)로 사용한다.

36~53행 [주간베스트]의 각 페이지에 반복해서 접근하는데, 페이지가 더 이상 없을 때까지 무한 반복한다.

38~39행 페이지 번호를 합하여 URL을 다시 만들고 다음 페이지 번호로 미리 증가시켜 놓았다.

41~45행 한 페이지에 나온 여러 권 책의 목록을 추출한다.

47~50행 각 책의 정보를 추출해서 출력한다. 특히 50행에서 페이지가 바뀌더라도 책의 순위는 계속 rowNum으로 증가시켰다. 그리고 다시 36행으로 올라가서 다음 페이지를 같은 방식으로 반복한다.

57행 잠시 멈춤을 1일에 해당하는 초로 지정했다.

3 엑셀 파일 출력

앞서 하루 간격으로 크롤링된 결과를 화면에 출력했다. 이를 엑셀 파일로 출력해 보자. 7장에서 학습한 엑셀 파일 처리를 활용해 보겠다.

Code12-02.py

```
~~~ Code12-01.py의 1~24행과 동일 ~~~
...

## 메인 코드 부분 ##
while True :
    print()
    print("--------------------")
    now = datetime.datetime.now()
    print('Yes24.com IT 서적 순위 크롤링  --> ', now.strftime('%Y-%m-%d %H:%M:%S'), )
    filename = folderName + 'yes24_' + now.strftime('(%Y년%m월%d일%H시%M분%S초)')
    filename += '.xlsx'

    workbook = xlsxwriter.Workbook(filename)
    worksheet = workbook.add_worksheet(wsName)
    cell_format1 = workbook.add_format()
    cell_format1.set_bold()
    cell_format1.set_font_color(random.choice(['red','green', 'blue', 'gray',
                                               'magenta', 'cyan']))
    cell_format1.set_font_size(15)
    cell_format1.set_align('center')
```

```
    cell_format1.set_align('vcenter')
    cell_format1.set_bg_color('yellow')
    cell_format1.set_border(1)

    worksheet.set_column('A:F', 20) # 약 0.34
    for i in range(len(header)) :
        worksheet.write(0, i, header[i], cell_format1)

    cell_format2 = workbook.add_format()
    cell_format2.set_border(1)

    pageNumber = 1
    rowNum = 1
    while True :
        try :
            ~~~ Code12-01.py의 38~45행과 동일 ~~~

            for book in all_books:
                info_list = getBookInfo(book)
                worksheet.write(rowNum, 0, rowNum,  cell_format2)
                for i in range(len(info_list)) :
                    worksheet.write(rowNum, i+1, info_list[i], cell_format2)
                rowNum += 1

        except :
                break

    workbook.close()
    print(filename, '으로 저장됨.')
    print("--------------------")
    time.sleep(60*60*24)              # 1일에 해당하는 초(60초*60분*24시)
```

실행 결과

```
--------------------
Yes24.com IT 서적 순위 크롤링 --> 2022-03-18 16:27:12
C:/CookAnalysis/yes24/yes24_(2022년03월18일16시27분12초).xlsx 으로 저장됨.
--------------------

~~~ 이후 하루 단위로 다시 엑셀 파일이 생성됨 ~~~
```

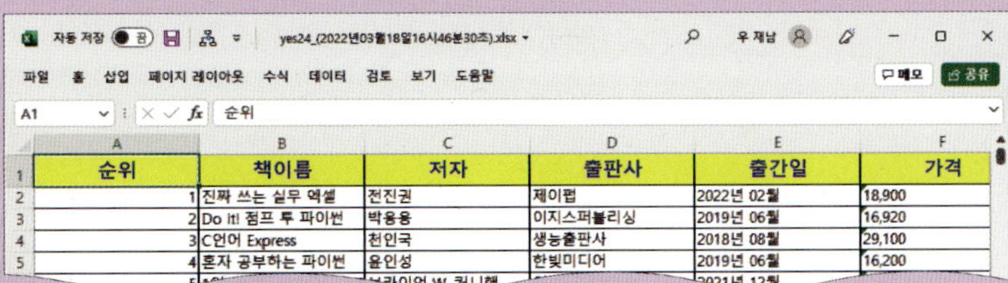

순위	책이름	저자	출판사	출간일	가격
1	진짜 쓰는 실무 엑셀	전진권	제이펍	2022년 02월	18,900
2	Do it! 점프 투 파이썬	박응용	이지스퍼블리싱	2019년 06월	16,920
3	C언어 Express	천인국	생능출판사	2018년 08월	29,100
4	혼자 공부하는 파이썬	윤인성	한빛미디어	2019년 06월	16,200

33~34행 워크북 및 워크시트를 준비했다.

35~43행 첫 행인 열 이름 행에 사용할 서식을 준비했다.

45행 열의 폭을 20 정도로 넓게 했다.

46~47행 첫 행에 헤더의 내용을 쓴다. 서식은 앞에서 준비한 cell_format1을 사용했다.

49~50행 두 번째 행 이후의 서식을 외곽선만 표시되도록 준비했다.

67행 데이터 행의 첫 열에 순위를 기록한다.

68~69행 책이름, 저자 등을 기록한다.

이제는 하루 간격으로 엑셀 파일이 계속 생성될 것이다. 어느 정도 엑셀 파일 생성이 완료되면, 7장에서 학습한 엑셀 파일의 처리 방법을 활용하여 특정 책의 순위 변동이나 전체 순위 등을 파악할 수 있을 것이다. 또한, 필요하다면 여러 개의 엑셀 파일을 워크시트 단위로 구분된 하나의 엑셀 파일로도 만들 수 있다. 이러한 추가적인 부분은 학습자가 스스로 학습해보도록 하자.

SECTION

02 미니 포토샵

이번에는 대표적인 영상 처리 소프트웨어인 포토샵(Photoshop) 프로그램과 비슷한 기능을 가진 프로그램을 구현하겠다. 그리고 영상 처리의 각 기능을 구현하기 위해서 넘파이의 빠르고 편리한 기능을 적극 활용해 보자.

1 미니 포토샵 소개

사진에 효과를 주는 소프트웨어인 포토샵과 비슷하게 기능을 구현할 것이다. 이번 프로젝트는 넘파이의 연산 기능을 사용해서 대부분의 효과를 구현한다. 비록 포토샵만큼 완벽한 기능은 아니더라도, 넘파이의 강력한 기능을 활용하는 좋은 연습이 될 것이다. [그림 12-4]는 가장 왼쪽의 원본 사진에 색상 반전, 축소 기능을 적용한 것이다.

TIP • 이 책은 포토샵의 기능을 직접 넘파이로 구현하지만, 그래픽 라이브러리인 OpenCV나 Pillow의 기능을 사용하면 더 간편하게 구현이 가능하다. 하지만, 넘파이를 잘 사용하면 라이브러리를 사용하는 것보다 더 수준 높은 프로그래밍이 가능하며, 나아가 OpenCV나 Pillow와 같은 라이브러리를 직접 구현할 수 있는 기반 기술을 익히게 될 것이다.

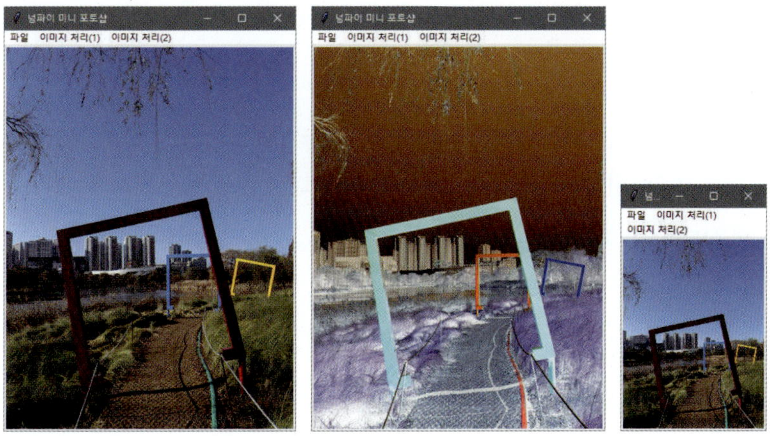

그림 12-4 완성할 미니 포토샵 프로그램

2 pillow 라이브러리

파이썬은 기본적으로 GIF만 읽을 수 있다. 이번에는 많이 사용되는 PNG, JPG, BMP 등의 포맷을 열거나 저장하기 위해서 pillow 라이브러리를 사용한다. 단, pillow는 그림 파일을 읽거나 저장하는 용도로만 사용하고, 영상 처리의 효과는 넘파이 기능으로 구현한다는 점을 주의해야 한다. 명령 프롬프트에서 pillow 라이브러리를 설치한다.

```
pip install pillow
```

3 구현할 기능 계획

두 번째 프로젝트인 [미니 포토샵]은 다음과 같은 기능을 구현하겠다. 우선 [그림 12-5]와 같이 메뉴 구성도를 확인해 보자.

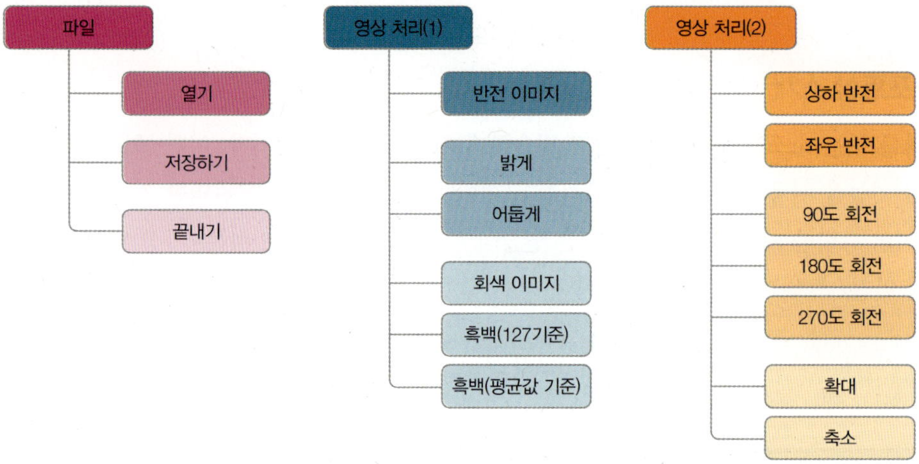

그림 12-5 미니 포토샵 메뉴 구성

메뉴 구성에 따르면 파일을 열고 저장하는 기능이 있다. 또한 영상 처리(1) 메뉴와 영상 처리(2) 메뉴는 포토샵과 비슷한 다양한 기법의 이미지 처리를 구현할 것이다. 그림 파일은 일반적으로 사용하는 JPG, BMP, PNG 등을 처리할 수 있도록 작성한다.

4 메뉴와 함수 정의

메뉴 구현은 5장에서 배웠다. 먼저 각 메뉴를 클릭할 때 실행할 함수명을 미리 정의해 놓자. 코드가 조금 길지만 구조가 단순해서 어렵지 않을 것이다. pass는 함수의 본체를 빈 부분으로 두려고 사용한 예약어이다. 앞으로 단계별로 하나씩 구현해 볼 것이다.

Code12-03.py

```
from tkinter import *
from tkinter.filedialog import *
from tkinter.simpledialog import *
from PIL import Image
import numpy as np

## 함수 선언 부분 ##
def display() :                 # Code 12-04.py에서 구현
    pass

def func_open() :               # Code 12-04.py에서 구현
    pass

def func_save() :               # Code 12-05.py에서 구현
    pass

def func_exit() :
    exit()

def func_reverse() :            # Code 12-06.py에서 구현
    pass

def func_bright() :             # Code 12-07.py에서 구현
    pass

def func_dark() :               # Code 12-07.py에서 구현
    pass

def func_gray() :               # Code 12-08.py에서 구현
    pass

def func_bw1():                 # Code 12-08.py에서 구현
    pass

def func_bw2() :                # Code 12-08.py에서 구현
    pass

def func_mirror1() :            # Code 12-09.py에서 구현
    pass

def func_mirror2() :            # Code 12-09.py에서 구현
    pass

```

```
def func_rotate(times) :    # Code 12-10.py에서 구현
    pass

def func_zoomin() :         # Code 12-11.py에서 구현
    pass

def func_zoomout() :        # Code 12-11.py에서 구현
    pass

## 전역 변수 선언 부분 ##
window, canvas, paper, filename = [None] * 4
inImage, outImage = [], []
inW, inH, outW, outH = [0] * 4

## 메인 코드 부분 ##
window = Tk()
window.geometry("500x500")
window.title("넘파이 미니 포토샵")

mainMenu = Menu(window)
window.config(menu = mainMenu)

fileMenu = Menu(mainMenu)
mainMenu.add_cascade(label = "파일", menu = fileMenu)
fileMenu.add_command(label = "파일 열기", command = func_open)
fileMenu.add_command(label = "파일 저장", command = func_save)
fileMenu.add_separator()
fileMenu.add_command(label = "프로그램 종료", command = func_exit)

image1Menu = Menu(mainMenu)
mainMenu.add_cascade(label = "영상 처리(1)", menu = image1Menu)
image1Menu.add_command(label = "반전이미지", command = func_reverse)
image1Menu.add_separator()
image1Menu.add_command(label = "밝게", command = func_bright)
image1Menu.add_command(label = "어둡게", command = func_dark)
image1Menu.add_separator()
image1Menu.add_command(label="회색이미지", command=func_gray)
image1Menu.add_command(label="흑백이미지(127 기준)", command=func_bw1)
image1Menu.add_command(label="흑백이미지(평균값)", command=func_bw2)

image2Menu = Menu(mainMenu)
mainMenu.add_cascade(label="영상 처리(2)", menu = image2Menu)
image2Menu.add_command(label = "상하 반전", command = func_mirror1)
image2Menu.add_command(label = "좌우 반전", command = func_mirror2)
```

```
88 image2Menu.add_separator()
89 image2Menu.add_command(label = "90도 회전", command = lambda :func_rotate(1))
90 image2Menu.add_command(label = "180도 회전", command = lambda :func_rotate(2))
91 image2Menu.add_command(label = "270도 회전", command = lambda :func_rotate(3))
92 image2Menu.add_separator()
93 image2Menu.add_command(label = "확대", command = func_zoomin)
94 image2Menu.add_command(label = "축소", command=func_zoomout)
95
96 window.mainloop()
```

1~5행 앞으로 사용할 라이브러리 또는 모듈을 임포트한다. 특히 4행의 PIL은 앞에서 설치한 이미지 처리 기능을 제공하는 pillow 라이브러리이다.

8~51행 각 메뉴를 선택할 때마다 실행할 함수를 미리 선언한다. 단, display() 함수는 메뉴를 선택해서 실행되는 것이 아니라 이미지를 화면에 출력하는 함수로 다른 함수에서도 공통으로 사용할 것이다.

54~56행 공통으로 접근할 전역 변수를 준비한다. 특히 inImage는 처음 불러들인 원본 이미지를 보관할 넘파이 배열이며, outImage는 처리를 거친 결과 이미지를 저장할 넘파이 배열이다. inH, inW는 원본 이미지의 높이와 폭을 저장할 것이며, outH, outW는 처리된 출력 이미지의 높이와 폭을 저장할 것이다.

59~94행 윈도창을 출력하고 메뉴를 추가한 부분이다. 대부분 5장에서 다룬 부분이므로 별도로 설명하지 않겠다.

89~91행 여러 메뉴에서 같은 func_rotate() 함수를 사용한다. 각 메뉴가 다른 파라미터를 전송하기 위해서 lambda :func_rotate(숫자) 문법을 사용했다. 메뉴에서 함수를 호출할 때 파라미터를 전송하기 위한 문법이므로 기억해 두자.

5 파일 열기 및 화면 출력

메뉴의 [파일]–[파일 열기]를 선택하면 이미지 파일을 여는 대화상자가 나오고, 파일을 선택하면 이미지가 화면에 출력되어야 한다. 이미지는 JPG, BMP, PNG 등이 모두 처리되어야 하므로 파이썬에서 제공하는 PhotoImage()가 아닌 pillow 라이브러리에서 제공하는 Image.open() 함수를 사용한다.

func_open() 함수가 작동하는 방식은 [그림 12-6]을 통해서 확인하자. func_open() 함수에서는 선택한 이미지 파일을 pillow 개체에 담는다. 그리고 pillow 개체의 크기를 파악하여 그 크기만큼 빈 3차원 inImage 넘파이 배열을 준비한 후, 준비된 inImage에 필로우 개체의 모든 픽셀을 추출해서 저장한다. 즉 원본 이미지의 정보는 항상 inImage에 보관된다. 그런데 이미지는 모니터에 보여야 의미가 있다. 그래서 우선 inImage를 outImage 넘파이 배열에 복사한 후에 모니터에는 display() 함수를 통해서 outImage가 보이도록 하겠다.

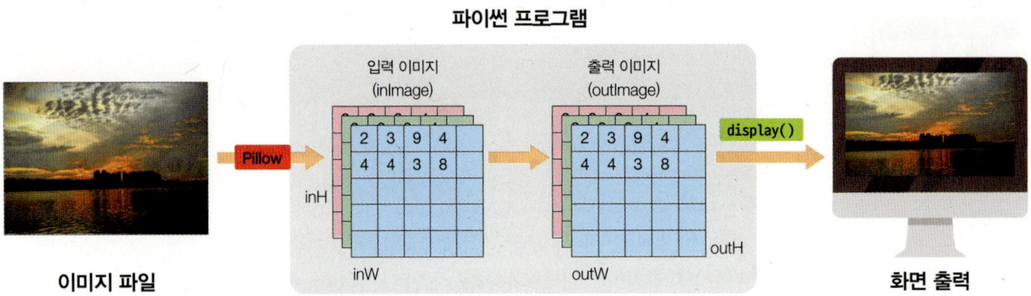

그림 12-6 이미지를 불러오고 화면에 출력하는 흐름

우선 Code12-03.py의 11행 func_open() 함수와 8행 display() 함수를 다음과 같이 변경하고 실행해 보자. display() 코드는 다소 어려울 수 있다.

Code12-04.py

```
def display() :
    global window, canvas, paper, filename, inImage, outImage, inW, inH, outW, outH

    if canvas != None:
        canvas.destroy()

    window.geometry(str(outW) + 'x' + str(outH))
    canvas = Canvas(window, width=outW, height=outH)
    paper = PhotoImage(width=outW, height=outH)
    canvas.create_image((outW / 2, outH / 2), image=paper, state='normal')

    rgbString = ""
    for i in range(0, outH):
        tmpString = ""
        for k in range(0, outW):
            dataR = outImage[0][i][k]
            dataG = outImage[1][i][k]
```

```
            dataB = outImage[2][i][k]
            tmpString += "#%02x%02x%02x " % (dataR, dataG, dataB)  # x 뒤에 한 칸 공백
        rgbString += "{" + tmpString + "} "                      # } 뒤에 한 칸 공백
    paper.put(rgbString)
    canvas.pack()

def func_open() :
    global window, canvas, paper, filename, inImage, outImage, inW, inH, outW, outH
    filename = askopenfilename(parent=window, filetypes=(("Color 파일", \
                                "*.jpg;*.png;*.bmp;*.tif;"), ("모든파일", "*.*")))

    photo = Image.open(filename)  # PIL 객체
    inW = photo.width
    inH = photo.height
    inImage = np.empty((3, inH, inW), dtype=np.uint8)

    photoRGB = photo.convert('RGB')
    for i in range(inH):
        for k in range(inW):
            r, g, b = photoRGB.getpixel((k, i))
            inImage[0][i][k] = r
            inImage[1][i][k] = g
            inImage[2][i][k] = b

    outW = inW
    outH = inH
    outImage = inImage.copy()
    display()
```

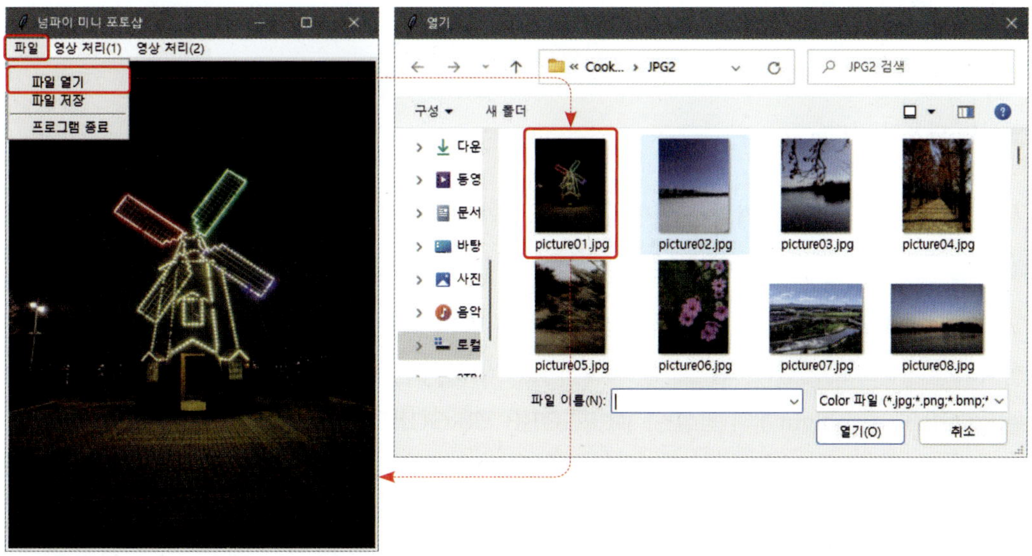

24행 선택한 파일을 Image.open()으로 열어서 필로우 개체인 photo에 저장한다. 즉 [그림 12-6]과 같이 선택한 원본 이미지를 pillow 개체에 잠깐 저장한다.

25행 전역 변수를 함수 안에서 사용하기 위해서 넣었다.

26행 askopenfilename()은 파일 열기 대화상자를 나타낸다. 여기서는 대부분 종류의 그림 파일을 선택할 수 있다.

30~31행 원본 이미지의 높이와 폭을 inH, inW에 저장해 놓는다.

32행 빈 inImage 넘파이 배열을 3차원으로 이미지 크기만큼 준비한다. Red, Green, Blue를 각각 저장하기 위해서 3차원 배열로 준비했다.

34행 R, G, B를 따로 추출하기 위해서 필로우 개체를 RGB 용으로 변경시킨다.

35~40행 이미지의 크기만큼 이중 반복하여 이미지에서 36행에서 추출한 이미지의 R, G, B 값을 inImage 배열에 저장시킨다. 결국 inImage에는 선택한 이미지 파일의 Red, Green, Blue 정보가 모두 저장이 된다.

42~43행 입력 이미지와 처리된 이미지의 크기가 같기 때문에 출력 이미지의 크기를 입력 이미지의 크기와 동일하게 했다. 마지막으로 display() 함수를 호출해서 [그림 12-6]과 같이 출력 이미지를 모니터에 표현했다. display() 함수는 10장의 [응용예제 2]에서 사용한 displayImage() 및 5장에서 사용한 displayImage()와 거의 비슷한 함수이다. 함수가 다소 복잡하게 느껴진다면 [그림 12-6]처럼 display()는 항상 outImage 배열을 화면에 모니터에 보여주는 역할을 한다는 정도로만 이해해도 된다.

44행 이미지를 모니터에 출력하기 위해 입력 이미지를 넘파이 배열.copy() 함수를 이용하여 출력 이미지 outImage에 그대로 복사한다.

display()의 많은 부분이 5장의 후반부에서 이미 설명이 되었지만, 1~20행의 코드를 간략히 설명하면 다음과 같다.

7행 윈도창의 크기를 넘겨받은 이미지의 폭, 높이와 동일하게 설정한다.

8~10행 캔버스 위에 흰 종이를 붙인 개념이다. 이제 흰 종이에 이미지를 출력할 차례이다.

13~20행 이미지의 폭과 높이만큼 반복해서 픽셀의 RGB 값을 추출하고 rgbString에 '#RRGGBB' 형식의 문자열로 추가한다. 반복문을 통해서 rgbString에는 모든 픽셀의 색상값이 '{#RRGGBB #RRGGBB~총 height개의 픽셀~} {#RRGGBB #RRGGBB~총 height개의 픽셀~}~' 형식의 문자열로 저장된다. 최종적으로 이미지의 폭×높이만큼의 색상 문자열이 저장된다.

21~22행 rgbString의 문자열을 paper에 한꺼번에 대입시킨 후 화면에 출력한다.

6 파일 저장

이미지를 처리하면 그 결과를 저장할 수도 있어야 한다. 저장하는 이미지는 출력 이미지의 넘파이 배열인 outImage를 저장해야 하는데, 빈 필로우 개체에 outImage의 내용을 쓴 후에 저장하면 된다.

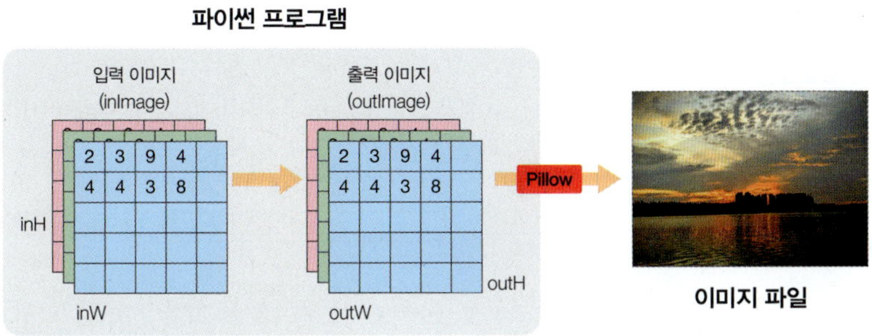

그림 12-7 이미지를 저장하는 흐름

Code12-03.py의 14행 func_save() 함수를 다음과 같이 변경하면 된다.

Code12-05.py

```
1  def func_save() :
2      global window, canvas, paper, filename, inImage, outImage, inW, inH, outW, outH
3      saveFp = asksaveasfile(parent=window, mode='wb', defaultextension='*.jpg', \
4                          filetypes=(("JPG 파일", "*.jpg"), ("모든 파일", "*.*")))
5      if saveFp == '' or saveFp == None:
6         return
7      photoRGB = Image.new('RGB', (outW, outH))
8      for i in range(outH):
9         for k in range(outW):
10            r, g, b = outImage[0][i][k], outImage[1][i][k], outImage[2][i][k]
11            photoRGB.putpixel( (k,i), (r, g, b, 255))
12     photoRGB.save(saveFp.name)
```

3~4행 5장에서 다뤘듯이 저장할 파일명을 입력받는다.

5~6행 저장한 대화 상자에서 취소를 누르면 아무것도 하지 않고 그냥 빠져나간다.

7행 [그림 12-7]과 같이 빈 Pillow 개체를 준비한다.

8~11행 pillow 개체에 outImage의 내용을 모두 내보낸다.

12행 pillow 개체를 파일을 저장한다.

7 영상 처리 함수

앞서 이미지 파일을 열고, 화면에 출력하고, 저장하는 함수를 살펴봤다. 이제는 본격적으로 각 영상 처리 메뉴의 기능을 하나씩 구현하겠다. 다시 한 번 강조하자면, 영상 처리를 위해서 넘파이의 기능을 활용하는 것에 초점을 맞추자. 영상 처리 함수는 모두 기본적으로 [그림 12-8]과 같이 넘파이 기능을 활용하여 입력 이미지를 출력 이미지로 변환하는 구조이다.

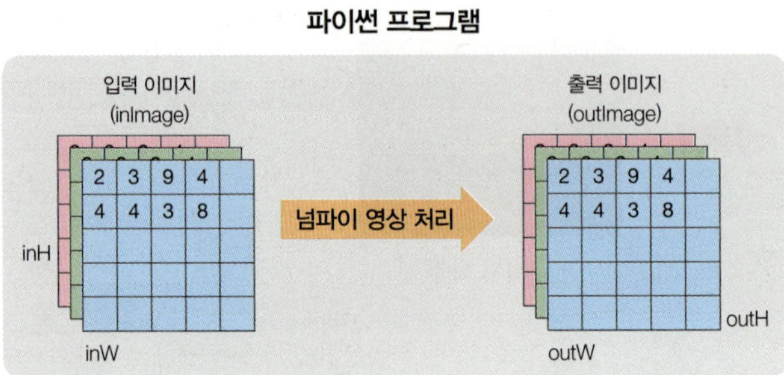

그림 12-8 넘파이 영상 처리 흐름

반전 이미지

영상을 반전하려면 모든 픽셀에 대해서 '255-픽셀값'으로 처리한다. 넘파이 배열의 브로드캐스팅 기능을 활용하면 간단히 해결된다. Code12-03.py의 20행 func_reverse() 함수를 다음과 같이 변경하면 된다.

Code12-06.py

```
def func_reverse() :
    global window, canvas, paper, filename, inImage, outImage, inW, inH, outW, outH
    outW = inW
    outH = inH
    outImage = 255 - inImage
    display()
```

3~4행 출력 이미지의 크기를 결정했는데, 반전 이미지를 만드는 것은 크기가 변경이 되지 않으므로 입력 이미지의 크기와 출력 이미지의 크기를 동일하게 설정했다.

5행 코드의 핵심이다. 255에서 inImage 넘파이 배열을 빼서 outImage 넘파이 배열에 넣었다.

6행 넘파이 배열 처리가 끝나면 출력 넘파이 배열 outImage가 모니터에 나올 수 있도록 영상 처리 함수의 마지막에 항상 넣어줘야 한다.

밝게 및 어둡게

이미지를 밝게 하려면 픽셀값에 숫자를 더하면 되고, 이미지를 어둡게 하려면 숫자를 빼면 된다. 픽셀의 값은 0부터 255 사이이므로, 값을 더할 때는 최소 1에서 최대 255까지 더할 수 있고, 뺄 때는 최소 1에서 최대 255까지 뺄 수 있다.

주의할 점은 inImage의 dtype인 np.uint8는 0부터 255까지만 저장할 수 있다. 따라서 값을 더하면 255가 넘는 경우가 생길 수 있는데, 이런 오버플로우(Overflow)를 예방하려면 미리 inImage의 dtype을 np.int16 정도로 변경시킨 후 값을 더하여 outImage에 대입해야 한다. 그리고 outImage의 픽셀이 255가 넘는 것은 의미가 없으므로, 255가 넘는 값은 255로 변경한 후 dtype을 다시 np.uint8로 변경하면 된다. 어둡게 하는 것은 반대로 0 이하의 값을 처리하며 된다.

Code12-03.py의 23행 func_bright() 함수와 26행 func_dark() 함수를 다음과 같이 변경하면 된다.

Code12-07.py

```
def func_bright() :
    global window, canvas, paper, filename, inImage, outImage, inH, inW, outH, outW
    outH = inH
    outW = inW
    value = askinteger("밝게", "값-->", minvalue=-1, maxvalue=255)
    inImage = inImage.astype(np.int16)
    outImage = inImage + value
    outImage = np.where(outImage > 255, 255, outImage)
    outImage = outImage.astype(np.uint8)
    inImage = inImage.astype(np.uint8)
    display()

def func_dark() :
    global window, canvas, paper, filename, inImage, outImage, inH, inW, outH, outW
    outH = inH
    outW = inW
    value = askinteger("어둡게", "값-->", minvalue=-1, maxvalue=255)
    inImage = inImage.astype(np.int16)
```

```
19        outImage = inImage - value
20        outImage = np.where(outImage < 0, 0, outImage)
21        outImage = outImage.astype(np.uint8)
22        inImage = inImage.astype(np.uint8)
23        display()
```

결과 화면은 원본을 100만큼 밝거나 어둡게 한 화면이다.

5행 밝게 할 값을 1부터 255 사이로 입력받는다.

6~7행 inImage의 dtype을 np.int16으로 변경하고 값을 더한다.

8행 255를 초과하는 값을 255로 변경한다.

9~10행 inImage 및 outImage를 원래의 데이터 형식인 np.uint8로 돌려놓는다. func_dark()는 반대로 0 미만을 처리하면 된다.

회색 영상 및 흑백 영상

회색 영상(GrayScale)은 컬러 이미지의 서로 다른 R, G, B 값을 합해서 3으로 나눈 후 다시 R, B, B를 계산된 값으로 동일하게 지정하면 된다. 흑백 영상은 회색 영상의 값을 0부터 255의 중간인 128을 기준으로, 그 미만은 0, 그 이상은 255로 처리하는 방식을 사용한다. 종종 너무 어둡거나 밝은 영상을 128 기준으로 흑백 처리하면, 전체가 거의 검정색 또는 흰색으로 표현될 수 있다. 이런 경우에는 전체 영상의 평균값을 구해서 평균값을 기준으로 0과 255를 구분하면 효과적으로 영상이 변경된다.

Code12-08.py

```
def func_gray() :
    global window, canvas, paper, filename, inImage, outImage, inH, inW, outH, outW
    ## 중요! 출력 영상 크기 결정 ##
    outH = inH
    outW = inW
    inImage = inImage.astype(np.int16)
    grayImage = (inImage[0] +  inImage[1] + inImage[2]) / 3  # 2차원 배열
    grayImage = np.concatenate((grayImage, grayImage, grayImage))
    outImage = np.reshape(grayImage, (3,outH, outW))
    outImage = outImage.astype(np.uint8)
    inImage = inImage.astype(np.uint8)
    display()

def func_bw1():
    global window, canvas, paper, filename, inImage, outImage, inW, inH, outW, outH
    outW = inW
    outH = inH

    inImage = inImage.astype(np.int16)
    grayImage = (inImage[0] + inImage[1] + inImage[2]) / 3  # 2차원 배열
    grayImage = np.concatenate((grayImage, grayImage, grayImage))
    outImage = np.reshape(grayImage, (3, outH, outW))
    outImage = np.where(outImage < 128, 0, 255)
    outImage = outImage.astype(np.uint8)
    inImage = inImage.astype(np.uint8)
    display()

def func_bw2() :
    global window, canvas, paper, filename, inImage, outImage, inW, inH, outW, outH
    outW = inW
    outH = inH
    inImage = inImage.astype(np.int16)
    grayImage = (inImage[0] + inImage[1] + inImage[2]) / 3  # 2차원 배열
    grayImage = np.concatenate((grayImage, grayImage, grayImage))
    outImage = np.reshape(grayImage, (3, outH, outW))
    value = np.mean(outImage)
    outImage = np.where(outImage < value, 0, 255)
    outImage = outImage.astype(np.uint8)
    inImage = inImage.astype(np.uint8)
    display()
```

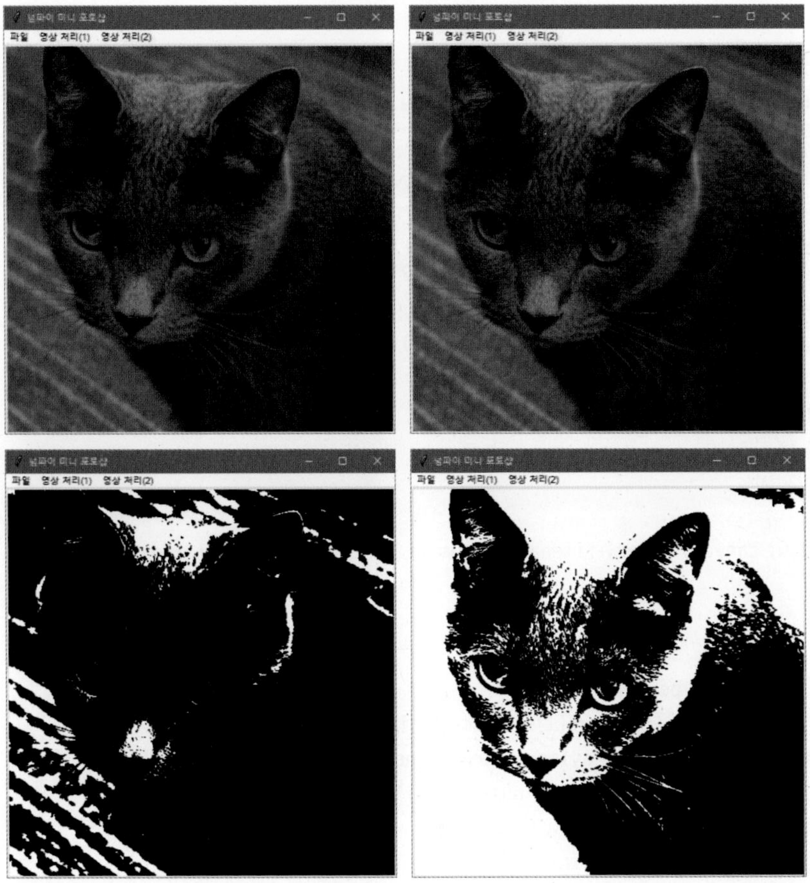

결과 화면은 왼쪽 위부터 시계방향으로 어둡게 촬영된 원본, 회색 영상으로 변경, 128 기준으로 흑백 변환, 평균값 기준으로 흑백 변환을 수행한 결과다.

6행 inImage의 dtype을 변경했다.

7행 inImage의 Red, Green, Blue의 값을 합한 후 3으로 나눴다. 7행의 결과인 grayImage는 2차원 배열이 된다.

8~9행 grayImage를 3개 연속으로 이은 후 다시 3차원 배열로 만들었다. 결국 Red, Green, Blue를 동일한 값으로 지정했으며, 이러한 결과가 회색 영상(GrayScale)이 된다.

22~23행 func_bw1() 함수에서도 동일하게 회색 영상으로 변환한 후, 128을 기준으로 그 미만은 0, 그 이상은 255로 변경했다. 결국 흑백 영상이 된다.

35~37행 func_bw2() 함수에서는 출력 영상의 평균을 구한 후 이를 기준으로 0과 255로 변경했다.

상하좌우 위치 반전

영상의 반전은 넘파이의 np.flip() 함수를 사용하면 된다. 옵션 중에서 axis가 있는데, 반전하는 축을 1 또는 2로 지정하면 영상이 상하 또는 좌우로 반전된다.

Code12-09.py

```
1  def func_mirror1() :
2      global window, canvas, paper, filename, inImage, outImage, inW, inH, outW, outH
3      outW = inW
4      outH = inH
5      outImage = np.flip(inImage,axis=1)
6      display()
7
8  def func_mirror2() :
9      global window, canvas, paper, filename, inImage, outImage, inW, inH, outW, outH
10     outW = inW
11     outH = inH
12     outImage = np.flip(inImage, axis=2)
13     display()
```

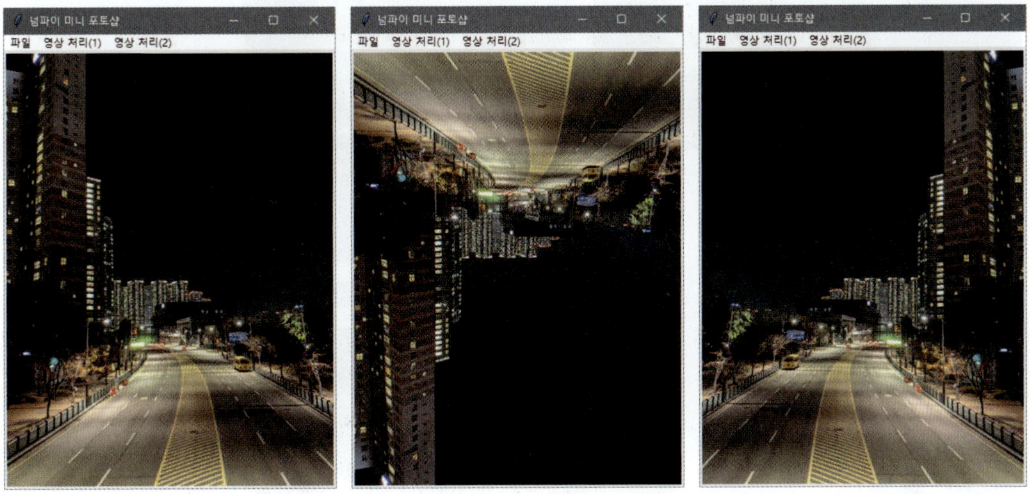

5행 axis 옵션을 1로 설정하여 상하 반전이 되었다.

12행 axis 옵션을 2로 설정하여 좌우 반전이 되었다.

90도 회전

영상의 90도 회전은 넘파이의 np.rot90() 함수를 사용한다. 옵션 중 k는 90도를 몇 회 회전할지 지정하는데 1회는 90도, 2회는 180도, 3회는 270도, 4회은 360도 회전이 된다. axis는 어느 축을 기준으로 회전시킬지 지정해야 하는데, inImage는 3차원 배열이므로 (1, 2)로 지정하면 영상이 회전된다. 주의할 점은 회전된 후 outImage의 높이와 폭이 바뀌는 것도 처리해야 한다는 점이다.

Code12-10.py

```python
def func_rotate(times) :
    global window, canvas, paper, filename, inImage, outImage, inW, inH, outW, outH
    outW = inW
    outH = inH
    outImage = np.rot90(inImage, k=times, axes=(1,2))
    for i in range(times) :
        outW, outH = outH, outW
    display()
```

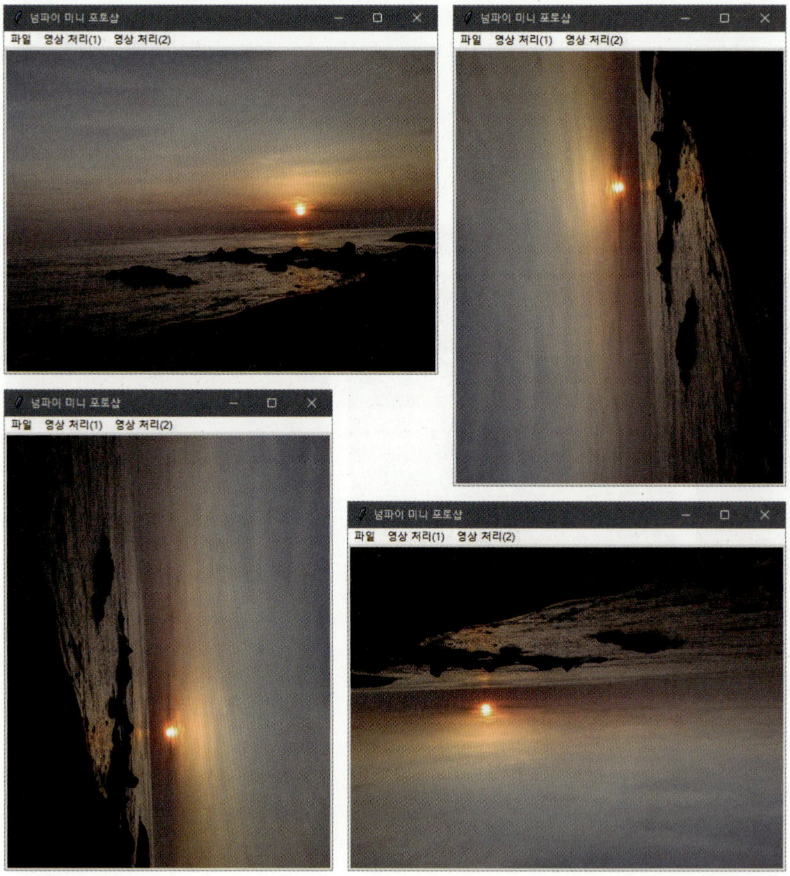

결과 화면은 왼쪽 위부터 시계방향으로 원본, 90도, 180도, 270도 회전을 수행한 결과다.

1행 func_rotate(times) 함수는 파라미터로 반복할 횟수인 times를 넘겨받는다.

5행 반복 횟수만큼 90도 회전한다.

6~7행 높이와 폭의 값을 바꾸는데, 1회는 교환, 2회는 원래 값, 3회는 교환, … 식으로 반복문이 수행된다. 메뉴에서 func_rotate(times)을 호출할 때는 Code12-05.py에서 다음과 같이 lambda 문을 사용해서 호출했다.

```
image2Menu.add_command(label = "90도 회전", command = lambda :func_rotate(1))
image2Menu.add_command(label = "180도 회전", command = lambda :func_rotate(2))
image2Menu.add_command(label = "270도 회전", command = lambda :func_rotate(3))
```

확대 및 축소

이미지 확대는 확대할 배수를 입력받고 그 배수만큼 이미지 크기를 확대한다. 축소는 반대로 배수만큼 이미지를 축소한다. 확대를 위해서는 입력 이미지보다 확대할 배율만큼 큰 빈 출력 이미지를 준비하고, 출력 이미지를 입력 이미지의 값으로 채우면 된다. 축소는 반대로 축소할 배율만큼 작은 빈 출력 이미지를 준비하여 처리하면 된다.

Code12-11.py

```
def func_zoomin() :
    global window, canvas, paper, filename, inImage, outImage, inW, inH, outW, outH
    scale = askinteger("확대", "배율-->", minvalue=-2, maxvalue=8)
    outW = inW * scale
    outH = inH * scale
    outImage = np.empty((3,outH, outW), dtype=np.uint8)
    for rgb in range(3) :
        for i in range(outH) :
            for k in range(outW) :
                outImage[rgb][i][k] = inImage[rgb][int(i/scale)][int(k/scale)]
    display()

def func_zoomout() :
    global window, canvas, paper, filename, inImage, outImage, inW, inH, outW, outH
    scale = askinteger("축소", "배율-->", minvalue=-2, maxvalue=8)
    outW = int(inW / scale)
    outH = int(inH / scale)
    outImage = np.empty((3, outH, outW), dtype=np.uint8)
    for rgb in range(3):
        for i in range(outH):
            for k in range(outW):
                outImage[rgb][i][k] = inImage[rgb][int(i * scale)][int(k * scale)]
    display()
```

실행 결과는 원본, 2배 확대, 2배 축소한 화면이다.

3행 확대할 배율을 입력받는다. func_zoomin() 함수에서 배율이 너무 크면 메모리나 속도에 문제가 생기므로 2~8배로 입력 값에 제한을 두었다.

4~5행 출력 이미지의 크기를 입력한 배율만큼 크게 계산한다.

6행 출력 이미지를 저장할 빈 넘파이 배열을 준비한다.

7~10행 출력 이미지에 채울 픽셀을 입력 이미지에서 가져오는 것을 반복한다. scale배 확대된 것이므로, 반대로 입력 이미지에서 1/scale배 축소된 위치의 픽셀을 가져오면 된다. 축소하는 func_zoomout() 함수는 func_zoomin() 함수와 모두 반대로 처리하면 된다.

이로써 미니 포토샵 프로그램이 모두 완성되었다.

INDEX